JSVOCA

정연용(鄭淵溶)

23회 기술고시 전기직에 합격한 후, 88년 서울올림픽 조직위 운영요원으로 근무하였고, 철도청에서 근무하다가 육군 수송 장교로 전역(정보작전장교)한 후, 대한민국 특허청에서 근무하였습니다. 그 후 변리사 자격을 취득하였고, 학위로는 인하대 학사, 고려대학교 일반대학원 법학석사학위를 취득하였습니다.

미국에서 미국 특허청 심사관들과 심사관과정 전체 과정을 이수하였고, 미국 로펌(FINNEGAN HENDERSON LAWFIRM) 지재권소송 과정을 이수하였습니다. 이후, STIC IT 벤처캐피탈 수석심사역, LEE INTERNATIONAL LAWFIRM 수석변리사, 한국섬유산업협회 법률고문, 특허청 산업재산권 관련법 연구위원, 변리사 시험문제 출제위원, 특허청 미국특허연구회 회장, 특허청 신지식인, 공정거래위원회 자문위원, 경기도 중소기업종합지원센터 전문위원, 정상 국제특허법률사무소 대표변리사로 활동한 바 있습니다.

삼성전자, LG전자, 현대전자, 대우전자, ETRI, 현대자동차, 특허청 국제특허연수원, 고려대학교 법과대학, 연세대학교 법무대학원, 경기도 중앙공무원 연수원, 농협중앙회, 한국발명진흥회, 한국특허정보원, KOTRA 외 등에서 150여 회를 강의한 바 있습니다. 저서로『지식재산 법률영어』이외 6권의 단행본이 있으며, 현재는 고덕산 근방에서 다음 출간을 위해 저술 중에 있습니다.

정상의 진수 - jsvoca.com

JSVOCA

초판 1쇄 인쇄 2010년 10월 18일
초판 1쇄 발행 2010년 10월 25일

지은이 | 정연용
펴낸이 | 손형국
펴낸곳 | (주)에세이퍼블리싱
출판등록 | 2004. 12. 1(제315-2008-022호)
주소 | 157-857 서울특별시 강서구 방화3동 316-3번지 한국계량계측협동조합 102호
홈페이지 | www.book.co.kr
전화번호 | (02)3159-9638~40
팩스 | (02)3159-9637

ISBN 978-89-6023-430-7 13740

이 책의 판권은 지은이와 (주)에세이퍼블리싱에 있습니다.
내용의 일부와 전부를 무단 전재하거나 복제를 금합니다.

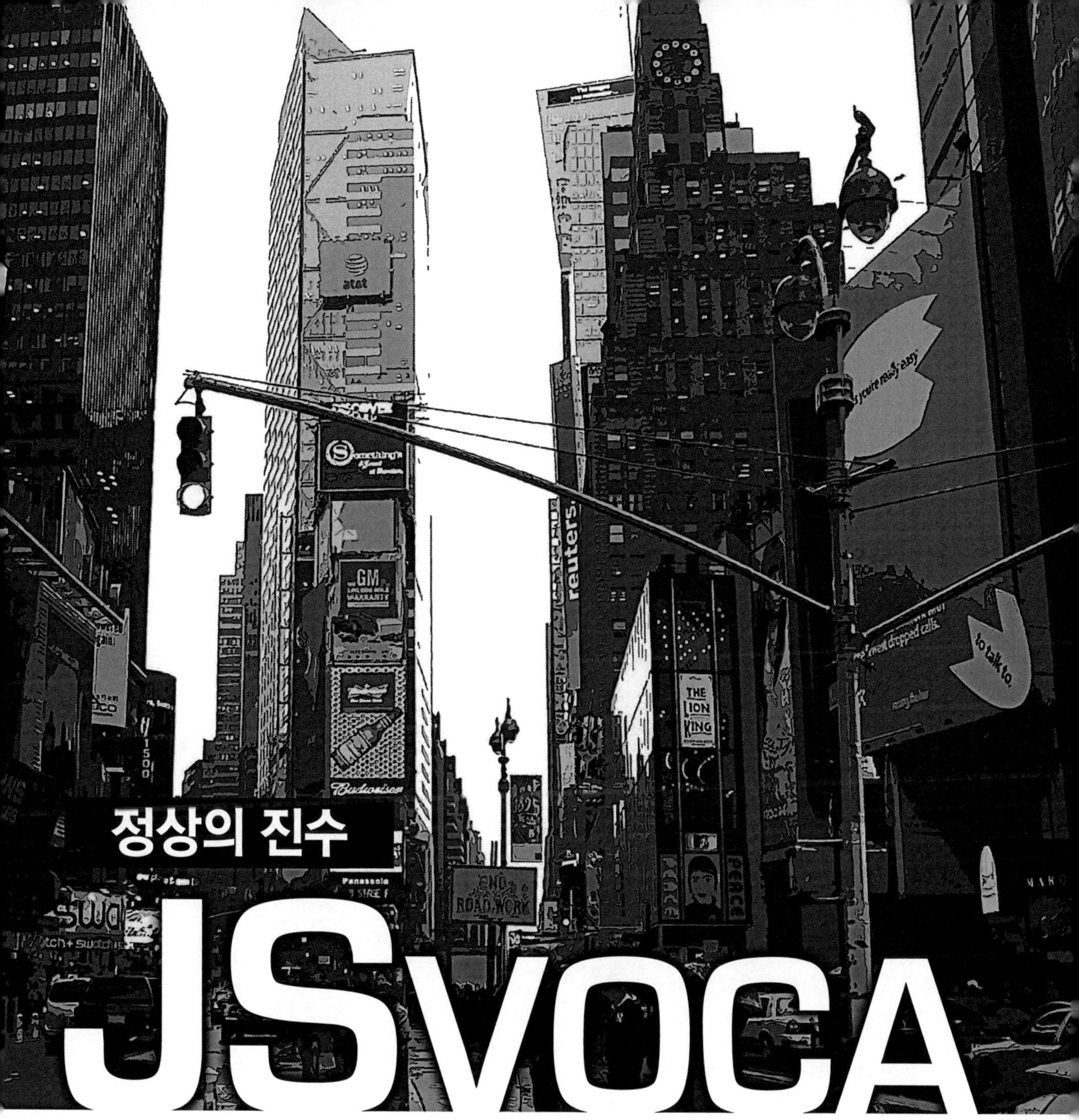

정상의 진수

JSVOCA

정연용 지음

JSVOCA 책을 적극 활용하는 요령

1. 거북이 정신으로 끈기 있게 매일 외운다.
하루는 오랜 시간을 외우고, 다음날은 안 외우고, 3일치를 하루에 다 외우고 나서 이틀은 안 외우는 토끼형으로 외우는 것보다는 거북이 정신으로 게으름을 멀리하며 지속적으로 외우는 것이 중요합니다. 밥도 이틀치를 다 먹고 나서 다음날 굶는 사람이 없듯이 단어도 꾸준하게 해나가는 거북이 정신이 영어 단어 외우기의 핵심입니다.

2. 단어의 양을 책을 끝낼 때마다 조금씩 늘려나간다.
처음에 계획을 세울 때, 하루에 외울 수 있는 단어 개수가 20개씩이었다면, 한권을 다 끝내고나서는 하루에 30개 내지 35개씩으로 늘려가는 것이 효과적입니다. 한권을 언제 끝내지 라고 조바심을 내기보다는 꼭꼭 씹어 먹는 정성으로 잘 외운 단어는 O표시를, 잘 안 외워진 단어는 V표시를 해나가면서 다음 또 한 번을 대비하는 마음으로 진도를 나갑니다.

3. 책 한권을 최소한 3번 이상 반복한다.
단어를 잘 외우는 학생들은 반드시 반복합니다. 영어 단어는 반복이 가장 효율적인 방법입니다. 우리 두뇌에서 뿌리 내리는 기억으로 남기기 위해서 반복하는 것입니다. 어떻게 밑 빠진 독을 채울까요? 사라지는 기억을 어떻게 하나요? 물이 빠져 나가기 이전에 또 채워 놓듯이, 기억에서 사라지기 전에 반복을 해나갑니다. 자전거 페달에서 놓게 되면 달리기는커녕 결국은 쓰러지게 되므로 계속 페달을 밟는다는 생각으로 책을 반복합니다.

4. 플래시 카드보다는 한권의 책을 최대한 활용한다.
플래시 카드는 나중에 반복해서 사용하는 경우가 드물게 되므로, 책에 낙서도 해가면서 여러 번 반복하는 것이 더 중요합니다. 특히 형광펜이나 단어 외우면서 생각나는 표현 또는 물체가 있다면 단어 외우는데 도움이 되도록 옆에 적어두는 것입니다. 그래도 플래시 카드에 미련이 남아 있다면, 아예 책을 뜯어서 사용하세요. 저자의 경우에는 대학생 시절에 두꺼운 원서를 미련 없이 분철하여 학점에 지대한 공헌을 하게 되었습니다. 나의 손때가 묻은 만큼, 책은 반복하게 될수록 기억에 오랫동안 남을 것입니다.

5. 일주일에 한 번은 꼭 반복한다.

일주일에 한 번씩은 새로운 단어로 진도를 나가는 것이 아니라, 지난번 보았지만 안 외워졌던 단어를 중심으로(V자를 중심으로) 한 번씩이라도 소리 내서 반복합니다. 이때 내가 낙서나 적어둔 글도 보게 되므로 기억력을 높일 수 있으므로 평시에 단어를 외울 때 여백에 표시하여 두는 것이 정말로 필요합니다. 서울대를 수석으로 졸업한 여대생에게 그 비결을 묻자, 교수님의 농담까지 책에 적어 두었다는 점을 되새길 필요가 있습니다.

6. 단어를 주변 물체나 상상하는 물체와 함께 굴려 본다.

단어를 외울 때마다 입에서 저절로 나올 정도로 읽고, 단어를 이용해서 영화나 소설 장면을 상상해서 문장을 만들어 보기도 하고, 상상하기 곤란하면 오늘 학교나 직장에 가면서 만났던 사람들 얼굴이나 주변 모습 또는 주변에 보이는 물병, 친구, 자전거, 형광펜 등을 이용해서 중얼거려보세요. 중얼거리는 만큼 오래 뇌에 남게 됩니다. 그리고 이렇게 상상하거나 중얼 거린 내용을 책에도 요약해두면 다음에 반복할 때 단어와 함께 기억하는데 큰 도움이 됩니다.

7. 시각형 인간은 형광펜을 최대한 이용한다.

생각난 표현이나 낙서뿐만 아니라 시각적 기억을 돕기 위해서 형광펜으로 표시해 놓는 것도 기억을 돕게 될 것입니다. 미국에 있을 때, UCLA 출신의 선생님이 자신은 듣고 외우는 것보다 시각적으로 페이지를 복사하는 능력이 있다면서 특히 사진 찍 듯 각 페이지마다 형광펜으로 표시하여 어려운 단어를 쉽게 외웠다는 얘기를 해준 적이 있습니다. 처음이야 사진으로 찍 듯 페이지를 기억하기 힘들겠지만, 다양한 형태로 표시해두고 외우다 보면 어느 페이지의 단어의 밑에는 무슨 표시를 해 두었거나, 기호로 표시해 두었다는 것이 기억난 경험이 있을 것입니다. 단어도 그러한 기억장치 속에서 현명하게 외우는 것이 필요합니다.

8. 청각형 인간은 흥얼거리면서 단어를 요리한다.

미국으로 이민을 간 교포 중에서 자식들이 한국어를 몰라서 걱정된다고 하였을 때, 그 걱정은 기우였습니다. 왜냐하면 청소년이 되면서 연예인에 관심을 갖고 특히 한국 노래를 따라 부르다보니까 자연스럽게 한국어를 자연스럽게 하게 되고 관련 기사를 찾아보려니 한국어 공부를 누구의 강요 없이 하게 된 것입니다. 물론 팝송으로 영어 공부를 하면 좋다고 하지만, 사람마다 취미가 다르기 때문에 팝송만을 강요할 수 없고, 일부의 팝송 가사는 적극적으로 추천하기가 쉽지 않습니다. 따라서 노래 부르듯 영어 단어를 흥얼거리다 보면 오랫동안 기억될 것입니다.

9. 감각형 인간은 온몸으로 단어를 써가면서 외운다.

일부의 단어는 정말 안 외워지는 경우도 있습니다. 이러한 경우에는 몸을 이용해보세요. 예를 들어서 턱을 이용해서 PRY를 써가면서 꼬치꼬치 캐묻다 하는 식으로 쓰거나, KICKOFF를 발로 써보면서 시작이라고 입으로 중얼거리면 혼자서 재밌게 단어를 외울 수 있을 것입니다. 단어 vociferous(떠들썩한)를 외우면서 보자기를 펼쳐놓고 열심히 사고파는 시장을 상상하며 감각적으로 손으로 설득도 하면서 고함쳐야지 반대로 조용한 숲속이나 도서관을 상상하면 곤란합니다.

10. 단어와 단어를 연합해서 외운다.

하나의 단어만을 외우는 것보다는 단어와 단어를 연합해서 외우는데, 특히 잘 외워지지 않았던 단어를 외울 때 더 효과적입니다. 위에서와 같이 V표를 해놓고서 또 외웠지만 잘 안 외워지는 경우, 두 개나 세 개의 단어를 연합시키는 것입니다. 예를 들면, 잘 안 외워진 단어들 중 두 개 정도를 빼내서 abuse와 abandon이 잘 안 외워진 단어라면 "자꾸 학대(abuse)하게 되면 떠나 버리겠다(abandon)"와 같은 방식으로 두 개 또는 세 개 정도를 묶어서 함께 외우는 방식입니다. 효과적으로 잘 외워진다면 그 이상의 단어로 계속 묶어 갈 수 있으며, 머릿속에서 한국 문장을 생각하고, 다시 점검해 나갈 수 있을 것입니다. 이것이 잘 이루어진다면 영어 문장으로 생각하고 중얼거리게 되는 단계로 점프하게 됩니다.

11. 단어를 따지면서 사랑하고 최대한 관심을 쏟는다.

어떠한 단어가 오래 갈 수 있을까? 연령층마다 다른 단어에 관심을 가질 수도 있겠지만, 워싱턴에서 만난 선생님에 의하면, 학생들에게 대체로 욕을 한 번 가르쳐 주면 학생들은 거의 평생 안 잊는다는 것입니다. 한 단어마다 관심과 사랑으로 살아있는 생물처럼 외우게 된다면 기억에 오래 남을 것입니다. 예를 들어서 Lion's share 라면 '사자 녀석은 동물의 왕이라더니 거의 대부분을 가져가는구나', '다 가져가라. 가져가'식으로 여백에 써놓고 단어를 외우는 것입니다. 따라서 단어에 대한 어원을 뜯어 붙이고 따져 가면서 공부하는 습관을 해두어야 기억에 더 남게 됩니다.

12. 동의어는 동의어를 낳는다.

오늘 당장 필요한 것은 그 단어에서 하나의 뜻이지만, 내일은 그 단어가 또 그러한 뜻이 있었던가 라며 놀라는 경우가 종종 나옵니다. 마찬가지로, 미국 아이비리그의 명문 대학에 가기 위해서는 단어 정복이 필수적인데 출제되었던 SAT단어를 보니 외울만하더라는 것이지만, 그 동의어까지 외워두지 않으면 답을 구할 수 없는 것이 현실입니다.

유사한 말이나 용어도 존재하지만, 미국에서는 생활에서의 용어라도, 우리로서는 생소하여 이해가 가지 아니하는 숙어도 함께 외워야 합니다. 자갈의 종류에 상관없이 밭을 가는 농부의 마음처럼, 잡곡을 한꺼번에 씹어 먹듯 기본어를 중심으로 단어를 확장해나가고 숙어도 외워야 합니다. 우선 당장 외우기가 너무 힘들다면, 일독할 때는 단어 중심으로 다시 일독할 때는 동의어에 유의해서, 그 다음은 단어를 연합해서 외우는 방식을 취하는 것이 우회적인 방법입니다.

13. 웹사이트를 활용한다.

미국의 유명사이트에 들어가 보면, 사진과 함께 영어 단어를 쉽게 외울 수도 있습니다. macys.com이나 amazon.com을 들어가 보면 각종 상품에 대한 이름을 사진과 함께 마스터할 수 있습니다. 시각형 인간에게는 더 없는 영단어 습득의 기회를 줍니다. 한편, http://ull.chemistry.uakron.edu/solveit.html 사이트를 방문하면 단어 테스트나 크로스워드를 즐길 수 있습니다. 지루하지 않아 어려운 단어도 시각적으로 잘 외울 수 있게 동기 유발이 되어 있고, 자극 받은 단어는 기억에 남고 자신의 실력을 틈틈이 확인할 수 있습니다.

14. 각 단어를 인상 깊게 만든다.

버스나 지하철 정류장을 기억하듯, 각 정류장과 관련지어 오늘 배운 단어를 각 정류장마다 2내지 3개씩 정리하는 방법도 기억을 오래 남게 만드는 것입니다. 물론, 며칠 후에는 다시 반복하는 방법을 취해야 단어가 뇌 속에서 지워지지 않을 것입니다. 설마 기쁨으로 가득한 단어를 외울 때, 우울한 장면을 연상하고, 슬픔으로 가득한 단어를 외울 때 환희로 가득한 장면을 연상하지는 않으시겠지요? 네덜란드 암스테르담에 위치한 고흐의 미술관에 가면, 고흐의 한 작품 한 작품, 사람의 마음을 찌르는 심오한 붓 터치를 실감할 수 있었습니다. 단어도 단어를 인상 깊게 외운다는 신조로 임하면 더욱 오래 기억 속에 남게 됩니다.

15. 안 외워지는 단어는 따로 따로 모아서 외운다.

10번을 외워도 잘 안 외지는 단어는 따로 모아서 외우는 것도 한 방법입니다. 일단 왜 안 외워지는지 살펴보면, 단어의 한국말조차 어려운 경우가 나타나거나, 문화를 이해 못 해서 어려운 경우가 나타나기도 합니다. 전자의 경우에는 국어사전을 후자의 경우에는 백과사전이나 인터넷을 이용하는 방법을 권장합니다. 단어를 외우면 외울수록 어떤 경우에는 정말 단어의 의미가 어려워 무작정 외우고 있지 않은지 검토해 보아야 합니다.

PROLOGUE

글로벌 시대에 살아남으려면 영어를 잘 구사해야 하고, 영어를 잘 구사하려면 단어나 숙어의 기반이 튼튼해야 한다고 말합니다. 영어 공부는 평생 공부라고 하며, 단기간에 모든 것을 완성할 수 없을까? 매일 200단어 이상을 진도 나가게 되면, 과연 단어를 마스터하고, 숙어나 문장이 잘 들리고 말을 잘하게 될까? 라는 의문을 갖습니다. 같은 미국에서 살더라도 동부와 서부, 남부의 영어가 다른 것을 느끼게 되고, 호주와 미국의 영어가 다르다고 느낀다면 영어 공부는 평생 공부라고 하는 말이나, 단기간 내에 모든 것을 완성할 수 있는지 없는지에 대한 해답이 나옵니다.

2010년 7월에 미국에서 한국으로 돌아오기 전에 우리 가족은 2년간 몰았던 자동차를 팔기로 하였습니다. 코리아타운의 이곳저곳에서 가격 견적을 받아 보니까, 17,000달러였습니다. 차를 살 때는 한국인에게 샀지만, 현지인은 가격을 어느 정도 더 올려줄 수도 있지 않을까 하는 기대를 가지고 현지 백인에게도 찾아가 보았습니다. 제가 이 차는 정규 정비를 다 받았고 엔진 오일도 모두 정품을 사용했으며 내외부 세차에도 항시 주의를 기울였다고 영어로 설명하였습니다. 백인은 상태가 좋다고 하면서 18,500달러를 불렀습니다.

1996년 10월에 미국 뉴욕을 가족과 함께 갔습니다. 옐로우캡 택시의 경적소리나 엄청난 인파 모든 게 신기해서 정신없이 구경하고 나서는 숙소인 워싱턴DC로 돌아가기 위해서 그랜드센트럴 역으로 가야 했습니다. 그런데 길을 잃어버린 것입니다. 그 흔한 지도도 없었고, 주변 사람들에게 물어도 쌀쌀맞아서 (워싱턴DC에 비교해서 친절하지 않다는 것은 현지인들도 대다수 수긍합니다) 당황하였습니다. 그때, 날씬한 미모의 젊은 여인은 무엇을 도와드릴까요? 혹시 길을 잃으셨나요? 미소까지 지으면서 물어왔습니다. 그랜드센트럴 역까지 가야 한다고 설명하였습니다. 그 여인이 자신을 따라 오라고 손짓을 했을 때, 저는 굳이 같이 갈 필요 없이 길만 가르쳐 달라고 했는데 그녀는 계속 웃으면서 앞장서서 길 안내를 하였습니다. 역에 도착해서 너무도 고맙다고 감사하다는 말을 연신하였는데, 갑자기 손을 내밀면서 팁을 달라고 하는 것이었습니다. 처음에는 농담인지 알았는데 그녀는 미소도 없이 정색을 하면서 다시 팁을 달라고 요청하였습니다.

뉴욕에서 팁을 달라는 여인 얘기를 2009년 10월에 한 저녁 모임에서 얘기를 하자, 자신이 10년 전에 미국 땅을 처음 밟은 후 얼마 안 되어 미국 서부의 산타모니카 해변을 가족과 함께 갔었던 경험을 이야기 해주었습니다. 당시에 해변을 거닐 때, 상대편 백인 남자가 하이라고 인사하며 미소를 짓고 손을 흔들자, 이 남자도 따라서 하이 하면서 미소를 보여주자, 갑자기 달려들더니 껴안고 입에 키스를 하였다는 것입니다.

우리는 미국과 문화가 다른 것을 미디어나 여행 등을 통해서 알고 있습니다. 문화와 역사가 다른 다양한 인종이 모여서 하나의 국가와 사회를 이루는 미국처럼, 영어의 어휘에도 다양한 어원이 숨겨져서 오늘의 언어로 탄생되고 있으며 계속 진화하기도 하고 퇴색되기도 하여 영어는 숨 쉬고 있는 것입니다. 예전에는 인종이나 문화 등이 융합되고 동화되는 장소라고 하여 melting pot라고 부르더니 요즈음에는 salad ball로 불리기도 하고 일부에서 그렇게 불러주길 원한다는 것은 영어가 숨 쉬는 증거이기도 합니다. 이러한 문화, 역사, 국가를 정통하게 이해하고 상거래하며 성실하게 공부하기 위해서는 영어를 필수적으로 마스터해야 하는데, 단어를 마스터하는 것은 영어 학습의 주춧돌 중에 주춧돌이라고 할 수 있겠습니다.

중학교 때 미국에 건너간 여학생은 자신의 공부가 늦었다고 생각하여 매일 200개의 단어를 외워 오빠에게 테스트를 받아가며 열성을 다하여 훗날 미국 아이비리그 명문대학교에 입학, 주변 학생들의 자극제가 되었습니다. 이것이 미국 이야기가 아니라, 현재 서울의 일부 명성 있는 학원에서 특히 방학을 이용하여 200개의 단어를 암기시키고 시험을 보는 방식을 취하고 있으니 한국에서 미국의 명문대학교를 많이 보내는 것이 어쩌면 당연한 수순이라고 생각합니다.

본 책자는 평시에 정리해 두었던 단어, 숙어들을 모아서 미국에서 SAT학원을 오픈한 것을 계기로 하여 미국 캘리포니아에서 지난 2년간 집필한 내용입니다. 가능한 한 TEPS, TOEIC, TOEFL, 공무원 시험을 깊이 염두에 두었으며 단어나 숙어, 간단한 현지 생활영어를 따로 외울 필요 없도록 작성하였습니다. 모쪼록 본 책자가 영어 공부에 도움이 되어서, 작게는 개인의 성공이자, 크게는 가족, 사회, 국가의 성공과 도약을 꽃피우는 뿌리가 되길 진실로 바랍니다.

2010년 10월 고덕산에서
정 연 용

Contens

JSVOCA 책을 적극 활용하는 요령 · 4

PROLOGUE · 8

- A ---------- 12
- B ---------- 43
- C ---------- 50
- D ---------- 78
- E ---------- 102
- F ---------- 123
- G ---------- 127
- H ---------- 129
- I ---------- 132
- J ---------- 162
- K ---------- 163
- L ---------- 164
- M ---------- 165
- N ---------- 173
- O ---------- 175
- P ---------- 186
- Q ---------- 206
- R ---------- 207
- S ---------- 221
- T ---------- 232
- U ---------- 236
- V ---------- 244
- W ---------- 247
- Y ---------- 248
- Z ---------- 249

Aa

AB (abs 포함)	멀리 떨어져 이탈, 분리	이웃은 가까이 살지만, 마음은 멀기도 합니다. AB가 알파벳 순서로 가까우나, 이탈을 뜻하듯이…
Abide [əˈbaɪd] abode. n	(부정문에서)참다 endure, bear, folerate 머물다 stay for, remain, linger, rest. 살다 dwell, sojourn, reside, live I can't abide him with a hotheaded. 욱하는 성질이 있는 그를 참을 수 없다.	Bear가 참으며 bide 머물고 사는…. Bide 견디다. (때를)기다리다. **endure참다//endue부여하다. 입다// undue부당한. 지나친 // subdue정복하다. 진정시키다 *abiding 지속적인 lasting, constant, eternal
Absent [ˈæbsənt] absence n	결석한 being away from, ~이 없는(from)free from. 멍한 vacant, blank 부족한 lacking, wanting, deficient Absent without leave 말없이 결근(무단결근. AWOL)=truancy In absent air 멍한 모습 (*멍하게 blankly, vacantly, absently)	멀리ab 보내져서sent 결석하게 되는…. Be absent from school 결석하다. Be absent in L.A. 엘에이에 가고 없다. Be absent from her views 그녀의 견해와 무관하다. absent-minded 건망증 심한 withdrawn, unheeding, heedless, inadvertent, distracted, abstracted, day-dreaming, oblivious, in a trance, star-gazing, mooning
Absorb [əbˈsɔːb]	흡수하다 suck up. 몰두시키다 take up the energy. Be absorbed(engrossed) in 몰두하다= be immersed in=lose oneself in	멀리ab 있는 거까지 흡수하는 sorb…. Sorb 흡수하다. 흡착하다. absorbing 몰두한, 빠진 captivating, engaging, engrossing, riveting, spellbinding, gripping
Abstract [ˈæbstrækt] Abstraction n., abstractly adv.	추상적인(theoretical. not concrete, ideational, metaphysical, unpractical) 난해한 not easily understood. 요약하다 to summarize. epitomize 추상화. An abstract painter 추상파 화가 Abstract away from the scene 그 장면을 무시하다.// be lost in abstract thought 비현실적 생각에 몰두하다.	아는 지역. 구역 tract을 벗어나니까abs 난해하고 요약되어 보일 수밖에….. *지역에 집중할 수 없으니 distract산만한 *하나에 집중되어 attract 끌다. 유인하다 *같은 지역에 집중되니 contract맺다. 계약맺다. 수축시키다.
Abuse [əˈbjuːz]	남용 misuse, perversion, misapplication. 학대 mistreatment, ill-use, fault 남용하다. 학대하다. *misfeasance 직권 남용 *self-abuse 자학	쓰고use 또again 쓰니 남용이 되고… Use 쓰다. 사용하다. 소비하다. 행사하다. *abused 남용의 misused *abusive 모욕적인 insulting, calumnious, offensive, libelous, defamatory, censorious

Word	Meaning	Notes
Advance [əd'vɑːns]	전진 move up. 발전. 선불 prepay. 접근 approach. 앞당기다. 전진하다 make headway.=gain around Advance sale 예매	A week in advance 일주일 앞서서 Advance in age/ in life /in rank 나이먹다 / 출세하다 / 승진하다. Make advances 추근거리다 *She is forty something. 그녀는 40대이다.
Advantage [əd'vɑːntɪdʒ]	이점 benefit. 장점 merit. the upper hand 이익 profit, gain, asset. 유리하게 하다 better, favourably. Turn failure to her advantage for huge success 실패를 성공의 기회로 삼다. *Advanced 혜택 받은 *disadvantage 약점. 단점 *comparative advantage 비교 우위	To (good) advantage 돋보이게=in high relief Take advantage of 을 이용하다 harness. cash in on. To the advantage of my daughter. 딸이 유리하도록 *make(have) the advantage of 장점이 있다. ~보다 낫다. advantageous 유리한 profitable, beneficial, worthwhile, opportune, gainful, valuable
Abdicate ['æbdɪkeɪt] n.abdication	퇴위하다(step down from a position of power, resign, quit). 포기하다 give up, quit, abandon, waive *Abdicant 포기하는. 기권자.	가운데 DIC는 받아쓰기 DICTATION처럼 받아쓰기라는 뜻이 있으므로, 말하고서 멀리 떠나가는 것.
Abduct [æb'dʌkt]	유괴(납치)하다 kidnap, carry off, seize Abduction 유괴 Abductor 유괴범 Abductee 유괴당한 사람.	멀리 가서는 밀폐된 관 duct으로 숨겨 버리니 abduct 유괴하다// 함께 관 duct에 가주니 conduct 안내. 지휘하다.// 관에서 빼주니 deduct 빼다. 공제하다.
Aberrant [æbərənt] Aberration. n	변태적인 abnormal, anomalous 도리를 벗어난 beyond the pale, 일탈적인 deviant *정도를 벗어나면 aberrant, 각목(caber)으로 맞을 수도 있어요.	멀리 ab까지 소문날 정도로 잘못된 errant... Errant 잘못된. 가출한 Aberrance 탈선 (deviation from the standard) Aberration 일탈, 일탈 행동(deviation from the standard; anormaly, irregularity)
Abhor [əb'hɔː] n.abhorrence	혐오하다(detest, loathe, abominate, disgust, execrate) =Have a abhorrence of 몹시 싫어하다	끔찍하고 소름 끼치는 horrible을 자세히 볼 때 (hor), 얼마나 밉고 싫겠어요. *abhorrent 끔찍한=odious, heinous, repugnant, horrid, offensive, repellent, obnoxious, atrocious, abominable, monstrous, savage
Abject ['æbdʒekt]	절망적인(abysmal, bottomless, dreadful, awful) 비굴한(extremely servile and sad) *abject misery 절망적인 고통 *make an abject apology 비굴한 변명하다	누군가 멀리(ab)까지 던져지면(project), 절망적이겠지요. 앞에 pro 던져진 project 계획, 엎드려 sub 잘 살펴보면 subject 주제, 다시 던져 버려서 reject 거부. 거절, 그런데도 멀리 던져버리면 abject 절망적.
Abolish [ə'bɒlɪʃ] n.abolishment	폐지하다 do away with, eliminate, annihilate, void, nullify, cancel, repeal Abolition 폐지. 노예제도 폐지. Abolitionist 폐지 주의자	너무 a 건방지면 bold 저 멀리 버려야… We should abolish segregation. 우리는 인종차별을 폐지해야 한다 *Abolition 폐지 termination, nullification, annihilation, repudiation, elimination
Abominate [ə'bɒmɪneɪt]	증오하다 extreme loathe	아, 밤 bom에 데이트는 낮보다 특히 무섭지요? Bomb 대실패. 폭탄. 폭격하다.

	Abominable 증오하는heinous, odious, monstrous, repugnant, loathsome, despicable, base, nauseous, foul, horrid	Bombard 폭격하다. 퍼붓다. Bombast 허풍. 호언장담 Poseur 허풍쟁이(폼에 죽고 사는pose)
Aboriginal [ˌæbəˈrɪdʒənl]	원주민의 토착의native, indigene	독창적인(original) 곳에서 멀리 떨어져서 살면 원주민 취급을 받을 수 있어요. Original 원래의. 독창적인. Unoriginal 독창적이지 않은 Original sin 원죄
Abortion [əˈbɔːʃn]	낙태 Abortive plan 무산된 계획 Abortive(=unsuccessful)	Abort는 (수동태 의미로) 도중하차하다, 포기하다는 뜻이 있음. *Proabortion 낙태 찬성주의의 Pro-choice // Antiabortion 낙태 반대주의의 pro-life
Abound [əˈbaʊnd]	풍부하다rich, ample, flourish, abound in, prevail, thrive Abundant 풍부한. Abound with/in ~이 풍부하다=be rich in=be plentiful in, teem(swarm, throng) with	경계boundary를 넘어설 정도로 풍부한. 풍부하다: be plentiful, thrive, flourish, be numerous *be bound to동사..반드시..하다be sure to. Be bound for명사..로 향하다
Abrasive [ˈæbstrækt]	거칠고 거슬리는offensive, coarse 닳게 하는scrape Abrasive manner / remarks 거친 태도 / 말투	Abrade 마멸시키다wear out, rub off Abrasion 긁힌 부분, 찰과상 마멸이 없도록 무병장수를 빌기 위해서 주문을 외울 때 쓰는 말abracadabra(영어 마술 주문)을 쓰지요.

이러한 방법으로 외우면 어떨까요?

로빈슨 크로소우는 공작 직위를 포기하고(   ) 절망적인(   ) 섬 생활 속에서 변태적인 (   ) 행위를 당하기도 하고, 때로는 증오하는(   ) 원주민의(   ) 규칙을 거칠게 (   ) 항의하기도 했으나, 무산된 계획(   )으로 끝이 났습니다.

Abrogate [ˈæbrəʊgeɪt]	(정보를 이탈시켜)폐지(철폐)하다 (abolish, repeal, nullify, annul)	문gate밖으로 멀리ab 보내….폐지하니.. Surrogate(정보를 위에서 대신 걸러주는)대리의, 대용의 Interrogate (안에서 질문하고 정보를 얻는) 심문하다 *캐묻다: pry, interrogate, question(묻다. 탐구하다), press him for an answer *Subrogate 대신하다. 대위하다. *Obrogate 수정하다. 개정하다.
Abrupt [əˈbrʌpt]	퉁명스러운blunt, brusque, curt, gruff, uncivil, rude, discourteous, snappish 갑작스러운unexpected, surprise, hasty, precipitate, snappy, unanticipated 갑자기; All of sudden, out of the blue, all at once, on the spot	부서져서rupt 멀리 가버린a… Abruption 중단, 분리 Corrupt 썩다. 부패된 Incorruptible 부패하지 않은, 청렴한 Erupt 폭발하다. 터지다. Rupture 깨어지다. 적개심

Abscond [əbˈskɒnd]	달아나다 run away and hide. break away. Escape from n. Ascendance 도망 실종	멀리(ab) 스칸디나비아 반도까지 도망쳐라 *훔쳐 달아나다 make away(off) with
Absolve [əbˈzɒlv]	용서하다(forgive, free from blame) I absolve you from(of) all your sins. 당신의 모든 죄를 용서합니다.	해결하고(solve) 멀리 떠나니 용서하지요. **absolve 용서하다//absorb 흡수하다 //absurd 불합리한. 터무니 없는
Abstain	자제하다(abstinent, forbear, hold back, refrain from) 기권하다 Abstain from food 단식하다. 먹는 것을 자제하다.	더럽혀지는 것을 stain 멀리하고 자제하니까 ab… Stain 더러워지다. 더럽히다. 오점남기다 기권자 abstainee, abstainer 자제하다 have command over himeslf
Abstruse [æbˈstruːs]	심오한 profound 난해한(hard to understand) *Profundity 깊이. 심오함 *Thrusting 자기 주장이 강한	타인을 밀치다(thrust) 보면, 자신은 이탈 abs하게 되어 어려운 상황이 올 수 있겠지요. thrust 밀치다 shove, 돌진하다, (억지)끼어들다 *꺼져라: shove off, beat it, take up the running.
Abandon [əˈbændən]	단념하다 give up, renounce, forgo 버리다 desert, forsake, walk out on 떠나다 leave, desert, depart from Abandon oneself to 빠지다. 탐닉하다	손에 쥔 것 hand on을 멀리ab 버리는…. 버리거나 위탁하는 사람을 abandoner 맡기거나 버림을 당한 사람을 abandonee
Abase [əˈbeɪs]	비하하다 humiliate 떨어뜨리다 Abasement 굴욕	맨아래 base로 떨어뜨리면, 자신은 비하하겠지요. Abase oneself(자신을) 낮추다. 비하하다
Abash [əˈbæʃ]	당황하게 하다 faze. Feel abashed by….으로 당황하다.	혹독하게 비난해서 bash 고개를 들 수 없지요. Bash 후려치다. 혹독하게 비난하다. *여러 차례 비난하면 bashful 부끄러워하는 backward, reticent, coy
Abate [əˈbeɪt]	완화하다(reduce, mitigate) 약해지다 lessen. make less severe, let up *let up on curfew 통금시간에 (인색하게 굴다가) 약해지다.	먹는 것 ate을 멀리하다 보면 지방이 줄어들고, 몸의 고통도 줄게 되지요. **abate 약해지다//evade 피하다

어려운 암기사항, 이렇게 한번 외우면 어떨까?

No more than 해석을 보면, 글자 그대로 더 이상 없다(no more). 그것뿐이다. Only=nothing more than=nothing but

No less than 해석을 보면, 그보다 적어서는 안 된다(no less). 그만큼은 해야 한다. As much as

Not more than은 문장 중에서 not의 t와, more에서 most를 연상하여 at most 기껏해야

Not less than은 문장 중에서 not의 t와, less에서 least를 연상하여 at least 최소한

그래도 안 외워지면, 빵을 2개나 먹었는데 또 먹으라면, no more 그만 그만..그거면 됐어…only
언니는 드레스를 10벌 가지고 있는데 나도 그만큼은 가져야 할 때, no less than 그만큼은…
알고 보니까, 남들은 빵을 4개 이상씩 먹었는데, 난 뭐(not more) 기껏해야 1개 먹었는데…
아빠가 빵 값만 냈는데, 드레스를 사달라고 조르자, 아빠는 난냈어(not less) 최소한 빵값은….

Nothing more and nothing less than (그 이상도 그 이하도 아닌 바로)거의….다름없다. 그야말로
=Nothing less than=almost=just about=no(little) better than(나을 게 없이, 다름없다)=more or less
Anything but =(결코 아니다not a bit=under no circumstances=never=in no case=by no means, ~제외하고except)
None other than(=no one else but) 다름아닌 바로…
- A whale is no more a fish than a horse is (a fish). (than을 전체부정어no를 받아서~아닌 것처럼으로 해석해서)말이 물고기가 아니 것처럼 고래도 물고기가 아니다=A whale is not a fish any more than a horse is.

Ad, ab, ac, aff, agg, all, ame, ann, app, arr, ass, att	접근하는 방향	어디?
Abbreviate [əˈbriːvieɪt]	생략하다(abridge, condense, omit, leave out, shorten something) You are to abbreviate 'Street' to 'St.', Street를 St로 줄여 써주세요. *Why don't you recap? 요약정리 해보자. /* 너무 짧아서 몸을 드러내는abbreviated, revealing, skimpy	brief하는 방향으로 만드니까… brief 간단한, 짧은. 간결하게brevity(briefness)한 방향으로… 요약서; compendium, summary *summarily 약식으로, 신속한expeditious, 즉석에서
Abet [əˈbet]	선동하다encourage, foster, egg on, goad, prod, provoke, urge, encourage Abate(약해지다)과 혼동 주의	뭔가 하는 방향으로 분명히 하면 bet… Bet 돈을 걸다, 틀림없다, 분명하다. Instigate, incite도 함께 선동하다.
Abeyance [əbeɪəns]	정지temporary suspension, pending, reserved, shelved Be in abeyance 중지 중이다 Fall into abeyance 중단되다	In abeyance 유보된 Hold(leave) in abeyance 미결로 남겨진
Abridge [əˈbrɪdʒ] n.abridgement	요약하다abbreviate, condense, trim, curtail, contract, compress, digest 약화시키다attenuate, weaken, enfeeble Abridge the rights 권리를 약화시키다	멀리 돌아가던 길을 bridge로 간단하게 해결하듯, 짧게 요약해서… 요약하여, 간단히 말해서:In a nutshell=to make a long story short=in brief, in short Fall short of=fail to reach 미달하는, 못 미치는
Accede [ækˈsiːd]	동의하다agree. comply with (왕위에)오르다rise, ascend	Accede to terms 조건에 동의하다 Accede to the throne 왕위에 오르다 동의하다(*agree with 사람//*agree to 사물)
Accelerate [ækˈseləreɪt]	가속화 하다speed up (차나 사람이)속도를 높이다.	Accelerant 촉진제. 촉매catalyst Facilitate 용이하게 하다. 촉진하다.
Accentuate [ækˈsentjʊeɪt] accentuation n.	강조하다(emphasize, highlight, accent)	Century 100년씩이나 강조해서… Century 100년. 세기. Half-century 반세기. 50년 Century note 100달러
Access [ˈækses]	접근/ 출입/ 이용의 권리 접속하다get on, connect. 들어가다. *이용하다draw on. make use of.	Have access to 접근(출입, 면회)할 수 있다. Easy of access 접근(출입, 면회)하기 쉬운 Access to=be accessible to

Accessory [æk'sesərɪ]	액세서리 장신구 부수적인supplement, appurtenance 범행의 방조자accomplice, confederate	귀에 접근하는access 귀걸이 등 장신구… Accessory after fact 범행 후의 방조자
Accident	불행mishap, mischance, blunder, catastrophe, calamity, calamity 행운serendipity, fluke, luck, fortuity	우연한accidental, chance, lucky, unlucky, undesigned, unintentional, unwitting, inadvertent, adventitious, serendipitous, random, casual, unpremeditated
Acclaim [ə'kleɪm]	환호하다shout for joy. 칭송하다(honor) (예술에 대한)찬사compliment	어딜 향해ac 열정적으로 주장하고 사로잡다 claim보면, 환호가 나오지요 Claim 주장하다. 요청하다. 사로잡다 주장에 반대하면, Disclaim부인하다. 권리를 포기하다. 앞서서 주장하면 proclaim선언하다. 밖으로 버럭 주장하면exclaim 소리치다
Acclivity [ə'klɪvətɪ]	오르막길an uphill road 경사Slope, incline	내리막길 declivity *proclivity 경향 *activity 활동. 운동. 활동범위
Accolade ['ækəöleɪd]	칭찬(honor). 포상(award)	어딜 향해acc 칭찬을 싣고서lade Lade (짐)싣다. 괴롭히다. 충분히 채우다. Receive the accolade 기사 작위를 받다.
Accommodate [ə'kʊmədeɪt] Accommodation.n	(공간. 의견)수용하다have a room for, harmonize, reconcile, fit, suit, modify 협조하다cooperate, help, aid. You need to accommodate yourself to new surroundings. 새환경에 적응하는 것이 필요하다.	널찍해야commodious 수용할 수 있지요. Commodious 널찍한(roomy, spacious, capacious) *Commodity 물품. *accommodating 협조적인 hospitable, conciliatory, obliging, helpful, complaisant
Accompany [ə'kʌmpənɪ]	(사람)동행하다go along with, convoy, escort, chaperon, usher, squire. (일. 현상)동반되다involve. 반주해 주다 . The dancer was accompanied on the drum by her son. 댄서는 아들의 드럼 연주에 맞추어 춤추었다. Her daughter accompanied her on the business trip. 출장에서 그녀의 딸은 그녀와 동행하였다.	company동료. 회사는 동반자처럼…... Accompany teachers to the door. 선생님들을 문까지 전송하다(see…off) A is accompanied by B…A가 B를 동반하다 *company manner 남 앞에서만 차리는 예의 범절 *Behave on his company manners. 점잖빼며 행동하다.
Accomplish [ə'kʌmplɪʃ] Accomplishment.n	완수하다fulfill, complete, achieve 성취하다carry through, execute, reach Bring about his purpose 목적을 달성하다.	Accomplish(gain, achieve, attain) his end(s) 목적한 바 성취하다. *어쨌든 at any rate=in any case 어떤 희생을 치르어도. 기어코at all costs

AAA. 불규칙 동사 변화1. 원형. 과거형. 과거분사형이 같은 동사

Burst, cast, cost, cut, hit, hurt, let, put, read, set, shed, shut, split, spread, thrust 등

ABB. 불규칙 동사 변화2. 과거형 및 과거분사형이 같은 동사

1분류 끝d로 변형되는 형태) sell sold/ bleed bled/ feed fed/ lay laid/ pay paid/ speed sped/ lead led/ hear heard/ hold held/ / wind wound

2분류 끝t로 변형되는 형태) build built/ leave left/ lose lost/ mean meant/ sleep slept/ weep wept/ keep kept/ catch caught/ teach taught/ Bring brought/ buy bought/ fight fought

3분류 무지개 형태) shine shone/ win won

ABA. 불규칙 동사 변화3. 원형 및 과거분사형이 같은 동사

Come came com / run ran run

ABC. 불규칙 동사 변화3. 원형. 과거형. 과거분사형이 모두 다른 동사

Begin began begun/ drink drank drunk/ rise rose risen/ write wrote written/ choose chose chosen/ bite bit bitten/ blow blew blown/ show showed shown/ shave shaved shaven/ swim swam swum/ sing sang sung/ drive drove driven/ strive strove striven/ freeze froze frozen/ weave wove woven/ hide hid hidden/ tear tore torn/fly flew flown/ shake shook shaken/ sow sowed sown/ swell swelled swollen/ tread trod trodden/ wear wore worn

Accomplice [əˈkʌmplɪs]	공범. 공범자accessory, confederate, ally, collaborator, henchman, fellow Alleged accomplice 알려진 공범자 a criminal on the run 도망 중인 범인	Complice 자체가 공범자라는 뜻. 가해자: perpetrator 범인: criminal, culprit, felon(특히 중죄인), lawbreaker, outlaw, offender, malefactor, villain 용의자: suspect (범인을)뒤쫓다: run after(chase, pursue)
Accord [əˈkɔːd] accord. n	(기관.국가)공식 합의. 부여하다. 부합하다 (with) The results accord with our purpose. 결과는 우리 목적에 부합한다. *in accord with 부합하는. 조화되어. **with one accord 합심해서 *tone in with 조화하다	화음Cord에 맞추어 가니 합의…. Cord끈. 끈으로 묶다. 화음 Signed a mutual peace accord between their countries. 그들 국가간의 상호 평화합의에 서명하였다. *in accordance with ~에 따라, 부합되게
Accost [əˈkɒst]	(위협적으로. 불쑥)다가가 말을 걸다	해안coast에서 불쑥 말거는 사람 많아… Forthcoming 다가 오는 *stick up불쑥나오다 *stick up for변호하다 *stick up to 대항하다
Account [əˈkaʊnt]	계좌. 신용거래. 고객. 설명. 간주하다consider. His trial was accounted a failure. 그의 시도는 실패로 간주되었다.	나도 가려고 하니 카운트count해주세요. Count 계산하다. 계산에 넣다. 포함시키다. 중요하다. 간주하다. No account 신뢰할 수 없는. 쓸모 없는 Account of ~때문에=by virtue of

	*account number 계좌 번호/ PIN(Personal Identification Number) 비밀 번호 *between you and me, 우리끼리 얘긴데… *Mum is the word. 비밀인데요.	Account for ~을 해명하다. 설명하다reckon for, justify, explain, answer for. Of no(little) account 중요치 않은count for nothing(little). 하찮은 *ledger원장(*pledger질권자, 담보잡힌 자) *I want to open an account. 계좌를 열고싶다.//I want to make a deposit (withdrawal). 예금을 하고(인출하고) 싶다
Accouterments	장신구. 의복. (무기. 군복 이외)장비.	Accouter 차려 입히다. 착용시키다. Be accouter for 입다.
Accretion [æˈkriːʃn]	부착물accumulated matter. 증가accumulation *on the rise 증가추세에 있는on the wax *on the wane 하락추세에 있는	Accrue 누적되다. 축적되다. Accrued income 미수(금) 수익 Cumulative 점증하는. 누진적인 누적된 것을 밖으로 내보내니excretion 배설. 분비. 배설물
Acrimonious [ˌækrɪˈməʊnjəs] Acrimony. n	(욕이 오가는)험악한(nasty, bitter)	그를 향해ac 뭐니뭐니 욕나오는monious 국에 파만 넣고 고기는 없는…. parsimonious인색한(stingy, niggardly). 서로 사이 좋은harmonious 화목한.
Acumen [əˈkjuːmen]	(예민한. 날카로운)감각. 날카로운 통찰력insight. *sensory(sense) organ 감각기관	*Acute 급성의. 날카로운. 예민한 Critical acumen 날카로운 비평력.
Accumulate [əˈkjuːmjʊleɪt] accumulation. n	축적하다(amass, pile up, gather, aggregate, assemble, store, stock, hoard, put(lay) away) Accumulate a fortune 재산을 모으다. make a fortune.	억ac이나 되는 재산을 꾸물꾸물cuml 모으다 Possessions 소유. 보유, 소유물. 홀린상태.
Accuse [əˈkjuːz] accusation. n	고소하다of. sue for, bring a suit, charge, indict, impeach, arraign 혐의를 제기하다allege. charge, incriminate	*타동사+목적어+of을 취하는 동사: accuse..of, assure..of(확실하게 하다. 보증들다), warn..of(경고하다), convince..of(설득시키다), deprive..of(빼앗다), inform…of(알리다), remind..of(상기시키다), relieve..of(덜어주다. 해임하다. 구출하다), rid..of(제거하다), rob..of(빼앗다), convict..of(선고하다), suspect..of(의심하다)
Acute [əˈkjuːt]	극심한grievous. severe, intense, grave, fierce, piercing, stabbing, excruciating 급성의 예민한(shrewd, sharp, pointed) *Acute appendicitis 급성 맹장염	*acuate 날이 뾰족한. 날카로운. *acupoint 침 놓는 자리(혈) *acupuncture 침을 놓다. 침술.
Acquiesce [ˌækwɪˈes]	묵인하다(accept=assent=agree) *acquiescent 순종하는 *quiescent 조용한. 진행이 중단된	Acquiesce in person's opinion 사람의 의견을 순순히 받아들이다.
Acquisitive [əˈkwɪzɪtɪv]	소유욕이 많은greedy *acquisitive instinct 소유 본능	Be acquisitive of ~을 탐내다. *inquisitive 꼬치꼬치 캐묻는. 탐구심 많은

Acquaint [əˈkweɪnt] acquaintance. n	알려주다divulge, load up, tell. 고발, 기소하다accuse of. 추궁하다press about, interrogate Accuse him of responsibility for ~책임으로 그를 추궁하다.	재밌고 진기한quaint 것은 알려주어야…. Quaint 색다르게 재밌는. 진기한 Accuse him of stealing 그를 절도죄로 고발하다. / *I know him by name 그를 이름 정도는 알고 있다. acquainted 익숙한familiar with, known to each other, aware of, informed of
Acquit [əˈkwɪt]5	석방하다release, set free. 처신하다behave oneself *unleash 가죽 끈 풀다. 해방하다let loose.	인질을 석방하다 release a hostage Set loose, set free, make free, unprison, disimprison도 모두 모두 석방하다. *놓아주다. Let go of=release
Acronym [ˈækrəʊnɪm]	머리글자initial 로 만든 글자 **synonym 동의어 **antonym 반대어 **heteronym동철 이음이의어 (예를 들면, object 목적. 반대하다) homonym 동철(동음) 이의어 (예를 들면, 참다bate 와 미끼bait)	Be the acronym for~을 나타낸 약자이다. Retronym 일반화된 상품명. Pseudonym가명false name, 필명pen name
Acrid [ˈækrɪd]	콕 쏘는 듯한. 엄한 (harsh, astringent, pungent, caustic)	An acid taste 매캐한 맛 *pungency 얼얼함. 매움. 자극. 신랄함
Addict [ˈædɪkt]	빠지다indulge in, get into. (마약 등)중독자 **take to opium 아편에 빠지다 **take to(show) his heels 도망치다make off.	마약에 빠지면, 생활은 아득~히addict 멀어져.. Addict oneself to몰두하다. *Take to 좋아지다. 습관이 붙다.
Address [əˈdres]	주소. 주소를 쓰다. 연설discourse, oration, lecture, sermon. 연설하다(speak to, deliver, give a speech to, lecture) 말을 걸다(greet, accost, approach, hail). 호칭을 쓰다. He addressed her in Korean. 그는 그녀에게 한국어로 말을 걸었다.	The letter of no address 주소 불명 편지 A funeral/closing address 조사/ 폐회사 Address oneself to 에게 말걸다. Deliver an address 연설을 하다. *address a issue 문제를 제기하다 *address the problem 문제를 처리하다
Adduce [əˈdjuːs]	인용하다cite, allude to, quote. 제시하다present, put forward.	만들어 앞으로 내놓아produce 생산한다. 다시 만들어보니 reduce줄이다. 축소하다 내부적으로 만들어 introduce 도입하다. 소개하다.
Adept [ˈædept] Adeptness. n	능숙한skilled, versed, expert, proficient (Adept 중에서 Ept 뜻 자체가 솜씨있는 능숙한의 의미…eptitude 솜씨)	Adapt=조정, 적응하다(adaptability.n) Adept=능숙한 Adopt=채택(입양)하다(누군가를 채택해서 입양하다)
Adhere [ədˈhɪə]	달라붙다stick to. (신념을)고수하다stay firm in support, stick to one's guns, hold fast to Adherent 추종자 =follower, admirer, fan, devotee, addict Partisan(특정 사람, 사상)추종자	여기here를 계속 향해(ad, to) 붙어 있는 Stick to, adhere to, cling to, cleave to, hold fast to, keep to 모두 달라붙다fasten, fix. **adhesion결합. 부착력 // cohesion결합 // adhesive달라붙는.접착제
Adjacent [əˈdʒeɪsənt]	인접한neighboring Adjacent angles 인접한 각들	인접한:Next to, close to, adjacent to, 위기일발. A close call=a narrow escape from danger

한국에서 살다가, 미국 생활을 하면, 한국에서 가져온 가전 제품을 전기 connecter에 그대로 넣을 수 없습니다. Adapter를 중간에 넣으면, 한국 가전제품 전압 220볼트를 미국 커넥터 전압100볼트로 조정을 해주지요.

힘들어도 잘 적응(Adapt)하다 보면, 능숙(adept)해지고, 능숙해지다 보면, 채택(adopt)이 되는 스카우트 대상(알파벳AEO순서). 채택해서 입양되는 adopt라는 단어는 가운데 son 중에서 o라는 단어를 기억하면 오래 갑니다.

Adjourn [ə'dʒɜːn]	중단하다 suspend, halt 연기하다 postpone	Sojourn 묶다. 체류하다 *Better late than never. 늦게라도 안하는 거 보다는 낫다.
Adjunct	부수물 a concomitant 부가물 an annex, an addition. Adjunct professor 비상근 외래 교수	Junction 교차로 합류점 convergence,linkup Juncture 중대한 시점 *What is more. 게다가. *what is better 더욱 좋은 것은. what is worse 더욱 나쁜 것은
Administer [əd'mɪnɪstə] Administration. n	집행하다 execute, exercise, carry on, carry out, implement, prosecute 투약하다 prescribe, 치다, 차다. 관리하다 manage, conduct Administer a dose to a person 약을 투약하다	장관minister이 나아가 집행하는…. Minister 장관, 목사 Ministering 보살피고, 간호하는 Administration 행정부, 관리, 감독= management, direction, supervision, oversight
Admit [əd'mɪt]	훈계하다. 권고하다(advise). 타이르다(reprove). 경고하다(of, about).	Admonition 훈계, 권고. 경고.
Adjust [ə'dʒʌst] adjustment. n	조절하다 control, fix. 적응하다 adapt, suit, fit, qualify 정돈하다 tidy (up), make.	딱 just 맞게 조절하여… Just 바른, 정당한, 딱(꼭) Adjust oneself to 적응하다. Adjust the sight(s) 조준을 맞추다. Adjust a radio dial 라디오 다이얼 맞추다
Admonish [əd'mɒnɪʃ]	훈계하다(scold gently) 경고하다 warn *admonish silence 조용하라고 훈계하다 *Everything is OK. = Everything is coming up roses.	잘되는 방향으로ad 가게 경고하니mon… Admonitory 경고하는, 훈계하는 Admonition 훈계. 경고. Monitor (경고하려는)감시요원. 화면. 미리 경고하려는 Premonition 예고. 예감 미리 경고하니 premonish 미리 경고하다
Adopt [ə'dɒpt]	채택하다 take, accept, choose, select 입양하다	Opt선택하는 것으로 향해가ad. 채택하다. Option 선택 Optimum 최적의 최고의 Optimistic 낙관적인
Adore [ə'dɔː]	사랑하다 love. cherish, fancy, adulate 존경하다 admire, venerate, revere, exalt, hallow, worship *Adorer 숭배자.	Love and admire adorable 사랑스런 beloved, darling, appealing, attractive, charming, fetching, lovable, inviting
Adorn [ə'dɔːn] Adornment. n	장식하다 decorate. add beauty. ornament	Adorn herself with jewels 보석 치장하다. 장식하다:beautify, decorate, bedeck 조각으로 장식된 벽frieze

Adroit [ə'drɔɪt]	능숙 능란한(dexterous, shrewd) *maladroit 능숙치 못한	Be adroit at their jobs 그 분야에 능숙하다
Adulterate [ə'dʌltəreɪt]	(자주 수동태로)불순물을 섞다 make impure, make inferior, water down, dilute, debase, weaken, pollute, taint Adulterate A with B A에 B를 섞다	다른(ulter) 것을 가까이 하면 섞이니까…. Adult 성인 성인의 Adult child 정신 연령이 어른이 아닌 사람 consulter 다른 사람에게 의견을 묻는 사람
Adumbrate ['ædʌmbreɪt]	개략적으로 알려주다 어렴풋이 드러나다 *all abroad 완전 드러나다, 당황하여	그림자 Umbrate가 살짝 드리어져 있으니까…. Obumbrate 어둡게 하다
Advent ['ædvənt]	출현하다 appear, emerge 그리스도의 재림(the Advent)	Adventurous 모험을 즐기는 Adventurer 모험가 승부사 *비밀이 드러나다 the secret is out 별이 나타나다 stars are out

한국 교육이 제대로 통하던 날!

미국에서 영어 문법을 어느 정도 아는가를 보았을 때, 한국에서 반복 교육과 암기 교육을 받은 덕택에 한국 국민이 문법 시험을 치면 타 민족보다 월등히 우수한데, 그 단적인 예가 다음과 같습니다. Tribe, clergy, police 등은 모두 그 명사 이전에 the정관사를 넣어서 한 대표로 복수 취급하고, cattle 따위는 아예 정관사 the없이 복수 취급하는 정도를 우리는 알고 있으나, 마음씨 좋은 미국 석사 출신의 미국 선생님은 나도 처음 접한다며, 집합 명사 부분을 인터넷으로 조사해서 함께 보자는 것이었으나, 그래도 잘 이해 안 된다 하심에 참으로 충격이었습니다.

Adventitious	우연한 accidental, 우발적 irrelevant.	갑자기 등장하거나 출현하면 advent…. Advent 도래, 출현 우연히 By accident, by chance, Accidently,

Adverse ['ædvɜːs]
 	
Adversity. n
	부정적인(antagnistic)
	불리한(unfavorable)
	**An adverse wind 맞바람
	  Adverse circumstances 역경
	  An adverse trade balance 무역 역조(현상)
	*Fire is the test of gold; adversity of the strong man 불은 황금을 시험하고, 역경은 강자를 시험한다.
		바람부는 반대로 가야 순풍인데, 바람부는 vers방향으로 가니 상황이 불리하지요.
		바람이 부는대로 놔두면
		Versal 전반적인 보편적인
		Universal 전세계적인, 전반적인 catholic
		Versed 정통한 at his finger's ends, 조예가 깊은
		*be well up in ~에 정통하다, 잘 알다.
		*gust 돌풍 gale, 소나기, 기쁨, 맛보다.
		  격발 outburst.
		*hail 우박, 싸락눈, 빗발치듯 오다. (비난)퍼붓다. 환호, 환호하며 맞이하다, 축하하다.

Advert n. advertisement 광고	주의를 돌리다 call away 언급하다 mention, refer to Advert to a person's opinion …의견에 주의를 돌리다.	함께 돌리면, Convert 전환시키다 개종하다 두번 돌면, divert 기분 전환시키다. 아예 돌리면, avert 돌리다 turn away, 피하다 *막다:avert=keep off=ward off

		*proselytize 전향(개종)시키려 하다.
Advise [əd'vaɪs] Advice. n	조언하다 counsel, hint, admonish. 자문에 응하다. 알리다 inform, let him know. *take A up with B. A를 B와 함께 의논하다. adviser 조언자 counselor, guide, mentor, consultant, confidant	Advise against 반대하다. Advise with your pillow. 밤새 잘 생각하라 Advise with my teacher about 선생님과 의논하다 *talk over ~관해서 상세히 의논하다. *Why don't we talk(discuss) it over dinner. 저녁 먹으면서 대화(토론)하자.
Advocate ['ædvəkət]	지지하다 speak in favor of, endorse, uphold, champion, stand, prop up 변호하다 support 지지자 supporter, backer, upholder, defender, patron, proponent	부르는 voca곳에 가 있으니까 하늘이 불러 내린 직업 vocation 천직 소명 부르는 말 vocative 호격 Devil's advocate 열띤 논의를 위해 일부러 반대 의견을 말하는 사람. 선의의 비판자.
Affable ['æfəbl]	사근사근한 amiable, amicable, congenial, genial, winsome, benign 상냥한 tender Her affable image 그녀의 상냥한 인상	상냥하고 붙임성 있는 Agreeable, genial, amiable, friendly 특히 마음이 통하는 congenial *amiable 상냥한 *amicable 우호적 friendly. 평화적인 peaceable
Affect [ə'fekt] affection. n	영향을 미치다 have an effect. 병이 나게 하다 indispose. 충격을 주다 give him a shock. 가장하다 disguise, feign. 꾸미다	affect a lawyer / ignorance 변호사 인체 하다/ 모른체 하다 *affect to be faithful 충실을 가장하다. *affect 영향을 미치다(That affects me.). *effect 영향. 결과. 초래하다 incur *affected 영향 받은, 가장된 specious, 그릇된 false *disaffected 불만(불평)을 품은,
Affiance	약혼시키다 engage to Affiance oneself to 약혼하다 *affiliate 제휴하다. 가입하다.	Betroth 약혼시키다 Fianc 약혼자(남자) Fiance 약혼녀 믿음 fia을 저버리면, defiance 도전 경멸 함께 하면 confiance 신뢰
Affidavit [,æfɪ'deɪvɪt]	선서 진술서	Swear an affidavit 진술서에 거짓이 없음을 선서하다//swear on the Bible 성경에 맹세하다

주의해야 할 동사 변형1.

거짓말하다. Lie lied lied / lying, 눕다. 누워있다. Lie lay lain / lying 두다. 설치하다. Lay laid laid / laying 다른 동사는 규칙변화 하지만, 누워있다가 제일 늦게 도착한 lie에게는 불규칙을 주었습니다. Lie lay lain.

No lie. 거짓말 아니야(정말이라고요.) lie up 늦잠 자다. Lie on 의무(책임)이다. Lie by 휴식하다. lay out 펼치다. Lay up 비축하다(store up). Lay at 덤벼들다.

Affiliate [ə'fɪlɪeɪt]	제휴하다 clasp hands, join forces 가입시키다 with	빈칸을 채우다 fil 보니까. Fill 채우다

	*Affiliated company 계열회사 Business tied-up 업무 제휴 *It's cram time 이제부터 벼락치기 공부다.	Filling 충전재 채움 Filial 자식의 자식다운 Filial duty 효도 *affiliated 연합된 united, joined, associated
Affinity [əˈfɪnəti]	친밀감 attraction, kinship, sympathy 관련성 close relationship, alliance, rapport, sympathy, connection	끝fin까지 밀고 당기니까. Final 최종의 eventual Coffin 관 casket, pall Finding 결과 판결 Finalize 마무리 짓다 round out=set the seal on
Affluent [ˈæfluənt]	풍족한(prosperous, rich) 부유한(opulent) *He has a deep pocket. 그는 부자다. *My son is at home in English. 영어에 능통하다.	말이 풍부하면 fluent 유창한 달변의 Fluent 유창한 안으로 흐르면 influent 유입하는 밖으로 흘러나오는 effluent 유출하는 오수 *ghetto 빈민가. 시청률 가장 낮은 시간대
Afford [əˈfɔːd]	제공하다 supply, produce, furnish, yield 주다 confer upon, donate, give	confer 주다. 수여하다// confine 제한하다// configure 형체를 만들다
Affront [əˈfrʌnt]	모욕하다 openly insult. offend Put an affront upon 모욕하다 Offer an affront to 모욕하다 Suffer an affront 모욕당하다	앞front에서 면박 주고 상처 주니까. Change of front 견해나 방향의 전환 *pocket an insult 모욕을 참다. *mortification 모욕
Aftermath [ˈɑːftəmæθ]	후유증 sequela. 여파(consequence, sequel)	머리에 나중에도 after 남는 지끈 수학 math 머리에 다수 poly 남는 polymath 박식가. *Philomath 학문을 좋아하는 사람. 수학자.
Aesthetic [iːsˈθetɪk(l)] Aesthete. n	심미적. 미적인(artistic, tasteful, in good). *anaesthetic 마취제. 마취의.	Aesthetics 미학 Aerate: 공기(air)가 통하게 하다. (액체에)(탄산)가스를 첨가하다
Agrarian [əˈɡreəriən]	농업의 relating to farms, farmers. georgic, agricultural 소작의 Agrarian outrage 소작 폭동 *arable 경작 가능한 *cultivate 경작하다. 재배하다. 계발하다	*harvest 수확. 수확량. 수확하다. 이식위해 장기를 채취하다. Orchard 과수원 orchardist 과수재배자 Meadow 목초지 Poultry 가금.(닭, 오리, 거위 등) fertile 비옥한(*sterile, barren, infertile, fruitless 불모의, 척박한)
Aggravate [ˈæɡrəveɪt] aggression. n	악화시키다(exacerbate. embitter, worsen, intensify, exacerbate, inflame) 짜증나게 만들다 annoy. irritate, incense, harass, bother, rankle Aggravated assault 가중(처벌가능한) 폭행	점점 무거워 grav 지니까. Gravity 중력 중대성 Gravitational 중력의 Gravitation 만유인력 중력 grave 무덤 사망
Aggrandize [əˈɡrændaɪz]	과장하다 exaggerate. 증대하다 make seem richer.	Grandiose 거창한. 웅대한. Grandiloquent 거창하게 말하는. 과장된 Hype[haɪp] 과장 선전, 과대 선전하다.
Aggregate [ˈæɡrɪɡət]	집합 gathering 합계 sum total	하나 둘 떼로 모여 greg 다니까. Gregarious 남과 어울리길 좋아하는 사교적인

		*a good mixer 사교술이 좋은 사람
Aggressive [ˌægrɪˈgresɪv]	공격적인attacking 대단히 적극적인offensive An aggressive war 침략전쟁 Assume the aggressive 싸움걸다	세차게 걸으gress니까. Gressorial 보행에 맞는, 걷기에 적당한 A motivated student 적극적인 학생 *aggressive 호전적인combative, martial, bellicose, belligerent, warlike, pugnacious, hostile, quarrelsome, disputatious
Aggrieve [ag·griev]	괴롭히다mistreat, harrow, harass 짜증나게 만들다distress	대단히 슬프게grieve만드니까 Grieving friends 너무나 슬퍼하는 친구들. What are friends for?친구 좋다는 게 뭐야

주의해야 할 동사 변형2.

(폴싹)넘어지다. 떨어지다. Fall fell fallen // The old leaves were beginning to fall. 나뭇잎이 떨어지고 있었다.
(펠)베어 넘어뜨리다. 쓰러뜨리다. Fell felled felled // He felled the tiger at one fell swoop. 호랑이를 단번에 쓰러뜨렸다.

Alight [əˈlaɪt]	불타는ardent, burning, aflame, blazing 빛나는splendid, glorious, aglow, lit up 차량에서 내리다(from). 날아가 앉다(on). Set…alight 불붙이다. 태우다	항시always 빛나는light Light 불. 빛. 불꽃. 빛나다. Lighting 조명. Lightening 번개. Alight from the bus 버스에서 내리다.
Blight [blaɪt]	어두운 그림자를 드리우다woe, course 병충해. 망치다spoil, mess up, infest. *Cast a blight(gloom) over 어두운 그림자를 드리우다	어두운black 빛light을 드리우는 Be blighted by injuries or destroys 부상 또는 파괴로 망쳐지다.
Altruism [ˈæltruɪzəm]	이타주의selflessness, unselfishness, self-sacrifice, humanitarianism 자기 중심적인 egocentric, selfish, narcissism (자아도취)	이타주의; selflessness, generosity 이기주의; egoism, egotism, selfishness 집단이기주의; collectivism 박애주의; philanthropy 쾌락주의; hedonism 회의론. 무신론:skepticism
Alleviate [əˈliːvieɪt]	완화시키다(relieve, reduce) 경감시키다(lessen, make bearable) 특히, palliate (치료 없이 증상을) 완화시키다.	가볍게levi 만드니까. Levitate 공중에 뜨다 Levity 경솔(lightness, frivolity) **alleviate완화시키다//abbreviate생략하다.
Allegory	우화fable. 풍자parody.	Category 범주. 종류
Allergy [ˈælədʒɪ]	알레르기 Have an allergy to 무척 싫어한다. *allergic coryza(rhinitis) 알레기성 비염	*I'm allergic to MSG(MonoSodium Glutamate). 화학조미료 알레르기가 있다.
Allocate	할당하다(distribute, assign, allot, apportion, mete out, dole out, dispense)	곳곳에 놓아야locate 하니까. Reallocate 재분배하다

	['æləʊkeɪt]	*be allocated for 에게 할당된	Dislocate 탈구시키다 혼란에 빠뜨리다(throw him into confusion) Relocate 재배치시키다 Mete out (벌.가혹행위)가하다 부과하다
Allow [ə'laʊ] allowance. n		허락하다excuse. 인정하다approve. Allow me to introduce to you Mr. Kim. 실례지만, 김씨를 소개합니다.	Allow me. 제가 해드리지요. Allow for 참작하다. 감안하다. Allow oneself in 몰두하다. *allowance 용돈, 수당, 허가, 공제
Alloy ['ælɔɪ]		합금, 합금하다(combination of two or more things, mix, meld, compound, blend, amalgam, intermingle) 오염시키다pollute, contaminate, debase	함께 묶으니까loy. Loyalty 충실 충성심(allegiance) Alloy 합금강 // Superalloy 초합금 *An alloy of A and B A와 B의 합금 *alloy합금하다//ally동맹하다//allay달래다
Allude [ə'luːd]		넌지시 암시하다(indirect refer to) 슬쩍 언급하다(hint) Allude to A 넌지시 A에 대해 언급하다. 비치다	Include 포함하다. 끼워넣다count in Conclude 결론짓다 Exclude 제외하다 거부하다bar. refuse Delude 속이다
Allure [ə'ljʊə]		유혹하다lure 매력charm, appeal Allure a preson from B B로 사람을 유혹하다	미끼lure를 던져 주니까 Lure 꾀다 유혹하다. 매력, 미끼 *her girlish charm 그녀의 애교
Alluvial [ə'luːvjəl]		충적토의 Alluvial gold 사금 Alluvial soil 충적토	Allure 매력. Allude 암시하다. alluvium충적토 alluvion 충적지. 범람. 파도의 밀려듦
Ameliorate [ə'miːljəreɪt]		개선하다improve, make better 개량하다improve	Meliorate 개량하다 개선하다 Melic 가창용의, 노래하기 적합한
Amenable [ə'miːnəbl]		말을 잘듣는(유순한)(obedient, agreeable) 잘 처리할 수 있는 controllable, submissive.	Mention 언급하다 Mentor 산 경험의 조언자(tutor, counselor, coach, wise advisor)
Amenity [ə'miːnətɪ]		편의 시설(주로 복수형)	The amenities at the hotel 호텔 편의시설(수영장. 스파시설 등)
Amid [ə'mɪd]		사이에 amongst, among, amidst, mid 한복판에	Middle, midst 중앙. 한가운데에. *Midget 난쟁이. *midwife산파.
Annex [ə'neks]		합병하다merge, combine 부가하다add Add up 합계 내다. 이치에 맞다stand to reason, hold water Added up to 합계가 ~되다.	묶으니까nex Kleenex 클리넥스 화장지

주의해야 할 동사 변형3.

톱질하다. 자르다. Saw sawed sawed / sawing // saw away 톱질하다. Saw off 톱으로 잘라내다.
심다. 뿌리다. Sow sowed sown / sowing // sow in the sand (사막에 심으니)무익한 짓을 하다.
바느질 하다. Sew sewed sewn / sewing // sew in 넣고 꿰메다. Sew a button on 단추 달다.
Paw pawed pawed 발. 발로 건드리다. The cat pawed at his shirt. 고양이가 그의 웃옷을 건드렸다.

Annihilate [əˈnaɪəleɪt]	전멸시키다exterminate 파괴하다break up, destroy	남김없이nihil 만들어버렸으니까. Nihility 허무 Nihilism 허무주의
Annuity [ˈænjʊəti]	연금pension. 연금보험 *file an insurance claim 보험청구하다	Annual 연간의. 매년의 Annually 일년에 한번 annul 무효로 하다. 폐지하다. 제거하다.
Aplomb [əˈplɒm]	(자주 어려운 상황에서의)침착함 With his usual aplomb 평시와 다름없는 침착하게	침착 : presence of mind, calmness, composure, inperturbability coolness *It's really cool(rocking)분위기 좋은 데요. *cooling off (분쟁)을 냉각시키기 위한.
Appeal [əˈpiːl]	항소. 매력. 간청. 호소. 항소하다. 매력적이다attract, allure, tempt. 호소하다entreat, solicit, plead, supplicate.	Appeal to arms 무기에 호소하다. A final appeal 최후의 수단as a last resort *lever (일에 압력을 가하는)수단. 지레 *I'm drawn to him(매력적인)그에게 끌린다
Appall [əˈpɔːl]	소름끼치게 하다shock, terrify, horrify, intimidate, discomfit, scare, alarm, daunt Appalling movie 간담을 서늘케하는 영화	대단히 창백해지니까pale Appalling간담 서늘케 하는, 형편 없는. Blanch 창백해지다turn pale. 표백하나bleach.
Apparatus [ˌæpəˈreɪtəs]	장치equipment, device, implement, gear, tool, utensil, machinery, appliance 조직체, 기구 Fire apparatus 소화 장비 The sensory apparatus 감각 기관	준비해서pare 쓸거니까. Prepare 준비하다map out. gear up *be ready(prepared) for명사…준비가 되어 있다 // be ready to동사..하려고 하다. 기꺼이하다 be willing to
Apparel [əˈpærəl]	옷을 입히다dress, clothe, invest 의복robe. Dress. Costume. Clothes.	잠옷 실내복 intimate apparel 기성복 ready-to-wear apparel 너무 간소한 옷을 입히다 underdress apparel의복clothing, attire, garments, threads
Apparition [ˌæpəˈrɪʃən]	유령specter, phantasm, phantom 발현(신이 인간 앞에서 친히 드러내거나 전달해줌)	Apparent (누가봐도)분명한evident, obvious, patent, conspicuous, manifest, decernible, barefaced, undisguised, blatant, downright
Appease [əˈpiːz]	달래다(mollify, soften, pacify) 만족시키다 Appease a person by kindness 사람을 친절로 만족시키다. Appease one's hunger 시장기를 달래다	평화롭게peace 만들려고 하니까 Pease 완두콩 Pea 완두콩
Appellation [ˌæpəˈleɪʃn]	명칭name. 호칭. 직함title.	명명(법) nomenclature The nomenclature of the place(the Rich)

		*be name after~따라 이름 짓다.	그 곳(리치가)의 명명
Append [əˈpend]	덧붙이다attach, fix to Append A to B B에 A를 붙이다		붙도록 매달리니까pend Appendix 맹장 부록 Appendage부속물 = appurtenance Appendant 부가의 부수적인 Appendectomy 맹장 수술
Applaud [əˈplɔːd]	박수치다clap 갈채를 보내다cheer to the echo Applaud him to the echo 그를 매우 칭찬하다		대단히 박수plaud를 치니까 Plaudits 갈채, 칭찬(*plausive박수갈채하는) Laud 칭찬(praise). 박수(applaud). 격찬extol, 축하celebrate *slow handclap 불만족스러워 치는 박수
Apocalypse [əˌpɒkəˈlɪps]	파멸ruin, destruction. 종말the end. *종말론(내세론)eschatology		The apocalypse 성경에 의한 세상의 종말 파멸(몰살)시키다: annihilate 종말에 가까워지다: draw to a close(end)
Apocryphal [əˈpɒkrɪfl]	출처가 불분명한. 사실이 아닐듯한(fictitious, spurious)		His son's apocryphal tears 그의 아들의 거짓 눈물
Apogee [ˈæpəʊdʒiː]	정점. 절정(apex. Zenith. Peak. pinnacle). 가장 먼 지점		*어릴적, 아버지apogee가 가장 높은 곳에 계셨는데… *가장 가까운 지점perigee *geocentric 지구 중심에서 잰 *geography 지리학 *geometry 기하학
Apoplexy [əˈpɒpleksɪ]	중풍(뇌졸중)stroke.		Be seized with apoplexy 중풍으로 쓰러지다.
Apply [əˈplaɪ]	신청하다put in for. Sign up for 적용하다(되다). 몰두하다. Apply the blind eye 자신에게 불리한 것을 못 본 척하다.		Apply force 폭력을 쓰다. Apply oneself to 몰두하다. Apply the mind to 고심하다. 마음 쓰다. She applied lipstick. 립스틱을 발랐다. *apply for 지원하다. 신청하다ask for *apply to 적용되다(true of). 문의하다make inquires

회화시에도 유용한 독립부정사 표현

To do one justice 공정히 말해서.   So to speak 말하자면.   To begin with 우선(for one thing), to be sure 확실히   To make matters worse 설상가상으로, not to speak of 은 말할 것도 없고,   to tell the truth 사실대로 말해서.

Apposite [ˈæpəzɪt]	적합한(suitable, pertinent, apropos, applicable, fit, appropriate, proper) An apposite answer 명답 Apposite to the case 실정에 맞는		아주 딱 좋은 위치posit이니까 반대로 서면Opposite 다른 편의, 건너편의 함께 서면composite 합성물 적합하다: Suitable for, fit for, appropriate for/to, suited for/to, proper, good
Appraise	평가하다judge		Overpraise 과대 칭찬하다

[əˈpreɪz]	살피다look back An appraising glance 살피는 표정	Praise her son to the skies그녀의 아들을 대단히 (하늘에 도달할 만큼) 칭찬하다 You might want to blot that drool. 침 닦길 원할 것이다. Sputter (침튀기며)다급하게 말하다out
Appreciate [əˈpriːʃɪeɪt] Appreciation. n	인식하다. 평가하다evaluate. 환영하다. 가치가 오르다. 음미하다. *반대로 떨어뜨리면depreciate 가치가 떨어지다. 평가절하하다.	Appreciate good wine 좋은 포도주를 평가(음미)하다. Be appreciative of 감사하다 Be appreciate of 알다

Apprehend
[ˌæprɪˈhend]
Apprehension.n
	체포하다arrest, nab, collar, pick up
	걱정하다worry about, fret over, concern about
	이해하다conceive. make out. figure out. get at. make head or tail of. Get across
	*Apprehensive=worried=anxious
	  Be nimble to apprehend 이해가 빠르다
	*Misapprehend 오해하다
	*apprehend체포하다 // apprehensive 불안한
	// apprehensible이해할 수 있는
	// be under arrest 체포당하다
	//be under siege 포위당하다
		붙잡아 포착하니prehend….
		*붙잡다prehend관련 어군
		함께 붙잡아줘 comprehensible 알기쉬운
		함께 잡은 범위가comprehensive 광범한,포괄적인
		잡기에 딱인 prehensible 잡기에 알맞은
		다시 붙잡고 말하니reprehensible 비난당할만한, 부끄러운
		*be anxious about 염려하다be uneasy about
		// *be anxious to 동사=be anxious for 명사=열망하다be eager for

Apprentice [əˈprentɪs]	견습생 Go apprentice 제자가 되다	배우려는 자세로 붙잡길pren 원하니까 Protég 제자. 문하생. 피보호자
Apprise [əˈpraɪz]	알리다give notice to Apprise my boss of the case 사장에게 사건을 알리다	알리는 것은 of이 항시 뒤쫓아 다니면서, Inform of Informed정통한.잘아는//informative유익한
Approbation [ˌæprəʊˈbeɪʃn]	승인(approval. acceptance) 칭찬(praise)	계속 입증prob하다보니 승인이 나네요 Prove 입증하다. 드러나다. 보여주다 Probation 집행유예 수습기간 Disapprobation 반감 antipathy *patch up 일시적으로 수습(해결)하다
Approach [əˈprəʊtʃ] Approachness. n	다가가다closer to. 근접하다approximate. 착수하다get going on. go about	Approach the sun 태양에 접근하다. Be easy of approach 접근하기 쉬웠다.
Appropriate [əˈprəʊprɪət] Appropriation. n	사유화하다(take without permission) 적당한apropos. apt. fit An appropriate response 적절한 반응	자신 재산propriate화 하니까. Propriety 예의범절decency. 단정함 Proprioception 자기 수용 *be apt to=tend to=have a tendency to= be likely to=be subject to=be liable to 하기 쉽다. 할 것 같다.
Approximate [əˈprɒksɪmət]	가까워지다approach, draw near. 접근하다have access to Approximate value 근사치 Approximate a solution 해결에 근접하다	Proximate 가장 가까운, 근접한 Proximity 근접nearness Proximity of blood 근친 Proximity talks 근거리 외교

		*in the distance 먼거리에서(to a distance 먼 곳으로)//at a distance 좀 떨어져서 *근접한ballpark, guestmated, estimated, approximate, loose

회화에도 유용한 동명사의 용법들

불가능하다 there is no ~ ing = it is impossible to =out of the question
소용없다 there is no use ~ ing = it is of no use to
하지 않을 수 없다 cannot help(avoid) ~ing=cannot(choose) but + 원형
혼자서 … 한 of one's own doing = 과거분사 + by oneself
하자 마자 바로 on ~ ing = as soon as
말할 필요도 없이 it goes without saying that = it is needless to say that
하고 싶다 feel like ~ing = feel inclined to 동사원형 = have a mind of ~ing=feel up to ~ing
규칙적으로 한다 make a point of ~ing = make a rule to
할 가치가 있다 be worth ~ing = be worthwhile to (원형 또는 ing) = be worthy of ~ing
결코 ..하지 않다 be above ~ing= be far from ~ing =never =anything but
막 하려고 하다 be about to = be on the verge(point, brink, eve) of ~ing
하마터면 ~할 뻔하다 come near ~ing = nearly escape ~ing = narrowly escape ~ing
결코 아니다. Be far from ~ing = be never ((Far from ~ing = instead of 하기는커녕))
~하는 게 어때? What do you say to ~ing? = let's ~ =Why don't you + 동사원형 = How about ~ ing? = What do you think about ~ ing?
~하기 위하여 with a view to ~ing =for the purpose of ~ing =with the object of ~ ing
A하면 반드시 B한다 never (can't) A without B ~ing= never A but 주어 +동사

Arbitrary ['ɑːbɪtrərɪ]	임의적인(제멋대로의)(random, iffy, capricious, summarily, inconsistent) 독단적인dogmatic Arbitrary monarchy 전제 왕국 An arbitrary decision 임의적인 결정	제멋대로 가니까bit. Arbitrate 중재하다 Arbitrator 중재자 Arbiter 결정권자(judge). 조정자 *임의로 at will=at one's pleasure
Arcane [ɑːˈkeɪn]	신비로운(mysterious, cryptic). 불가사의한	수수께끼 : enigma, mystery, riddle, puzzle, conundrum(nun이 drum을 치다니?)
Arcade	(양쪽 상점들이 늘어서 아치로 싸인)통로 passageway.	Make a passage 항해하다.
Archipelago [ˌɑrkɪˈpeləɡoʊ]	다도해. 군도	The Indonesian archipelago 인도네시아 군도
Archives [ˈɑːrkaɪv]	공문서. 기록 보관소 기록보관소에 보관하다. 파일을 보관하다.	Sound archives 녹음테이프 보관소
Ardent	열정적인(passionate, avid, eager,	내마음이 아주 덴 정도로 열정적인…

[ˈɑːdənt]		enthusiastic, keen, agog, fervent, fervid, fierce)	
Arduous [ˈɑːdjʊəs]		까다로운(exacting). 어려운(hard, difficult, laborious, burdensome, painful, onerous)	어려운hard 것 보니까 까다롭기도 하고…. *그녀는 정말 까다롭다. She's really picky.
Aristocratic [ˌærɪstəˈkrætɪk(l)]		귀족적인(noble birth). 속물인(snobbish, persnickety) 귀족: aristocrat=patrician=the purple *oligarchy과두제. 과두제 층. 과두제 국가 *plutocratic 금권(재벌) 정치	An aristocratic lifestyle 귀족적인 생활방식 Bourgeois중산층(middle class)의, 속물적인, low class, common, vulgar, plebeian… philistine속물(음악. 미술. 문학을 모르는) proletariat 노동자 계급(working class)
Arraign [əˈreɪn]		기소 인정 여부를 거치다 Arraign a person for theft 절도죄를 묻다. Be arraigned on charged of aiding 도와준 혐의로 기소되다	말하고raig 묻고 하니까. *be charge of 혐의 받다. *drop the charges 고소를 취하하다. *be charged with 임무가 부여되다. *be in charge of 담당하다. 책임지다 be responsible for.
Arrange [əˈreɪndʒ]		마련하다prepare, come up with. 편곡하다. 배열하다lay out Arrange flowers 꽃꽂이 하다. *orchestrate 관현악으로 편곡하다	Arrange for his trips 여행 준비하다. Arrange with 합의하다. 해결하다resolve. Arrange your desk in order 정돈하다. 해결하다: solve the problem =make it go away=nail down
Arrant [ˈærənt]		순전한(sheer, very bad, utter) Arrant nonsense 터무니없는 소리	An arrant thief. 순전히 도둑놈 An act of sheer bravado 순 허세부린 행위
Array [əˈreɪ]		배열, 배열하다arrange in 집합체aggregate, assembly Set in array 배열하다 Bridal array 신부 차림 In battle array 전투 대형으로 Array oneself in 차려 입다	선ray을 잘 모아 모아 배열시키다 Ray 선. 광선. 한줄기(약간의) 손모아서 pray기도하다 붓으로 잘 모아서 portray 그리다 묘사하다 *limn 그리다. 묘사하다. *limner 초상 화가
Arrears		체납금arrearages. Be in arrears 체납되다. In arrears 체납되어	지불할 것을 바로 안내고 뒤로rear 미루다 보면…. rear뒤. 양육하다. 후방의 체납된: delinquent Delinquent: 연체된. 법이나 의무에 태만한. .
Arrogant [ˈærəgənt] Arrogance. n		거만한patronizing, cocky, conceited, vain, saucy, brash Assume an arrogant attitude 거만하게 굴다 *The prince has a big head.왕자는 우쭐 (거만)해졌다.	강하게 요구ask만 하니까. Rogue 깡패 사기꾼 Roguery 사기humbug Rogatory 심문하는 거만하다. 자랑하다 ; haughty, snobbish, supercilious, stuck-up, snobby, snooty, put on airs. make a boast of, show off *그녀는 콧대가 높다.She's stuck up.
Arsenal [ˈɑːsənl]		무기weapon. 무기고armory. 무기 공장.	A nuclear arsenal 핵무기고
artful		기교적인(crafty, subtle, shrewd). 교묘한(sly, wily, foxy, tricky, deceitful,	Subtle: 미묘한not obvious. 기발한Ingenious,

		underhand, guileful, double-dealing)	crafty *architect건축가, 설계자 *architecture 건축학, 건축양식
Artifice ['ɑːtɪfɪs]		책략stratagem, scheme, ruse 계략(cunning, machination)	Artful artifice(교묘한 계략)로 암기하면…. 속임수; chicanery, deceitfulness, trickery, sophistry, quibbling, cheating, duplicity 도식적인, 도식으로 나타낸schematic
Ascendancy [ə'sendənsɪ]		지배력을 행사할 수 있는 위치(supremacy)	Be in ascendancy for 영향력을 행사하다. **ascend오르다 // descend내려가다// descent가계,혈통,하강 // decent예의 바른// dissent불일치하다// candescent백열의
Ascetic [ə'septɪk] Asceticism. n		금욕적인hermitlike, reclusive, austere, celibate, abstinent, abstemious, ascetic	금욕; celibacy, abstinence, continence, renunciation (금욕, 포기) 극기주의, 금욕주의: stoic(스토아학파)
Ascertain [,æsə'teɪn]		확인하다make sure, 알아내다find out	확실하게certain 알아내니까. Uncertain 불확실한 An annuity certain 확정 연금
Ascribe [ə'skraɪb]		탓으로 생각하다(attribute, assign, impute, put down to) Ascribe A to B (책 등을)B가 A를쓴것으로 보다 Ascribe A to B B의 원인을 A탓으로 생각하다	탓으로 돌리다 Charge off, ascribe to, pin something on somebody, lay at the door of a person. *Attribute A to B, impute A to B *ascribe탓으로 돌리다 // prescribe규정하다, 지시하다 // proscribe막다,금지하다// subscribe동의하다, 배서하다.
Askance [əskæns]		비스듬한(oblique, askew) 의심하여suspicion, 곁눈으로	의문ask이 있으니까….의심하여…. Look askance at 미심쩍어 하다. At askance look 곁눈질, 불신의 눈
Asperse		악담을 퍼붓다, 중상하다. 세례 물을 뿌리다(sprinkle)	악담을 여기저기 퍼부으니까sper. 여기 저기 Disperse 흩어지다 해산하다 안으로 잘 Intersperse 배치하다. 흩뿌리다. Asperity 무뚝뚝함, 거 , 혹독함, 매서움

동명사(동사 원형+ing) 만을 목적어로 취하는 타동사

admit, advise, avoid, consider, deny, enjoy, escape, finish, help, mind, miss, postpone, practice, quit, resist, risk, stand, stop, give up, keep on, put off, cannot help, look forward to(학수고대하다)

부정사(to+동사 원형) 만을 목적어로 취하는 타동사

afford, agree, appoint, care, choose, claim, decide, determine, desire, expect, fail, hope, learn, long, plan, pretend, refuse, seek, tend, wish, want, manage

단어	의미	관련어
Aspire [əˈpaɪə] Aspiration. n	열망하다 deire, crave, dream of. 염원하다 long for, yearn for Aspire to fame 명성을 열망하다	꼭대기Spire로 가서 내쉬니까…. Spire 첨탑, 꼭대기 마음 속으로 inspire 영감을 주다 여러 사람이 모여서 conspire 공모하다
Assail [əˈseɪl]	공격하다 attack, assault 괴롭히다 bully, harass Be assailed by fears 공포에 시달리다	Assailant 공격을 가한 자 wine으로 공격을 하면 wassail 술잔치 assassin 암살자, 자객 assassinate 암살하다.
Assault [əˈsɔːlt]	폭행하다 attack, assail, beset, set upon 괴롭히다 harass, torment Be charged with assault 폭행죄로 기소되다	Sault 폭포 급류 Somersault 공중제비 By assault 기습에 의해 Make an assault on 맹공하다 A full-frontal assault 가차없는 공격
Assent [əˈsent]	동의하다 agree 승인하다 express agreement With one assent 만장일치로 Give a nod of assent 머리를 끄덕여서 동의를 표시하다 Give his assent to a plan 동의하다	Dissent 반대하다 **assent동의하다 // assert주장하다 //assess평가하다 // assort분류하다 //consort사귀다.일치하다 //disconcert혼란시키다 //Concerted 합심한.편곡된 That doesn't agree with me. 내 취향이 아냐 =That is not my cup of tea.=That doesn't suit my taste.
Asset [ˈæset]	자산, 재산 property, wealth An invaluable asset 귀중한 자산 Financial assets 금융 자산	Offset 상쇄하다, 보완하다 *assets and liabilities 자산과 부채
Assiduous [əˈsɪdjʊəs] Assiduousness.n	성실한 hardworking, industrious 끈질긴 gone about with constant attention Assiduous investigations 끈질긴 수사 Be in assiduous in his attention 관심 기울이는데 성실하다.	어디 안가고 꾸준하게 앉아서sid 있으니… *resid(residual oil) 잔류 기름 *resident 거주자, 투숙객 (투숙하다 put up at) *resident alien 거주(체류) 외국인 *residentiary 거주하는, 주재하는
Assign [əˈsaɪn]	(배정)맡기다to, 파견하다 dispatch. 배치하다 arrange, post. Assign his absence to his ill health 그 결석을 나쁜 건강 탓으로 하다.	서명하고sign 멀리 파견나가 배치되니…. Assign work to each man할일을 할당하다. Assign a day for a festival 축제의 날을 정하다
Assimilate [əˈsɪmɪleɪt] Assimilation. n	동화하다 (take in) 소화하다 digest, stomach, swallow 이해하다 have a grasp of, comprehend Assimilate a camel to a ship 낙타를 배에 비유하다	아주 비슷하다simil고 말하니까. Simile 직유 Similar 비슷한 A를 B에 비유하다 compare(liken) A to B A를 B에 비교하다 compare A with B
Associate [əˈsoʊʃieɪt]	연관짓다, 어울리다 fall in with, unite 동료 co-worker, colleague, confidant 준회원	Associate oneself with 찬성하다. *in favor of=in one's favor 에게 유리한

Assuage [əˈsweɪdʒ]	경감하다 relieve, calm, pacify 완화시키다 lessen. Allay	달래다; soothe, calm down, comfort, pacify, placate, coax, appease, console, pull oneself together, wheedle, cajole
Assume [əˈsjuːm]	추정하다 presume, estimate. 떠맡다 undertake. 가장하다 feign. put on an act Assume the black cap 사형 선고를 내리다.// assume the defensive 수세를 취하다.	Assume that… 만약..이라면 Assume ignorance 모른 체하다 be blind to Assume a new aspect 새 국면에 접어들다 Assume the responsibility 책임을 떠맡다
Astound [əˈstaʊnd]	큰 충격을 주다. 경악시키다 shock Be astounded at the news 뉴스에 경악하다	천둥tound 소리는 충격을 주니까. 깜짝 놀라게 하다: astonish, shock, startle, stagger, astound, appall
Astute [əˈstjuːt] Astuteness. n	영악한(shrewd. sage, sagacious, keen in judgment, wise, insightful, discering)	깜짝 놀라다 astonish 만큼 영악한…
Asylum [əˈsaɪləm]	정신병원 mental hospital. 피난처 refuge.	수족관 aquarium 객석. 강당 auditorium (*audit.청강하다, 회계감사하다) 균형. 마음의 평정 equilibrium
Attach [əˈtætʃ]	붙이다 paste. 들러붙다 stick, cling. 연관되다 be implicated in. be involved in 가치를 두다. *splice 붙이다. 잇다 join together. 붙인 부분. *splicer 영화 필름 접착기	배가 기항하듯(touch at) 어디에 붙어있어서 연관되니.. Attach suspicious to 에 혐의를 두다. Attach importance to 중시하다.
Attend [əˈtend] attendance. n	참석하다 present, participate in. 주의를 기울이다 take good care of. keep close tabs on 수반되다 accompany, give rise to attendance 출석. grade 성적 *call the roll 출석 부르다	Attend class/ church 출석하다/예배보다 Attend my health 건강에 주의하다 heed *attend on 시중들다 wait on, serve *attend to 유의하다 give care to=look to 극진히 시중들다 wait on ~ hand and foot *중퇴하다. 참가를 그만두다 drop out
Attest [əˈtest]	증명하다 verify, substantiate 증언하다 declare to be true, testify, vow, vouchsafe, vouch for	조사test한 데로 말하니까. Testimony 조사 증언 Testify 증언하다 Testimonial 추천서
Attire [əˈtaɪə]	입히다 dress, clothe Attire oneself in …을 입다 Incorrect attire 주변에 어울리지 않는 복장 Company dress code 회사복장규정	복장;dress, clothes, attire, costume
Attorney [əˈtɜːnɪ]	변호사	토니tony사는 곳at에는 변호사만 살아서.. 변호사; lawyer, solicitor, counsel, barrister 개업 변호사 practicing attorney 상대측 변호사 the opposing counsel

Attrition [ə'trɪʃn]	소모(gradual weakening or loss, rundown, deaden). 마찰friction	영양분nutrition이 다 떨어지니at 소모되어 마찰이…. Nutrition 영양nourishment Nourish영양분을 공급하다.(생각)을 키우다 Malnutrition 영양 실조
Avail [ə'veɪl]	도움이 되다be help(use) to. go a long (great) way 쓸모 있다be useful. The knife avails me nothing. 그 칼은 나로서는 쓸모 없다.	Be of (no) avail 쓸모 있다(없다). Avail oneself of 을 이용하다.= Make the most(best) of 최대한 이용하다
Avant-garde	전위예술사상. 전위파예술가들	전위vanguard On one's guard 경계하여vigilant Off one's guard 방심하여unprepared
Avenge [ə'vendʒ]	복수하다fight fire with fire. Avenge oneself on the man 그 사람에 대하여 복수하다 Avenge an insult on one's honor 모욕 당한 복수를 하다	상없이 벌veng만 주니까…. Vengeful 복수심을 품은, 앙심 품은 Vengeance 복수 반드시 복수하려는 revenge 보복 **Scavenge 쓰레기 청소하고, 순화하다.
Avarice ['ævərɪs] Avariciousness. n	탐욕extreme greed. cupidity, craving, covetousness, rapacity, parsimony	갖가지various 다 원하는.. Various 여러가지의. 다양한 특징을 가진 Live through various hardships 갖가지 고생을 하면서 살다

동명사, 부정사 중 어느 것이든 목적어로 취할 수 있는 타동사

attempt, begin, cease, continue, intend, neglect, omit, propose, start, try, like, love, prefer, hate, decline

동명사, 부정사 중 어느 것을 취할 때마다 뜻을 미래 또는 과거로 해석하는 타동사

Forget, remember, regret 동사는 동명사를 목적어로 두면 과거(했던 것)의 일로 해석하고,
Forget, remember, regret 동사가 부정사를 목적어로 두면 미래(해야 할 것)의 일로 해석.
I remember seeing the actor last year.   나는 그 배우를 작년에 만났던 것을 기억한다.
I remember to see the actor next year.   나는 그 배우를 내년에 만나야 할 것을 기억하고 있다.

Avenue ['ævənju:]	대로thoroughfare, boulevard 수단means 통상 표기는 Ave.로 함. An avenue to success 성공에의 길	오는ven 방향으로 길이 나니까 미국의 도로는 avenue와 street으로 구획이 되어 있는데, 특히 조금 큰 도로의 경우 boulevard라고 하며, 고속도로는 비용을 안내서 freeway라고 하는데, 가끔 돈을 내는 tollway가 나오므로 운전 주의.
Avow [ə'vaʊ]	맹세하다swear, make a vow. 인정하다(admit, let in, accept, permit). 공언하다proclaim, declare. Avow oneself to 인정하다 Avow oneself the culprit (perpetrator) 자신이 범인이라고 인정하다	명백히 맹세하vow하니까. Disavow 부인하다 I vow 확실히. 분명히no doubt. *Approve of..을 승인하다. 인정하다. *확실히 하다 see to it that *분명히. 확실히beyond doubt. out of question, clearly, distinctly, far and away

Axiom ['æksɪəm]	격언(maxim. saying), 자명한 이치.	격언 ; maxim, dictum, postulate, precept, 속담 proverb, adage
Audacity [ɔː'dæsəti] Audacious. a	대담함(boldness, impertinence) 뻔뻔함(chutzpah. brazenness)	An audacious intrusion 대담한 침략 audacious 대담한bold, daring, intrepid, brave, reckless, rash, foolhardy, daredevil, doughty
Augment [ɔːg'ment] Augmentation.n	증대(make bigger). 증가increase	*augur 전조가 되다. *august 위엄 있는 (8월 August)
Austere [ʊ'stɪə]	소박한unadorned. artless. 근엄한stern. 금욕적인forbidding	Austerity 내핍상태, 금욕적임, 내핍생활
An	부정	
Adamant ['ædəmənt]	단호한(unyielding, rigid, stubborn, inflexible, implacable, unbending). 확고하다(수동태로)firm, solid As hard as adamant 매우 견고한 A will of adamant 강한 의지	*yield 넘겨주다. 야기하다. 내주다. 양보 *unyielding 단호한. 완고한 *give way to 길을 양보하다. 못이기다. *give way 항복하다. 무너지다. 양보하다
Agnostic [æg'nɒstɪk]	불가지론자(신의 존재를 믿지 않는)	신을 알기gno를 부정하는 사람 Atheist 무신론자
Amnesty ['æmnɪsti]	사면(an official pardon) (범행 또는 무기) 자진 신고기간 Grant an amnesty to 사면을 베풀다	예전 죄를 기억mnes하지 않으니까.. 사면;pardon
Amoral [ˌeɪ'mɒrəl]	도덕 관념이 없는(without moral feelings).	도덕moral 을 모르는a…… *Ahistorical 역사성이 없는 *anemia 빈혈 *anesthesia 마취 *anonymous 익명의 *atrophy 성장 부족 *aseptic 균이 없는, 방부성의
Amorphous [ə'mɔːfəs]	무정형의shapeless, 비결정성indefinite 변칙의anomalous	확실한 형태morph가 없으니까 Morphology 형태론. 형태학 여러 형체의 polymorph 다형체 Dimorphous 동종 이형의 둥근 체형에 지방 많은Endomorph 내배엽형 사람 (**endocrine내분비의. **exocrine외분비 의)(**endogamy동족결혼.**exogamy 이족 결혼), Metamorphosis 변형
Amorous ['æmərəs]	지나치게 사랑하는.	Be amorous of 지나치게 사랑하는
Anarchy ['ænəki] Anarchist. n	무정부 상태(lawlessness, disorder, chaos, entropy, tumult, bedlam) Moral anarchy 도덕적 혼란	규칙. 정체. 통치자arch가 없으니까 Monarchy 군주제, 군주국 Hierarchy 계급, 지배층 Autarchy 절대 주권 Matriarchy 여부장 제도 Patriarchy 가부장(족장) 제도 Oligarchy 과두 정치

동명사를 목적어로 취하는 기타 용법 1

accustomed to ~에 익숙한, afraid of ~을 두려워하는, capable of ~할 능력이 있는, fond of ~을 좋아하는, intent on ~에 열중해 있는, interested in ~에 관심 있는, successful in ~에 성공하는, sure of ~에 확신하는, confess to ~고백하다, count on ~에 의지하다, insist on ~을 주장하다, look forward to ~기대하다(expect to 동사원형=anticipate ~ing), object to ~반대하다(be opposed to ~ing=have an opposition to ~ing), succeed in ~에 성공하다, think about ~에 대하여 생각하다, worry about ~에 대하여 걱정하다, excuse for ~에 대한 변명, intention of ~하려는 작정.의지, possibility ~할 가능성.

Anecdote ['ænɪkdəʊt] Anecdotal. a	일화(a short account of a humorous) 개인적 진술	Priceless anecdote 무척 재미있는 일화
Anomalous [ə'nɒmələs]	이례적인strange, abnormal, aberrant 자기 모순적인contradictory An anomalous situation 이례적인 상황 Anomalous position 이례적 입장	평범한 보통normal 이라고 볼 수 없으니까.. 과학으로 설명할 수 없는 paranormal 초능력을 가진 정상보다 이하의 subnormal 저능한
Anonymous [ə'nɒnɪməs]	익명의nameless	이름onym을 노출하지 않은 *onymous 이름을 밝힌. 익명 아닌 가명 an assumed name, a feigned name 가명계좌 an account under a false name
Anguish ['æŋgwɪʃ]	번민(agonizing physical or mental pain)	정신 및 육체 모두에 해당됨에 유의…
Apathy ['æpəθɪ]	냉담(lack of feeling). 무관심lack of interest, inattention *Have an apathy to 냉담하다 Drum a person into apathy 잔소리로 인해 무감각하게 만들다 *be in lack of 부족하다. Be in need of 필요하다. Be in course of과정중이다(be under). Be(fall) in love with 사랑에 빠지다	느낌path을 가지지 않으니까… Pathetic 불쌍한 한심한, 애절한 Pathos 동정pity 연민 Pathology (질병)병리학 무관심한; indifferent(to), unconcerned, uninterested (in), apathetic, careless(of), unmindful(잘 잊는oblivious, forgetful, go in one ear and out the other). 깜빡 잊다. It slipped my mind
Aseptic [ə'septɪk]	무균성의 Aseptic surgery 무균성 수술 *방부제: preservative	부패시키지septic 아니한 부패의 전염성의 septic 수술 중이다 be under the knife
Atheist ['eɪθɪɪst]	무신론자 A professed atheist 무신론자라고 공언하는 사람	신the이 존재하지 않는다고a 믿으니까..
Atrophy ['ætrəfɪ]	발육 불능, 위축증, 쇠퇴decline, decadence 위축되다cower. cringe, crawl	영양troph 상태가 불량한 Trophy 기념품 전리품 Hypertrophy 영양 과다 위축시키는withering, astringent 시들다:wither away, fade away. Shrivel up

Atypical [əˈtɪpɪkl]	비정형의abnormal, 이례적인not usual, deviant, irregular	정형적typical이지 아니하니까… Atypical hehaviour 이례적인 행동
A	어어…실정	
Afloat [əˈfloʊt]	떠있는floating, buoyant, floatable 빚은 안 질 정도의 Keep afloat 물이나 공중에 떠 있다 Stay afloat 빚은 안 질 정도로 *다 갚다.Pay off. work off(the debts) *Let's put it on my tab. 외상으로 하자.	떠 있는float 실정이니까… Float 흘러가다 Floating 유동적인, 떠있는 Floater 부유물 Floaty 얇고 가벼운 Buoyant 부력이 있는 부력 buoyancy, floatage, floatation
Aghast [əˈgɑːst]	경악한terrified, 아연실색하는shocked Be aghast at 보고 아연실색하다 =stand aghast at	ghost보고 무서워ghast 하는 실정이니…. a ghostly bore 무척 따분한 사람 (boredom 권태languid) a ghostly look 경악하여 놀란 표정 a ghostly sight 끔찍한 광경
Akin [əˈkɪn]	친척의 유사한simular Akin to 유사한 similar to, allied (affiliated, connected) to	친척kin 의 실정이니까… 친척관계 kinship
Alacrity	민첩성agility. 아주 기꺼이(cheerful eagerness).	With alacrity 민첩하게 with activity. 아주 기꺼이 Show alacrity 민첩하게 하다.
Alchemy [ˈælkɪmɪ] Alchemist. n	연금술(쇠로 금을 만드는 마법)	연금술의 alchemic, chemic, hermetic
Alienate [ˈeɪlɪəneɪt] Alienation. n	멀어지게 만들다estrange. disaffect 소외감을 느끼게 하다from	Alien 외국의. 이질적인. 외국인foreigner, outlander, outsider, newcomer Alienate: make unfriendly, make hostile.
Aloof [əˈluːf]	냉담한(standing off, uninvolved, apathetic, indifferent, chilly, standoff ish, unresponsive) Keep aloof from=stand aloof from초연하다 Keep/hold oneself aloof 냉담하다	Stand aloof 냉담하다. Standoffish 냉담한. 멋적은
Amaze [əˈmeɪz] amazement. n	(꽤)놀라게 하다astonish, astound, startle, awe, stun, take aback, nonplus You amaze me. 날 놀라게 하는군요. Knock his hat off.(모자 날아갈 정도로) 깜짝 놀라게 하다.	미로maze처럼 꼬여 있는 실정이니까 Maze 미로(labyrinth). 라비(lobby)에 린스(rinse)를 뿌려서 헤메게 되는….
Astray [əˈstreɪ]	길을 잃다 Stay dogs 길을 잃은, 주인 없는 개들 Go astray 분실되다 없어지다 Lead astray 타락시키다	길을 벗어난stray 실정이니까 Stray 길을 벗어나다. 논의가 옆길로 새다 Stray apart 길을 잃다, 방황하다 astary 길을 잃은 가축 또는 사람 pass the way for 길을 열다make easier

| Asunder [əˈsʌndə] | Ad. 산산이, 뿔뿔이
Fly asunder 뿔뿔이 도망가다
Put asunder 갈라놓다
Rend asunder 산산 조각이 나다
Break asunder 두 동강을 내다
Be poles asunder 정반대이다.
Be driven asunder 쫓겨서 뿔뿔이흩어지다 | 산산이 분리 된 sunder 실정이니까..
Sunder 떼어내다 분리하다
Sunderance 분리 절단

*He was tossed out of the meeting.
그는 미팅에서 쫓겨났다. |

동명사를 목적어로 취하는 용법 2

Be afraid of +ing 두려워하다.   Be bent on +ing 결심하다.   Be capable of +ing 능력이 있다.
Be engaged in +ing 종사하다.   Be fond of +ing 좋아하다   Be good at +ing 능숙하다
Be intent on +ing 전념하다.   Be proud of +ing 자랑하다   take pride in +ing 자랑하다

Awry [əˈraɪ]	빗나가다(off course) 엉망인messy, shocking, lousy Go awry (예측 등)빗나가다. Look awry 의심하는 눈으로 보다 Think awry 삐딱하게 생각하다 Be awry from 어긋나다	씁쓸한Wry 실정이 되도록… Wry 찡그린. 심술궂은. 예상이 빗나간 Wry smile 씁쓸한 미소 A wry comment 비꼬는 논평 Wry humour 풍자적인 유머 Make a wry face 얼굴을 찡그리다 *get a load of 보다=look at
AMBI	둘. 양쪽	
Ambiguous [æmˈbɪgjʊəs] Ambiguity. n	애매모호한(equivocal, weasel-worded 족제비가 기피하듯, amphibolic, vague, foggy, cryptic, puzzling, enigmatic). 여러 가지로 해석 가능한. An ambiguous term 애매모호한 용어	양쪽으로Ambi 해석이 달리는guous 함께 달려서Contiguous 인접하는 연속된 unambiguous 애매하지 않은, 분명한 straddle 양쪽에 걸치다. (말. 오토바이)다리벌리고 앉다. Straightforward=unambiguous=clear
Ambivalence [æmbívələns]	양면 가치. 동요unrest. 모순contradiction	양쪽으로ambi 가치가 존재하는value… 앞서 보급된prevalence 유행. 널리 퍼짐 *amphibian 양서류. 수륙 양용 Amphibious 양서류의
ANA	위에. 뒤에.	
Anachronism [əˈnækrənɪzəm]	시대착오적인 사람(생각). 연대 오기misdate, misapplication 이 단어는 그리스어의 아나(ana:前)와 크로노스(khronos:時代)에서 시대를 착오한다는 표현에서 생성….	뒤처져 있는Ana 시간chronism Synchronism 동시에 발생하는. 동시성
Analogy [əˈnælədʒɪ] Analogous. a	비유comparison. 유사점likeness. Draw an analogy 비유하다. There is no analogies with 유사점이 없다.	위에an 함께 놓고 말하는log By the analogy with 와의 유사점에 의해 Have some analogy to 상당히 닮다.

Anathema [ə'næθəmə]	혐오하는 것. 저주curse, implecation. Pronounce an anathema against 공공연히 저주하다.	뒤에서나ana 볼 수 있는 주제thema Thema 주제. 논제. 작문 Be anathema to ~를 혐오하다.
ANTE	앞에, 이전에	
Antecedent [,æntɪ'siːdənt]	앞서는. 선행의previous, former. 선행 사건. 선조(antecedents) An antecedent action 선행 행동	앞으로 Ante 먼저 위치한 사건incident Incident 일, 사건, 분쟁. 투사의 Incident light 입사 광선
Antedate [,æntɪ'deɪt]	(날짜. 시기)보다 선행하다. 앞당기다. 예상하다. 재촉하다.	선행하는ante 날짜.date…. *보다 후행하는postdate *시대에 뒤지게 하다.outdate
Anterior [æn'tɪərɪə]	앞쪽인. 이전의previous, former Events anterior to the end of war 종전 이전에 발생한 사건들	앞Ante 방향으로 보다or
Anticipate [æn'tɪsɪpeɪt] anticipation. n.	예상하다foretell, forecast, predict, foresee. 기대하다expect, count on. 막다forestall, preclude, obviate, prevent Unanticipated troubles 예상치 못한 문제들. Anticipate the worst 최악의 경우를 예상하다.	Live up to 기대에 미치다. ~에 따라 행동하다. *따라 잡다 come up with As for trouble 스스로 화를 자초하다.
Antipodal	정반대의to. 지구 정반대쪽의. 대척지의.	남북극은 정반대anti 쪽에 위치pod. 남극(the Antarctic)의 대척지는 북극(the Arctic) Pod발 관련 어군: antipodes 지구 반대쪽에 사는 지역. 주민 chiropodist 다리병(뼈) 치료 전문의 podiatrist 다리 병 전문 의사foot doctor podium (건물의 발에 위치하는)주춧돌 tripod 삼각대
Antique [æn'tiːk]	고풍의archaic. 고대의ancient. 골동품curio. An Antique dealer 골동품 상인	골동품에 안목이 있다have an eye for antiques.
Antiseptic	소독약disinfectant 소독(살균)이 되는. 소독된sterile *He is fumigating the hotel. 호텔을 소독하다.	부패하는septic 것을 막아내는 anti septic전염성의. 부패의. 패혈성의. septicity 부패 antibiotic (생물체에서 나온)항생물질
APO	분리되어, 이탈되어	
Aperture ['æpə,tjʊə]	구멍hole, opening, pit (카메라)조리개iris	Bore 구멍을 뚫다. 뚫어지게 쳐다보다. 지루하게 만들다. A crashing(dreadful, perishing) bore 몹시 따분한 사람. Burrow (동물이)구멍 파다.
Apostle [ə'pɒsl]	예수12제자 중 한 사람. 주창자a moving spirit Be an apostle for doing 주창하다.	An advocate of nonviolence 비폭력 주창자

Apotheosis [əˌpɒθɪˈoʊsɪs]	절정. 절정기. 신격화deification. This is an apotheosis of an era for me. 나로서는 시대의 절정기이다.	신theos은 아니지만, 신처럼 대우하는…. *theology 신학
ARCH	주요한. 고대	
Archeology [ˌɑːkɪˈɒlədʒɪ]	고고학 Urban / marine Archeology 도시/해양 고고학	옛 것arch을 연구하는logy Technology 공학. 기술. 기계. 장비 Psychology 심리학. 심리 *excavate an archeological site고고학적 유적지를 발굴하다
Archaic [ɑːˈkeɪɪk]	고풍의antiquated, antique, quaint 구식의outdated, outmoded, out of date	The professor is an old timer 그 교수는 구식이다. Archaic grading system 구식의 등급 제도
Archives	기록 보관소(archives) Archive books/ dvd.보관된 책/dvd	A documentary film 기록 영화
Armament [ˈɑːməmənt]	군비arms. 무기weapon. 군비 확장expansion of arms	Armament limitations 군비 축소
Armistice	휴전(협정)truce	Make an armistice 휴전하다.
Astro	별의. 우주의.	
Astronaut [ˈæstrənɔːt]	우주인. 우주 비행사spaceman (러시아에서는 cosmonaut) *planet 행성. 세상 Planetary 행성의 Planetoid 소행성 Planetology 행성학 Planetwide 지구적 규모의. 지구전체에 미치는worldwide *Mercury수성, Venus금성, Mars화성, Jupiter목성, Saturn토성, Uranus천왕성, Neptune해왕성, Pluto명왕성	별astro을 보면서 항해하는 사람naut 별을 보면서 점을 치는 astrology점성술. astrospace 우주 공간, astronomy 천문학 astronomer 천문학자, astrogate 우주 비행하다, 우주 비행시키다. astronomical천문학적인, 어마어마한 astrometry위치 천문학, 천체 측정. astronavigation우주비행. astrophotography 천체 사진술. astrophysical천체 물리학의. astronomical satellite 천체 관측 위성, artificial satellite 인공위성. astronomical year태양년(=solar year)
Auspices	길조propitious sign. 보호protection, support, patronage 후원support. 찬조sponsorship	Take auspices 길흉의 점을 보다. Under the auspices of 후원아래서 *spoon-feed 과보호 하다.
Auxiliary [ɔːgˈzɪljərɪ]	부차적인(secondary, additional. ancillary, subsidiary, secondary, extra) 보조원assistant, aide, supporter	An auxiliary engine 보조 기관 *in addition to=besides 게다가. 이외에도 apart(aside) from=except for
AUTO	스스로. 자동차의	
Autobiography	자서전. Fictionalized autobiography. 소설풍의 자서전	스스로auto 에 대하여 쓴graph Psychobiography 성격분석적 자서전 Biography 전기 (남이 쓴 위인 이야기)

Autocracy [ɔːˈtɒkrəsɪ]	전제정치despotic government. 독재국가dictatorship.	스스로 auto 모든 것을 통치하는cracy Bureaucracy 관료 정치. Aristocracy 귀족 정치
Autograph	서명signature. 자필holograph. 사인을 해주다. An autographed baseball 사인한 야구공 *sign off on ~을 승인(허가)하다	자신이Auto 직접 쓴graph Audio듣다. Audio-visual education 시청각교육, audiophile오디오전축애호가 *Would you sign my book? 내 책에 서명 좀 해주시겠어요?=May I have you autograph on my book?
Autonomy [ɔːˈtɒnəmɪ]	자치권. 자율성. 자주성independence Greater autonomy in their lives. 그들 생애에서 더 큰 자율성	스스로Auto 통치하는nomy Autonomous 자주적인. 자치의 Autonomic nerve 자율 신경
Autopsy [ˈɔːtɒpsɪ]	부검. 검시postmortem Perform an autopsy report 부검을 실시하다.	Autocide 자멸. 자동차에 충돌에 의한 자살(auto 차량+cide죽이는) 검시관: coroner

미국 모뉴멘트 밸리

Bb

BE	동사화~ 되다	
Befall [bɪˈfɔːl]	(안 좋은 일이)닥치다approach, draw near	일이 떨어져서fall 생기니까be…
Beget [bɪˈget]	아비가 되다. 자식을 보다(create) 야기하다(cause, lead to) Isaac beget Jacob 이삭은 야곱을 자식으로 보게 되다.	자식을 얻게get 되니까be. *야기하다=give rise to=result in=bring about=lead to=end in Be getting on 나이가 들다. 늙어지다 Be getting warm 점점 더워지다 Be getting younger 점점 젊어지고 있다 *result (come, stem, derived) from= ~로부터 생기다.
Begrudge [bɪˈgrʌdʒ]	시기하다be envious of, envy, grudge 못마땅해하다be unwilling to.	앙심을 살만큼grudge 못마땅해하니까be.. grudge원한. 앙심. 주기 싫어하다. I don't begrudge them their fortune. 그들이 행운을 시기하는 건 아니다.
Beguile [bɪˈgaɪl]	(마음을)끌다attract, entice, appeal 구슬리다talk into, deceive, mislead, take in, dupe, swindle, delude, cheat Beguile a person of his money 그의 돈을 갈취하다 Be beguiled by her beauty 그녀 미모에 끌리다.	속임수guile로 속이면서be 마음을 끄니까. 교활한 guileful(=sneaky) *Don't sneak up on me뒤에서 다가오지마 속이는 사람;심심풀이 beguiler *Her husband is a couch potato. (남편은 소파에서 칩만 먹고 있는)TV만 보는 사람이다. *I just feel cooped up. (갑갑해서coop up)바람 좀 쐬야겠다.
Behold [bɪˈhəʊld]	바라보다look. See. Be a joy to behold 바라보기만 해도 좋다. Beholder 구경꾼 See…through rose-colored spectacles 낙관적으로 보다	관심을 유지하고hold 있으니까… Holdup 노상강도, 중지, 정지 Holdfast 꽉붙잡는 것, 꽉누르는 것 Household 가정 일, 가구 Threshold 문지방, 출발점 Withhold 보류하다. 억제하다. 임금에서 공제하다.
Belated [bɪˈleɪtɪd]	(예정보다)뒤 늦은, 때 늦은out of date, delayed, detained, behind time *천천히 하다take your time	늦은late 상태에 있으니까be.. Most ladies are a Sunday driver. 대부분 숙녀들은 천천히 운전하다.
Belie [bɪˈlaɪ]	잘 못 전하다misrepresent, 착각하게 만들다mistake A for B 거짓임을 보여주다 Look belie her 70 years. 그녀의 나이 70세를 착각하게 만들다	거짓말lie을 전하게 되니까be… *Everyone is allowed to have their own illusions. 누구든 착각하는 것은 자유다.

Belligerent	호전적인(quarrelsome, combative). 전쟁 중의(waging war) The belligerent powers 교전국	호전적인 Liger(사자+호랑이)가 되게 하니까be… 호전적인 ; contentious, argumentative, bellicose, provoking controversy	
Belittle [bɪˈlɪtl]	얕보다(put someone down). 작게 보다(make to seem little). Belittle oneself 자신을 비하하다	얼마 안되는 작은little 것으로 취급하니까be… Little brother 남동생 Little finger / toe 새끼 손가락/ 발가락 Dolittle 게으름뱅이, 게으른	
Bemoan	한탄하다grieve over Bemoan his swing 그의 골프 스윙을 한탄하다. *in full swing 성황을 이루는	슬퍼하게moan 되니까… Moan 한탄하다, 신음하다 Moaner 불평가	

정관사를 붙이는 경우

국어 연구소를 반군이 침입하자, 정관사가 배, 열차, 항공기 타고 강, 바다, 산맥 거쳐 공격하겠다는 기사가 관공서 신문잡지에 실렸다.
국어(국어이름과 특정한 말 the Japanese language) 연구소(연구소, 학회, 협회)를 반군(반도. 군도. 해협)이 침입하자, 정관사(the)가 배, 열차, 항공기(배. 열차. 항공기. 철도 이름)타고 강바다 산맥(강. 바다. 산맥의 이름) 거쳐 공격하겠다는 기사가 관공서(관공서. 공공건물) 신문잡지(신문. 잡지 이름)에 실렸다.

정관사를 안 붙이는 경우

공항역 근처 호수 공원 옆 항다리에서 만나지요.
공항역(공항. 역) 근처 호수 공원(호수. 공원)안에 있는 항다리(항구 다리)에서 만나지요.

관사가 생략되는 경우

다이어트(관사를 빼려고….)하는 것은,
식사나 운동을 병행하면서, 질병을 물리치고, 짝이나 가족도 관심을 가져야 본래 목적을 달성한다.
다이어트(관사를 빼려고….)하는 것은,
식사나 운동(식사. 운동 이름)을 병행하면서, 질병(질병 이름)을 물리치고, 짝(짝을 이루는 두 개의 명사mother and daughter)이나 가족(가족관계aunt. 호격Sam)도 관심(관직President Obama. 신분Professor Smith을 나타내는 말이 고유 명사 앞에 쓰이거나 보어로 쓰일 때)을 가져야 본래 목적(공공의 건물이 본래의 목적으로 쓰일 때go to school)을 달성한다.

원래 정관사를 붙이지 않아서 외워야만 할 관용구

At home(집에. 본국에서), at noon(정오에), on foot(걸어서), on the wing(날아서), on wings(발걸음도 가볍게), at hand(가까이에), by mail(우편으로), by chance(우연히), by sea(배 편으로), by train(열차 편으로)

Benefit ['benɪfɪt]	이득boon, award, reward, advantage. 자선행사charitable act. 수당gain. 얻다. 이득보다profit from.	A benefit concert 자선 음악회 *benefit from 로부터 이익을 얻다pay off
Bequeath [bɪ'kwiːð] bequest. n	물려주다(유증하다)hand down, pass on, make over. 남기다set aside Her father bequeathed his land to her. 그녀의 아버지는 그녀에게 땅을 유산으로 남 겼다	말하고 나서queath 주니까… Bequest 유산(legacy, patrimony) Inherit 상속받다 She inherited a fortune from her father. 그녀는 그의 아버지로부터 재산을 물려받았다. (She=inheritor 상속인)
Berate [bɪ'reɪt]	엄하게 꾸짖다censure severely, rate, revile, abuse, rail, excoriate, castigate 질책하다strongly rebuke.	꾸짖게rate 되니까… 엄하게 꾸짖다. Rate(rate의 다른 뜻;요금, 임금, 속 도, 세금, 비율) 악담퍼붓는(악담하는)berating, vituperative
Bereave [bɪ'riːv]	(가족, 친지와)사별하다lose. (수동형으로) 빼앗다rob, extort Bereave 사별을 당한	강탈하게reave 되니까be… Reave의 다른 뜻; 찢다. 부수다destroy. Break down. Tear(pull) down, demolish
Beseech [bɪ'siːtʃ]	간청하다supplicate, sue for Beseech an interview 면회를 요청하다 I beseech you to love me. 날 사랑하도록 너에게 간청하다	진심으로 구하는seek 거니까be.. 추구하며.seeking=pursuing=in pursuit of 진심.본색을 드러내다 show his true colors Beseechingly 탄원조로 간청하여
Beset [bɪ'set]	(수동태로)시달리다harass, harry, assail 포위하다surround, encompass, besiege Be beset by/with 시달리다 Be beset by enemies 적에게 포위당하다	자리하여 위치set를 잡게 되니까… Be set 돈이 많다 Set at 공격하다 Set by 저장해 두다
Besiege [bɪ'siːdʒ]	포위하다surround 퍼붓다harass with questions Besiege a person with requests 부탁 공세를 받다 Be besieged by the enemies 적들에 의 해 포위되다.	포위하게siege 되니까… Siege warfare 포위 공격 *I was wondering ~ (겸손하면서 조심스럽게 질 문할 경우)how many classes you are taking. 수업을 몇 개 듣는 지 궁금하다.
Bethink [bɪθɪŋk]	숙고하다ponder 마음먹다(bethink to do) I bethought myself of a promise 약속이 있음이 생각났다.	생각하고think 생각하게 되니까… *Let me sleep on it. 숙고해야 할 것 같다(고려해 보겠습니다)
Betray [bɪ'treɪ] Betrayal. n	배신하다aid the enemy, sell out 폭로하다reveal, disclose, divulge, impart, expose, lay bare	배신하다: break faith with. give away secret information, double-cross *반역죄 treason
Betroth [bɪ'trəʊð]	약혼시키다engage to Be betroth to do 약혼중이다 Betroth oneself to …와 약혼하다	진실로truth 약속을 하게 되니까…

Bewail [bɪˈweɪl]	비통해하다 regret strongly Those who bewail the loss of their cat. 고양이를 잃고 비통해하는 사람들	울부짖게 wail 되니까… The Wailing Wall 통곡의 벽 Wailful 비탄해하는 Wailsome 구슬픈, 비탄에 잠긴
Bewitch [bɪˈwɪtʃ]	마법 걸다 cast spell, hex, spellbind 매혹시키다 ensorcell, enthrall, charm 홀리다 be possessed. Be bewitched by her beauty 그녀 미모에 홀리다	마녀 witch가 마법을 거니까… Witch-hunt 마녀 사냥 Witching 매력적인 Have(get) a crush on 푹 빠지다 be infatuated with someone, be off with him
BENE	GOOD 좋은	
Benediction [ˌbenɪˈdɪkʃn]	축복 blessing, boon, favour, advantage 감사 기도 prayer, consecration Give the benediction 감사 기도 하다.	좋은 bene 말 dict Benedictive 소원의 소망의 Valedictorian 수석졸업생. (졸업식)고별사 읽는 학생. Valedictory 고별사.
Benefactor [ˈbenɪfæktə]	후원자 (through a gift or donation) Anonymous benefactor 익명의 후원자 *I hope I was of help at heart. 진심으로 제가 도움되었길 바랍니다.	좋은 bene 일을 하는 요인 factor Patronize 후원하다. 단골로 삼다. 가르치려 들다. (단골집:hang-out) Patron 후원자. 홍보 대사. 고객 *She is a regular. 그녀는 단골 손님이다.
Beneficent	자비로운 merciful, 인정많은 philanthropic, benefic The beneficent employer 인정많은 고용주	좋은 bene 일을 하니까… *You need to give a little to get a little. (적게라도 주면 적게라도 받는다)가는 정이 고와야 오는 정도 곱다.
Benevolent [bɪˈnevələnt]	자비로운 generous, kind, charitable, gracious, humane, sympathetic, caring The Benevolent Fund 자선기금(단체)	좋은 bene 뜻 will으로 하니까.. Volition 자유 의지(conscious choice) Of your own volition 당신의 자유 의사로
Benign [bɪˈnaɪn]	상냥한 good natured, gentle, benevolent 유순한 mild, docile, bland, warm (종양이) 양성인 noncancerous A benign smile 상냥한 미소	좋은 bene 천성으로 태어 gen나니까… A malignant tumor 악성 종양 A benign tumor 양성 종양 A benign neglect 점잖은 무시
Benighted [bɪˈnaɪtɪd]	무식한 ignorant. 미개한 unenlightened.	아직 깨우치지 못하고 밤인가봐 nighted nighted 어두워진. 야행성의
Beneficiary [ˌbenɪˈfɪʃəri]	수혜자, 수익자 수령인 recipient, The beneficiary of the insurance policy 보험의 수령인	도움을 받고 곤궁한 살림이 어느 정도는 좋게 bene 피시리 ficiary… Heir 상속인, 왕위 계승자 Inheritor 상속인 후계자 Recipient 수령인 Receiver 받는 사람, 수신기 Payee 지불받는 사람, 수취인 Receptor 감각기 sense organ.수화기 receiver
BIBLI	서적.	
Bibliophile	서적 애호가 bookworm, ardent reader	서적을 Biblio 좋아하는 사람 phile Bibliography 서적 목록, bibliology 서지학. Bibliomania 서적수집광

BIO	둘	
Biennial	2년 마다. 격년의, 2년간 계속하는. A biennial fair. 2년 1회의 박람회.	2Bi 년마다의ennial Biyearly 2년 마다. Triennial 3년마다. Centennial 100주년 행사. Bidaily 하루에 두번씩. Bicameral 양원제. Bisexual 양성의. bisect양분하다. biped두발 달린 동물. Binary system 2진법. Biathlete 스키+사격의 2종경기. Bilinguist 2개 국어를 말하는. Trilinguist 3개 국어를 말하는 Polyglot 몇 개 국어를 할 줄 아는 Polytechnic 여러 학문을 다루는
Bilateral [ˌbaɪˈlætərəl]	쌍방의. 상호간의(mutual) Bilateral agreements 쌍방 합의	양쪽Bi 측에서의lateral
Binary	두 부분으로 이루어진. 2진법. 2의 The binary system 이진법	둘의
BIO	생애의. 생물의	
Biology [baɪˈɒlədʒɪ]	생물학 biogenesis생물 발생설(생물+창세기) abiogenesis 자연 발생설 biometrics 생물 측정학. Bionics 생체공학. Biochemical 생화학의.	생물의bio 학문logy biocide살충제(생물+죽이는). Biological warfare 생물학전. Biosystem생태계(생물+체계). Biopsy 생체검사. Biotechnology인간공학(생애+기술) 생애를 적어놓은biograph 전기 생애를 적는 사람biographer 전기작가
BY	옆에서	
Bygone	옛날의olden, long-ago. 지나간past, lapsed, bypast. A golden turf of bygone days 옛날의 금잔디	옆으로 이미 by 가버린gone *let bygones be bygones 과거는 잊기로 하다. *과거 past, bygone, olden, former
By-pass	우회로detour, circuit. 우회하다make a detour. He passes by the name of Steve 그는 스티브라는 이름으로 통한다.	옆으로 by 길 지나가다pass Surpass 능가하다. 뛰어넘다. Encompass 포함하다subsume. 에워싸다. *blow over 사그라들다. 지나가다
By-product	부산물spin-off. 부작용side effect. The by-products of industrialization 산업화의 부작용	옆에서 부차적으로 By 발생하는product Coproduct 부산물. End product 최종 산출물
Bystander	행인passerby, pedestrian. 구경꾼(방관자)onlooker, bystander. Bystander effect 방관자 효과(옆에서 다른 사람이 있으면 성과가 오르는 현상)	옆에서By 지켜보고 서있는stander An innocent bystander gets hurt[suffers a side blow] in a fight. 고래 싸움에 새우등 터진다. *방관하다look on
Baleful [ˈbeɪlfʊl]	악의적인malicious, vicious. 해로운harmful, injurious. 위협적인minatory, menacing, threatening	트렁크에 태우니 짐짝bale취급한다고 악의적으로 보는…. *bale뭉치. 뭉치다. 짐짝을 만들다.

	*You have big knot in neck (안마)목에 크게 뭉쳐(뻣뻣) 있다.	A baleful glance 악의적인 눈길 *빤히 쳐다보다 stare at째려보다 *At a glance 한눈에 // At a stretch한방에. *glance over 한번 훑어보다 *glance off (총탄, 공)스치고 퉁기다.
Bane [beɪn]	독(poison). 파멸(의 원인)ruin, destruction	칼에 심하게 베인bane 듯….
Bandy [bændɪ]	서로 치고받다give cuffs and buffs. 상호교환하다exchange.	Bandy words with 와 언쟁하다
Banter [ˈbæntə]	정감어린 농담kidding, jesting, joking, repartee, chaff, ribbing. 농담을 주고받다make a crack. He hit on me. 그가 날 희롱했다.	말하는 사람은 농담banter이라고 하나, 말듣는 사람은 희롱harassment이 되기도 합니다.
Bacchanal [ˈbækənl]	술마시며 흥청거리는 사람drunken reveller. merrymaker, spree, carousal 파티 광party animal *진탕마시고 떠드는orgy *숙취 hangover(*hang over 걱정으로 남아있는)	파티를 열다 throw(hold) a party They painted the town red the day before yesterday. 그저께 여러 클럽을 돌아다니며 놀았어요. *필름이 끊기다 zonk out, pass out, black out, blank out, get toast
Baroque [bəˈrɒk]	지나치게 장식적인ornate. 현란한flamboyant.	Byzantine 지나치게 복잡한 구조.
Bauble [ˈbɔːbl]	싸구려 보석gaudy trinket.	싸구려 물건 cheapie
Bastion	성castle. 요새(fortress, stronghold, citadel, safeguard, redoubt, barrier, rampart) *stockade (동물, 적을 나무 장벽으로 막는)방책barricade	Bulwark 방벽. 방파제 *barrier to ~에 대한 장벽 *garrison 요새. 수비대. 주둔병. 주둔시키다. 수비대를 두다.
Bivouac	(텐트 치지 않고)야영하다camp out. 야영지encampment	Camper 야영자 *천막 치다 pitch(put up) a tent *천막을 접다 strike(take down) a tent
Bona fide	진실한sincere. 진짜의genuine	Play Truth or Dare 진실게임을 하다.
Booty [ˈbuːtɪ]	전리품plunder. 엉덩이hip.	plunder약탈하다loot. 침략하다. 약탈품 *The computer won't boot up.부팅 안돼요
Brainy	뇌의. 지적인=Cerebral	Have brain death 뇌사 상태에 빠지다
Brawn [ˈbrɔːn]	체력big muscles.	Use your brain before brawn 힘보다 머리를 써라.

Brink [brɪŋk]	바로 직전edge, lip, rim, brim. (벼랑.강가의)맨 끝border, verge, point	On the brink(edge, eve, verge, point, border) of …하기 직전에 맨 끝. 극도extremity, the outermost point
Bristle ['brɪsl]	짧고 뻣뻣한 털. 털이 곤두서다prickle 화가나 발끈하다(with/at) *take A out on B. A한 것을 B에게화풀이 하다	Make his bristle with angry. 화가 나서 발끈하다 =hit the ceiling(roof)=throw(have) a fit. *The girl is really pissed off. 그 소녀는 정말 삐졌다. 발끈하여 in a miff [mɪft] 발끈하다 take(have, get) a miff
Brusque [brʌsk]	무뚝뚝한blunt *Aunt was not short with him. 이모는 그에게 무뚝뚝하지 않았다.	A brusque manner 퉁명스러운 태도 Asperity 무뚝뚝함
Bundle ['bʌndl]	묶음bunch. 웃음보따리를 푸는 사람. 거액. 마구 밀어 넣다. 무리지어 가다. *It costs a bundle to go on a tour. 그 여행을 하려면 돈이 많이 든다. **go on an errand심부름 가다 **go on a picnic(trip) 소풍 가다	You have to bundle up in winter. 겨울에는 옷을 껴입어야 한다. Not go a bundle on~을 별로 좋아하진 않는다. *bunch 다발=cluster, collection, package, parcel, packet, pack, bale

One을 사용해서는 안되는 경우

One은 명사의 반복을 피하거나, 어떠한(a certain), 일반인을 one으로 받기 위해서 사용되는데, 부정 대명사 One을 사용할 수 없는 경우
더비 수사할 경우에는 소유격+own, 불가하다.
더비(the+비교급, 최상급의 형용사) 수사(three one불가)할 경우에는 소유격+own(소유격+own다음, his own one불가), 불가(불가산명사 다음, red one불가)하다.

페루 마추피추

Cc

CAP	머리.	
Capital ['kæpɪtl]	수도. 자본금. 대문자. 사형의. 대문자의. 훌륭한 A capital crime (사형의)중죄 A capital error 중대한 과오	Capitalize 대문자로 쓰다. 투자하다. Capital sentence 사형 선고 Capitalism 자본주의 Caption 그림이나 사진 밑에 쓰는 설명문 Decapitate 참수하다. 목을 자르다 behead(없애다 de+머리capital)
CATA	아래에서	
Catastrophe [kə'tæstrəfɪ]	대 변동. 큰 재해. 재앙 calamity, casualty, disaster Have a few catastrophes with ~로 인해 몇 가지 재앙을 가지다.	아래로부터 cata 확 바뀌는 trun *catalyst 촉매. 기폭제 A devastating catastrophe 절망적인 대재앙.
Catholic ['kæθəlɪk]	전반적인(universal), 천주교의. 천주교 교도 A man of catholic taste 다양한 취미의 사람.	아래부터 cata (위까지) 전체와 Whole과 관련한
Catharsis [kə'θɑːsɪs]	정화 purify, purification.	정화하여 아래로 분출하니까…
Catalyst ['kætəlɪst]	(반응을 지연 또는 촉진시키는)촉매 (변화) 기폭제 priming, detonator, spark	A latent catalyst 잠복성 촉매
Cadence ['keɪdəns]	리듬(rhythm, beat, tempo, accent, lilt). 억양 intonation, accent, inflection	Caddie 캐디(장비를 들고다니면서 경기를 돕는 사람). 캐디를 하다.
Chagrin [ʃə|grɪn]	모욕(humiliation), 원통함. 분함	아래에서 당하는 모욕. Much to his chagrin 무척 분하게도,
Charisma [kə'rɪzmə]	사람을(충성.헌신하게 만드는) 휘어잡는 매력.	아래 부하들을 휘어잡는 매력
Charlatan ['ʃɑːlətən]	사기꾼 fraud, quack, con man, gouge	아래에 두고두고 속이는 사람 Gouge[g ud3] 둥근끌로 파다 scoop out, dig out. 사기치다 overcharge
CENT	백. 100.	

Centennial [sen'tenjəl]	100년 마다의 *semicentennial 50주년의. 50년제. *sesquicentennial 150주년의. *quincentennial 500주년의	Centuple 100배의(=hundredfold) Centurial 1세기의. 100년의 centipede지네 (100개+다리? 과장 표현)
CHRONO	시간	
Chronology [ˌkrɒnəˈlɒdʒi]	연대기. 연대순. The chronology of the events. 사건의 연대순 Men and melons are hard to know. 열 길 물속은 알아도 한 길 사람속은 모르는 법이다.	같은 시간에 발생하는 synchronize 동시에 발생하다. / 동시에 발생하지 아니하는 asynchronism. 비동시성. /시대를 잘 알지 못하는 anachronism (훨씬 이전)시대에 뒤떨어진 사람. 시대 오기. / parachronism (훨씬 현대에 가까운)시대 오기./ chronic 상습적인. 만성의.
CIRCUM	주변	
Circuit ['sɜːkɪt]	순환, 순회, 순례, 연맹, 회로, 경주로 (course, track) 순회 재판을 하다 go on circuit =ride circuit	Circuitous 빙 돌아가는 A short circuit 단락 회로 Integrated circuit 집적 회로(IC circuit)
Circuitous [səˈkjuːɪtəs]	순회하는(roundabout)	*circuit순환. 순회. 회로 *This round is on me. 이번은 내가 살께.
Circumference [səˈkʌmfərəns]	원주, (구의) 둘레 원이든 사각형이든 주변의 둘레는 perimeter *meter측정 의미. Metronome 박자맞추기. 메트로놈. geometry기하학. speedometer속도계. odometer주행거리계. optometry시력 측정.	주변circuim을 돌아서fer 만나니까… 다르게 돌면 difference 차이 함께 돌면 conference 회의 회담 다시 돌면 reference 언급 원의 둘레(원주)는 지름*3.14 *demarcate측정하다 measure, gauge
Circumlocution [ˌsɜːkəmləˈkjuːʃn]	우회적으로 말하기(use of evasive language) Without circumlocution (우회 없이)단도직입적으로 말해서, Allow no circumlocution 우회적으로 말하는 것을 허용 안하다	주변circum만을 말하니까ocu… Locution 말씨, 말투 excellent하게 말도 잘하면 elocution 웅변술, 연설능력 theatrical elocution 무대 발성법 circumlocutory 빙 둘러 말하는verbose
Circumnavigate	(세계)일주하다travel around the world. *세계 일주의 round-the-world 눈이 휘둥그레진 round-eyed 등이 굽은 round-shouldered	주변circum 주변을 모두 돌아다니니navigate Navigate 항해하다. 길을 찾다. 돌아다니다 Circumnavigate Jeju-do island in canoes. 카누로 제주도를 일주하다.
Circumscribe ['sɜːkəmskraɪb]	둘레 선을 긋다draw a line around (수동태로)(자유, 권리 등)제한하다(set the limit). 억제하다(restrict. Hold back. Keep back, Keep down)	주변circum에 선을 그니까scribe… Scribe 필기하는 사람, 대서인 큰 병나기 이전에 써주는 prescribe처방전. 예전에는 썼지만(TV 등 보여주는 방식으로)여러 사람이 가입하는 subscribe 가입시청하다. 구독하다.

	The ceremony was circumscribed by the new antiterrorist law. 행사는 반테러법에 의해 제한되었다.	
Circumspect ['sɜːkəmspekt]	신중한(cautious, judicious) The police were circumspect about the suspect. 경찰들은 용의자에 신중을 기했다. (The police=복수 취급)	주변circum을 다 보게되니까spect… 정동진의 일출은 spectacular 볼만한, 굉장한, 볼거리 spectacle 행사, 구경거리이지요. 한 측면만 보면 aspect 측면, 양상. 다시 보게 되면 respect 존경. 고려. 의심스럽게 보면 suspect 의심하다. *respectful존경 할만한//respective 제각각 *respectfully=with respect
Circumvent [ˌsɜːkəmˈvent]	피해 가다stay away from 피하다avoid. shun. go around Ways to circumvent two blocks. 두 블록을 피해가는 방법 *허점, 구멍 loophole	주변circum을 피해가니까vent… 미리 피해갈 수 있으면 prevent 막다 머리 안에서 피해갈 궁리하다보면 invent 발명하다 지어내다 Ward 피하다parry, fend off, 피후견인, 병실

회화할 때의 양념: 복합관계대명사

Whoever(anyone who누구든.., 도대체 누가, no matter who누가 …하든 간에), Just tell whoever is in charge of sales. 누구든 간에 판매를 책임 있는 사람에게 말해라. Whoever makes this bill shall be criticized. 이 법안을 누가 만들었든 간에 비난 받을 것이다.
whomever(anyone whom누구든지 간에), I don't care whomever he likes. 그가 누굴 좋아하든 나는 상관없다.
whichever(anything that어느 쪽이든..한 것), Choose whichever book you prefer. 어느 책이든 당신이 선호하는 것을 골라라. Whichever you choose, I agree to your selection. 당신이 어떠한 선택을 하든간에 나는 당신의 선택에 동의합니다.
whatever(anything that..어떤 것, 어떤 …일지라도, 도대체 무엇, 아무것이든 간에, no matter what 무슨 일이 있어도, 전혀) Do whatever you like.무엇이든 당신이 하고 싶은 것을 하라. My dad told me he would back me whatever. 아버지는 무슨 일이 있든지 간에 나를 옹호해줄 것이라고 말했다.

CO, COM	함께, 모두	
Coalition [ˌkəʊəˈlɪʃn]	연립정부fusion administration (정당 등)연합 Coalition forces 연합군 Rainbow coalition 무지개 연합(갖가지 색을 띤 소수 정당들의 연합) *alliance (국가.조직) 연합	함께co 크니까ali… 라인에서 나아가면 align 가지런히 만들다. 정렬하다 함께 편집하는coeditor 공동 편집자. 함께 여기서cohere 밀착하다. 함께 정렬하여coordinate 조정하다. 통합. Coordination 일치. 모두 위치하니collocation 배치. 병치. 모두 애국할compatriot동포의. 같은나라의 모두 타버릴combustion 연소. 흥분. 모두 기억할commemoration 기념.기념식 모두 합쳐서communion 친교. 모두 중간에서 약속compromise 타협.절충

Coalesce [ˌkoʊəˈles]	(큰 덩어리로)합치다(amalgamate, combine, unite).	Integrate 통합시키다unify. 통합되다. Amalgam 혼합물. 결합물
Coerce [koʊˈɜːs]	억제하다constrain. 강요하다compel, force Radical measures to coerce 억제하는 강경 조치	모두co 제한erc 하니까… 강요하다.;Compel to, oblige to, coerce into, impel to, force to. Constrain.
Cogent [ˈkoʊdʒənt]	설득력 있는(convincing, plausible, believable그럴싸한) Cogent reason/speech 설득력 있는 이유/연설 Convincing 설득력 있는	함께co 온화하게 해주니까gent… 신사들이라면 gentle온화한 정중한(civil) 너무 정중하면 genteel 상류사회의 가문이 좋은, 우아한 내 대신 해주는 agent 중개인 대리인 근면하게 해주는 diligent 근면한 어떤 일보다 먼저 urgent 시급한 긴급한
Cogitate [ˈkɒdʒɪteɪt]	깊이 생각하다dwell on. reflect on. think over. ponder Cogitate on the suggestion 제안에 곰곰이 생각하다 Excogitate 고안해내다 생각해내다(rack one's brains)	모두co 몰아부치니까git… 한 쪽만 계속 주장하니까 agitate 휘젓다 또 계속 주장하다보면 regurgitate 반복하다 역류하다
Cognate [ˈkɒgneɪt]	어원이 같은paronymous 관련이 있는be germane to, bound up with Cognate languages 어원이 같은 언어 //A is cognate with B A와 B는 어원이 같다	함께co 태어나니까gn… 움직이지 아니하면 stagnate 침체되다 부진해지다 // 안에서 태어나기까지 기다리면 impregnate 임신시키다 중만시키다
Cognition	인식awareness, realization, 인지recognition, perception Cognition developments/ process 인지 발달/ 과정	모두co 알고gn 있으니까.. 다시 알아보면 recognition 알아보기 인식 승인 알다보면 머리에서 번쩍하듯 ignition 발화 점화장치
Cohere [koʊˈhɪə] Coherence. n	일관성이 있다be consistent (긴밀하게)협업하다 Don't cohere with 일관성이 없다	모두co 붙이니까her… 일관성 있는coherent=consistent=uniform 계속 붙어 다니는 heredity 유전 유전형질
Coincide [ˌkoʊɪnˈsaɪd]	동시에 일어나다concurrent 일치하다with 만나다see, encounter What a coincidence! 와우, 우연의 일치야.. Coincide with our party 우리 파티와 (겹치게)일치하다	함께co 발생하니까incide… 나타나므로 incidence 발생 출현 Incident 사건 부수적으로 발생하면 incidental 부수적으로 일어나는 우발적인. 우연의
Collaborate [kəˈlæbəreɪt]	공동으로 일하다team up, join 부역하다. 적군에게 협력하다 Collaborate with enemies 적군에게 협력하다 Collaborate over the internet 인터넷을 통해 협업하다	함께co 일하니깨abor.. Labor 노동 업무 노동은 힘드니까 laborious 힘든 근면한 노동집약적인 labor-intensive 노동 절약의 laborsaving 밀린 노동. 밀린 일 a backlog

Collapse [kə'læps]	무너지다 break down, crumble, cave in 드러눕다 sprawl out, stretch(peter) out. 실패하다(fail. founder. Fall down, draw a blank, go under) Lead to collapse of the company 회사의 붕괴를 초래하다.	모두co 무너지니까ap… 모두 무너져 버려 Lapse 일탈 경과 소멸 다시 무너지면 relapse재발하다 타락하다 시간이 경과하면 elapse 시간이경과하다 흐르다
Collate [kɒ'leɪt]	(정보를) 분석하다 parse 순서대로 맞추다 Collate figures 수치를 분석하다	모두co 가져와서lat 맞추어보니까… Excellent을 가져온 clat 갈채 영광 과시
Collateral [kɒ'lætərəl]	부차적인 secondary, side-bar 담보물(대출에 대한 담보대상) a security Collateral circumstance/benefits 부차적인 사정/혜택	모두co 앞이 아닌 옆later에 있으니까.. Lateral 옆의 측면의 한쪽만을 강조해 unilateral 일방적 one-sided 양쪽을 강조하면 bilateral 쌍방의 양쪽의 다수가 강조하면 multilateral 다국간의다자간의 Lateral thinking 수평적 사고(상상력을 이용하여 문제해결을 시도하는 것)

형용사의 어순

일반적으로 관사+부사+형용사+명사의 순서이지만, 여러 개의 형용사가 함께 쓰이는 경우에는,
어서 기대 성상 색깔 신재속
a지시 형용사(a, an, the, these)+ 서수 형용사(first, second, last)+ 기수 형용사(two, several)+ 대소 형용사(large, big, small)+ 성질.상태 형용사(kind, heavy)+ 색깔 형용사(black, white)+ 신구형용사(old, new)+ 재료 형용사(golden, silken)+ 소속 형용사(Korean, American)

형용사 순서의 관용어법

China proper중국 본토, Asia Minor 소 아시아, God almighty 전능의 신, the sum total 총계,
The authorities 관계 당국, a consul general 총영사, things American 미국의 풍물,
From time immemorial 예로부터, Alexander the Great 위대한 알렉산더 (고유명사에 형용사를 붙이는 경우 명사 뒤에서 꾸민다), something new/ sharp 새 것(날카로운 것), every(all) means possible(가능한 모든 수단)

Colleague ['kɒliːg]	(직장)동료 co-worker, team-mate, ally Colleagueship 동료 관계 Comrade 는 동무, 동지의 의미로서 주로 공산주의 국가에서 사용	함께co 선택leag하여 같이 가니까… League 동맹 리그 등급 Ivy league 아이비 리그, 미동부 명문대학 Premier league 제1부 리그 동료간의 협조관계 collegiality Synergistic (효과)상승적인, 상조적인 Synergy 동반 상승 효과
Collect [kə'lekt]	모으다. 수집하다 gather. 모금하다. 수금하다.	Collect eyes/ taxes눈길끌다/세금징수하다. Collect yourself 마음을 가다듬다.
Collection [kə'lekʃn]	문집 Anthology. 선집	

Collide [kəˈlaɪd]	충돌하다 crash together Collide over something Collide with somebody	함께|co 부딪치니까|id··· Slide 미끄러지다 하늘에 글라이더를 날려본 경험을 살리면 Glide 미끄러지다 활공시키다 Glissade (빙설 위 비탈길)제동 활강. 제동활강으로 미끄러지다.
Colloquial	일상적 대화체의(conversational) A Colloquial expression/ language 일상적인 표현/ 언어	모두|co 말하니까|loq··· 입을 안벌리고 말하는 ventriloquial복화술의, 복화술을 쓰는
Collude [kəˈluːd] Collusion. n	공모하다 plot with/against, conspire with/against, connive, machinate, intrigue, cabal Be in collusion with 와 공모하다 Collude in the murder 살인에 공모하다	함께|co 움직이니까|ud··· 안에 넣어 움직이면 include 포함하다 함께 넣어 움직이면 conclude 결정하다 예외로 빼면 exclude 제외하다 거부하다 공모; collusion, conspiracy, plot, complicity (be complicit in the attack 공격을 공모(연루되어)하다) *Can you make an exception in this case? 이번 경우는 봐주면 안되나요?
Combustion [kəmˈbʌstʃən]	연소(산화해 불꽃 발생하는)burn Complete combustion 완전 연소 Spontaneous combustion 자연 연소	모두|co 태우니까|burn··· Moxibustion 뜸질 (뜸쑥moxa을 이용) *sear : 그슬리다scorch
Command [kəˈmɑːnd]	명령behest. 지휘direction. 명령하다order. 지시하다issue. 장악하다in hand. Command oneself 자제(극기)하다.	On command 명령에 따라 At command 장악하고 있는 In command of 지휘하여. 마음대로 하여
Commandeer [ˌkɑːmənˈdɪr]	(전시에 군대가 재산을)징발하다requisition from 징발하다 put in requisition, 징발되다 be under requisition	모두|com 군대에 위임하니까|mand··· Mandate 위임하다 명령하다 Mandatory 위임하는 의무적인 Mandarin (북경)공무원 demand요구하다call for. require 모두에게 요구하면 command 명령하다 요구하다가 지나치면 reprimand 질책하다
Commemorate [kəˈmeməreɪt]	기념하다honor the memory of Commemorate our history 역사를 기념하다 Pay tribute to fallen soldiers 전사한 군인에게 경의를 표하다 *We are history. 우리는 헤어졌다. 우리는 큰일났다.	함께|co 기억하니까|memor Memory 기억 Memory card 메모리 카드 Memory bank 메모리 장치 Memorial Day (미국의) 현충일 Memorandum 보고서 비망록 *기념하여 in honor(memory) of memorial기념의.기념비///memorable주목할 만한notable. 인상적인
Commence [kəˈmens] Commencement.n	시작되다(하다)set in. 학위를 받다grant a degree Commence work 사업하다 Embark on 착수하다set about	함께|com 시작|men하니까 다시 시작하다 recommence 맹렬히 하면 vehemence 격렬함 열정

Commend [kəˈmend]	칭찬하다praise 추천하다recommend. 맡기다leave Commend oneself to 좋은 인상을 주다 Commend a person for his good work 선행을 칭찬하다	모두com 맡기니까mend… 다시 추천해주고 싶으니까 recommend 추천하다 장려하다
Commensurate	상응하는(준하는)(equal) 적합한(proportionate) Be commensurate with 적합하다	모두com 같은 치수measure이니까.. Mensurable 측정할 수 있는 Mensuration 측정 측량
Commiserate [kəˈmɪzəreɪt]	동정하다pity. sympathy for, sympathize with. Feel for. Commiserate him for his poverty 가난을 동정하다 *함께 살아가는 symbiosis 공생	함께com 동정하니까miser… 영화에서 처럼 미저리를 만나면 Misery 비참. 고통 (affliction, woe, distress, suffering) Miserable 비참한 Misery loves company 동병상련
Commit [kəˈmɪt] Commitment. n	저지르다make. 약속하다promise. 수감하다confine, be imprisoned, be incarcerated, be jailed 헌신하다devote(give) oneself to. n. commitment 헌신. 전념. 열심.	Commit suicide 자살하다. Commit a crime/a sin 죄를 짓다. Committal 수감 수용
Commodious [kəˈmoʊdjəs]	널찍한roomy, extensive Commodious bathrooms 널찍한 욕실	모두com 사용할mod 수 있으니까.. Modify 변경하다alter 수정하다 Modifiable 변경할 수 있는
Commonplace	진부한 말(상투어)banality, platitude (clich = platitude 진부한 의견) 흔히 있는 일(다반사) A commonplace speech 진부한 연설 Degenerate into commonplace 흔히 있는 일이 되다	모두com 발생할 수 있으니까place Commonality 평범한 사건, 서민 Common sense 상식(=It's in the book) Discommon 울타리 막아서 사유지로 하다
Commotion [kəˈmoʊʃn]	소란disturbance, fuss 소동(bedlam, noisy uproar, melee) Be in commotion 동요하다disquiet Create a commotion 소란 피우다	모두com 움직이니까motion Motion 운동 명령신청 Motion sickness 멀미 Motion picture 동영상 영화 위로 움직이면 promotion 승진
Community [kəˈmjuːnəti]	지역사회. 공동체의식. 식물군락.	Local community 지역사회 Community of interests 이해의 일치

국민의 고유 형용사

국가, 고유형용사, 국민 한 사람, 국민의 복수(2인 이상), 국민 전체
America, American, an American, Americans, The Americans
Korea, Korean, a Korean, Koreans, The Koreans
England, English, an Englishman, Englishmen, The English
France, French, a Frenchman, Frenchmen, The French
Germany, German, a German, Germans, The Germans
Spain, Spanish, a Spaniard, Spaniards, The Spanish

Compact ['kɒmpækt]	소형의(소형차)small 간결한(laconic, brief) 촘촘한(휴대용 분갑)close 협정agreement Make a compact 협정을 맺다 Be in a compact mass with shops 가게로 밀집하여 있다 Write compact sentences 간결한 문장을 쓰다	함께com 약속pact하니까.. pact 약속 협정 조약 Paction 약속하다 협정 조약 안에서 꼼꼼하게 틀어박히면 충돌이 일어나서 impact 충돌하다. 영향을 주다. 충격shock. *subminiature 초소형의
Compare [kəm'peə] Comparison. n	비교하다(with/to), 비유하다(to), 필적하다(대등하다)measure up to. *shop around (여기저기 다니면서 값을) 비교하다	Compare with the best in the world. 세계 최고와 비교가 된다. *make the best of 잘 이용하다use well *make the most of 최대한 이용하다.
Compassion [kəm'pæʃn]	연민sympathy, pity, 동정심 Feel compassion 동정심을 느끼다=have compassion for a person Out of compassion 동정하여 Bowels of mercy 동정심	함께com 지나므로pass… pass지나가다. 통과하다. 합격시키다. 허용되다. 열정적으로 움직이면 passionate 열정적인 안에서 움직이면impassion 크게 감동시키다 (come home to) 움직이는게 전혀 없으면 dispassion 냉정 공평 impartiality
Compatible [kəm'pætəbl]	호환이 가능한(with) 화합할 수 있는harmonious Compatible software 호환 가능한 소프트웨어 The most compatible siblings 가장 의좋은 남매늘	Overseas compatriot 해외 동포 Compathy 공감 Sympathy 동감. 공감// antipathy반감.혐오 (반감을 가지다take against) Compatible theories 양립할 수 있는 이론, 모순이 없는 이론 Incompatible=inharmonious 조화할 수 없는 Compensate ['kɒmpenseɪt]보상하다atone, make amends, redress 보상금을 주다recompense Compensate him for the loss in full. 그에게 손실을 전면 배상하다모두com 지불해 주니까pay Undercompensate 통상,정당한 액수로 보상하다 Overcompensate 과잉 보상하다
Compensate ['kɒmpenseɪt]	보상하다atone, make amends, redress 보상금을 주다recompense Compensate him for the loss in full. 그에게 손실을 전면 배상하다	모두com 지불해 주니까pay Undercompensate 통상,정당한 액수로 보상하다 Overcompensate 과잉 보상하다
Compete [kəm'piːt] Competition. n	겨루다vie. 경쟁하다with/against. Be compete with him for a prize 표창을 놓고 그와 겨루다.	Competent 능숙한. Competency역량. 자격 *prize 존중하다. 소중히 여기다esteem *competent능력있는//competitive경쟁상의
Compile [kəm'paɪl]	편찬하다gather together in a book (컴퓨터)명령어를 번역(변환)하다 Compile materials into a book 자료를 수집해서 책을 만들다	모두com 쌓아놓으니까pile Pile 쌓아올리다. 장작더미. 큰 돈 Pileup 밀림. 연쇄충돌 Stockpile 비축량. 비축하다put by

Complacent	현실에 안주하는settling for the present (status quo) 자기 만족의(self-satisfied) Complacent attitude 현실안주의 태도	모두com 즐거워하니까please… Complaceny 자기 위안smugness Self-complacent 자기 만족의, 자아 도취의=self-satisfied
Complain [kəmˈpleɪn]	항의하다make a protest. 불평하다whine, grumble, gripe. Grouse, beef. Complain to the police about…경찰에 고발하다.	Complain of a headache 머리가 아프다고 호소하다. *complain against 고소하다.
Complaisant [kəmˈpleɪzənt]	남의 말을 잘 따르는docile Complaisant attitude 공손한 태도	
Complement [ˈkɒmplɪmənt]	덧붙이다superimpose, overlay 보충물supplement, replenishment 보어 Complementary 상호 보완되는 Complementary angle 여각 Complementary color 보색 The objective complement 목적격 보어	모두com 채우니까ple… 안에서 시도하면 implement시행하다 그 위에 또 얹어주면 supplement 부록 보충하다.
Complexion [kəmˈplekʃn]	(얼굴의 윤기)안색look 형세state of affairs, situation The social complexion 사회적 양상 Have a good complexion 화색이 돌다 *형세를 관망하다sit(be) on the fence	모두com 얽혀져twine 있으니까… A fair complexion 흰 살결 A fresh complexion 젊은 살결 *stay out of 얽혀지지 않으려(관여하지 않으려) 하다.
Compliment [ˈkɒmplɪmənt]	칭찬, 칭찬하다speak highly of,felicitate 인사말greeting, 안부 Pay him a compliment 칭찬하다 My compliments to the staff 직원에게 찬사를 보냅니다.	My compliments on your new hat. 새 모자가 참 보기 좋습니다. In compliment to 경의를 표하여 A handsome compliment 아낌없는 찬사 A heartful compliment 마음에서 우러난 찬사
Comply [kəmˈplaɪ]	따르다follow. Submit to 준수하다obey. Observe. *tag at one's heels 누구의 뒤를 졸졸 따라 다니다.	Comply with the rules 규칙에 따르다 Comply with her request 요구에 응하다. *at his request그의 요구에 따라서 *at your disposal 너 원하는대로. 처분대로
Component [kəmˈpəʊnənt]	구성 요소element, ingredient 부품a basic part Component parts 구성 요소	함께com 놓았으니까put 앞에 끌어주는proponent지지자(advocate) 반대로 제지하는 opponent 반대자
Compose [kəmˈpəʊz]	구성하다(수동태. 진행형으로 안씀) 작곡하다. (감정.표정)가다듬다. Compose his emotions 감정을 가라앉히다	모두com 제자리로 자세를 취하는pose Pose 자세. 태도. 자세를 취하다. **composition구성.작문 //disposition성질//supposition 가정.전제
Comprehend [ˌkɒmprɪˈhend] Comprehensive.a	(충분히)이해하다grasp, make sense 포괄하다(cover everything) Miscomprehend 오해하다 Speech and comprehension 말하기와 이해력	꽉com 붙잡으니까seize Prehensile 물건을 잡을 수 있는grasping Prehension 이해 터득 이해하지 못해 뒤돌아보니 reprehend나무라다. 꾸짖다. *We are talking the same language. 제 말귀를 알아듣겠어요(이해하시지요)?

비교 형식으로 다르게 표현했지만, 같은 내용의 문장

Avarta is the best movie I have ever seen.
No (other) movie I have ever seen is as good(원급) as Avarta.
No (other) movie I have ever seen is better(비교급) than Avarta.
Avarta is better than any other movie(단수 명사) I have ever seen.
Avarta is the best of all movies(복수 명사) I have ever seen.

Compress [kəm'pres]	압축하다 squeeze together 요약하다 make compact Compress gas 압축 가스 Be compressed into 요약되다 Compress his lips 입술을 다물다	모두com 누르니까press Press 누르다 신문 언론 Press remarks 신문 발표 눌러서 밖으로 나오니 express 표현하다 위부터 다누르니 suppress억압하다subdue 눌러서 밑으로 가니 depress 낙담시키다 *I feel pretty low. 난 저기압이다.
Comprise [kəm'praɪz]	구성하다(consist of, make up) 차지하다 contain, take up **Three men compose the committee =The committee is comprised of three men = The committee consists of three men 위원회는 3명으로 구성된다.	함께com 붙잡으니까seize Prise 비틀다 // Prise out 알아내다 *consist in(본질)존재하다. ~에 있다lie in *consist of ~로 구성되다be composed of *take up with 어울리기 시작하다 *take up for 편들다take sides=side with
Compromise ['kɒmprəmaɪz]	타협 settlement. 타협하다 make halfway. meet a person halfway. come to terms with 양보하다. 위태롭게 하다.	Comprise oneself 체면구기다. 의혹을 초래하다.// reach(come to) a compromise 타협에 이르다. *compromise타협하다 //uncompromising분명한
Compunction [kəm'pʌŋkʃn]	양심의 가책 remorse, contrition 죄책감 sense of guilty, self-reproach Have no compunctions about whistling at night 밤에 휘파람에 부는데에 거리낌이 없다. Without compunction 매우 천연덕스럽게, 거리낌없이	모두com 펑punc하고 찔리니까… Punch 구멍, 구멍 뚫는 펀치 구멍을 빼곡히 뚫으면 punctilious꼼꼼한 밖에 버리게 되면 expunction 말소. 제거 **Without a blink or qualm 눈을 깜빡거리거나 거리낌도 없이. *Life goes by in the blink of an eye. 삶이란 눈 깜짝할 새 지나간다.
Compute [kəm'pjuːt]	계산하다 count 추정하다 estimate 추정되는: putative, supposed, reputed, computed	모두com 생각해서put 답을 내니까… 남에게 탓하는 impute 남의 탓으로 하다 아예 논쟁에 휘말리는 dispute 논쟁. 말다툼 bickering. tiff(친구.연인사이).spat Lovers' spat never last. 부부싸움은 칼로 물베기
Concave [ˌkɒn'keɪv]	오목한 carved inward A Concave lens 오목 렌즈 The spherical concave 하늘 (볼록한=convex)	모두con 둥굴같이cave 안이 파여서… 양면이 오목하면 biconcave 석회암 동굴을 limestone cave 종유굴 Cavern 동굴, 동굴 속에 가두다
Concede [kən'siːd]	(마지못해)허락하다. 양보하다 yield 인정하다 grant Concede grudgingly 마지못해 인정하다	모두con에게 가져가게cede 되니까… 마지못해 양도하다 cede 영토를 넘기다 cede territory to

		Concede to a person 양보하다 *잘못을 인정하다 face the music	앞에서 가면 precede 선행하다 한쪽으로 가면 accede 동의하다 따르다 *허락 없이 손대다 tamper with
Conceive [kən'siːv]		품다 have a idea for 상상하다. 임신하다 be pregnant.	Conceive a dislike 혐오감을 품다. I can't conceive of his doing such a stupid thing. 그가 한 바보짓을 이해할 수 없다.
Concentric		동일한 중심을 가지는. 동심원의	Concentrate 집중하다(zero in on). 농축하다. 순화하다 **be on a case 사건에 집중하다 *enrichment 농축. 강화.
Concern [kən'sɜːn]		관련되다 involve. 관한 것이다. 관심을 갖다. 중시하다 put(lay) stress on 우려. 염려. 관심사 Have a concern in 이해관계가 있다	The shop as a going concern 성업중인 샵 A paying concern 수지맞는 장사 Overmuch concern 과도한 관심 *I don't want to get involved. 관련되고 싶지 않습니다.
Concert		연주회. 합의. Give a concert 콘서트를 열다.	By concert 합의하여. In concert with 와 협력하여.
Conciliate [kən'sɪlɪeɪt]		달래다 pacify. propitiate 회유하다 make compatible with Conciliate him with an apple. 사과로 달래다	함께con 불러보니까call… Conciliatory 회유하는
Concise [kən'saɪs]		간결한(succinct, terse, trenchant), 축약된(abridged)	
Concoct [kən'kɒkt]		(섞어)만들다 devise (이야기, 변명으로)꾸미다 plot Concoct some story to excuse 변명하기 위해 이야기를 꾸미다	모두con 넣어 요리cook하니까… 만들다보면 drug 도 달이게 되고 Decoct 약을 달이다. The medicine will work on him 약은 그에게 유용할 것이다.
Concord ['kɒŋkɔːd]		조화(harmony). 동의(agreement)	일치하여 in line(agreement) with
Concomitant		수반되는 accompanying. 수반되는 일	수반되는:attendant, following from, get along with, 에 동의하는 척하다 play along with 서로 잘 지내다. get along with
Concourse		군중 multitude. throng. crowd (공항, 열차역의) 중앙 홀 Meet you on the station concourse near the news stand 역 광장 홀의 신문가판대 근처에서 만나다	모두con 와 있으니까course Course 진행 강좌 과목 Coursebook 교과서 상호 진행하다보면 intercourse 교제 교류 다시 과정중에 있으면 recourse 의지 의뢰 Discourse 이야기하다 강연하다
Concur [kən'kɜː]		동시에 일어나다 coincide 일치(동의)하다(with) be in accord	마음 맞추어 동시에con 달리니까cur *달리다cur관련 어군

		Concur with his opinion 그의 의견과 일치하다see eye to eye *What has happened to him?=What has become of him? 그에게 무슨일이 일어났나요?	함께 마음맞춰 달리니concur 일치하다 Occur 발생하다break out. 존재하다 안 까지 발생하면, incur 초래하다 다시 달리니recur다시발생하다,되풀이되다 결국 내부로 달려오니incursion 습격.침략 미리 달려 온precursor 선배. 선임자 달려서 쓰니 cursive글씨흘려 쓴. 초서체 이것this저것 discursive여러 화제의.산만한 달리면서 처리하니cursive 대강(대충)하는 Current 흐름. 현재의contemporary Currency 통화, 통용되는 화폐 Curriculum 대학의 교과 과정
Condemn [kən'dem]		비난하다find fault with, blast, curse 선고를 내리다sentence to, Condemn his fault 그의 과실을 비난하다 Condemn him to be hanged 교수형을 선고하다(*hung물체가 매달리다)	모두con 잃게loss 될 말을 하니까… 증거 조사도 없이 미리 결정하면, precondemn 미리 유죄로 결정하다 *Fast bind, fast find 잘 단속하면, 잃을 염려 없다. *Everyone has their faults. 누구나 결점은 있다.
Condense [kən'dens]		압축하다compress 응결시키다concretize Condense milk 우유를 농축하다 Condense a gas to a liquid 기체를 액체로 응축하다(액화) Steam condenses into water 수증기는 물로 응결된다	모두con 빼곡하니까dense Dense 빽빽한 농후한 짙은 지독하게 무식하면 dense ignorance지독한 무식. Densely populated 조밀한 인구. Fools rush in where angels fear to tread. 하룻강아지 범 무서운줄 모른다. 무식이 용감하다. *be condensed into 압축되다. 요약되다

형용사+ly로 부사가 돼 버린 경우

형용사와 같은 형태의 부사이지만, 단어 끝에 ly를 붙여서 새로운 뜻의 부사를 만든 용법(단, quick와 quickly 빠르게, slow와 slowly 느리게, loud와 loudly 큰 소리로, safe safely 안전하게…는 ly를 붙여도 각각 같은 뜻)
Nearly. near 거의. 가까이, Highly. high 매우. 높게, lately. late 최근에. 늦게,
Hardly. hard 거의 않다. 열심히.

명사+ly로 형용사가 돼 버린 경우.
friendly(우호적인), ugly(추한), timely(적시의), manly(남자다운), womanly(여자다운), lonely(고독한),
comely(아름다운), monthly(매달의), motherly(어머니다운)
costly(비싼), yearly(연간의), homely(가정적인), orderly(규칙적인)
lovely(사랑스런), weekly(주간의), lively(활기찬)

Condescend [ˌkɒndɪ'send]		자신을 낮추다deign. Stoop. 거들먹 거리다(잘난 체하다) Condescend to your viewer 시청자에게 잘난 체하다.	함께con 하기 위해 내려오니까descend Descend 내려오다 하강하다go south Descendant 자손 Descendible 전해지는 유증되는

Condole [kən'dəʊl]	조의를 표하다(문상하다) 위안하다(balm) Condoled with the widow on her bereavement 남편과 사별한 과부를 위로하다	함께con 애절해하니까doleful Doleful 애절한 *My condolences for the loss of your son. 아드님을 잃고서 얼마나 슬프신지요.
Condone [kən'dəʊn]	용서하다(forgive, pardon, overlook)	모든con 돈done을 내고서 용서를 비는…. 용서하다; excuse, pardon, overlook
Conducive	~에 이바지 하는(promoting) *be conducive to health건강에 좋다. *healthful건강에 좋은/// healthy 건강한 *I'm in the pink now 나는 지금 건강이 좋다.	함께con 이끌고 지휘하니duc *이끌고 지휘하는duc 관련 어군 Duct 도관, 송수관 늘여서 이끌기 쉬우니 ductile 유순한 안으로 이끄는 induce 유도하다. 설득하다 나쁜 곳에 이끄는 seduce 유혹하다 이곳 저곳 이끌려서는 traduce 욕하다 경유해서 가도록 이끄는 viaduct 육교 물을 이끄니 aqueduct 관개 수로
Conduct [kən'dʌkt]	활동을 하다. 안내하다. 처신하다. 행동. 수행. 처리 The girl conducted me to the seat. 나를 자리까지 안내해주었다.	Bad / improper/ honorable conduct 나쁜 품행/ 버릇없는 행동/ 훌륭한 행동 *elbowroom 활동할 수 있는 여유. 여지. *A watched pot never boils급해수록 천천히
Confederate [kən'fedərət]	공범(=accomplice) 동맹한, 연합한 Confederate oneself with 동맹하다	함께con 연합하니까federate… 연방 국가 federate nation The Confederate Army 미국 남북전쟁(civil war) 의 남부연합군
Confer [kən'fɜː]	수여하다(부여하다)bestow 상의하다consult with Confer with his family 그 가족과 상의하다 Be Conferred on him by 에 의해 자격이 부여되다.	함께con 있는 곳에서 주니까fer 이곳으로 저곳으로 Transfer 옮기다 이곳에서 저곳에 Offer 제안하다 *I need to see a doctor.=I need to get a check up. 검진을 받아야 한다.
Confide [kən'faɪd]	비밀을 털어놓다(in)comfess, reveal Confide a secret to a person비밀을 털어놓다. Confide oneself to a person의지하다 (turn to, go by) Confident 자신감 있는. 확신하는of *얼떨결에 털어놓다. It slipped out	함께 con 믿을 수 있는fid 사이니까… Confidant (비밀도 얘기할 수 있는)친구 믿을 수 있는 confidential 사적인. 비밀의 믿음 안가는 diffident 자신감없는. 겁많은 믿음 가는 fidelity 충성. 엄수 믿음 가고 털어놀 fiduciary 신뢰하는.비밀의 믿음 없는 infidel 무신론자 믿음 저버린 perfidy 배신. 불신
Confine ['kɒnfaɪn]	제한하다confine, restrict 감금하다imprison, incarcerate Be confined to 에 갇혀있다 Confine oneself to 국한하다	모두con 한계limit를 그으니까… Fine 훌륭한 예민한 벌금 다시 좋을 때 까지refine정제하다.개선하다 한정하는 define 정의하다 한정하다 **refine개선하다 // retain유지하다// attain달성하다 // detain억류하다
Confiscate ['kɒnfɪskeɪt] Confiscation. n	(압수)몰수하다take away, appropriate, seize, impound, sequester, expropriate, Nazi-confiscated art 나찌 압류 미술품	모두con 국가재정fiscal로 넣으니까 국가 재정의 fiscal 회계 연도 fiscal year 재정 위기 fiscal crisis

Confluence ['kɒnfluəns]	합류 지점(a flowing together). 사물의 합일(융합)	흘러서flow 모두con 합쳐지는 A confluence of three factors. 3 요소의 융합
Conflagration [ˌkɒnflə'greɪʃn]	대 화재large fire, blaze, inferno *불 끄다extinguish. put out *전체가 타다burn up열이 펄펄나다. *재 만 남다burn down	모두con 타버리는fire 큰lager 사건 Flagrant 지독한egregious. 명백한
Conform [kən'fɔːm]	순응하다adapt, accommodate, 따르다 일치하다coincide Conform oneself to 지키다 따르다= abide by Nonconfirm 따르지 않다 Do by the rule 규칙에 따라서 하라.	함께con 일정하게 형성하니까form… Form 모양 외형 구성하다 Formation 구성 형성 Formula 공식 인습적인 Transform 변형시키다 Perform 공연하다 행하다 *transformation 변화 transmutation, transition. *translation번역
Confound [kən'faʊnd]	당황하게 만들다(bewildered, bemused, amaze) 혼동하다(confused, bemused) Confound means with end somewhat 약간 수단과 목적을 혼동하다 / Confound right and wrong somewhat다소 옳고 그름을 혼동하다 *by no means=never *by all means=무슨 일이 있어도, Certainly (승낙)	모두con를 한곳에 세우려 하다니found… Found 설립하다 근거하다 습득물 Foundry 주물 공장 Foundational 기본의 Newfound 새로 발견된 Profound 심오한(deep) *Make a right at the light.신호에서 우회전하세요. *The president never mixes business with personal pleasure. 사장은 공과사를 구분한다.
Confront [kən'frʌnt] Confrontation.n	맞서다oppose as in hostility 직면하다be face to face with Confront him with evidence of his crime 범죄의 증거를 들이대다 Confront the accused with his accuser 피고와 원고를 맞대다	모두con들 앞에서front 맞대고 있으니까 Confrontational 대립 Confrontational state 인접 적대국 Frontier 국경 Front desk 안내 데스크 Up-front 선불로 솔직한 최신유행의
Congeal [kən'dʒiːl]	굳다(jell, solidify, clot) Congeal into revenge 보복으로 굳어지다.	Congestion 혼잡. 충혈 Congest 혼잡하게 하다. 충혈시키다. *Mom had red eyes. 엄만 충혈되었다.
Congenial [kən'dʒiːnjəl]	마음이 맞는(성격이 맞는)agreeable 적합한(suitable) In congenial society 마음 맞는 동료들과 함께 A climate congenial to his health 건강에 적합한 기후	모두con에게 상냥genial하니까… Genial 상냥한 Genialize 유쾌하게 하다(make genial) *That girl is such a good sport. 저 소녀는 성격이 참 좋다. *congenital 선천적인
Congenital [kən'dʒenɪtl]	선천적인connate, glandular 타고난(innate) Congenital deformity 선천적 기형 A congenital liar 타고난 거짓말쟁이	함께con 태어났으니까birth Genitals 생식기

자동사(수동태로 사용하기 불가능한 동사=능동태로만 사용되는 동사)

Appear, become, collide, consist of, disappear, emerge, happen, look, occur, resemble, seem, take place, vanish, weigh, collapse, last, have, sleep, lie, arise, exist, depend on

Problems may happen. (O)
Problems may be happen. (X)

상태동사(수동태 불가 동사)(non-action verbs)

- 정신 상태: know, think, believe, want, need, desire, feel, suppose, imagine, understand, recognize, forget, remember
- 감정 상태(수동태도 가능함): love, like, appreciate, prefer, fear
- 소유 상태: have, belong, own, possess
- 지각 동사: taste, smell, hear, see, feel
- 기타 인지 상태: seem, appear, look, resemble, look like, cost, owe, weigh, equal, be, exist, matter, consist of, contain, include

Congest [kən'dʒest]	혼잡하게 하다(overcrowd) 충혈(hyperemia)시키다 축적하다build up, accumulate Be bloodshot 충혈되다 An inflamed eye 충혈된 눈 traffic congestion/ jam 교통 마비	모두con들 나르느라고carry 혼잡하니까… 몸으로 나르려는 gesture 몸짓 표현 안에 나르다가 ingest섭취하다 수집하다 여러 번 나르면 digest 소화하다 이해하다*I was tied up in traffic. 차가 막혔다. Can I get a seat up close?앞 좌석 있나요?
Conglomerate [kən'glɒmərɪt]	복합기업, 집합체 대기업major/leading company Deconglomerate 복합기업을 분할시키다	함께con 공모양으로 밀집하여glomerate.. Glomerate 밀집한, 공모양으로 굳어진 한 덩어리로 만드는 agglomerate 한 덩어리가 되다
Congregate ['kɒŋgrɪgeɪt]	모이다come together 집합시키다gather	함께con 모이니flock 하나로 모인 것을 aggregate 집합 총계 나누다보니까 segregate 분리 차별하다
Conjecture [kən'dʒektʃə]	추측하다(infer, deduce, guess) Hazard a conjecture 어림짐작하다 Make a conjecture on 추측하다	모두con 모아 무언가 던져보니까ject 뒤로 던져버리니 reject 거절하다pass up 앞에 두고 보니 project 설계 계획 올려놓고 보니 subject 주제 제목 종속시키다 (subjects 백성)
Conjure [kən'dʒʊə]	떠올리게 하다evocative 마술을 하다make magic Conjure up 상기시키다 Conjure out 마술로 나오게 하다 Conjure away 마술로 멀리 쫓다	모두con 불러보니까jure 만들어내다;produce, bring about, make, create, effect, generate
Conscious	의식하는, 의식이 있는. Self-conscious 남 시선을 의식하는 *Conscientious양심적인=honest =conscionable=scrupulous	Be conscious(aware) of 의식하다. *raise awareness 의식을 하게 하다. *raise(pose, file) a question문제 제기하다 Bring up 키우다. 양육하다.raise, rear

Conscript ['kɒnskrɪpt]	징병하다draft, enroll 징집 Reserve conscripts 보충병 Be conscripted into the army 육군에 징집되다	Script 답안 각본 처방전 Scripture 성서 손으로 쓴 원고를manuscript 원고, 필사본 문자화(옮겨서)하여transcript 성적증명서, 번역, 등본
Consecrate ['kɒnsɪkreɪt]	헌당하다 바치다devote, offer Consecrate a church to divine service 교회를 헌당하다 Consecrate his life to religion 종교에 전생을 바치다	함께con 신성sacred에 있다보니까. Sacred 신성한(sacrosanct, hold to be inviolable, inalienable). 헌정된. Hold sacred 존중하다 신성시하다 신성에 반대로만 하려하니, Desecrate 신성모독하다
Consecutive [kən'sekjʊtɪv]	연이은train, series Successive 연이은 잇따른 For two consecutive years 2년간 계속하여 Consecutive numbers 일련 번호	모두con 뒤따르는sequence.. Sequel 연속되는. 속편. 속편 같은 결과 Sequelae 후유증(sequela의 복수형) Sequential 순차적인 Consequential 결과로 발생하는, 결과의 밖으로 뒤따르게 되어 Execute 완성시키다. 사형에 처하다 싫다는데 끝까지 뒤따라 다니니prosecute 추구하다.고소하다. 끊임없이 연이으려면 고생이 뒤따르는데, Persecutive 괴롭히는 박해하는
Consensus [kən'sensəs]	합의(unanimity), 일치(general agreement) National consensus 국민적 합의 Reach a consensus on 합의를 보다 =come to terms with. Form a social consensus 사회 공감대를 형성하다	모두con 같이 느낌sense이 오니까. 일치하다;conform to, correspond to, coincide with, accord with, concur with 모두 같이 아니하면 dissensus 불일치 *correspond to 유사하다.일치하다be equal to *correspond with 서신교환하다. 조화되다.
Conserve [kən's3ːv]	보호, 보존하다preserve 아끼다save on, economize on Conserve water / gas. 물/기름을 아끼다.	모두con 봉사하면서 지키니까serve 미리 미리 지키면 preserve 지키다 보호하다 (cocoon) 지속하다. Preservation 보존, 보호, 보전된 정도
Consider [kən'sɪdə]	고려하다regard, ponder on. 간주하다(as). 음미하다savor, appreciate. Consider the family as the microcosm of the state. 가정을 국가의 축소판으로 간주하다.	Consider the lilies 근심하지 마세요. Consider the feelings of others 남의 감정을 고려하다. // *Take~into consideration (account)고려(참작)하다
Consign [kən'saɪn]	위탁하다(hand over, entrust, leave a word with). 놓다 처하게 만들다 Consign into writing 문서로 만들다 Consign to prison 교도소에 넣다 Consign money in a bank 은행에 예금하다	모두con 표시해서sign 두니까.. 한 곳에 맡기니까 assign 할당하다 위임하다. //사인하여 되돌리면 resign 사임하다. 포기하다 *간주하다. 여기다: deem, regard, consider, think, reckon, count, esteem, hold, account, see, describe, look upon, refer to, acknowledge, define, view

Consist [kənˈsɪst]	구성되다. consist in something. (특징이) ~에 있다 lie in.	The committee consists of 299 members. 위원회는 299명으로 구성된다.
Console [kənˈsoʊl]	달래다. 위로하다 위로하다;comfort, console, soothe, appease, solace	함께con 혼자있는sole 사람을 달래주니까.. Sole 유일한 고독한 Solemn 침통한, 의식에 맞는ceremonial, formal Solemnity 장엄. 의식

현재 분사(진행중인 상태 + ing)와 과거 분사(+ed)의 차이

현재 분사
Growing children 아직 자라나고 있는 어린이들
A roasting turkey 아직도 구워지고 있는 칠면조.
Breaking dishes 아직 부숴지고 있는 그릇들(눈에 선하게 보이면서, 또는 귀에 선하게 들리면서)
Falling leaves 떨어지고 있는 낙엽들
Frying eggs 아직 튀겨지고 있는 계란들
Smoking gun 확실한 증거(아직 연기나고 있는 총, 누가 범인인지 쉽게 알려주는 단서)
그 밖에, 상태를 서술하는 경우, a sleeping lion 잠자고 있는 사자, a shooting star 떨어지고 있는 별, a slow-moving bus 천천히 움직이는 버스, waiting brothers 기다리고 있는 형제들.
기능을 서술하는 경우, a sleeping bag 잠자는 데 사용되는 백, a shooting range 사격 거리. A moving van 가구 운송용 트럭, waiting room 대기용 방(대기실)

과거 분사
Grown children 이미 다 성장한 어린이들
A roasted turkey 이미 구워진 터키.
Broken dishes 이미 부숴진 그릇들
Fallen trees 이미 바닥에 떨어진 낙엽들
Fried eggs 이미 다 튀겨진 계란들

Spotted dog (누군가에 의해)눈에 띈 개, (원래 자연산)점박이 개
Black-eyed wrestler (누군가에 의해) 눈에 멍든 상처를 가진 레슬러, (원래 자연산)검은 눈동자의 레슬러,
Frozen yogurt (누군가가)얼린 요구르트, (북극처럼 추워서 자연스럽게 영구히)언 요구르트.
Pitted desk(누군가가 파낸)구멍 난 책상. pitted apple(원래 자연산)곰보 자국이 있는 사과

Consolidate [kənˈsɒlɪdeɪt]	강화하다solidify. reinforce. bolster. beef up 통합하다combine Consolidate my estates 재산을 통합하다. Consolidate two companies into one 두 회사를 하나로 통합하다.	함께con 굳게solid 만드니까… Solid 단단한 고체의 Solidification 응고. 일치단결 Solidary 연대책임의, 공동이익의 응고제.지혈제 coagulant
Consonant [ˈkɑnsənənt]	자음. ~와 일치하는(in agreement) Be consonant with 와 일치하는	함께 con 울려서sonance 소리내니까… 울림. 유성. Sonance, 유성의 sonant 자음과 모음 consonant and vowel

단어	뜻	설명
Consort ['kɒnsɔːt]	통치자의 배우자 (별로 좋지 않은 이와)어울리다 The prince consort 여왕의 부군 Consort with hooligans 불량배와 어울리다	함께con 모여 분류sort되니까… Sort 종류, 분류하다 Sortion 제비뽑기 추첨 한 쪽에 분류해 assort 분류하다. 구분하다 Stream 흐름. 분류. 해류. 기류. *taxonomy (동.식물등)분류학, 분류
Conspire [kən'spaɪə]	음모를 꾸미다connive. plot, stratagem 안좋게 돌아가다 Conspire with an accomplice 공범과 음모를 꾸미다 Conspire against the state 국가 반란을 공모하다	함께con 뾰족탑spire까지 오르자고 공모.. 안에 주입시키니 inspire 고무하다 영감주다 한 곳에 계속 주입시키니 aspire열망하다. 동경하다. 동경:yearning열망. 동정 공모자: conspirator, plotter
Consternation [,kɒnstə'neɪʃn]	대단히 놀람. 경악. 실망. In/with Consternation 놀라서 To my consternation 놀랍게도 Throw her into consternation 그녀를 깜짝 놀래키다.	모든con 가슴뼈들 sterna을 울리는 Sterna: 가슴뼈sternum의 복수형태 놀라운: alarming, amazing, surprising, astonishing // 충격적인 비율: at a surprising rate // 전속도로 at full speed
Constellation [,kɒnstə'neɪʃn]	별자리sign of the zodiac (관련있는 사람들의)무리 A whole constellation of actors 대단한 배우들의 무리	함께con 떠 있는 별stella이니까.. Stella 별의. 뛰어난 Stella evolution 항성의 진화
Constitute ['kɒnstɪtjuːt]	구성하다. ..이 되다. (수동태)설립하다set up, found.	Constitute the majority of the labour force. 노동력의 다수를 구성하다. Constituency 선거구. 선거구민(유권자들), 특히 선제 유권사electorate *constitute구성하다 // constant지속하는
Constrict [kən'strɪkt]	수축되다contract, shrink 위축시키다atrophy, Expand and constrict 확장과 축소	모두con 제한restrict시키니까… Strict 엄격한(stringent) 정확한 Striction 팽팽함 압축 엄격히 다시 묶으면 restrict 제한하다 금지하다. 일정한 곳을 묶으면 district구역 지나치게 묶으면 stricture 혹평. 비난
Construe [kən'struː]	이해하다. 해석하다(interpret) Be construed as aspersions 비방으로 해석되다.	해석하다; interpret his silence as refusal 그의 침묵을 거절로 해석하다 오해하다; misunderstand, misconstrue, misinterpret *be true to 충실하다be loyal(faithful) to *be true of 적용되다apply to
Consummate ['kɒnsəmeɪt]	완벽한(perfect, complete) 능숙한(seasoned, skilled) 노련하다experienced, seasoned Consummate happiness 더없는 행복 // A consummate liar 능숙한 거짓말쟁이	모두con 정점summa에 이르니까.. Summa 백과전서 총서 Summa cum laude (미대학 졸업생이)최우등으로 Summate 합계내다 더하다 seasoned경험 많은// seasonal계절적인
Consume [kən'sjuːm]	소모하다use up. 먹다. (격하게)사로잡다captivate, capture.	Propensity to consume 소비 성향

단어	뜻	관련어
Contagious [kənˈteɪdʒəs]	전염되는(infectious) 전염병에 걸린 A contagious laugh 전염성 있는 웃음 A contagious disease 전염병 *I can't help laughing. 웃음을 참을 수 없다.	함께con 접촉하니까touch… 전염병을 박멸하다 stamp(wipe)out epidemics. 전염병에 걸리다 catch an infectious (contagious) disease 병에 걸리다 Come down with=become ill with
Contain [kənˈteɪn]	함유되어 있다. 참다. 방지하다. *Contain his excitement 흥분을 참다 *Contain an swine flu 신종독감을 방지하다 *Don't steam 자극받지 마라.	*Bear with 참다 put up with *Bear on~ 관련되다 pertain to *Bring ….to bear on 집중하다. 압력가하다 철저하게 pertain 속하다. 상관하다 추구하여 이루는 attain 이루다. 달성하다. 목표 추구하여 obtain 획득하다. 달성하다. Maintain 지속하다. 유지하다. 부양하다. Sustain 살아가게 하다. 뒷받침하다. 지속시키다. 인정하다.
Contaminate Contaminator. n	오염시키다 pollute, taint 더럽히다(adulterate, make impure) Contaminate a river with sewage 하수로 강을 오염시키다.	모두con 만지니까touch 더럽혀지니까… 오염물질을 제거하다 decontaminate terminate 끝나다. 유한한 terminus 종착역. 종점 terminal Termite 흰개미
Contemn	경멸하다(despise) He would utterly be contemned 그는 경멸 당할 것이다. A comtemptuous (scornful, sardonic) look 경멸의 표정	모두con 울화통temper부리니까… Temper 성질, 울화통, 첨가물 Temperament 성질 기질 Hot temper=ill temper=irascible 급한 성격 short fuse scalded my mouth Temperate 온화한(moderate), 절제 있는 Temperance 자제 금주 경멸하다;despise, scorn, look down on, misprize
Contend [kənˈtend]	주장하다 plead, claim. 다투다(겨루다)(with/against)make a scene. Contend at law 법정에서 싸우다. *quarrel with 다투다	Contend with drunken drivers. 음주운전자와 씨름하다. //contend for freedom 자유를 위해 싸우다./ rassle 레슬링하다.싸우다. **contend다투다//consent동의하다//content 만족하다.찬성하다
Content [ˈkɒntent]	내용물. 함량. 목차. 만족하는. *Life is not all roses and wine. 인생이란 좋은 것만 있는 건 아니야.	Bliss특히, 완벽한 만족ecstasy, rapture. 더 없는 행복blitheness, blessedness, blissfulness, felicity, glee.
Context [ˈkɒntekst]	전후 사정 문맥 Out of context 전후 관계(문맥)를 무시하고 In this context 이와 관련하여	모든con 원문text을 통해 보니까… Text 본문 정본 Textbook 교과서, 교과서적인 Tome두꺼운 책/Text message 문자 메시지 원문을 앞에 놓고 각종 핑계를 대면 Pretext 핑계, 거짓
Contiguous [kənˈtɪgjʊəs]	근접한, 인접한(adjoining, neighbouring, adjacent, abutting, next)	함께con 접촉할 정도의touch.. Tight 단단한, 촘촘한, 다루기 힘든 Tightfisted 고삐를 죄는, 인색한 Tighten 꽉 죄다, 엄하게 하다

	Be contiguous with(to) Green park 그린 공원에 인접해 있다	*접촉tact 관련 어군 Keep in touch with~와 연락하고 지내다 Contact 만남. 접촉. 연결 말로써 접촉한 효과를tact 재치(*tactful 재치있는, tactless 재치없는) 접촉이 없으니 intact 손상입지 않은. 접촉할 수 없으니 intangible만질 수 없는 찐득하게 달려있는contingent ~에 달려있는(의존하는), 우연한. 대표단. 파견대
Contingent [kən'tɪndʒənt]	우연한accidental ~여부에 따라(on/upon) 대표단delegation *be contingent upon 조건으로 하다 Contingent job 임시직 A fee(remuneration) contingent on success 성공 사례금(보수)	모든con 냄새tinge의 여부에 따라… Tinge 여부. 기미, 엷은 색조hue, tint, shade Untinged 물들지 않은, 편견이 없는 우연히;contingently, by chance, by accident, accidentally

과거 분사 + about

Concerned + about 근심하다.
Confused + about 혼동하다.
Excited + about 흥분하다.
Undecided + about 미결정하다.
Worried + about 걱정하다.

Be + 과거 분사 + at(깜짝)

Alarmed at/ by 놀라다.
Amazed at/by/with 놀라다.
Shocked at/by 놀라다.
Surprised at/by 놀라다
Frightened at/of 두려워하다
Rejoiced at 기뻐하다

Contort [kən'tɔːt]	찡그리다frown, grimace, scowl, make a face 뒤틀다twist, writhe Be contorted with pain 고통으로 뒤틀리다 *쥐가 났다. I've got a Charlie-Horse./그의 삔 발목이 부어오르다. His sprained ankle will swell up.	모두con 불법행위tort를 하면…… Tort 불법행위 Tortuous 비비꼬인, 뒤틀린, 고문의 Torture 고문, 고문과 같은 것 계속 비틀다보면 distort 비틀다. 왜곡하다 대놓고 비틀면 extort 강탈하다 쥐어짜다 재빨리 되쏘면 retort 응수하다. 대꾸하다. 모든 곳을 비트는contortionist 곡예사 찡그리다;be distorted, be contorted, be twisted *Under torture고문을 이기지 못해. 고문때문에 *under the influence of wine술탓으로

Contour ['kɒn,tʊə]	윤곽(outline) 등고선 A contour map 등고선 지도 A well-formed contour 모양 좋은 윤곽	함께con 순회tour해보니까…. Tour 순회하다 견학하다 여행하다 take a trip. On tour 여행 중에 A sightseeing tour 관광 여행 뒤로 돌아보니 detour 우회하다. 회피하다 =look away, shy away from
Contract ['kɒntrækt]	계약(서). 수축하다shrink. deflate 병에 걸리다fall(get) ill. 계약하다. 결혼을 약속하다.	Close(make) a contract with 계약을 하다. Contract cut 협정 파기. Tie the knot 결혼하다
Contrite ['kɒntraɪt]	깊이 뉘우치는(feeling remorseful, repentant, sorry, penitent, apologetic) Be contrite for a lying rumor by him 근거 없는 소문을 뉘우치다	모두con 진부하니까trite 바라 본 심정은.. Trite 진부한 corny 한쪽으로 계속 진부해지니 attrite 마모되고 마멸되다.
CONTRA	반대하여	
Contrary ['kɒntrərɪ]	~와 반대로. 반대되는 것. 버릇없는ill-mannered, ill-bred. Contrary to my mom's belief. 울 엄마의 믿음과는 반대로. Contrary arguments 정반대 주장 Act contrary to 거역하다. Contrary to her expectation. 그녀의 기대와는 달리. 뜻밖에도 *come(live) up to her expectations.그녀의 기대에 부응하다	On the contrary 그와는 반대로 Show me some witness to the contrary 그 반대를 증명하는 증인을 보여주시오. 반대로 서있으니 contraposition 대치 .contrariness 모순. 반대. 반대로 나가면 contravene 반대로 행동하다. / contravention 모순. 충돌. 위반. 반대로 또 구별해서 contradistinction 구별. 대조
Contrast ['kɒntrɑːst]	대조. 대비. 대조적인 사람(것). 명암 대조하다(with/and). 대조를 보이다(with).	The essay contrasts the rich and the poor. 에세이는 부자와 가난한 자를 대비시킨다. Contrasted with her red shoes 그녀의 빨간 구두와 대조를 보였다. *In comparison with 대조적으로
Contribute [kən'trɪbjuːt] Contribution. n	기부하다(to). 기여하다. …의 원인이 되다. 기고하다. 의견을 말하다. Contribute money to relieving the poor.빈민 구제를 위해 돈을 기부하다	모두con 찬사를 표해야tribute할 일입니다. Tribute 찬사. 공물. 효력을 입증하는 것
Contrive [kən'traɪv]	용케…하다(artificial). 성사시키다. 고안하다(labored. come up with, strike out).	Contrive an escape 용케 도망치다. Contrive his death 그의 살해를 획책하다.
Convene [kən'viːn]	회합하다 gather together 소집하다assemble, gather, amass Convene(dissolve) a parliament 의회를 소집(해산)하다	모두con 오니까ven… 안으로 들어오니 intervene 끼어들다 앞으로 들어오라 해도 반대로 들어오더니, Contravene 위반하다 모순되다 반대하다 Conventional; common, customary
Conversant [kən'vɜːsənt]	친숙한familiar. 익숙한with. 정통한	Be familiar(well-known) to 사람…. 잘 알려져 있다 // Be familiar(acquainted) with 사물…. 잘 알고 있다.

Converse [kən'vɜːs]	(사실. 진술)의 정반대 대화하다(with) And converse 그 반대도 같게	모두con 돌아서verse 있으니까… And converse 그 반대도 역시 같다. 뒤로 돌리니 reverse 반대로 역의 불운 거세게 돌리니 Adverse 부정적인 불리한
Convert [kən'vɜːt]	전환시키다 바꾸다 개종시키다(proselytize, evangelize) Convert cotton into cloth 면을 천으로 바꾸다(변환의 into) Make a convert of 개종시키다 Convert from Islam to Buddhism 이슬람교에서 불교로 개종하다	전압을 낮추거나 올려서 해당 제품의 전압으로 맞추는 것은 adapter라고 하고, 교류 전압을 직류 전압으로 또는 그 반대로 변환해주는 것은 converter라고 합니다. Avert 돌리다 피하다 Divert 기분 전환시키다, 딴 데로 돌리다(diving하다 보면 기분 전환되지요)
Convict [kən'vɪkt] Conviction. n	유죄를 선고하다sentence 죄수(기결수)prisoner A convicted murderer 유죄 판결받은 살인범 Be convicted of forgery 위조(위폐)죄로 유죄 선고를 받다 Ex-convict 전과자	함께con 피해자victim가 없도록 노력…. Victim 희생자. 피해자casualty. 산 제물. Victimize 희생시키다 괴롭히다 Conviction 유죄선고(판결) *captive 포로
Convivial [kən'vɪvɪəl]	유쾌한jovial, 축제의festive A convivial atmosphere/ambience 유쾌한 분위기 A festive mood 명절 기분	모두con 생기발랄vivid 하니까.. Vivid 생생한 선명한 Be vivid in my memory 생생하게 남아있다. Vivisect 생체를 해부하다 다시 살리는revive 소생시키다 지속해서 살리는survive 보다 오래살다
Convolution [ˌkɑːnvə'luːʃn]	대단히 비비꼬이고 복잡한 것. 주름corrugated things (옷 주름:crease, folds, pleats 피부 주름:winkle, crease, furrow)	소용돌이voulution속에 함께 있으니까con… volution회전운동. 소용돌이 evolution 진화. 발전 거꾸로 돌리면 revolution 혁명 Voluted 나선상의, 소용돌이꼴의
Convoke [kən'vəʊk]	(회의를)소집하다call a meeting 소집하다; Convene, call, summon, convoke, call up, call together, muster	모두con 불러voice 모으니까… 안에서 불러 보니, invoke 빌다. 송장 보내다. 크게 불러보니, provoke 화나게 하다 자극하다incite. 마음에 있지 아니하고 밖으로 불러보니 Evoke 일깨우다 재현하다
Convoy ['kɒnvɔɪ]	(군인이나 차량의)호송escort 호송하다 In convoy 무리를 지어 Under convoy of Korean troops 한국군의 호위를 받으며	함께con 가니까voy…. Voyage 항해하다 비행하다 Voyageable 여행할 수 있는 Especially하게 Envoy 특사
Coordinate [kəʊ'ɔːdɪneɪt]	잘 어울리다(with) go with, match 조직화 하다systematize 좌표 An officer coordinate in rank with him 그와 같은 계급의 장교 *keep rank 질서 지키다. *We quite hit it off. 우린 너무 잘 어울려	모두con 질서 있게order 만드니까… Ordinate 세로 좌표, 규칙 바른 Subordinate 부차적인 부하 종속절 Inordinate 과도한 지나친 요즘 방송국에 coordinator의 출입이 잦은데 화장도 해주고 머리도 만져주어 방송프로그램과 잘 어울리게 유명 배우들과 함께 행동하니까..

Copious [ˈkəʊpjəs]	풍부한plentiful, abundant 말이 많은wordy, talkative Copious profits 막대한 이익 Copious amounts of water 방대한 양의 물	Pious 신앙심이 깊은(reverent), 경건한(devout), 위선(자)적인(hypocritical) Sanctimonious 독실한(신성한) 척 하는. Sacrosanctity 신성불가침한 것.holiness.
Cordial [ˈkɔːdjəl]	다정한warm. 자애로운gracious.	Cordial greetings 따뜻한 인사말
Corollary	필연적인 결과, 당연한 결론 (a natural consequence)	난 당연하게 여겼다 I took it for granted that~ A를 B로 잘못알다 I take A for B
Correlate [ˈkɒrəleɪt]	연관성이 있다closely related 연관성을 보여주다 Correlate the two dogs 두 개의 관련성을 보여주다 *compare apples and oranges 천양지 차(전혀 다른 것)를 비교하다.	함께co 관련되니까relate.. 안으로 보니, interrelate 밀접한 관계가 있다. Cross-correlate (데이터를)상호 비교하다. Crossroad 교차로. Crosschecking data 상호 교차 검토하기. Crosswalk 횡단보도. Cross-examine 반대 심문하다.
Correspond [ˌkɒrɪˈspɒnd]	일치하다(to/with).see eye to eye 해당하다(to). 와 서신을 주고 받다(with)	Correspond to(=coincide with) his opinion. 그의 견해와 일치한다. **I am of the opinion on that~라는 의견이다.

과거분사 + by

Confused by 혼동하다.
Encouraged by 격려하다.
Exhausted by 지치게 하다.
Overwhelmed by 압도하다
Terrified by 겁먹다.

Embarrassed by 당황하다.
Entertained by 즐겁게 하다.
Frightened by 깜짝 놀라다.
Relaxed by 누그러지다

과거분사 + for

Known for 알려지다.
Qualified for 자격이 있다.

Prepared for 준비하다.
Remembered for 기억하고 있다.

과거분사 + from

Divorced from 이혼하다
Made from/of 만들다(of은 물리적 변화: 형태 변화: 나무로 책상을 만드는 경우처럼 The desk is Made Of Wood MOW(잔디 깎다. 풀 베다)를 외우면 혼동 안될 듯…또는 성질의 변경없이 consist of 처럼 구성되는 것으로 외우는 방법….)

Protected from 보호하다.

Corroborate [kəˈrɒbəreɪt]	확증하다(confirm) (증거나 정보를)제공하다provide Corroborating evidence 확증적인 증거	Roborant 힘을 돋우는. 보약. Robot 로봇 Robotics 로봇 공학

Contra, counter	반대	
Contraband	밀수품smuggled goods 금지된forbidden, interdit A cache of contraband goods 밀수품의 저장소. A contraband trader 밀수업자	반대하고contra 추방banish하는 것은… Bankruptcy 파산 파탄 Solvent 빚을 갚을 수 있는. 파산(broke, bankrupt) 되지 아니한. *banish추방하다/ vanish사라지다/ perish썩다. 사라지다 / lavish 낭비하다.
Contraception	피임 Give advice about contraception 피임에 대한 충고를 하다	아이 가지기를 순응accept하지 아니하니까 contra… Accept 순응하다 입학시키다 Acceptable 수락할 수 있는 Acceptant 기꺼이 받아들이는 수락하는
Contradict [ˌkɒntrəˈdɪkt]	반박하다refute, rebut 모순되다 be inconsistent with, clash with, conflict with Contradict each other 서로 반박하다. Contradict oneself 모순된 주장을 하다	말하는dic 것에 대해 반대하니까contra. 앞으로 일을 말하면 predict 예측 예언하다. Dictate 받아쓰게 하다. 구술하다 Dictation 받아쓰기 Dictum 격언. 선언 Contradictious 논쟁하기 좋아하는 Take a fancy to 좋아하게 되다
Contravene [ˌkɒntrəˈviːn]	위반하다(break, violate, infract. Infringe, disobey, transgress, go against)	반대로contra 오니까ven…
Contrive [kənˈtraɪv]	용케…하다. 고안하다. (어려운 속에서도)성사시키다.	용케con 해나가는 strive Strive for 노력하다. 애쓰다. 분투하다 Forge (계획.구상)세우다. (시를) 짓다. *strive노력하다// strife싸움// strides발전
Controversial [ˌkɒntrəˈvɜːʃl]	논쟁 소지가 많은critical, arguable A highly controversial plan to build a new dam 상당히 논쟁 많은 새로운 댐 건설의 계획	An uncontroversial topic 논쟁 소지 없는 주제
Count [kaʊnt]	셈. 총계. 계산하다. 총 수를 세다. ~라고 생각하다. 중요하다 make a difference. Be significant. *Every client counts. 모든 고객은 소중하다./ Every little bit counts. 티끌 모아 태산	Count on ~을 믿다rely on. Count his brother in 그의 동생을 껴주다. *You can bank on it. 당신은 날 믿어도 되요. *계산하다. 셈을 치루다 pick up the tap, pay for
Countenance [ˈkaʊntənəns]	얼굴(표정)(face). 동의하다. With a good countenance 침착하게	Change countenance 안면을 바꾸다. Keep his countenance 침착한 태도를 유지하다. (웃지 않고)점잔빼고 있다.
Counter [ˈkaʊntə]	반대로, 거꾸로 반대하다. 방지하다 계산대 Under the counter 비밀리에(거래되는) counter inflation 인플레를 방지하다 across the counter 합법적으로	Over the counter 의사의 처방전 없는 Counterpart 상대(대응관계에 있는) Countermeasure 대책 Counteract 대응하다 Counterproductive 역효과의 Counterplan 대안alternative to, option Counterclockwise 시계 바늘방향과 반대로

	the counter direction 반대방향	Around the clock 밤낮 쉬지 않고 All the year around 년중 내내 쉼없이
Coup [kuː]	쿠데타. (고난 속의)대단한 성공 *coup [kuːp] 닭장. 우리	반대하며 앞장서다 보니까…. *successful성공적인 **successive연속적인
Counterfeit ['kaʊntə(r)fɪt]	위조imitation 위조하다copy made to deceive Counterfeit illness 꾀병 A counterfeit signature 가짜 서명	정당하게 만들지 않으면 Forfeit 몰수당하다 벌금 너무 많이 만들면 Surfeit 범람 과식 포만 *Let me have your John Hancock. 서명해주세요.
Countermand [ˌkaʊntəˈmɑːnd]	(다른 주문으로 이전 주문을)철회하다 Countermand the orders 명령을 철회하다 *custom-made 주문 제작한,	요구한 것demand을 반대counter되길 원하면… demand 요구하다 강요하다 필요로 하다 command 명령하다. 내려다 보이다. Remand 반송하다. (감옥) 재구류하다. Mandate 상부 명령. 위임 통치령 Mandatory 의무적인compulsory
Canvass ['kænvəs]	유세하다campaign, stump, poll. 조사하다survey. Look over. inspect	몰래 조사하다: spy into 사물 몰래 감시하다: spy on 사람
Candidate [ˈkændɪdət]	(선거)입후보자office-seeker, entrant. 출마자runner, nominee, applicant ~될 가능성이 큰 사람(집단)prospect *a backup candidate 예비 후보자 *a 911 candidate 막다른 골목에 몰린 입후보자	솔직하게Candid 모든 걸 내보이는 사람… Run candidate at 입후보하다run for Seat a candidate 후보자를 선출하다 Vote for(against) the candidate 그 입후보자에게 찬성(반대) 투표를 하다 *We won them out. They were voted out. 우리는 이겼다. 그들은 (투표에서) 졌다.
Carcinogenic	발암의(암을 유발하는)	Carcinomatous 암의 Carcinoma 악성 종양. 암
Cartography [kɑːˈtɒɡrəfi]	지도 제작(법).	Cartographer 지도 제작(설계)자
Cascade [kæˈskeɪd]	작은 폭포waterfall. 풍성히 늘어진 것. 폭포처럼 흐르다.	펼쳐지고 던져진cast 구경거리(행렬)cade…. Motorcade 자동차 행렬
Caucus ['kɔːkəs]	정당 전당대회. 정당 당원들. 정당 내 이익단체	대통령 후보 지명은 대의원(delegate, 주 인구에 비례), 예비선거primary에서 75%를 나머지는 전당대회caucus에서 선출.
Cavil ['kævɪl]	트집잡다(at)(quibble, nitpick, carp). *트집장이caviler, nitpicker, faultfinder	까불려caviler? 트집장이야!!
Champion ['tʃæmpjən]	대회 우승자. 투사. 옹호자. 지지하다support. …을 위해 싸우다. *stand up for, stick up for 옹호하다	A champion of peace 평화의 지지자. *He laughs best who laughs last. 마지막으로 웃는자가 승자다. *마지막 순간에 at the eleventh hour
Chortle [ˈtʃɔːtl]	깔깔거리다chuckle	Chortle with glee 신이 나서 깔깔거리다.

과거분사 + in

Disappointed in/by/with 실망하다.
Engaged in 종사하다(~하느라 바쁜)
Involved in 관련된다.

Dressed in 옷을 차려 입다
Interested in 관심 있다.
Located in 위치한다.

과거분사 + against

Discriminated against 식별하다

과거분사 + of

Ashamed of 부끄럽다
Convinced of 확신하다(rest assured)
Scared of 겁먹다.
Tired of 지겹다.

Composed of 구성하다
Frightened of/by 놀라다
Terrified of 깜짝 놀라다.

Classic ['klæsɪk]	일류의top-notch. 대표적인. 고전적인. 고전. 명작. 모범.	Classic ground 사적.
Classical ['klæsɪkl]	고전주의의. 클래식음악의. 단아한 Classical economics 정통파 경제학	The classical elegance of the house 그 집의 단아한 우아함.
Cloister ['klɔɪstə]	복도. 안뜰. 수도원 생활.	Monastery 수도원
Clone [kləʊn]	복사. 복제품. 호환 기종. 복제하다. *(-some 경향이 있는. ~을 낳는) *Frankly, I don't want to take a leaf out of her book after I met her. 그녀를 만난 후, 그녀를 본받아 따르고 싶은 마음이 없다.	*상당한 정도의some 관련 어군 Clonesome 남을 흉내 내는. 독창성 없는 Cumbersome 성가신. Bothersome 귀찮은, irksome 귀찮은, troublesome 귀찮은 fearsome 두려운, Gruesome 소름끼치는, quarrelsome 싸움 좋아하는, Lonesome 외로운, mettlesome 기운찬, toothsome 맛있는 noisome 고약한. 불쾌한, Awesome 경탄할 만한, Handsome 잘 생긴clear-cut features
Conjugal ['kʊndʒʊgl]	부부의.	Conjugal affection 부부애 Affection애정. 감동//affectation가장. 허위
Conservatory [kən|sɜːrvətɔːri]	온실greenhouse. 음악/드라마 학교	
Court [kɔːt]	법원. 테니스코트. 궁궐. 환심 사려하다. 자초하다. 구애하다	Court popularity / death 인기를 얻으려고 하다/ 죽음을 자초하다.
Covenant ['kʌvənənt]	약속(pledge). 계약(contract)	

Word	Meanings	Examples/Synonyms
Cover [ˈkʌvə]	덮다. 포함시키다. 돈을 대다. 둘러대다. 덮개. 은신처sanctuary. 엄호. 속임수.	Cover up 옷을 껴입다. Cover for her 그녀의 일을 대신 봐주다. Take / under cover 피난하다/ 위장하다. Camouflage 위장하다disguise. 속이다. 변장.
Covert [ˈkʌvət]	비밀의(hidden, clandestine, secret, surreptitious) 은신처(hideout)	은폐하다. 숨기다: Cloak. Conceal. Hide 잠복하다.lurk, stake out, hide up 복병(숨겨진 강력 상대)dark horse, ace in the hole
Covet [ˈkʌvɪt]	탐내다. 갈망하다crave for. *인기있는 red-hot	Covet for popularity 인기를 갈망하다. Covertous 몹시 탐내는. Be covetous of 몹시 탐내다. Wallflower (파트너 없어서)춤추지 못하는(인기없는) 사람
Chasm [ˈkæzəm]	(땅.바위.얼음 속)틈crevice, crack (사람 사이)골	Hiatus 틈새, 단절. Breach 터진 곳, 단절, 저버림, 틈fissure, chink *He breached그는 직무 유기(저버림)했다.
Chimera [kaɪˈmɪərə]	불가능한 희망.생각(illusion).	그리스 신화 속 괴물(사자 머리, 뱀 꼬리) *illusory 환상에 불과한unreal. *mythical 상상속의imaginary. 가공의fictitious, 신화 속에 존재하는
Choleric [ˈkɒlərɪk]	화를 잘 내는hot-tempered	화를 잘 내는Short-tempered, irascible
Cipher [ˈsaɪfə]	암호code. 영zero. cog 하찮은 사람nobody, nonentity	해독하다: decipher. Decode 암호로: in cipher
Clique [kliːk]	파벌cabal, faction. 패거리cohort, coterie, gang	Click 찰칵 소리를 내다. 손발이 맞다. 혀차는 소리. 인기를 얻다.
Clout	영향력leverage. Influence. 강타blow. 강타하다batter. Carry considerable clout 영향력을 가지다.	Exercise(exert) political leverage 정치 영향력을 행사하다. *considerable 상당한. 주요한 *considerate 사려 깊은 *has great influence over 좌우(지배)하는 *has great influence on 영향을 끼치는
Coddle	애지중지하다treat tenderly. pamper 잠시 약한 불로 삶다.	Mollycoddle 나약한 사람. 응석받이
Craven [ˈkreɪvən]	비겁한cowardly, cold feet	Cry craven 항복하다throw in the sponge= throw in the towel.
Criterion [kraɪˈtɪərɪən]	기준(standard. touchstone. norm)	The opera tugged at our heartstrings. 그 오페라는 우리의 심금을 울렸다.
Critique	비평한 글. 평론critical review 평론을 쓰다. 비평하다review.	A forthright critique 담백한 비평 *censor 검열. (검열하여)삭제하다

Crux	핵심nub. 요점gist, the point	The crux of the social matter. 사회문제의 핵심
Culinary ['kʌlɪnəri]	(주방 또는) 요리 관련한	요리학원 a culinary institute 요리법. 주방. Cuisine
Curmudgeon [kɜːˈmʌdʒən]	괴팍한 사람cantankerous. 심술궂은 구두쇠.	물 아끼려고 씻지도 않는 거무 잡잡한 구두쇠… 증류수distillation
Culminate [ˈkʌlmɪneɪt]	절정(climax, apex, highest point)	Culminate in 결국….이 되다.
Culpable [ˈkʌlpəbl] Culpability. n	비난 받을 만한 reprehensible for, 과실있는(guilty)	과실이 커서 칼cul 퍼부을 만 한.
Curtail [kɜːˈteɪl]	축소(삭감)시키다(shorten, cut short). 박탈하다divest.	쓸모없는 꼬리tail를 잘라내니까cut 길이를 줄이다(짧게하다)truncate Divest 빼앗다. 벗기다. 박탈하다.
Cyclone [ˈsaɪkloʊn]	저기압. 대폭풍	고기압anticyclone 온대 저기압 extratropical cyclone
Cynic [ˈsɪnɪk]	냉소가. 비꼬는 사람.	Cynical 냉소적인. 부정적인 Sarcastic 빈정대는. 비꼬는contemptuous.

미국 그랜드티톤

Dd

DE	아래로 떨어뜨리는	
Dearth [dɜːθ]	부족scarcity, lack, paucity, run down	물건이 떨어졌다고de 표현…부족하지요… For lack of=for want of 부족해서
Debacle	큰 실패(overwhelming defeat, fiasco), 큰 낭패(violent breakdown)	떨어져서de 계속 뒤로 밀리니.backward Backward 뒤쪽의 퇴보하여 *break apart부서지다. Break down고장 나다 on the blink
Debase [dɪ'beɪs]	(가치, 품위를)떨어뜨리다degrade The professor is being debased by the advertisement 그 교수는 상업광고에 의해 품위가 떨어졌다.	기반base을 아래로 떨어뜨리는de Base 기반. 기초. 근거로 하다. Basement 지하실 지하층 Baseless rumor 근거 없는 소문 지위를 떨어뜨리면 abase 굴욕contumely
Debauch [dɪ'bɔːtʃ]	타락시키다. 유혹하다 방탕하다 Nowhere left to hide his debauching 그 방탕을 숨길 길이 없다.	싸구려bauble로 떨어뜨리니까de.. Bauble 시시한 것, 겉만 값 싼 물건. Baulk=balk 주저하다 방해하다. Debauchery:방탕=excessive intemperance 타락하다: come down
Debunk [ˌdiː'bʌŋk]	정체를 폭로하다expose. 틀렸음을 밝히다disclose.	서운한 일이 있으면, 침대bunk에서 누워있지 아니하고 가서 다 말해버리는…. Bunk 군대에서 벽에 붙은 이층 침대. *This party is bunk 이 파티 참 재미없다.
Debilitate [dɪ'bɪlɪteɪt] Debilitation. n	약화시키다(weaken, cripple) Debilitate his character and office. 그의 인격도 사무소도 약화되다.	강한 상태bilitate에서 떨어지니까de.. Habilitate 자격을 얻다. 운영자금을 공급하다 rehehabilitate 회복하다 부흥하다. 목발 a pair of crutches **debilitate약화시키다//deliberate주의 깊은. 의도적인
Decadent ['dekədənt]	타락한(decayed, deprived), 퇴폐적인	A decadent lifestyle 퇴폐적인 생활 방식
Deceased [dɪ'siːsd]	죽은 고인(the deased) *Cheese it, Beet it, 그만둬! 도망쳐라!	생명이 중단되어cease 아래에 묻힌de… Cease 중단되다 그만두다 Ceaseless 끊임없는persistent Ceasefire 휴전. 정전 보다 먼저 사망하다 predecease 끝나다 종료 surcease

Decipher [dɪ'saɪfə]	해독하다 Tom's intention is hard to decipher 톰의 의도를 파악하는 것은 어렵다	암호화cipher 된 것을 푸니까de Cipher text 암호문 Cipher- key 암호 해독의 열쇠 Encipher 암호화하다 **the key to the front door/ success 현관문/ 성공의 열쇠
Decimate ['desɪmeɪt]	대량으로 죽이다. 심하게 훼손하다. Desiccate 건조시키다(dry out). 무기력하게 하다. Desiccant 건조제	모두 떨어지게 씨를 말리는… 대량학살; genocide, massacre, mass murder (*대량으로: in bulk) 살인 homicide, 부친살해(범)patricide, 모친살해(범)matricide, 형제살해(범) fratricide, 자매살해(범)sororicide, 유아살해(범)infanticide, 곤충죽이는물질pesticide, 살충제insecticide
Decompose [,diːkəm'pəʊz]	분해하다take apart 썩다decay decomposing waste materials 분해되고 있는 폐기물 분해하다(부패하다); rot, decay. Fester	구성compose한 것을 푸니까de Compose 구성하다 작곡하다 Recompose 재구성하다. 진정시키다 Composer 구성가 작곡가 Compose a dispute 분쟁을 조정하다 Discompose 당황케하다 평정을 잃게하다 Composedly 침착하게
Decline [dɪ'klaɪn]	감소. 하락(쇠퇴)wane. 축소 감소/ 축소하다slope downward. 거절하다refuse to. kiss off	In(on the, fall into) decline 쇠퇴하여 거절하다turn down, refuse, reject

과거분사 + to

Accustomed to 익숙하다
Committed to 전념하다.
Dedicated to 헌신하다.
Engaged to 약혼하다.
Married to 결혼하다.
Related to 관계 있다.

Addicted to 빠지다.
Connected to 연결하다.
Devoted to 헌신하다.
Limited to 제한하다.
Opposed to 반대하다.

과거분사 + with

Amused with 즐기다.
Annoyed with 괴롭히다.
Blessed with 축복하다
Coordinated with 조화하다.
Crowded with 붐비다.
Endowed with 증여하다.
Finished with 마치다.
Furnished with 공급하다.
Satisfied with 만족하다.

Acquainted with 안면이 있는.
Associated with 연합하다.
Bored with 지겹다.
Covered with 덮다
Disappointed with/ in 실망하다.
Filled with 채우다.
Frustrated with 좌절시키다.
Pleased with 기쁘게 하다.

Decoy ['diːkɔɪ]	사냥에서 들짐승을 유인하기 위해 만든 모형새. 미끼bait. 유인하다	내숭 떠는coy를 벗어 던지고de Coy 내숭을 떠는, 얘기를 잘 안하는 His coy Mistress 수줍어하는 연인
Decrease [diːˈkriːs]	감소하다 On the decrease 점점 감소하여 (rapid)decrease in population (급격히) 인구가 줄어들다	감소하다;drop, decline, lessen, lower, shrink, diminish, dwindle, subside, reduce, cut, weaken, cower. *자동차 라이트를 어둡게 하다 dim 급격히by leaps and bounds=very rapidly
Decrepit [dɪˈkrepɪt] decrepitude.n	노후한old, worn out 연약한feeble, weak, frail, infirm, 노쇠한senile, senescent A decrepit mule 노쇠한 노새	걸을 때 따닥따닥 소리crepitate 낼정도로 노후한…
Deduce [dɪˈdjuːs]	추정하다(infer, assume, presume). 연역하다surmise Deduce his lineage 가계를 더듬다 Deduce a conclusion from premises 전제로부터 결론을 추론하다.	떠도는 곤란한 문제를 아래로de 이끌어leed..추정하다. 뒤돌아 아래로 끌어내리면 reduce 축소하다cut down // 앞에서 끌면 produce 생산하다put out.//사이에서 끌어내면introduce 소개하다 발표하다.
Defect ['diː fekt]	도망치다get away. 떠나다. 결함flaw, fault, defect 단점shortcomings, shortfall. **be slow of (능력)이 좀 떨어진다	Defective 결함이 있는. In defect 부족하여 Run(fall, come) short of 부족하다.
Defer [dɪˈfɜː] Deferment. n	따르다follow, go after. 연기하다(postpone, delay, put off) Defer to somebody/something 따르다 Defer making a decision 결심을 늦추다	아래로de 나르니까carry 열렬히 나르면 fervent 열렬한 Fertility 비옥(fecund). 다산. Fertilizer 비료 Deference: 존중(respect), 경의(courtesy) See fit to결심하다=decide to
Deficit ['defɪsɪt] Deficiency. n	적자shortage, shortfall, default Trade deficit 무역 적자 경영하다carry on=manage *잘해내다manage(make do) with =pull off=rise to the occasion	In deficit 적자의 // 흑자surplus. Gain 흑자(적자) 경영을 하다.operate in the black(red) *manipulate 다루다take up. 조종하다take control of.
Definitive [dɪˈfɪnɪtɪv]	결정적인(conclusive) Definite article 정관사	마지막에final 내놓는de 말 Definite 확고한 분명한(manifest, evident) Definition 정의. 선명도 *manifest분명한//manifold갖가지의
Defraud [dɪˈfrɔːd]	사기치다cheat. swindle. bilk, dupe, delude Defraud the revenue 탈세하다 Defraud a girl of her money 소년의 돈을 사기쳐 빼앗다.	사기fraud를 치다de. Fraudster 사기꾼 Fraudulence 사기 부정 Fraudulent gains 부당 이익

Defunct [dɪˈfʌŋkt]	죽은departed, dead, deceased, extinct 현존치 않는 no longer in existence Defunct EU cash 소멸된 EU 화폐	기능 작동function이 되지 않는de Function 기능 행사 의식 함수 Functionary 공무원 Malfunction 제대로 작동되지 아니함 Dysfunction 기능 장애
Degenerate [dɪˈdʒenəreɪt]	악화되다break down, morally corrupt 퇴보되다deteriorate, regress, backslide A degenerate popular comedian 퇴폐적인 인기 코미디언 Degenerate into commonplace 평범한 일상이 되어 버리다	발생, 산출시키지generate 아니함de Generate 산출하다 낳다 Regenerate 재건하다 Generator 발전기 Generation 세대 / Generation gap세대 차 **younger generation(젊은 세대:youngers라고 흔히 사용), higher classes(상류 계급), higher education(고등교육)
Degrade [dɪˈgreɪd] degradation. n.	저하시키다reduce, let fall 분해하다disassemble, dismember 비하하다derogatory Degrade oneself 자신을 비하하다	등급 grade 을 떨어뜨리니까de… Grade 품질 등급 성적 GPA Grade Point Average 평균 평점 Grade mark 등급 표시 Upgrade 개선하다. 등급을 올리다 Enrich 품질을 높이다. 부유하게 만들다 Intergrade 중간 단계
Dejected [dɪˈdʒektɪd]	낙심한depressed, downcast, droop, downhearted, dispirited, discouraged 기 죽은 crestfallen, dispirited, diffident, melancholy, gloomy, blue, down in the mouth A woman with a dejected mood 낙심한 분위기의 여자 A kill-joy분위기깨는사람wet blanket *put a damper on the party(show) 파티(쇼)에서 흥을 깨다. (*damper 축축하게 하는 사람. 기를 꺾는 사람), spoil the fun	아래de로 던져지니까project… *던지다ject 관련 어군 안에 던져지면 injected 주입하다 주사하다 도입하다 충혈된 사람으로부터 멀리 던져저 abject 비참한 던져진 모두 종합해보니conjecture추측 던져지고 떨어지니dejected 낙심한.풀죽은 밖으로 던지니까eject 추방하다. 몰아내다 사이에 끼워 interject 끼워 넣다. 삽입하다 앞으로 던지니까project 던지다. 돌출하다. 계획. 구체적으로 나타내다. 던진걸 다시 던져주고 reject 거부하다.
Delicate [ˈdelɪkət]	연약한fragile, frail, tender, flimsy. 우아한fine, dainty, graceful. 신중한. 까다로운fastidious, finicky Delicate attention 자상한 배려	A delicate china 깨지기 쉬운 자기. On delicate ground 미묘한 입장에서
Deliver [dɪˈlɪvə] delivery. n.	배달하다carry. 연설하다address. 조산하다. 출산을 돕다accouche. 실행하다execute, carry out. 구출하다salvage, rescue.	Deliver up/over 되돌려주다/양도하다. Deliver the goods 제 할 일을 하다. Deliver(make) an attack 공격을 가하다 *시도해봐! Face it. *한번 시도해보다 try your hand at *시험해보다test=try out
Delegate [ˈdelɪgət]	위임하다entrust, empower, mandate 파견하다dispatch 대표자representative Delegate power to an envoy 사절에게 권한을 위임하다 Delegate a person to a convention 대회에 대표를 파견하다	Legate 교황사절 Ablegate 교황특사 Relegate 내쫓다. 좌천시키다. 분류하다 Turn out: 내쫓다. 생산하다. 폭로하다. 일을 맡기다, 위임하다; Entrust, transfer, hand over, pass on, assign, consign, devolve

Deleterious [ˌdelɪˈtɪərɪəs] Deleterious. n	해로운(harmful, noxious, inimical)	delete해야 하는… delete 삭제하다. 말살하다.
Deliberate [dɪˈlɪbərət]	의도적인on purpose, intended, planned 신중한prudent, careful, discreet. 신중히 생각하다take counsel with oneself, weigh, reflect, cogitate A deliberate choice 신중한 선택 Deliberate how to do it 그것을 하는 방법을 숙고하다	Liberate 해방시키다disentangle. unfetter 석방시키다. Liberate a person from anxiety 사람을 걱정으로부터 해방시키다 Indeliberate 신중치 못한, 고의적이 아닌 Deliberate in counsel, prompt in action. 계획은 신중, 실행은 신속하게

Get + 형용사

점점 (형용사) 해지다. 점점 (형용사) 상태의 변화가 되다.

Get happy 행복해지다.	Get cool 시원해지다.	Get poor 가난해지다.
Get angry 화가 나게 되다.	Get bald 대머리가 되다.	Get big 크게 되다.
Get busy 바쁘게 되다.	Get close 가까워져 가다.	Get dark 어두워져 가다.
Get dirty 더러워지다.	Get dizzy 졸리워지다.	Get dry 마르게 되다.
Get fat 살이 찌게 되다.	Get full 가득차게 되다.	Get hot 뜨거워지다.
Get hungry 배고파 지다.	Get interested 흥미로워지다.	Get late 늦어지다.
Get nervous 신경쓰게 되다.	Get old 나이 먹게 되다.	Get quiet 조용해지다.
Get rich 부유해지다.	Get serious 진지해지다.	Get sick 아프게 되다.
Get sleepy 졸리워지다.	Get thirsty 목이 마르게 되다.	Get wet 젖어 지게 되다.

Delinquent [dɪˈlɪŋkwənt]	체납된(지불기일 넘긴)default, overdue 비행의 wrongdoing A delinquent borrower 체납자 Delinquent teenagers 비행 십대	*borrow…of him 그로부터 …을 빌리다 *expect …of her그녀로부터…기대를 가지다 *ask…of me 나로부터…를 요청하다.
Delineate [dɪˈlɪnɪeɪt]	상세하게 설명하다(그리다)go into details	선을 그어Lineate 상세하게 그리는 lineate선이 있는. 줄무늬가 있는 at length 상세하게in detail. 드디어at last
Delude [dɪˈluːd]	속이다(deceive) Delude oneself 착각하다 속이다 Delude a person to his ruin 속여서 파멸시키다 My brother ran out of words. 형은 기막혀 말이 안나왔다.	속는 사람은 터무니없이 당한다 터무니 없는 ludicrous. absurd 속이는 사람은 농담하길 좋아하기도 하고 ludic 농담과 놀기를 좋아하는 *Many a true word is said in jest. 수많은 진담이 농담중에 나오곤 한다.
Demeanor [dɪˈmiːnə]	처신behavior, 품행conduct, 태도manner	Misdemeanor 경범죄 비행 A kind and gentle demeanor 친절하고 점잖은 태도
Demography	인구 변동. 인구 통계학. *demographics 인구통계 　Demographer 인구통계학자	인구. 민중demo …학술(학)graphy Democracy 민주주의(민중+다스림) Democratization 민주화

		*cartographer 지도 설계(제작)자 *censuses 인구조사 Take a census of 인구조사하다.	demagogue 민중 선동가. demagogy 민중선동. *일반 선동가 firebrand
Demolish [dɪˈmɒlɪʃ]		파괴하다destroy, tear down, dismantle (사상, 이론을)뒤집다overturn, overrule, reverse Demolish the old theory 오래된 이론을 뒤집다 Be demolished by the hurricane 허리케인에 의해 파괴되다	분자molecule화 시켜 콩가루처럼 되는… Molecule 미분자. 분자 Mold 틀, 곰팡이 Molehill 두더지가 파놓은 흙무더기 Molten 녹은 주조된
Demonstrate [ˈdemənstreɪt] demonstration. n		증명하다prove. 설명하다account for 시위에 참여하다protest Demonstrate the law of gravitation 중력 법칙을 증명하다 Demonstrate against racial discrimination 인종차별에 대한 시위를 하다	Remonstrate 충고하다 항의하다 Counterdemonstrate 대항 데모하다(반대 데모하다) *advice 충고. 조언(**vice 악덕) *advise 충고하다. *speed demon 속도광 *a little demon 장난꾸러기joker, 악동 *cacodemon 악의있는 사람. 악마
Demur [dɪˈmɜː]		이의 제기하다object. take exception 이의 제기raise(make) objections Without demur 아무런 이의 없이 Demur to a suggestion 제의에 반대하다 Demur at his request 그의 요구에 이의제기하다	투덜거리면murmur, 이의제기 당할 수도… Murmur 투덜거리다. 속삭이다. *upon request 요구하자마자 *object 반대하다, 목적//objective객관적인
Demure [dɪˈmjʊə]		얌전한reserved, sedate 얌전한 체하는 A demure smile 조용한 미소	벽으로 둘러싸이면mure 얌전해질 수도 Mure 벽으로 둘러싸이다. 가두다 Immure 가두다 한정하다
Denomination [dɪˌnɒmɪˈneɪʃn]		교파classification. 돈의 액면가치. 종류sort, type, unit, value, grade 명명appellation, designation, name	Nominal value 돈의 액면가치. Nomination 지명. 임명. 추천
Depart [dɪˈpɑːt]		(여행. 직장)을 떠나다go off. Depart Seoul for Chicago 서울을 떠나서 시카고를 향해	Depart from ~에서 벗어나다. 바꾸다. Depart this life/ from life 죽다. *as part of 의 일부분으로서 *die from overwork(누적시간)과로로 죽다
Depend [dɪˈpend]		…에 달려있다turn on, hang on, rest on, resort on, rely on. 매달리다hang from. 종속하다be subordinate to. *depend on 신뢰하다	Depend on A for B=look to A for B. A에게 B를 의존하다. Depend upon it 꼭certainly
Deprive [dɪˈpraɪv]		강탈하다rob of, extort, hold up. (권리를)주지 않다. 면직하다be dismissed from.	Deprive him of B 그에게서 B를 강탈하다. Deprive oneself 자제하다(of) **deprive강탈하다//derive유래하다stem *deride비웃다// stride성큼성큼 걷다.
Denote [dɪˈnəʊt]		나타내다mark 의미하다signify Denote a serious pollution 심각한 오염	노트note에 적어 나타내고 의미하는…… Note 메모 비망록 유명 Noted 유명한

	을 나타내다 The white flag denotes the enemy's surrender. 백기는 적군의 항복을 의미한다	Noteworthy 주목할 만한, 현저한 Footnote 각주를 달다. 각주 Keynote 골자 방침 Make a note of=jot down 적어두다 *speak well of 칭찬하다 *speak well for 잘 대변하다. 자명하다.
Denounce [dɪ'naʊns]	비난하다decry. Condemn 고발하다accuse Denounce a person for neglect of duty 의무 불이행이라고 비난하다 Denounce malicious rumors. 악의적인 유언비어를 고발하다. *default: 의무를 불이행하다. 채무를 게을리하다negligent, delinquent.	떨어뜨리는de 말nounce을 하니까… Pronounce 발음하다. 판결을 내리다. Overpronounce 과장해서 발음하다. Enounce 성명하다. 표명하다. Announce 방송하다. 발표하다 Preannounce 예고하다. 예보하다 *slippage 불이행. 하락. *stoppage 조업 중단. 정지. *rampage 광란. 광란하듯 이동하다
Depict [dɪ'pɪkt] Depiction. n	묘사하다portray. 서술하다describe Depict the scene as wonderful. 그 장면을 멋지게 묘사하다. 그리다;illustrate, portray, paint, outline, draw, sketch, delineate	그린 듯이picture 서술하니까… Picture 그림 사진 미인 Picturesque 그림 같은 Pictograph 상형문자 hieroglyphic [h iərəɡl fik], 그림문자 Picture-perfect 흠잡을 데 없이 완벽한
Deplete [dɪ'pliːt]	고갈시키다use up. Exhaust. run out 대폭 감소시키다. Deplete natural resources. 천연 자원을 고갈시키다.	차 있던 것을plete 비워 버리니까de. 써버리다; use up, reduce, drain, exhaust, consume, empty, lessen, impoverish. run out of
Deplore [dɪ'plɔː]	개탄하다bewail, bemoan, lament, mourn Deplore gratuitous violence 근거없는 폭력에 개탄하다	Implore 애원하다. 간청하다 누구 부르고 싶은 lugubrious 애처로운, 침울한 doldrums, 가련한doleful
Deploy [dɪ'plɔɪ]	(군대.무기)배치하다arrange. 효율적으로 사용하다use effectively.	Barrack 병영 Barrack ballad 군가
Deport [dɪ'pɔːt]	(국외로)추방하다(expatriate) 처신하다 Deport oneself prudently 신중히 처신하다. Illegal immigrants are deported to their country. 불법이민자들은 자신의 나라로 강제 추방된다.	멀리 있는 항구port까지 보내버리다… 축출하다; expel, exile, throw out, oust, banish, expatriate, evict, extradite. **exile추방하다 // exhale발산하다 *keep your nose clean 얌전히 처신(행동)하라

Get + 과거분사 = 수동태

(어떤 일이 발생하거나 상태가 변화된 경우에 쓰는데, 주로 예기치 못한 일을 당한 경우에 사용)

Get fired	get absentminded	get distracted	get embarrassed
Get acquainted	get arrested,	get bored,	get confused
Get crowed	get divorced	get done	get dressed
get drunk	get engaged	get excited	get finished
get frightened	get hurt	get interested	get invited

get involved　　get killed　　get lost　　get married
get scared　　et sunburned　　get tired　　get worried
get crossed(화나게 되다)

Depose [dɪˈpoʊz]	퇴위시키다 dethrone 선서 증언하다 testify under oath, depone [dipóun]. Depose to having seen it 그것을 보았다고 증언하다. The rebels were attempting to depose President King. 반군은 킹 대통령을 축출 시키려고 시도했던 것이다.	자세 pose를 아래로 떨어뜨리니까 de Pose 자세 태도 주장하다 Pose for a picture 사진 위해 포즈 취하다. Impose 도입하다 강요하다. Surpose 가정하다 추측하다 상상하다. *Deposal 면직 파면. *depose 퇴위시키다//dispose 배열. 배치하다. *disposed 경향이 있는// discard 버리다.
Deposit [dɪˈpɒzɪt]	침전물 precipitate. 선수금 down payment 예금. 공탁. 보증금 security. 침전시키다. 예금하다. 맡기다 Deposit your valuables 당신 귀중품을 보관하다. Put down a 3% deposit on the house 그 집에 3% 착수보증금을 내다	Depository 보관소 On deposit 은행에 예금하여 A fixed deposit (이자가 고정된)정기 예금 Make a deposit on 계약금을 치루다)pay down) Deposit oneself on 에 걸터앉다
Deprecate	(강력히)비난하다 criticize, assail. 반대하다 oppose, gainsay, make an objection to, lean against.	Imprecate 저주를 보내다. 빌다.
Depreciate [dɪˈpriːʃɪeɪt]	가치가 떨어지다 fall(drop) in value 경시하다 downplay, play down, disparage, decry, deride 얕보다 minimize, underrate, undervalue Depreciate against the US dollar. 미국 달러화에 비해 가치가 떨어지다	가격 price이 아래로 떨어지니까 de…. Appreciate 식별하다 감상하다 savor. 평가하다. 시세를 올리디 Be appreciative of 감사하다. *This is our rock bottom price. 이것이 최저가격입니다.
Depredate depredation. n.	약탈하다 plunder. 망치다 mess up. Predatory pricing 약탈적 가격결정	아래에 있는 것을 약탈하는 predator 약탈자: predator//약탈. 포식.:predation 탐욕. 포식성:predacity
Depress [dɪˈpres] depression. n.	우울하게 만들다 oppress, get down, deject, dispirit, oppress, sadden (사업을)침체시키다 make stagnate It depresses him to live overseas. 해외에 사는 것이 그를 우울하게 한다. The world repression depress the domestic market. 세계 경기침체가 국내 시장을 침체시킨다. *pull a long face 우울한 얼굴을 하다	아래 de로 꾹 누르니까 press Press on 누르다. 다리미질하다. 재촉하다(for), 영향을 주다. Press(push, touch) the button 단추를 누르다. 계기를 만들다 Oppress 압박하다 탄압하다 *왜 슬픈표정이니? Why the long face? *deforest 서리를 제거하다. Descend 내리다. 계통을 잇다. Descendant 자손. decompress 감압하다. Decelerate 감속하다. derailment 탈선. dehydration 탈수
Deputy [ˈdepjʊti]	대리인 substitute, agent, 보좌관 aide (조직의 장 다음가는 직급)부 vice A deputy mayor 부시장 By deputy 대리로	등급; 등급을 매기다 grade 등급을 세분화하다 subdivide the ranks 신용등급을 상향 조정하다 upgrade credit rating. *카드 한도가 넘었다. Your credit card is maxed out

D

Desert [dɪˈzɜːt]	사막. 버리다. 떠나다depart. 탈영하다go awol, break barracks. Rove over a desert 사막을 헤매다		The Sahara Desert 사하라 사막(with the) A desert island 무인도
Design [dɪˈzaɪn]	디자인. 설계도. 무늬. 계획 디자인하다. 설계하다. 고안하다. *blueprint 청사진. 정확하고, 상세한 계획		By design 계획적으로. 고의로 A dress of novel design 디자인이 참신한 드레스
Desperate [ˈdespərət] desperation. n	극단적인. 절망적인. 간절히 원하는. 극심한(acerbic=bitter=severe).		Desperate poverty / ignorance 극빈/ 무지 A desperate illness 가망 없는 병 Desperately 필사적으로for one's life=tooth and nail
Destine [ˈdestɪn] destiny. n	운명 짓다condemn. doom. ordain. 예정해두다destined for, in line for.		Be destined to do = be destined for 명사
Deranged	미친crazy, insane, eccentric, perverse 정상이 아닌abnormal, strange, queer A deranged painter 정신이상 화가 Be deranged in mind 정신 이상 상태이다. *The manager is off her rocker. 부장은 미쳤나봐.(rocker흔들의자) *be round the bend(twist) 미치다.		한계range를 벗어나버린de…. Range 범위 한계 연속 사격장 Ranged 가지런히 쌓은, 길들여진 Arrange 주선하다 정돈하다 Strange 이상한 드문 Rearrange 재정리하다 *orbit 활동 범위. 영향권. 궤도 *orb 구. 구체. 안구(눈알)
Derelict [ˈderɪlɪkt]	버려진abandoned, deserted, desolate 태만한neglectful, delinquent 노숙자the homeless, 낙오자straggler, dropout Derelict land 버려진 땅 Derelict in his duty 자신의 의무를 태만히 하는		남은 것relict을 버려두는de.. *Relict 잔존 생물, 미망인, 남은 것. Reliction 수위 증가로 토지 증대 Vagrant 떠돌아다니는roaming, nomadic, (방랑자vagabond처럼 구걸하는)부랑자moocher, hobo, tramp.
Deride [dɪˈraɪd] Derision. n	비웃다ridicule. make fun of. taunt. Deride his efforts 그의 노력을 비웃다. Lampoon풍자하다(parody, satirize, mock)		태우지ride 아니하고 떨어뜨리고de 웃다. 비웃다; mock, ridicule, sneer at, make fun of, jeer at, scoff at, laugh at, poke fun at, tease, pull my leg, make a fool of 익살스러운: humorous, droll. Jolly. comedic, comical, amusing, funny, witty
Derive [dɪˈraɪv] Derivation. n	유래하다come from. 끌어내다, 얻다get from a source Derive a lot of profit 많은 이익을 얻다. Be derived from ~로부터 유래하다 Derive(get, draw)inspiration from a novel 소설로부터 영감 받다		쪼개고rive 나오는de… Rive 쪼개다. 아프게하다. 찢다 Derivative 파생어, 유래된 Derivable 끌어낼 수 있는 Strive 분투하다 Thrive 번창하다
Descry [dɪˈskraɪ]	(불현듯이)보게 되다catch sight of. We descry the witty woman who doesn't love her little sister. 여동생을 사랑하지 않는 기지 있는 여성을 발견하였다.		귀 떨어지도록 소리쳐cry 보다 Describe 말하다 묘사하다 Descriptive 서술하는 묘사적인 Defy description 묘사로는 다 표현하가 어려운

Designate ['dezɪgneɪt]	나타내다turn up, present. 지명하다nominate. 표시하다exhibit, display A bishop designate 임명된 주교 Designate him as one's successor 후계자로 지명하다 *술 마시기 이전에 미리 운전할 사람을 정해 놓고(designated driver) 마신다. *술 취하지 않는. 진지한: sober, on the wagon	기호sign을 통해 나타내는… Sign;알리다. 서명하다. 신호하다. 지명하다;appoint, name, choose, select, elect, delegate, nominate, assign, allocate. *서명자: signer, signatory, endorser *beacon light: 신호. 횃불. 봉화 *beacon 신호beckon, sign, signal, bonfire, flare *She was buzzed 그녀는 술취했었다 *tipsy 술약간 취한, get tipsy 잔뜩 취한on the booze
Desolate ['desələt] desolation. n	황량한(bereaved), 외로운lonely, forlorn, forsaken, desert, alone 고적하게 만들다depopulate, devastate A desolate wilderness 황야 Be marooned on a desolate island 섬에 버려지다	고독하게sole 격리되어isolate 있으니까.. Sole 한사람뿐인 고독한 유일한 Isolate 격리하다 분리하다 떼어내다 Isolate oneself from all society 모든 사회교제를 멀리하다

불가산 명사

(큰 자루에 의해 다 담을 수 있는가에 대한 문제…. 다 담는 것은 불가산 명사: MAIL에 letter, postcards, bills 등을 담을 수 있는 것 처럼, mail은 불가산, letter, postcards, bills는 가산명사)
얼추 물자는 마실것과 고기가 준비되었습니다.

언어, 추상, 물질, 자연, 마실 것, 고체, 기체는 불가산 명사

언어:Arabic, Chinese, English, German, Korean etc.
추상:advice, information, homework, housework, work, grammar, slang, vocabulary, beauty, fun, courage, experience, generosity, happiness, health, help, honesty, ignorance, knowledge, luck, patience, progress, time, violence.
물질:corn, dirt, flour, hair, pepper, rice, salt, sand, sugar, clothing, equipment, food, fruit, furniture, jewelry, mail, money, stuff, meat, beef, chicken, traffic.
자연:weather, rain, snow, darkness, light, sunshine, thunder, lightning, scenery
마실 것:coffee, milk, oil, soup, tea, water
기체:air, pollution, smog, smoke
고체:bread, butter, cheese, ice, chalk, glass, gold, iron, paper, soap, toothpaste, wood

Despise [dɪ'spaɪz]	경멸하다. 비웃다	경멸하다;look down on, loathe, scorn, detest, revile, abhor
Despondent	낙담한(full of despair) A despondent look 낙담한 표정	낙담한; dejected, discouraged, disappointed, downhearted, disheartened, dispirited, lose heart, lose spirit, let down.

Destitute [ˈdestɪtjuːt]	궁핍한utterly lacking, in want, indigent The destitute 극빈자들 Be destitute of ~이 없는free from = Devoid of=without In destitute circumstances 곤궁하여	가장 아래de 서있는stand 바로 밑에서 substitute 대신하다 대역하다 함께 세워 constitute 구성하다 임명하다 합법화하다. 안에서 세워 institute 도입하다 설립하다 **dispose of(사람.사물)을 없애다(처리하다)
Desuetude [ˈdeswɪtjuːd]	폐지(상태)abolition, repeal Fall into desuetude 폐지되다	익숙한 것accustomed을 멀리하는…. Consuetude 관습 관례
Desultory [ˈdesltərɪ]	산만한disconnected, discursive, aimless, random, frivolous, spasmodic, wavering Desultory reading 난독 A desultory talk 산만한 잡담 In a desultory fashion 되는 대로 이리 저리	대단히 무더우니까sultry Sultry 대단히 무더운sweltering, 뜨거운 Sultry eyes 정열적인 눈 *잡담: small talk *그냥 둘러보고 있다. I'm just browsing.
Detach [dɪˈtætʃ] Detachment. n	분리되다seprate, disjoin, disentangle (군인 등)파견하다dispatch 무관심하다aloof. disinterest Detach oneself from 떨어지다 Detach a car from an old GPS navigation system. 자동차에서 GPS 시스템을 분리하다	쇠로tach 붙은 걸 떨어뜨리니de 결국… Tach 고리 쇠 한 곳에 잘 붙이니 attach 덧붙이다 속하다 *pull over 차를 한 곳에 대다.
Detain [dɪˈteɪn]	구금하다take into custody 지체하게 하다halt Be detained at a meeting 회의로 인해서 지체되다.	지지하는maintain 사람을 떨치는de… Maintain 지지하다 유지하다
Deter [dɪˈtɜː]	그만두게 하다dissuade from, daunt 단념시키다persuade to abandon, dissuade from ~ing, make give up	막다; discourage, inhibit, put off, frighten, intimidate, dissuade 겁주다. 위협하다; daunt, intimidate 겁주어 쫓아버리다: scare off **deter방해하다/defer 연기하다/detergent세제
Deteriorate [dɪˈtɪərɪəreɪt]	악화되다grow worse, degrade, spoil Deteriorating financial condition 악화된 재정 여건	악화되다;worsen, degenerate, slump, decline
Detest [dɪˈtest]	몹시 싫어하다abhor, execrate Detestable 몹시 혐오스러운 Detest each other 서로 싫어하다	몹시도 test받기 싫어하므로 혐오하다;loathe, abominate
Detrimental [ˌdetrɪˈmentl]	해로운injurious, harmful, deleterious Be detrimental to society 사회에 유해하다 Have a detrimental effect on~ 해로운 결과를 가져오는	해롭다;be detrimental to, be harmful to, be injurious to, be bad for, be noxious Smoking is injurious to our health. 흡연은 우리 건강에 해롭다.
Devastate [ˈdevəsteɪt]	완전히 파괴하다demolish, obliterate 엄청난 충격을 주다traumatize, shatter	파괴하다;destroy, ruin, demolish, ravage, raze, wreck, sack *wrecked 잔해 wreckage
Deviate [ˈdiːvɪeɪt]	(예상을)빗나가다, 벗어나다from. 일탈departure, 탈선하다derail. Deviate(swerve, careen, heel over,	경유via에서 벗어나니까de…. 예상이 빗나가다;be long way off, be wrong, wander off

Deviance. n	sway, pitch)from the course 경로를 이탈하다 Deviate from the custom 관습을 벗어나다	(총알 등) 빗나가다;miss the goal, go wide of the mark, fail to the target. *You're way off base=You're dead wrong. 너는 완전히 틀린 것이다. You're all wet. 넌 완전히 틀렸어.
Devour [dɪˈvaʊə]	게걸스럽게 먹다eat like a pig, gorge (wolf), snarf, guttle, shovel down (집어 삼킬 듯) 읽다 파괴하다break up, destroy Devour the way 길을 재촉하다 Devour his heart 그 가슴이 파괴될정도로 비탄에 잠기다	떨어져 있는 모든 것을 먹으니까eat.. 게걸스럽게 먹다 읽다;gobble up 집어삼키다. 파괴하다;engulf
Devout [dɪˈvaʊt]	독실한devoted, pious, reverent, 경건한worshipful, devotional, solemn Be devout 신앙심이 두텁다. A devout Christian 독실한 기독교신자	땅을 맞대고 맹세하고 서약하는Vow 경건한, 독실한;godly, pious, holy, saintly, reverent, devote헌신하다dedicate, 할당하다allot
Diminish [dɪˈmɪnɪʃ]	줄이다cut back on. cut down 축소하다reduce 깎아내리다denunciate. Diminish the importance of vice president. 부사장의 중요성을 폄하다. Diminish in speed 속도가 떨어지다. / Diminutive 소형의. 자그마한. 작은사람. 축소형	작게 작게mini 되어가니까de.. Mini 소형차, 미니컴퓨터, 미니스커트 Minify 작게하다. Minimal 최소의. Miniature 모형. 축소물. ministate작은국가. 줄이다. 감소하다;decrease, decline, lessen, shrink, dwindle, wane, recede, subside
DECA	10. 열	
Decapods	발이 10개인 동물(오징어. 새우 등) *decade 10년	열개deca 다리pod Decaheron10면체, Decagon 10각형 Decimal 10진법의. Decalogue 모세의 10계. (*Decimate 다수를 죽이다)
DI, DUO	둘	
Didactic	교훈적인(morally instructive). 꼼꼼히 규칙찾는(설교적인)pedantic	Didactics 교수법(단수취급) Pedantry 지나치게 규칙을 찾음. 지식을 지나치게 과시
Dilemma [dɪˈlemə]	진퇴난. 궁지predicament, corner, quandary, double bind, impasse, to a wall, into a trap(corner) Be in (Face) a dilemma궁지에 빠진 on the horns of a dilemma 진퇴양난인	두 개의Di 주제 lemma 사이에 있는 Lemmatize 분류 정리하다. *burn his boats behind him배수진을 치다 *take the bull by the horns 난국에 맞서다
Duel [ˈdjuːəl]	결투. She challenge him to a duel. 그녀는 그에게 결투를 신청하다.	둘du이서 하는 싸움fuel Fuel(=kindle) 연료. 감정을 부추기는 것stimulate. Titillate
Duplicate [ˈdjuːplɪkət]	복사하다copy. 사본을 만들다make a copy. 중복해서 하다. 사본의. 사본. Is this document a duplicate or the original? 사본인가요, 원본인가요?	두 개로Du 접혀진plicate 함께 엉켜진 complicate 복잡하게 하다. 어렵게 하다. 다시 접혀진 replicate 반복되는 되풀이되는

DIA	통해서	
Diagnosis [,daɪəg'nəʊsɪs]	진단. Give a diagnosis of lung cancer 폐암 진단을 내리다.	전반적으로Dia 알고 파악하는gnosis -gonosis 인식. 지식…. 앞서서 알고 있는 prognosis 예언. 예측.
Diagonal	대각선의. 사선의. 비스듬한askew, oblique. A diagonal line 대각선	가로질러 dia 각이 있는 gonal Orthogonal 직각의, 직교하는 Hexagonal 6각형의
Dialect ['daɪəlekt]	사투리patois, vernacular. 말씨. 표현 방식 Speak in dialect 사투리로 말하다.	한곳만 통하기 위해서 dia 선택한select *~만을 뽑아내다 single out
Dialectic	변증법. 변증법적 방식(정-반-합) 문답식의interrogatory. 상호간의mutual. The basic principle of dialectic 변증법의 기본 원칙	전반을dia 선택하여 변론하는lecture Eclectic 절충적인, 취사선택하는cull *speak by the book 법대로(규칙대로)말하다 Dad always lectures.아빤 항시 잔소리한다
Diameter	지름 *it measures(is) two meters in diameter.	가로지른dia 계량거리meter *what is the distance across? 그 지름은 얼마입니까?

Go + ing(동명사: 즐기면서 가는)

Go boating	go bowling	go camping	go dancing	go fishing
go hiking	go jogging	go running	go sailing	go shopping
go sighting	go skating	go skiing	go skydiving	go swimming

Dismay [dɪs'meɪ]	(충격 뒤의)경악with dread, 실망discourage. 크게 실망시키다. In dismay 당황하여 To his dismay 실망스럽게도 Be struck with dismay at her dress그녀의 드레스에 매우 실망하다.	해도 좋다may가 아니라서dis…. May 일지도 모른다. 해도 좋다. Mayfly 하루살이 실망시키다; disappoint, dismay
DIS, DE	없애거나 멀리 보내버리는	
Defer [dɪ'fɜː]	연기하다put off Defer payment 지불을 연기하다 연기하다;postpone, delay, put off, suspend, shelve, hold over, procrastinate, put on ice (나중에 먹을 음식은 냉장고나 얼음에 넣어두니까)	멀리de 보내버리는ferry Ferry 연락선. By ferry 연락선으로 Suspend ferry service 페리 운행을 중단하다. Ferry pilot 페리 조종사 *The train from N.Y. is behind schedule. 뉴욕에서 오는 열차는 연착입니다.
deity ['diːɪtɪ]	신god, creator, demiurge	멀리 계시지만, 기회opportunity를 주실…
Deluge ['deljuːdʒ]	쇄도pour, 폭주congestion 범람(flood, inundation), 폭우	러지(동계 스포츠)로 미끄럼타듯luge…. 2010년 캐나다 동계올림픽에서 luge경기에서 팅겨

	A deluge of calls 쇄도하는 전화 Be deluged with applications for the new school. 새 학교에 응시자가 쇄도하고 있다. The Noachian deluge 노아 대홍수	나가 그루지아국 선수 사망함 쇄도하다; be flooded with, have a rush of 쇄도하는 항의; a storm of protest, a deluge of complaints
Demagogue	선동 정치가	Demagogy 민중 선동. 선동가
Defy [dɪˈfaɪ]	반항/저항하다hold out. 설명이 불가능하다. 견뎌내다.put up with. *put up at 숙박하다stay(stop) at.	Defy description 이루 다 말할 수 없다. Defy every criticism 비평의 여지가 없다. Defy all the odds 모든 예상(가능성,승산)을 깨고… 말할 필요도 없이:It goes without saying that=It is needless to say that=as you would expect
Denizen [ˈdenɪzn]	흔히 발견되는 사람(생물) (inhabitant, dweller, resident, occupant, citizen)	Citizen 시민. 도시인. Netizen 인터넷 사용자
Devote [dɪˈvoʊt]	바치다. 봉헌하다. 이바지하다make a commitment to, devote oneself to. minister to	Devote oneself to 전념하다. 몰두하다put one's heart and soul into=be up to one's ear
Devoid [dɪˈvɔɪd]	~이 전혀 없는free from Devoid of pretense 허세가 없는 Devoid of humor 유모가 없는 Devoid of vitality 생기가 없는	비어void 있는 Void 텅 빈, 무효의, 섭섭함 Voidable 비울 수 있는, 무효화할 수 있는 Pretense 허세bravado

Dichotomy
[daɪˈkɒtəmɪ]
	양분(이분)법being twofold
	A dichotomy between A and B. A.B간 이분법
	in black and white 흑백논리로
		양쪽dicho으로 절단된tomy….
		*tomy 절단 관련 어군:
		  Anatomy 해부학.
		  물질 중 가장 작은atom 원자
		  작게 물을 뿌리는atomizer 분무기
		  Tonsillectomy 편도선 수술

Diffident [ˈdɪfɪdnt]	자신이 없는(lacking in self-confidence), 소심한(shy, timid) A diffident manner 소심한 태도	성실Fidelity하지 아니하니까di Fidelity 성실, 충성 Confident 자신감 있는 Self-confident 자신감 있는 *I have confidence in you=I believe you= I have faith in you. 당신을 믿는다.
Differ [ˈdɪfə]	다르다. 의견이 다르다(with). *in kind 같은 방법(종류)으로.	Agree to differ 견해 차이를 인정하다. Differ in kind 본질이 다르다.
Digress [daɪˈgres] Digression. n	주제에서 벗어나다beat around the bush=Digress(diverge) from the subject	가는 방향gressorial에서 벗어나니까di…. Gressorial 보행성의, 걷기에 적당한 Get back on track 제 궤도로 돌아가다. Get a bit sidetrack 옆 길로 새다
Dilapidated	황폐한obsolete, battered, decrepit 다 허물어져 가는ruin, broken-down	돌팔매lapidate 여러 차례 하다 보면… Lapidate 돌팔매질하다. 돌을 던져 죽이다 다 허물어져 가는; ramshackle, dilapidated, tumbledown

부정사를 취하는 동사

Want, need, would like, would love, hope, expect, plan, intend, mean, decide, promise, after, agree, refuse, seem, appear, pretend, forget, learn, try, can't afford, can't wait

부정사든 동명사든 어느 것이든 취할 수 있는 동사

Begin, start, continue, like, love, hate, can't stand

Dilate [daɪ'leɪt]	확장하다 make larger Dilated pupils/nostrils 커진 눈동자/콧구멍 Dilate on his views 견해를 자세히 말하다	권력을 늦은late 때까지 계속 밀고가니까 Late 늦은 지체된 연체된 Lately 최근에 Latest 최신의 (*at the latest 늦어도) Latecomer 지각자
Dilatory ['dɪlətəri]	(행동이)느린 slow-moving, 미적거리는 keep budging, shilly-shallies, dally, slow-footed 지연하는 tardy, retardate A dilatory measure 지연 조치 Be dilatory in dealing with the problem 문제 다루는데 미적거리다 *glacial 빙하의. 빙하 움직이는 만큼 매우 느린. 몹시 추운. 냉정한	매번 늦은 late… 늦지 않고 규칙적으로 하기 위해 regulator 규제(단속) 기관 담당자 차단시키기 위해 insulator 절연(단열, 방음)처리용 자재 *조퇴하다 take the rest of the day off.
Dilettante [,dɪlɪ'tænti]	아마추어(amateur, layman, tyro, bungler), 애호가(dabbler)	Amateurish 아마추어 다운 철버덕거리다 dabble, splash, spatter, sprinkle
Dilute [daɪ'ljuːt]	묽게 하다 lessen the strength Dilute the paint with water. 물을 타서 페인트를 묽게 하다	물을 타서 묽게 하다 dilute 독poison이 될 수도 있는 pollute오염시키다. 묽게 하다;water down, thin(out), weaken, Adulterate, make thinner, dilute
Dimension [dɪ'menʃn]	(공간) 크기, (길이)치수, 차원, 양상aspect, 측면respect fourth dimension 4차원	양상, 측면;aspect, side, feature, angle, facet, dimension, respect
Diminution [,dɪmɪ'njuːʃn]	축소reduction. 감소diminishing	극히di 작게 작게minute만들어가니까 Minute 미소한. 정밀한. 분. 시간을 재다.
Dire ['daɪə]	비참한 disastrous, distressful 절망적인 desperate, ruinous, cataclysmic, catastrophic, dreadful	비참한:miserable, pathetic, wretched, pitiable, tragic, grave, serious, disastrous, destructive 절망적인:abject, hopeless, bleak, hard-wringing, despairing, dismal, somber, mournful
Dirge [dɜːdʒ]	장송곡(애가)funeral song	애가: elegy
Direct [dɪ'rekt]	직접적인. 직행의. 향하다. 총괄하다. 안내하다 show. 명령하다 order *정면으로 directly=head-on=in one's	A direct flight 직항 비행편(non-stop) We flew directed to Seoul 서울로 곧바로 갔다./ You switch planes in N.Y. 뉴욕에서 갈아타야 한

		face=straight against *간접적인 roundabout, indirect	다./ How long before we land? 도착까지는 얼마나 더 가야 합니까?
Disable [dɪsˈeɪbl]		장애를 입히다. 장애자로 만들다 Be disabled 신체의 자유를 잃다. 폐질이 되다. 불구가 되다. Disable A from~ A가 못하게 하다 *disqualify A from~ 못하게 하다.	할 수 있게able 아니하게dis 불리하게 만들다; handicap, cripple, damage, paralyse, impair, incapacitate, immobilize, enfeeble, deface, mar, disfigure, blemish
Disband [dɪsˈbænd]		해체(해산)하다dissolve Disband(dissolve) a party 당을 해산하다	묶여 있는band 것으로부터 멀어지니dis 해산하다; disperse, break up, dissolve, disorganize, disband. Disseminate. Scatter
Discard [dɪˈskɑːd]		필요없는 카드를 버리다 폐기하다abrogate 버린 패, 버린 것(사람)the deserted In (the) discard 버림받아, 잊혀져서 =go into the discard Throw ~into the discard 포기하다	필요 없는 카드card를 멀리 버리다dis 제거하다; get rid of, drop, throw away, reject, abandon, dump, dispose of, dispense with, weed out *be thrown into a jail 투옥되다.
Discharge [dɪsˈtʃɑːdʒ]		해고하다. 석방하다. 흐르다. 방출하다. 이행하다. 발사하다. 방전하다. Discharge a patient from hospital 환자를 퇴원시키다.	Discharge the cargo 짐을 부리다. A discharge from the eyes 눈곱 Discharge himself of his duty 의무를 다하다
Disciple [dɪˈsaɪpl]		제자 예수의 12사도 중 한 명 Be a disciple of the economist 경제학자의 제자가 되다	원칙principle을 배우려는 Principle 원칙 본질 요소 같은 선생의 제자, 학우는 condisciple *disciple제자,지지자// discipline훈련
Discipline [ˈdɪsɪplɪn]		훈육. 수련법. 학과목subjects. 훈육하다. 징계하다. 단련하다.	Be under discipline 훈련이 잘 되어 있다. Keep under discipline 자제하다.

동명사를 취하는 관용구(I'm excited about going to New York)

Be afraid of	Apologize		
for	Believe in	Dream about	
Be excited about	Feel like	Forgive for	Be good at
Insist on	Be interested in	Look forward to	Be nervous about
Plan on	Be responsible for	Stop from	Thank for
Be tired of	Worry about	Be worry about	

Disconcert [ˌdɪskənˈsɜːt]		당황스럽게 하다ruffle, perturb Be disconcerted(embarrassed) by 침착을 잃다. 당황스럽다	조화concert를 이루지 못하게 하는dis Concert 연주회 당황하게 하다;throw him into confusion, confuse, be upset,
Discord [ˈdɪskɔːd]		불화(strife, clash, struggle) 불협화음(dissonance, cacophony)	끈으로 묶인cord상태에서 벗어나서.. Cord 끈, 굴레, 끈으로 묶다.

	Be in discord with 불일치하다 The apple of discord 분쟁의 씨앗 *a bone of contention 분쟁의 원인 *an apple of the eye 소중한 것	불화;discord, disharmony, trouble, quarrel, friction, discordant 불화관계인:at odds with=on the bad terms with
Discourse ['dɪskɔːs]	대화conversation, dialogue, 연설speech, address, 설교sermon, preach Direct discourse 직접 화법	과목course을 맡아 하다 보니… Course 과목 방침 진로 연설;speech, lecture, sermon, homily, oration
Discourteous [dɪsˈkɜːtjəs]	예의(civil, polite) 없는.	Decorous 예의 바른civil, 적합한 예의바른chivalrous, gracious, gallant, noble
Discredit [dɪsˈkredɪt]	존경심을 떨어뜨리다disrespect 신빙성을 없애다disbelieve 불명예ignominy, 의혹suspicion Suffer discredit 의혹을 받다 Fall into discredit 평판이 나빠지다 Bring discredit on himself 불신을 초래하다 *I'll eat my hat if~ 라면, 내 손에 장을 지지 겠다. *Shame on you for not trying to do anything now.지금 어떤 것도 시도하지 않는 것이 부끄럽지 않으신지요..	신용credit 할 수 없는dis 평판이 나빠지다;disgrace, shame, smear, humiliate, taint, mortify, corrupt 망신, 불명예 ; disgrace, scandal, shame, disrepute, stigma, ignominy, dishonor, ill-repute 믿고 거래할credit account외상거래 계정. credence신용. Credential 신임장. Credibility 신뢰성. Credit union 신용조합. Labor union노동조합. Creditor 채권자. debtor 채무자. Credit side대변. Debt side 차변 *신용하다 put a stock in
Discreet [dɪˈskriːt]	신중한careful, prudent Be discreet in talking and behavior 말과 행동을 신중히 하다 *주의 깊게 with caution(care)	신조creed를 지키려면 신중해야… Creed 교리 신조 신념 My political creed 나의 정치적 신념 신중한; considerate, prudent, wary, cautious, careful, guarded
Discrepancy [dɪˈskrepənsɪ]	차이difference, disparateness 불일치inconsistency Time discrepancy 시차 Discrepancy inability/ interpretation 능력/해석의 차이	불일치, 의견 충돌; disagreement, difference, variation, conflict, contradiction, inconsistency, disparity, divergence. Altercation (noisy argument)
Discrete [dɪˈskriːt]	분리된. 별개의(unconnected, distinct), Discrete component 개별적인 부품 Discretely make eyes at 눈웃음을 살살치다 *in his discretion 그의 재량으로	Discrete와 discreet를 구분하는 것은 분리된discrete는 두 개의 e사이에 t가, 신중한Discreet는 신조(creed)를 생각해서 double ee. 별개의;separate, distinct, different, novelistic

교통수단 by

By airplane,	By boat	By bus	By car	By subway
By taxi	By train	By foot(또는 on foot)		

통신수단 by

By mail	By telephone	By fax	By email	By air
By land	By sea			

기타 관용어구 by

By chance 우연히   by mistake 실수로   by choice 선택으로   by hand 인편으로
By check 수표로   by credit card 크레딧 카드로   in cash 현금으로
By day 낮동안에   by the day 하루 단위로   by birth 태생이   by profession 직업이
By the minute 시시각각으로   by the look 표정으로 보아   by one inch 일인치 차이로
By a nose 코차이로. 근소차로   by a hair's breadth 간발의 차이로   by the shoulder 어깨 차이로
By the highway 고속도로를 이용해서
by night 밤을 이용해서(under the cover of night)
caught him by the arm 그의 팔을 잡았다   by auction 경매로

Discriminate [dɪˈskrɪmɪneɪt]	구별하다(discern, have insight), 차별하다segregate. Discriminate between A and B= discriminate A from B A와 B를 구별하다 Discriminate against women 여성을 차별하다 Discriminate in favor of men 남성을 우대하다 *gender/ sex discrimination 성차별	구별하다; differentiate, distinguish, separate, tell the difference, draw a difference Indiscrimination 무차별, 마구잡이 *구별하다=tell A from B, know A from B=distinguish from between A and B. Incrimination 죄를 씌움=crimination고소 Apartheid 인종 차별 정책(남아공RSA) Segregation (인종, 종교, 성별에 따른)분리 차별 (정책)
Disdain [dɪsˈdeɪn]	경멸하다(contempt). 무시하다. 거부하다refuse. Treat him with disdain 그를 무시하다 Disdain to notice an insult 모욕을 무시하다 Lofty contempt(disdain)경멸의 최고봉= 거들떠보지도 않음 *give the brush-off 딱 잘라 거절하다	고상한dainty 것을 경멸하는dis…. Dainty 고상한magnificent 맛좋은 비웃는, 조롱하는; burlesque, ludicrous, mocking, ridiculous, arrogant scorn, ludicrous, trenchant(정통을 찌르는), sarcastic(비꼬는), presumptuous *I got chewed out. 내 말이 씹혔다(chew out 무시하다. 비난하다)
Disentangle	(매듭을)풀다untie, untangle, undo (혼란스런 주장을)구분하다sort, classify, assort, sectionalize Disentangle oneself from person 사람과 인연을 끊다	얽히고 복잡한Entangle 것을 풀다 Entangle oneself in debt 빚에 빠지다 Entangle him in a conspiracy 그를 음모에 끌어넣다. *disengage 관계를 끊다. 자유롭게 하다.
Disfigure [dɪsˈfɪgə]	(외양을)망가뜨리다break up, smash Be disfigured by a plastic(cosmetic) surgery 성형수술로 망가지다	꼴 모양figure을 망가뜨리니dis Figure 꼴. 숫자. 인물 Kingpin 핵심인물linchpin, bigwig, big-shot Dynamo 정력가forceful person. 발전기
Disgruntle	기분 상하게 하다.make sulky, irritated 불만을 품게 하다.discontent, vexed, malcontent, ill-humoured	불만인:dissatisfied, disgruntled
Disheveled [dɪˈʃévəld]	(머리가)헝클어진unkempt. (옷차림이)단정치 못한not tidy	*dandruff 비듬
Disinformation	허위 정보false information.	허위정보: canard. Groundless/wild rumor 퍼뜨리다.circulate, spread

Dishearten [dɪsˈhɑːtn]	낙담시키다(discourage) Don't let this failure dishearten you. 이번 실패로 낙담하지 마라.	용기를 북돋우지hearten 아니하니dis… Heart 심장, 애정, 용기 Hearten 용기를 북돋우다 fulfill, exhilarate, fortify, make strong, comfort, boost, encourage
Disillusion [ˌdɪsɪˈluːʒn]	환상을 깨뜨리다 set straight, undeceive 환멸을 느끼다 be disenchanted I don't want to disillusion you. 당신 환상을 깨고 싶지는 않다.	환상illusion을 깨뜨리는dis Illusion 환상, 착각, 오해 Illusionist 환상가, 마술사, 요술쟁이 Optical illusion 착시
Dismiss [dɪsˈmɪs] dismissal. n	묵살하다 ignore, turn a deaf ear to, 해고하다. 해산시키다 disperse, discharge, break up 기각하다 overrule. Dismiss an idea from his mind 어떤 생각을 아예 버리다.	Dismiss oneself from 손을 떼다 Dismiss a girl from school 퇴학시키다. *일시적으로 해고하다 lay off *인력과잉 따른 정리해고 redundancy *She has been let go. 회사에서 해고되다
Disinterested [dɪsˈɪntrəstɪd]	공정한(unbiased, unprejudiced) 무관심한(unconcerned) Make people disinterested in the movie. 영화에 무관심하게 만들다	이해관계가 있지interested 아니한dis Interested 흥미를 가진, 이해 관계가 있는 *영화는 뭘 상영하는데? What's playing? *흥미를 잃다 turn off
Disoriented	방향 감을 잃은 all at sea, adrift 혼란에 빠진 fall into disorder, in a flush, at sixes and sevens She felt disoriented by the music. 음악에 취해 방향 감을 잃었다. *rudder (비행기)방향타, (배)키	방향으로 지향적이지orient 하지 못한dis.. Orient 목적에 맞추다, 지향하게 하다. Orient oneself to 순응하다. Export-oriented 수출 지향적인 An internally oriented post 내근중심 부서
Disparage [dɪˈspærɪdʒ]	얕보다 disregard, devaluate, malign. 경시하다(belittle, talk down, decry)	
Disparity [dɪˈspærətɪ]	차이(difference, extraordinary, gap) 부조화 incongruity, unlikeness The wide disparity between rich and poor 빈부의 큰 격차 *(넘을 수 없는)큰 격차 gulf	동일parity하지 아니하니까dis Parity 동일, 유사, 동격, 평가 Parity of treatment 균등한 대우 *equate A with B …A와 B를 동일시하다
Dispatch [dɪˈspætʃ]	파견하다 embed, send round, detach, assign, accredit 신속히 해치우다 quickly finish up, kill, make short work of 발송하다 send out By dispatch 속달로 With dispatch 신속하고 효율적으로 With great dispatch 가능한 빨리	누덕누덕 기워patchy 빨리 해내는 Patch 천 조각, 헝겊을 대다 Patchy 누덕누덕 기운, 조화가 안된 Patchwork 긁어 모은 것, 잡동사니(junk, chaff, hodgepodge, hotchpotch, rubbish, odds and ends, miscellaneous articles, dross) 파견하다;embed, assign, accredit, send round, detach
Dispel [dɪˈspel]	(믿음을)떨쳐버리다 scatter, disperse 없애다 make vanish. Dispel misgivings/rumors 불안/소문을 떨쳐 버리다.	거듭 Repel 거절하다 반박하다 밖으로 강하게 Expel 추방하다, 내쫓다, 퇴학시키다.

Dispense [dɪ'spens]	나누어주다hand out, 내놓다 서비스를 제공해주다offer a service 약을 조제하다fill a prescription Dispense with 없애다 생략하다 Dispense him from his obligations 의무를 면제하다	혼자 가질 생각을pense 멀리하고dis.. Pensee 사상 생각 회고록 매달고 미루니 suspend Suspense 긴장감 불안 바깥으로 나가니 Expense 수당 비용 *반납하다, 제출하다hand(turn) in
Disperse [dɪ'spɜːs] Dispersal. n	해산하다, 해산시키다disseminate, dissipate 확산되다, 확산시키다(흩뿌려주다) Disperse the protesters with tear gas. 최루탄으로 시위자를 해산시키다	흩뿌리다;scatter, spread, distribute, strew, diffuse(보급시키다), disseminate, throw about *scatter흩뿌리다//shatter박살내다//batter마구 치다

동사 + 전치사 for

(She mistook me for Brad Pitt. 그녀는 날 브래드 피트로 잘못 알았다.)

Blame A for B	A를 B를 이유로 비난하다.	Criticize A for B	A가 B한 것을 비난하다.
Condemn A for B	A가 B한 것을 책망하다.	Excuse A for B	A의 B를 용서하다.
Exchange A for B	A를 B로 교체하다.	Mistake A for B	A를 B로 잘못 알다.
Name A for B	A를 B로 임명하다.	Punish A for B	A를 B로 벌하다.
Substitute A for B	B대신 A를 사용하다.	Thank A for B	A의 B에 대해 감사하다.

• blame on her for the scandal 스캔들로 그녀를 비난하다.

Displace [dɪs'pleɪs]	대신하다(be displaced by computers) 쫓아내다(be displaced by the conflict, flush out, evict, eject, depose, oust) 옮겨놓다(be displaced by the flood, shift)	한 장소에서place 다른 장소로 옮기는.. 몸 등을 움직이다; move, shift, disturb, budge, misplace 대신하다; replace, succeed, supersede, oust, usurp, supplant, take the place of 앞뒤나 위아래로 빠르게 움직임 jiggle
Dispose [dɪ'spoʊz]	배치하다arrange, place, post, align 처분하다sell off, deal with, finish with, do with Dispose of ~처리하다, 없애다	한 곳에서pose 다른 곳pose로 배치하는.. 배치하다, 일을 처리하다;array, distribute, arrange, place, order, put, group
Disproportionate [ˌdɪsprə'pɔːrʃnət]	균형이 안잡히는out of scale, dissymmetric, asymmetry, imbalance A quite disproportionate number of women 여성의 수가 불균형적으로 많은	균형잡게proportionate 하는 것이 아닌.. Proportionate 균형 잡히게 하는, 비례하는 불균형; imbalance, disparity, asymmetrical
Disregard [ˌdɪsrɪ'ɡɑːd]	무시하다neglect, lack of respect 경멸, 무관심disrespect, inattention With disregard=in disregard of 무시하여 Have a disregard for 무시하다 Disregardful 무관심한 무시하는	중요시 여기지regard 아니하고dis··· Regard 고려하다allow for, 간주하다, 중요시 여기다. / Regardless of(=irrespective of) 무관심한, 상관없이. *In regard to=with regard to=in respect to=as regards=regarding ~에 관하여
Disrupt [dɪs'rʌpt]	방해하다barricade, set back 지장을 주다fracture, break up Disrupt ties with Japan 일본과의 관계에 변화를 주지는 않는다.	방해를interrupt 계속 행하는··· 방해하다;disturb, upset, confuse, disorder, disorganize, disarrange, disarray, barricade

Dissect [dɪˈsekt]	해부하다anatomize, vivisect(생체를) 상세히 분석하다analyze Dissect a body 시체 해부하다 Be dissected by critics 비평가들에 의해 상세히 분석되다.	잘라서sec 보면… Sect 분파, 종파. 학벌 Section 구분하다. 잘라낸 부분 Sector 분야. 부채꼴로 구분하다.
Dissemble [dɪˈsembl]	숨기다cache, conceal, secrete, mask 가식적으로 꾸미다disguise, camouflage Be capable of dissembling 가식적으로 꾸밀 수 있는 *throw off your disguise 당신의 가면을 벗어던져라.	보이는see 것을 멀리dis 두어 안보이게. 서로 같아 보이는 resemble 닮다take after. 한 곳에 놓아 assemble 모으다 모두 모아 ensemble 총체, 한벌로 맞춰 입게 지은 옷. 전체적 효과. *You take after your father. 당신은 당신 아버지를 닮았다.
Disseminate [dɪˈsemɪneɪt]	퍼뜨리다scatter far and wide. 유포시키다spread about	멀리까지dis 씨를 뿌리니seminate Seminate 씨를 뿌리다. 심다. Inseminate 수정시키다
Dissent [dɪˈsent]	반대하다disagree Express dissent 이의를 제기하다 Sign his dissent(assent) (몸짓으로) 반대(찬성)을 나타내다	반대:disapproval, disapprobation, dissension, disagreement, objection *The ayes have it. 다수 찬성표로 가결되다. (*반대표 the noes)
Disservice	폐harmful action. 냉대. 구박ill turn	봉사해주는service 것이 아닌…. Service봉사. 업무. 예배. 수리 냉대하다 do her a disservice
Dissipate [ˈdɪsɪpeɪt]	소멸하다thin out, dissolve, vanish. 낭비하다squander, waste, evaporate. 흩어지다scatter, disperse, diffuse, sow	낭비하는; profligate, wasteful, 빈둥거리다fool around=waste time *die down 차츰 약해지다. 희미해지다 *die out 멸종되다. 자취감추다.
Dissident [ˈdɪsɪdənt]	반체제 인사. 불찬성자(dissenter) 의견을 달리하는break ranks with	반대편dis에서 앉아sid 있는… 반체제; antiestablishment
Dissolve [dɪˈzɒlv]	녹다. 녹이다melt, thaw, fuse, diffuse. 끝내다. 흩어지다scatter. 없애다. 없어지다(away). Convene(dissolve)a parliament 의회를 소집(해산)하다.	Dissolve into giggles. 킥킥 웃음을 터뜨리다./ dissolve in/out 차차 밝아지다/어두워지다. /dissolve in tears 울음을 터뜨리다 Dissolution: 소멸, 파경, 해산disintegration Smelt (광석을)제련하다refine. Smelter 용광로
Dissuade [dɪˈsweɪd]	만류하다(단념시키다)persuade not to. Dissuade him from marrying the woman. 그가 그 여인과 결혼하는 것을 단념시키려 하다.	설득하여persuade 못하도록dis 하니까.. 단념시키다; persuade him to abandon, make him give up. take him out of ~ing 억지로 설득시키다. Overpersuade *very persuasive 매우 설득력 있는
Distinguish [dɪˈstɪŋgwɪʃ]	구별하다tell apart. 식별하다discern from. 차이를 보이다disambiguate. 유명해지다make one's mark.	Distinguish mankind into religion 인류를 종교로 분류하다. Distinguish good from evil 선악을 구별하다. / Distinguish oneself in break dance.브레이킹 댄스로 유명해지다.

Distort [dɪ'stɔːt]	비틀다twist out of shape. 왜곡하다misrepresent, misstate Distorting the truth 사실을 왜곡	세게 비트니까twist Twist 비틀다. 사실을 왜곡하다. Twist his arm ~하도록 설득(강요)하다.
Disturb [dɪ'stɜːb]	방해하다be in the way. 건드리다. 불안하게 만들다.	Disturb a person in his work(sleep) 일(수면)을 방해하다.
Distract [dɪ'strækt]	산만하게 하다divert, deflect, sidetrack 주의를 딴 데로 돌리다 turn(call away) his attention, bewilder, perplex. You shouldn't distract the driver. 운전자를 산만하게 해서는 안된다 *그의 고개를 돌리다. 외면하다.turn away his head, ostracize	구역tract에서 벗어 나니dis… Attract 마음을 끌다. 매혹하다 *be attracted to 매료되다 Attractive woman 매혹적인 여인 Abstract 추상적인 *the eye of the beholder 제눈에 안경
Distress [dɪ'stres]	고통(pain, pang), 괴로움agony, distress, woe, torture 괴롭히다harass, afflict, ail, bother In distress 괴로워서, 조난당한 Distress flag 조난 신호 깃발	스트레스Stress를 더불로 주니까di… Stress 압박, 긴장, 강조하다 Distress 스트레스를 풀다 No stress= no problem 속상하게 만들다; upset, worry, distress *여기저기 아프고 쑤시다. I'm on pins and needles.
Diurnal [daɪ'ɜːnl]	(동물)주간성의daily, quotidian, daytime 매일 발생하는. 매 낮에 발생하는.	The diurnal rotation of the earth. 지구의 일일 자전.
Diverge [daɪ'vɜːdʒ] Diversion. n	갈라지다fork off, branch off. 나뉘다split into. Diverge from the normal standard 통례와 다르다.	Converge 한 곳에 모여들다. 집중하다. *수렴convergence. 집중 *The robber created a diversion in the bank. 강도가 은행에서 소란을 피웠다
Diverse [daɪ'vɜːs]	다양한varied, diversified, mixed Students from diverse cultures 다양한 문화권의 학생들 Divers aspects of human life 인생의 다양한 양상 *The shoe(boot) is on the other foot. 사정(입장)이 역전되다.	여러 가지의, 다양한; various, mixed, varied, assorted, miscellaneous, several, sundry, motley, variegated(얼룩덜룩한), varying Reverse 반전시키다. 역전시키다. Adverse 부정적인 불리한 다양성 diversity, variety
Divert [daɪ'vɜːt]	전환시키다convert, redirect, deflect. 우회시키다detour, swerve. 유용하다. 즐겁게 해주다entertain, make his day, amuse, please, beguile, absorb	Divert oneself in 기분 전환을 하다. **divert 전환시키다 // disperse흩뿌리다// diverse 다양한// diverge갈라지다//divulge 누설하다// deluge범람하다.
Divide [dɪ'vaɪd] division. n	나누다. 갈라놓다split, pull apart. 분열시키다disrupt, split. 차이점difference	Divide up 분배하다. 분담하다. Divide off 분할하다. 구별하다. 분류하다. *apportion 배분하다// proportion 비율. 규모. 비례. *magnitude 규모, 지진 규모, (별)광도 *share out 배분하다.hand out *share in 공유하다. *have a share in 가담하다stand in. 관여하다.
Divine [dɪ'vaɪn]	멋진. 신성한hallowed, holy, deific, sacred, consecrated, seraphic. 예측하다predict, foretell	Divine grace 신의 은총

동사 + 전치사 from

(She cannot tell him and his son. 그녀는 그와 그의 아들을 구분할 수 없다.)

Derive A from B	B로부터 A를 이끌어내다.
Exempt A from B	B로부터 A를 면제하다.
Free A from B	B로부터 A를 벗어나게 하다.
Hide A from B	B에게 A를 숨기다.
Keep A from B	B로부터 A를 막아주다.
Tell A from B	B와 A를 구별하다.
Protect A from B	B로부터 A를 보호하다.
Shield A from B	B로부터 A를 보호하다.
Prevent(prohibit, hinder, stop) A from B	A가 B하는 것을 못하게 막다.

Divulge [daɪ'vʌldʒ]	누설하다reveal. Let on 폭로하다debunk. bring something to light	폭로하다; reveal, disclose, expose, blab, betray *let on 폭로하다 *let up 약해지다. 수그러들다. *letup 정지. 감속. 약화
Document ['dɒkjəmənt]	서류로 입증하다verify, validate, certify. 기록하다. 문서paper, report, chronicle.	Draw up a document 문서로 작성하다.
Doctrinaire [ˌdɒktrɪ'neə]	교조적인dogmatic. 순이론가theorist	Doctrinaire beliefs 교조적인 신념
Dogmatic [dɒg'mætɪk]	독단적인peremptory, high-handed, arbitrary, pragmatical, categorical, imperious, authoritarian, assertive	Dogma 교리. 교조. Pontificate거들먹거리며 말하다. speak dogmatically
Domestic [dəʊ'mestɪk]	국내의not foreign, home, indigenous. 집안의home, household, residential. 가정적인heimish, homestyle	A very domestic sort of person=family man 가정적인 사람
Dormant ['dɔːmənt]	휴면기의Inactive, latent, hidden, resting 활동을 중단한inactive, inoperative	Lie dormant 동면 중이다. Dormant account 휴면 계좌 *dominant 우세한. 지배적인
Dotage ['dəʊtɪdʒ]	노망senility, second childhood. 맹목적 애정blind love	*scatterbrained; 무언가 자주 잊는 나이 든 분. She's scatterbrained.
Dour	시무룩한sulky, sullen, sour, pouty. 음침한gloomy. dingy	Drab and dour 우중충하고 음침한
Dubious ['djuːbjəs]	의심하는uncertain, skeptical(회의적인)	Dubious about(as to) 관해 미심쩍어 하다

Duplicity [djuːˈplɪsəti]	이중성(double-dealing). 표리부동(deception, guile, cunning, Artfulness, two-face) *The actor was not a two timer. 그 배우는 양다리 걸친게 아니었다=The actor was not sitting on both sides of the fence.	*deal in 종사하다engage in. 관계하다 *deal with 다루다. 조치하다take action *have a way with잘 다루다 *double agent 2중스파이. Double-check 한번 더 검사하기. Double character 표리가 일치하지 않는 성격(=Double-faced)
Duress [djʊəˈres]	협박threat. 강압coercion	In duress 감금 당하여.

미국 요세미티산

Ee

	EM, EN	동사로 만드는	
	Egalitarian [ɪˌgælɪ'teərɪən]	평등 주의자classless, republican *The sun shines upon all alike. 태양은 어디서나 똑같이 내리쬔다.	평등하게legal 만드려는itarian *All men are equal under the law. 누구나 법 앞에서 평등하다.
	Equanimity [ˌekwə'nɪmətɪ]	침착(composure, calmness, serenity)	침착한: composed. simmer down, calm. tranquil, phlegmatic, keep his cool. Settle down, collected, controlled, sedate
	Embargo [em'bɑːgəʊ]	제재sanctions. restriction, debarment, proscription 교역 금지하다 An arms embargo 무기 수입 금지 조치. Trade embargo against~ 통상 금지 (조치) Lay an embargo on 통상 금지하다	장애물bar로 막게 되니em… 출항금지를 해제하다. Disembargo 금지 법령;ban, bar, restriction, boycott, restraint, prohibition, moratorium, stoppage *그만 둬!. Knock it off= Cut it out. *Could you pull over there? 저기에 세워주세요.
	Embark [ɪm'bɑːk]	승선하다go on board. 착수하다undertake. get down to Embark on a new enterprise 신 사업을 착수하다.	범선bark에 들어가다em… Bark 돛대 있는 범선, 짖다. 고함 승선하다; go aboard, climb aboard, step aboard, go on aboard, take ship, get off. 하선하다;disembark상륙하다debark, deplane. *(작은)택시에서 타다/내리다get into/out of (큰) 버스.지하철에서 타다/내리다get on/off
	Embellish [ɪm'belɪʃ] Embellishment. n	장식하다(decorate, adorn) (이야기를)꾸미다(embroider). 과장하다(exaggerate). *He often made mountains out of mole hills. 그는 자주 과장한다.	Bell 등으로 장식하니em… Ring a bell 낯이 익다. 들어 본 적 있다. Ring the bell 성공하다make good. make it Give me a bell 나에게 전화 주오. Bell the cat 위험한 일을 떠맡다. *run a risk of 위험을 무릎쓰다go off the deep end.
	Embezzle [ɪm'bezl] embezzlement.n	횡령하다steal by fraud, misapply, filch, pilfer, purloin	횡령하다;misappropriate, pocket, misuse, peculate, defalcate, tickle the peter
	Emblem ['embləm]	(국가, 단체, 표본)상징symbol, badge, insigne, token, logotype, logo The white flag is an emblem of defeat. 백기는 패배의 상징이다. Campaign emblem 선거 정당의 상징	Olympic emblem 올림픽 휘장 Floral emblem 상징하는 꽃 *blemish(피부의)티. 흠flaw Without blemish (티 하나 없이)완전히 *a fly in the ointment(=a flaw in the crystal=a tiny hitch) 옥에 티

Embody [ɪmˈbɒdɪ] embodiment. n	구현하다incarnate, give body to. 상징하다symbolize, emblematize.	실체body를 이루는em… Antibody 항체 Enzyme 효소. Yeast 효모. 누룩. 자극
Emboss [ɪmˈbɒs]	튀어나오게 하다(양각하다)	양각boss을 두드러지게em.. Boss 양각 두목 상관
Embroider [ɪmˈbrɔɪmɪ]	수를 놓다. 꾸미다(embellish) Embroider birds on the covers. 커버에 새모양을 수놓다. = Embroider the covers with birds.	Broider는 embroider의 고어 Reembroider 특별한 자수로 장식하다.
Embrace [ɪmˈbreɪs]	수용하다accept readily, welcome, employ, espouse, adopt. 포함하다include, cover, contain 껴안다hug. cuddle, embrace, grasp Embrace feminism 남녀동권주의를 수용하다.	Embrace a baby tenderly 부드럽게 안다 Embrace a new life 새 생활로 들어가다 *Would you babysit my son? 제 애기 좀 돌봐주 시겠어요?
Embryo [ˈembrɪəʊ]	배아(수정 후 8주까지의 태아) 미발달 초기 Human embryos 인간 배아 An embryo lawyer 풋내기 변호사 In embryo 싹트는 초기 단계인	태아의 성을 감별하다 Identify the sex of a fetus 태아의 초음파 사진 A sonogram of a fetus Embryonic 배아의. 초기의rudimentary Nascent 발생기의. 초기의.

동사 + 전치사 with

(The county provided the poor students with computers 카운티에서는 가난한 학생들에게 컴퓨터를 공급하였다.)

Charge A with B	A에게 B의 책임을 부과하다.
Confuse A with B	A와 B를 혼동하다.
Contrast A with B	A와 B를 대조시키다.
Compare A with B	A와 B를 비교하다.
Compare A to B	A를 B에 비유하다.
Endow A with B	A에게 B를 부여하다.
Help A with B	B해서 A를 돕다.
Identify A with B	A와 B를 동일시 하다.
Replace A with B	A를 B로 교체하다.
Share A with B	A를 B와 함께 공유하다.

Supply(furnish, provide) 사람 with 사물(사물 for 사람) 사람에게 사물을 공급하다.

Empower [ɪm'paʊə]	권한을 주다 authorize, permit, entitle 자율권 주다 enable, approve, endorse Be empowered to impose 부과하는 권한을 주다 *권한을 부여받다 be authorized by	힘 power을 부여하니 em··· Powerful 영향력있는 유력한 Power line 송전선 Power failure 정전 Staying power 지구력(=endurance)
Employ [ɪm'plɔɪ]	고용하다 hire, engage, retain. (기술)이용하다 utilize, make use of. Employ his energies to advantage 그의 정력을 유효하게 이용하다.	Be in the employ of 에 고용되어 있다. Enter the employ of 고용되다. 노동자 employee, worker, wage-earner, staff 고용주 proprietor, chief, head, patron, owner
Enact [ɪ'nækt]	법을 제정하다 legislate, ordain, set up, establish, frame, decree, rule, authorize. 상연(연기)하다 represent, play, portray, have a go at 일어나다 break out. Come about.	법률 act을 만드니 em Act 법률, (연극 등)막, 행동(행위) Legislation enacted by parliament 의회에 의해 제정된 법률
Enchant [ɪn'tʃɑːnt] enchantment. n	매혹하다 bewitch, spellbind, mesmerize. 마법을 걸다 make magics.	자주 반복하여 말하다 chant.. 매혹하다; fascinate, delight, charm, entrance, enthrall, enchant, enrapture, dazzle, beguile, captivate. 마법: enchantment, witchcraft, magic, wizardry, spell, charm, jinx,
Encircle [ɪn'sɜːkl]	둘러싸다 beleaguer, gird, circle =surround, enclose, besiege, hem in, engirdle, ring, encompass, compass	원 circle을 이루어 en Circle 원형, 집단, 에워싸다.
Encompass [ɪn'kʌmpəs]	포함하다 contain. include 둘러싸다 besiege. encircle Encompass all ages. 모든 연령대를 포함한다(망라한다).	컴퍼스 compass로 둘레를 그리는 en Compass 나침반, 에워싸다. 이해하다
Encounter [ɪn'kaʊntə]	우연히 마주치다 come across, drop in, run across, chance on, fall on, hit upon (반갑지 않은 일로)부딪히다 bump into, buck into, experience, contend with. 만남 meeting, 충돌 quarrel, clash, war A fateful encounter 운명적 만남 Encounter with danger 위험에 부닥치다. Have an encounter with 우연히 만나다.	서로 반대 counter 방향에서 오다가 en.. Counter 반대의 역의 득점 계산대 우연히 만나다; meet, confront with, come across, come upon, run across, meet by chance, chance upon, bump(buck) into, *buck teeth 뻐드렁니(*wisdom teeth 사랑니)
Encroach [ɪn'krəʊtʃ]	침해하다 impinge, make inroads. 잠식하다 eat into Encroach on his rights/ land 그의 권리/토지를 침해하다	침해하다; arrogate, violate, invade, poach, infringe, intrude, encroach, trespass Encroach upon his leisure 한가한 시간을 잠식하다(빼앗다)
Encumber [ɪn'kʌmbə] encumbrance. n	방해하다 hold back, hinder, trammel 귀찮게 굴다 fasten oneself on, overload 저당 잡히다 be in pledge, impignorate, give in pawn	방해하니 cumber··· Cumber 방해, 장애, 부담을 주다 사람A랑 물건B를 반씩 부담하다=go halves with A on B=share the cost of B with A
Encyclopedia [en,saɪkləʊ'piːdjə]	백과사전	백과사전식의, 포괄적인 encyclopedic, comprehensive, broad, extensive, exhaustive

Endanger [ɪnˈdeɪndʒə]	위험에 빠뜨리다 put in danger, imperil, jeopardize, put at risk, hazard	위험danger에 빠트리니en…
Endear [ɪnˈdɪə]	사랑 받게 하다 make beloved Endear teachers to students 선생님은 학생들에게 환심을 사다	사랑dear을 받게 하는… Dear 사랑하는. 귀여운. 값비싼 An endearing smiling 정다운 미소
Endemic [enˈdemɪk]	고유의 unborrowed, hardwired 고질적인(incorrigible, inveterate, deeply rooted)	한 지역district에 존재하는 An epidemic disease 풍토 병 *Ailment 병 disease, illness
Endorse [ɪnˈdɔːs] Endorsement. n	배서하다 sign on the back of a check. 지지하다 stand by. Uphold. support, ₩indorse, sanction, advocate, back, sustain, countenance	Indorse=endorse, approve Endorse his remarks 그의 발언을 지지하다 /Endorse over 이서하여 양도하다
Engage [ɪnˈgeɪdʒ] engagement. n	(주의. 관심을)끌다 charm. 고용하다. 교전을 시작하다. 약혼하다 betroth. Engage oneself to 약혼하다.	Engage in 참여하다. Engage for 약속하다. 보증하다. Engage the enemy 적과 교전하다.
Engender [ɪnˈdʒendə]	(상황을)불러 일으키다(create). Engender controversy 논쟁을 불러 일으키다.	생기도록 gender 만드는en… Gender 성별, 낳다. 생기게 하다
Engrave [ɪnˈgreɪv]	새기다 carve, chisel, inscribe, etch. 명심하다 keep(bear)in mind, embed Engrave an inscription on a tablet 명판에 비명을 새기다	묘grave에 새겨 놓는… Grave 무덤. 묘. 사망. *내 말을 명심하세요.Mark my words.
Engross [ɪnˈgroʊs]	몰두시키다 immerse, occupy Be engrossed in reading the new book. 신간 독서에 빠져들다.	엄청나게gross 빠져드는en… Gross 전체의. 무딘. 총계. 엄청난
Enhance [ɪnˈhɑːns] Enhancement. n	향상시키다 improve the quality, elevate 높이다 make greater, magnify, amplify Enhance the reputation of your company 회사 명성을 향상시키다	기회chance를 높이다 보면… 향상시키다; improve, increase, lift, boost, strengthen, reinforce, reduce. Brush up on *the best chance is up. 최상의 기회가 사라지다.
Enjoin [ɪnˈdʒɔɪn]	명령하다 dictate, order, command (법으로)금하다 proscribe, forbid, ban, debar, bar, outlaw, prohibit, ban Enjoin a company from using the dazzling advertisements. 회사에 대해 과장 광고 금하다.	Join한 패가 되도록 명 받다. Join 결합하다. 가입하다. 한 패가 되다
Enlighten [ɪnˈlaɪtn]	(설명하여)깨우치다 edify, instruct 이해시키다 get across, make award, coach, apprise	빛light을 비추어 깨우치다.
Enlist [ɪnˈlɪst]	입대하다 go to camp, enroll. join, sign up, recruit, muster, conscript, call up 참여를 요청하다.	명부list 내부에 이름을 넣으니.. His brothers enlisted together. 그의 형제들은 함께 입대했다

동사 + 전치사 of

(He reminds me of your nephew. 그는 나에게 네 조카 생각이 나게 만든다.)

Ask A of B	B에게 A에 대해 물어보다.
Assure A of B	A에게 B를 확신시키다.
Convince A of B	A에게 B를 확신시키다.
Cure A of B	A의 B를 고치다.
Inform A of B	A에게 B를 알리다.
Deprive(rob) A of B	A에게서 B를 빼앗다. 강탈하다.
Clear A of B	A에서 B를 없애다.
Empty A of B	A에서 B를 비우다.
Remind A of B	A에게 B를 생각나게 하다.
Relieve A of B	A의 B를 덜어주다.
Break A of B	A의 B를 없애주다.
Rid A of B	A의 B를 제거하다.
Disabuse A of B	A의 B를 (미신. 그릇관념)깨게 하다.
Beg A of 사람	사람에게 A를 구걸하다.
Suspect A of B	A에게 B의 혐의를 두다.

Enliven [ɪnˈlaɪvn]	생기 있게 만들다animate, inspirit, spark, animate, pep up, vivify, exhilarate, kindle Enlivened the party by attending the president. 사장의 참석으로 파티는 생기 있었다.	생기 있게live 만드니까… Livelihood 생계 Livestock 가축 Live-in 입주해서 살다
Enmity [ˈenməti]	원한grudge, animosity, malevolence 증오aversion, antipathy. odium 적대감ill will. antagonism. hostility At enmity with 적대감을 품고 Have enmity against…원한을 품다(bear a grudge). The enmity between A and B A와 B사이의 적대감.	증오하는atrocious, heinous, abominable *고통, 감정의 path 어군 자신 감정 하나a밖에 모르는apathy 냉담. 감정이 안에 들어가empathy 감정이입 감정을 쓰게 찌르는pathos 애수 감정이 상호tele 통하는telepathy 영신감응 함께 고통을 나누는sympathy 동정
Ennoble [ɪˈnoʊbl]	기품을 주다 작위를 내리다bestow, confer. He looked ennobled by his horse. 그의 말로 인해 기품 있어 보인다.	고상한 귀족noble으로 만들어주니… Noble 고상한. 귀족 Noble-minded 마음이 넓은 Ignoble 천한. 야비한
Enormity [ɪˈnɔːməti]	극악extreme evil, sinister, atrocity, heinousness, horror, barbarity 거대(immensity)	극악한 이노음어디… 거대한enormous, huge, gigantic, gargantuan, mammoth, titanic, colossal, vast, massive
Enrage [ɪnˈreɪdʒ]	격노하게 만들다put into a rage, incense, provoke, inflame, infuriate, madden, burn up, tee him off	격노rage하게 만드니.. Rage 격노, 분노, 열망craze, fad, mania

Enroll [ɪn'roʊl]	명부에 올리다enlist, join. 입학시키다. 등록하다. 병적에 넣다(enlist, recruit) Enroll in college 대학 입학절차를 밟다. Enroll an banana in paper. 종이로 바나나를 싸다	두루마리 명부roll에 이름이 있으니.. Roll 구르다. 타고 가다. 두루마리 Rollover 상환(pay off). 연장, 전복 사고 Rollback 후퇴, 물가 인하 정책 Rollout 첫 공개 *단순 접촉 사고 a little fender-bender
Ensemble [ɒ̃n'sɒ:mbl]	전체적 효과band, orchestra, chorus, 여성복의 한 벌attire, garb, garments. The Mozart ensemble 모차르트 협주곡	전체를 보는sem 효과… *효과가 있다 cut ice
Ensign ['ensaɪn]	깃발flag, pennant, burgee, banner. National ensign 국기	표시sign하기 위해 만든…
Enslave	노예로 만들다enthrall, enfetter, thrall, yoke, subjugate, fetter, shackle, bind	노예slave로 만드는…
Ensue [ɪn'sjuː]	계속해서 일어나는succeeding, go on, seriate.	속편sequel이 기다려지면서… Sequel 속편, 결과,
Ensure [ɪn'ʃʊə]	확인하다make sure. ascertain, assure 보장하다. 반드시 ~하게 하다. Ensure her success 그녀의 성공을 보장하다. Ensure him a post 지위를 보장하다.	확실하게sure 만드는… 확인하다;make certain, guarantee, secure, make sure, confirm, warrant, certify, justify, tick off
Entail [ɪn'teɪl]	수반하다(필요로 하다)accompany. 상속인을 한정하다limit, restrict to. Entail a lot of hard problems 많은 문제를 수반한다. Entail his property on his only son 아들에게 재산 상속인으로 하다.	꼬리tail 를 물고 가는… 수반하다; involve, require, produce, demand, call for, need, bring about, ensue *a TV with a built-in DVD Player(또는TV/DVD Combo). DVD가 달린 TV
Entangle [ɪn'tæŋgl]	얽어 매다entrap. Entwine into 말려들게 하다be dragged into, be embroiled in, get involved in. Entangle myself in 빠지다=fall head over heels for=flip over.	뒤얽히게tangle 만드니… 얽혀있는걸 푸니Untangle 풀다. 해결하다. 바다에 얽혀있는 seatangle 다시마 반듯하게 바로잡힌(rectify) rectangle직사각형
Enthrall [ɪn'θrɔːl]	노예 상태로 만들다enslave 매혹시키다enchant, bewitch, intrigue.	노예thrall 신세로 만드니… thrall노예, 노예 신세, 속박be tied to Disenthral 속박을 풀다. 해방시키다
Enthrone	왕좌에 앉히다. 우위를 차지하다hold a dominant position, predominate. She was enthroned in the hearts of Korean boys. 그녀는 한국 소년들의 경애의 대상이었다.	왕위throne에 오르게 만드니.. throne왕위, 왕좌, 교황 자리 dethrone 퇴위시키다. Unthrone 왕위에서 물러나게 시키다.
Entice [ɪn'taɪs] enticement. n	유혹하다tempt, coax away. 유인하다tempt, lure, draw, seduce	유혹하다; lure, attract, tempt, induce, seduce, lead on, prevail on, beguile, cajole, blandish

Entitle [ɪn'taɪtl]	제목을 붙이다give a title to, name. 자격(권리)를 주다give the right to, qualify, make eligible, license, empower, allow	제목title을 만들어주니… Title 제목, 출판물, 칭호를 주다. 이름을 지어주다. 라고 부르다; call, name, title, term, label, dub, christen, give the title of
Entity ['entətɪ]	독립체being, article, organism, existence, thing	The Euro-Muslim entity유럽이슬람 연합체
Entreat [ɪn'triːt]	간절히 원하다supplicate, gasp. 간청하다beg. plead Entreat him for mercy 그에게 자비를 간청하다. I entreat you to come here. 난 당신이 여기 오길 간청합니다.	간절히 처리treat하길 원하니… treat대우하다. 처리하다. 치료하다. Treat one fairly=do justice to=do one justice 공정히 평가하다. 에 좌우되어at the mercy of=wholly in the power of Justify 타당함을 보여주다vindicate. 해명하다. (justification. n)
Entrench [ɪn'trentʃ]	(참호로)에워싸다enclose, encircle. 정착하다settle down, unshakeable, planted, ineradicable, ingrained. Entrench oneself 자기 입장을 확고히 하다. 안전한 장소에 피하다.	참호trench를 만드는 경우.. trench참호, 도랑, 참호를 파다, 침해하다 *put yourself in my place(shoes). 내 입장에서 생각해보세요.
Entrepreneur [,ɒntrəprə'nɜː]	기업가(사업가)	
Entrust [ɪn'trʌst]	맡기다assign, intrust, confide Entrust the report to his son. Entrust his son with the report. *report oneself to ~에 출두하다. *report to 에게 보고하다.	믿고trust 맡길 만 한… 맡기다; assign, give custody of, deliver, commit, delegate, hand over, turn over, confide. *타동사+사람+with+사물(타동사+사물+to+사람) 취하는 동사: trust(신뢰하다), furnish(공급하다),supply(공급하다), provide(공급하다) Trustee 피신탁자
Envoy ['envɔɪ]	특사emissary, delegate, diplomat Delegate power to an envoy. 특사에게 권한을 위임하다.	Ambassador 대사, Emissary 사절, 간첩 Delegate 대표, 사절

> **To you: to 사람…**

(절대 원칙이 아니고, 예외가 있는 암기사항).

공급동사로 알려진 furnish(provide, supply) A with B=furnish B to A…A에게 B를 제공한다.(to you)
Be familiar to you를 외우면, be familiar with 사물….(손 끝까지 훤히 알면..have at one's fingertips)
Present A with B …A에게 B를 선물하다.
Endow A with B….A에게 B를 기부하다.
타동사 + A as B(She always accepted my speech as true 그녀는 항시 내 연설을 진실로 믿었다)

Accept(take, treat) A as B	A를 B로 받아들이다.
Consider(look upon, rate, regard, think of) A as B	A를 B로 간주하다.
Define A as B	A를 B로 정의하다.
Describe(refer to, speak of) A as B	A를 B라고 말하다.
Strike A as B	A를 B로 생각하게 하다.
Recognize A as B	A를 B로 인정하다.

EPI, EPHE	위	
Ephemeral	일시적인temporary, transient, transitory, provisional, 수명이 짧은, 하루살이 같은 An ephemeral (insignificant) existence=cheap life. 파리 목숨	Short-lived=ephemeral For a song염가로 =cheaply *하루살이(벌레) mayfly *put one's life on the line 목숨을 걸다
Epidemic [ˌepɪˈdemɪk]	유행병plague, rash, outbreak, pestilence, 급속한 확산(유행)의 widespread, prevalent, rampant, pandemic, all the rage A flu epidemic 유행성 독감 An epidemic of terrorism 확산되는 테러 행위	불쾌한 일의 확산;spate, plague, outbreak, wave, rash, eruption, upsurge. Sudden outporing. Endemic 풍토병, 고유의, 고질적인
Epigram [ˈepɪɡræm]	경구(aphorism, maxim), 짧은 시	경구; a brief, witty saying, proverb, byword, parable, maxim, aphorism, catchword, adage, motto, slogan
Epilogue [ˈepɪlɒɡ]	맺는 말afterword,	prologue서언, 서시, 발단 긴 이야기, monologue epithet 형용어구. 통칭. 욕.
Epitome [ɪˈpɪtəmɪ]	완벽한 본보기embodiment, paradigm, 사건happening, adventure, affair	구현: incarnation, embodiment 환생. 재생: reincarnation
Epoch [ˈiːpɒk]	신기원. (중요사건이 일어난)시대era.	Make an epoch in 신기원을 열다 Epoch-making 획기적인
Equestrian	승마와 관련된. 승마의.	An avid equestrian 승마광
EX	밖으로	
Allege [əˈledʒ] allegation. n	(증거없이)혐의를 제기하다(assert without proof). 주장하다assert, maintain, claim Allege his innocence 무죄를 주장하다. Allege illness 병을 핑계대다. Allegedly 주장하는 바에 의하면, The alleged murderer 살인 혐의자	모두all 밖으로 배설하는egest Egest 배설하다 배출하다. 주장하다;claim, charge, challenge, state, maintain, declare, assert, uphold, hold, depose, avow, aver, affirm *alleged 제기된described, claimed, avowed, purported, so-called, assumed, presumed *The mayor has clean hands. 시장은 결백하다. *살인bloodshed, slaughter, murder, butchery,

		carnage, massacre, holocaust *살인마murderer, butcher, slaughterer, ripper, cutthroat, killer
Eccentric [ɪk'sentrɪk]	괴짜인, 별난odd, weird, peculiar, cranky, erratic, inconsistent, capricious, wayward Eccentric behavior/ hat. 유별난 행동/모자	중심Centric에서 밖으로 이탈되므로 Centric 중심의 중추적인 Off-the-wall 괴짜(사람)
Eclipse [ɪ'klɪps]	상실loss, 퇴색discoloration (일식, 월식의)식 가리다overshadow, block, veil 빛을 잃게 만들다overshadow An eclipse of the sun/moon 일식/월식 in eclipse 일식(월식)이 되어 A partial eclipse of the sun 부분일식	멀리 밖으로ec 남겨진leave… 일식 현상;달이 태양을 가리는 현상 개기일식;달이 태양을 완전히 가리는 일식 (a total eclipse of the sun) 월식 현상;달이 지구의 그림자에 가려지는 현상(태양-지구-달의 순)
Economical [,'ekə'nɑmɪkl]	절약하는(frugal, penny-pinching, money-saving, thrifty, sparing). 실속있는cost-effective, reasonable	Economic 경제의 economical 저렴한. 경제적인
Ecosystem [|i:koʊsɪstəm]	생태계(동.식물이 사는 체계)	Ecological 생태학의. 생태학적인. Eco-friendly 친 환경적인 Ecology 생태학 Photosynthesis 광합성
Ecstasy ['ekstəsɪ]	활홀감exultation, rapture, bliss, elation She was in ecstasy when she won the first prize at lotto. 로또에서 1등에 당첨되었을 때, 그녀는 황홀감을 가졌다.	밖에ec 있는 별star을 보니 활홀… Ecstatically 도취하여 Religious ecstasy 종교적 (신비체험의 경지에서) 황홀감
Efface [ɪ'feɪs]	지우다(erase, expunge, eliminate). 없애다(rub away). Efface oneself 나서지 않다. Efface the line from a book. 책에서 그 줄을 삭제하다.	표면face에 있는 것을 모두 밖으로… Face 표면. 얼굴. 직면하다. Sit face to face(back to back)서로 마주보고(등을 맞대고)앉다. In the presence of ~의 면전에서(in my presence).
Effigy ['efɪdʒɪ]	모형, 형상statuary Burn his dog in effigy 그의 개 형상(인형)을 만들어서 불태우다.	모양figure을 만들어 보이니까ef Figure 모양 형태 숫자 Figurine 작은 조각 상 Figment 꾸며낸 일. 공상reverie
Effusion	(액체)유출. (감정)토로.	밖으로ef 내놓는 pouring forth
Elaborate [ɪ'læbərət]	정성을 들인sedulous, 정교한exquisite 자세히 설명하다account for. Elaborate on his idea. 그의 생각을 자세히 설명하다. With elaborate equipment 정성들여 준비해서	노동labor 그 이상으로 공을 들인… Belabor 상세히 논하다. 공격하다. Laborious 힘든 근면한 상세하게: specifically *It always pays to do your best. Hard work is never wasted공든탑이 무너지랴

Elapse [ɪˈlæps]	(시간이)지나다(go by) Many years elapsed before they loved. 수년이 흐른 뒤 그들은 사랑했다. The night was well along. 밤이 꽤 지났다.	경과lapse하고 경과하여… Lapse 일탈. 상실. 경과 Elapsed time 경과 시간 *I'll be back in a few days. 며칠지나서 나는 돌아올 것이다.
Elate [ɪˈleɪt]	고무하다. 기운을 북돋아 주다. Elation 크게 기뻐함. Lighten(cheer) up! 기운 내!	고무하다;inspire, elate, innerve, inspirit, stimulate, boost morale, encourage
Elicit [ɪˈlɪsɪt]	(정보. 반응을)이끌어내다(bring out, call forth, draw out, evoke). Elicit no response from her. 그녀로부터 아무런 반응을 이끌어내지 못하다. *tease out 정보를 빼내다	야기하다; bring about, bring forth, cause, derive, evoke, give rise to, draw out, result in *기인하다: result from, be caused by, arise from, be due to **evoke(밖으로)이끌어내다//invoke(안에)호소하다//revoke폐지하다//convoke소환하다
Eligible [ˈelɪdʒəbl]	자격이 있는worthy, reeligible An eligible person 피선거인	Be eligible(qualified) to run for an election 피선거권이 있다
Elliptical	타원의oval, 생략한abridged, omitted	Ellipsis 생략
Elucidate [ɪˈluːsɪdeɪt]	(자세히)설명하다explain, clear up Elucidate on his doubts. 그의 의혹에 대해 자세히 설명하다. *명료하게 설명하다put across	명쾌하게lucid 만드니까… Lucid 명쾌한 명료한(clear, limpid) Lucidity 명쾌함. 명료함perspicuity Lucid water 맑은 물 Pellucid 티 하나 없이 맑은 Translucid 반투명의

May와 Can의 관용어구

(Students cannot be too careful in taking a exam. 시험칠 때, 너무 신중을 기해도 지나침이 없다.)
May well +동사 원형=당연하다(=have good reason to ~, It is natural that ~, stand to reason)
May as well + 동사 원형= 하는 편이 낫다(=had better + 동사 원형)
May as well A as B= Might as well A as B =B하는 것보다 A하는 편이 낫다(=would rather A than B).

Cannot but + 동사 원형=하지 않을 수 없다(=cannot help ~ing, cannot help but + 동사 원형=cannot choose but + 동사 원형=have no choice but to + 동사 원형)

Cannot(never) A without B ing= A하면 반드시 B한다.
Cannot(never) too(enough) B=아무리 B해도 지나침이 없다.

Elude [ɪˈluːd]	교묘히 빠져나가다(evade, avoid). 이해할/기억할 수 없다(hard to pin down, escape notice). Elude the law 법망을 피하다 Elude his grasp 잡히지 않다.	에워쌀include 수 없이… Include 에워싸다. 포함하다. Exclude 밖으로 몰아내다. 제외하다. **exclude제외하다//include포함하다 // preclude막다.제외하다//conclude끝내다 *scapegoat 속죄양. 희생양

Emancipate [ɪˈmænsɪpeɪt] Emancipation. n	해방시키다 liberate. set free, release Emancipate from his bad behavior 나쁜 행동에서 벗어나다. *Emancipation Proclamation 링컨의 노예 해방령(1863년 1월 1일)	손아귀 manual에서 벗아나니… Manual 손의. 소책자. 육체를 쓰는 Emanate (이 남자가 뿜어내는)내뿜는 *emanate 시작하다. 발산하다 // animate 격려하다 // reanimate 고무하다
Emerge [ɪˈmɜːdʒ] Emergence. n	드러나다 come forth into view. (어려움을)헤쳐 나오다. Emerged from the scandal 스캔들로부터 빠져 나오다.	합쳐져 merge 안보이다가 나오는 e… Merge 합병하다. 합치다. 어우러지다. Merge into the background 조용히 눈에 띄지 않게 처신하다. *어려움을 감내하다 bite the bullet
Emergency [ɪˈmɜːdʒənsɪ]	비상(사태)(exigency, urgency, predicament, pinch)	긴급 상황에 대한 for emergency=for the long pull
Emigrate [ˈemɪgreɪt]	다른 나라로 이주하다 migrate, relocate. 이민 가다. Emigrate from Korea to the U.K. 한국에서 영국으로 이주하다.	밖으로 e 이주하니까 migrate.. migrate 이주하다. 이동하다. 바꾸다.
Eminent [ˈemɪnənt] Eminence. n	저명한, 탁월한(outstanding) An eminent attorney 저명한 변호사 Be eminent in the field of physics. 물리학 분야에 저명하다.	Prominent 탁월한. 주목을 끄는 저명한; famous for, well-known for, famed for, renowned for, eminent, celebrated, stand out *로 알려지다 be known to
Emit [ɪˈmɪt]	(빛, 열, 가스, 소리)내뿜다 radiate. 내다. Emit poison gas into the classroom. 교실에 독가스를 내뿜다	내뿜다; give off, release, leak, discharge, transmit, send out, radiate, eject, emanate(이 남자 man가 뿜어내는) *transmit 보내다 // transport 나르다 // transfer 이동하다 // transform 변형시키다 // transact 수행하다
Empirical	경험에 의존하는(information gained by observation, experience, or experiment)	empirical probability 경험적 확률 *old hand 경험이 많은 사람
Emulate [ˈemjʊleɪt]	겨루는(strive to excel). 모방하다. 부합하다 measure up to	겨루다: vie for, compete for, match for, contend for
Endemic [enˈdemɪk]	고유의(native). 풍토적인. 고질적인	Epidemic 유행병. 급속한 확산
Enervate [ˈenɜːveɪt] Enervation. n	기력을 떨어뜨리다 sap of vigor, weak 약화시키다 weaken. devitalize An enervating weather/ disease 약화시키는 날씨/ 병	정력 nerve을 떨어뜨리는… Nerve 정력. 용기. 신경. 신경질 Nerve center 신경 중추
Enfranchise [ɪnˈfræntʃaɪz]	시민권을 부여하다. 선거권을 주다	franchise 가맹점 영업권, 독점 판매권, 선거권
Enumerate [ɪˈnjuːməreɪt]	열거하다 list, name, specify, itemize Too many to enumerate 셀 수 없는 만큼이나 많은.	하나 하나 다 세어가면서 numerate… Numerate 세다. 계산하다. 수에 강한. Abacus 주판

Envision	상상하다imagine, visualize, envisage, conceive of, foresee, anticipate, picture to oneself	Vision 시력. 눈. 상상 Visionary 선견지명있는, 공상적인
Eradicate	뿌리 뽑다uproot. 근절하다get rid of, destroy, wipe out. exterminate	뿌리박힌 것radicate을 뽑아내e… *Radicate 뿌리박게 하다. 깊이 심다 Eradicate corruption/ evil 부패/악을 뿌리 뽑다.
Erode [ɪ'rəʊd]	서서히침식되다wear away, eat into, grind down, abrade, corrode 약화되다weaken. Be eroded by the sea 바닷물에 침식되다.	갉아 먹은rode 것을 나중에 보니… Rodent 갉아 먹는. 물어 뜯는. 설치류동물 Corrode 부식하다. 좀먹다. 부패하다. Be eroded by inflation 인플레이션으로 점차 무너져가다.
Erudite ['eruːdaɪt] Erudition. n	박식한scholarly, intelligent, perceptive, percipient, gifted, sensible, sage An erudite Korean professor 박식한 한국 교수	기초rudimentary상태에서 벗어난e… Rudimentary 기초의. 미완성의 Rudiments 기초 초보
Erupt [ɪ'rʌpt] eruption. n	(용암)분출하다spurt, jet, gush out, upwell, spew. (감정)폭발하다pop his cork, break forth (여드름.발진)돋다break(come) out.	터져서rupt 나오니까e Rupture 파열, 균열, 결렬 Lava was erupted. 용암이 분출되다 Erupt into fury. 격심하게 폭발하다 Erupt all over her check. 그녀의 뺨 곳곳에 돋다.
Escort ['eskɔːt]	호위하다guard, accompany, usher, 호위자convoy, guardian, chaperon Under the escort of 호송되어 Escort carrier 호위용 소형항공모함 Escort in handcuffs. 수갑 채워 호송하다.	밖에서e 수행원cortege과 함께 가니… Cortege 행렬, 수행원 *hand in hand 손에 손잡고. 협력해서team up with *hand-to-hand 백병전의 *fight hand to hand 치고 받고 싸우다
Esoteric [ˌesəʊ'terɪk] Esoterica. n	이해하기 힘든muddling, opaque. 소수만 이해가능한arcane, mysterious, profound, unfathomable, abstruse	애써봐도eso 이해 안되는teric Hysteric 발작. (배꼽을 쥐는) 웃음 Sterile 부족한. 메마른. 살균한
Espouse [ɪ'spaʊz]	지지하다support, sponsor, patronize. 옹호하다stand up for, back, promote.	Spouse 배우자. …와 결혼하다. In support of ~을 옹호하며. **provide for 부양하다support. **provide against 대비하다
Ethereal [iː'θɪərɪəl]	천상의heavenly, celestial, divine, godly. (공기 만큼이나)가벼운light	Ethereal dance 천상의 춤 *dance to the music음악에 맞추어 춤추다.
Evacuate [ɪ'vækjʊeɪt]	피난하다take cover. 대피시키다relocate, move. Evacuate the wounded 부상병을 후송하다. Use the stairs to evacuate 층계를 이용하여 대피하다.	피난하다; flee for safety, get under cover, take sanctuary, take over. Take shelter, seek refuge. *sanctuary피난처//sanction승인하다.처벌하다 // sanctified구원된. 구제된

| Evade
[ɪ'veɪd]

evasion. n | 회피하다elude, dodge, shirk, quibble.
피하다sidestep, avoid, bypass, skirt.
떠오르지 않다.
Evade all issues 모든 쟁점을 회피하다. /
Evade military service 병역을 기피하다. | 밖으로e 가버리는go..
안으로 가버리면 Invade 침략하다
멀리 가버리면 Pervade 널리 퍼지다 만연하다.
회피하는evasive, indirect, oblique, devious,
equivocating, equivocal, tricky |

With + 목적어 + 과거분사(또는 형용사)= ~한 채

With one's arms folded 팔짱을 낀 채
With one's eyes shut 눈을 감은 채
With one's eye bandaged 붕대로 한 눈을 가린 채
With one's mouth stuffed 한 입에 넣은 채
With one's mouth full 입에 음식을 가득 넣은 채
With one's head against 머리를 기댄 채
With a pipe in one's mouth 파이프를 입에 문 채
With a stick in one's hand 지팡이를 손에 든 채

Evaluate [ɪ'væljʊeɪt] Evaluation. n	평가하다valuate, appreciate, value 감정하다appraise, assess, identify. Evaluate the cost of damages 손해배상액을 평가하다 *at the price(cost, rate) of 가격. 비용. 비율로	가치value를 평가하다valuate Value 가치. 가격. 중요시하다make much of=set store by=think highly of. (경시하다make little(light, nothing) of) 가늠하다; assess, rate, judge, estimate, reckon, weigh, calculate, gauge, deem **evaluate평가하다//elucidate설명하다
Evaporate [ɪ'væpəreɪt] evaporation. n	증발하다vaporize, boil off, dehydrate. 기화하다aerify[ɛərəfài,eiiər-]. (차츰)사라지다fade away. fall away, vanish, fade out, evanesce, perish, dissipate, disperse, dispel	증기vapor가 되어 날아가버리는 Vapor 증기. 망상. 우울증 Vaporish 수증기 같은 Vaporous 증기 비슷한. 안개가 자욱한 *wear off 약효가 사라지다 *wear out (옷 등)닳아 없어지다.
Evoke [ɪ'vəʊk]	환기시키다draw forth. awaken, recall, summon, call up, elicit, conjure up. Evoke spirits from other world 영혼을 저승에서 불러내다 Evoke the hope for reunification. 통일 의 희망을 떠올리다.	밖으로e 불러call 내주는… 계속 불러내면 revoke 철회/취소 하다. 안으로 불러내면 invoke 적용하다 빌다 거세게 불러내서 Provoke 선동하다incite.야기하 다cause.
Evolve [ɪ'vɒlv] evolution. n	진화시키다change by evolution. 전개시키다develop by gradual change, unfold. Evolve into ~로 진화하다 Evolve a scheme steadily 꾸준히 계획을 전개시키다.	볼보 차로 돌려volve…. 안에서 돌려 Involve 수반하다.몰두시키다. 계속 돌려 Revolve 회전하다. 돌다. 곰곰이 생각하다 *007 is neck deep in it. 007이 깊이 개입되어 있다.
Exact [ɪg'zækt]	정확한accurate, precise, correct. 요구하다. (나쁜 일을)가하다. 빈틈없는on the ball. Exact a horrible terror 테러를 가하다. / Exacting 힘든. 까다로운	Exact discipline 엄격한 규율 Be exact in his work 일에 빈틈없다. An exact watch 정밀한 시계 *The math teacher is on the beam 정확하다. 힘든exacting, rigorous, rigid, stern, severe

Exalt [ɪgˈzɔːlt]	칭송하다 raise high, extol, glorify, revere, venerate, dignify, idolize. 승진시키다 promote, advance. Exalt him to the skies 매우 칭찬하다. Exalt him to a high office 높은 직급으로 승진시키다.	제단altar에서 음식을 올리면서 칭송… Altar 계단, 제단 Altitude 고도, 높은 자리. Sublime: extremely exalted, awesome, lofty, majestic, fabulous, gorgeous Altitude고도/ gratitude감사/ aptitude습성
Exasperate [ɪgˈzæspəreɪt]	짜증나게 하다 rub the wrong way, rile 화나게 하다 incense, annoy, harass Exasperate him to desperation 절망으로 화나게 하다. Exasperate them to go on strike 그들을 파업에 몰아 넣다.	성질을 까칠asperate하게 만드니까… Aspirate 거친, 까칠 까칠한 짜증나게 하다:irritate, annoy, incense 파업하다:walk out=go on strike **exasperate화나게하다(=irritate) //exacerbate악화시키다(=aggravate) //excavate발굴하다 //extirpate근절하다
Excavate [ˈekskəveɪt] excavation. n	발굴하다 exhume, unearth, unbury. 구멍을 파다 dig(make) a hole, unearth Be excavated by archaeologists. 고고학자에 의해 발굴되다.	동굴cave을 만들 정도로 파내니la… Cave 동굴(cavern, grotto, den) Cavate 동굴 같은, 바위를 뚫은
Except [ɪkˈsept] exception. n	제외하다(from). rule out, exclude, leave ~ out, save, omitting, apart from, but for, other than	Except for(=but for)..을 제외하고는 *rule on 공식적으로 결정하다 decide on *rule out 배제하다
Excerpt [ekˈsɜːpt]	발췌. 인용 citation. quotation. 인용하다 cite, quote, extract, cull out Write an excerpt from today's news. 오늘 뉴스로부터 인용하여 쓰다.	증명된 certify 것을 밖으로 내놓는e Certificate 인증하다. 증명서를 주다. Certify 증명하다. 보증하다. 교부하다. Certified 증명된 보증된
Exculpate [ˈekskʌlpeɪt] Exculpation. n	무죄를 입증(선언)하다 exonerate, declare guiltless, absolve, spare, acquit.	Exculpate oneself from 해명하다.
Exclude [ɪkˈskluːd] exclusion. n	제외하다(from)count out, leave out. 거부하다 refuse, deny, disallow, forbid.	Exclude the singer out of a club 클럽에서 그 가수는 추방(제명)한다.
Excuse [ɪkˈskjuːz]	변명. 핑계. 나쁜사례. 결석계 변명하다.용서하다.양해하다. 면제해주다.	In excuse of 핑계로서 A poor excuse 명목뿐인 것 Excuse a fault 실수를 용서하다.
Execute [ˈeksɪkjuːt] execution. n	처형하다 kill, put to death, liquidate 수행하다 carry out, accomplish, perform 작품을 만들어내다 formulate.	Execute his enemy for murder 그의 적을 살인죄로 처형하다. The figure skater executed a perfect turning 완벽한 회전을 수행했다.
Exempt [ɪgˈzempt]	면제되는 immune, 면제하다 be excused from. Be exempt from tax. 세금이 면제되다. Exempt him from service. 병역을 면제받다.	빈 것empty으로 만드는… Empty-headed 머리가 텅 빈, 멍청한 Feel empty 시장기를 느끼다. Return empty 빈손으로(허탕치고)돌아오다. *I want to return this. 환불해주세요. *처벌 받지 않고 지나가다 get away with

Exemplify [ɪgˈzemplɪfaɪ]	예증하다illustrate by example, typify, epitomize, instance, personify, display	*exemplify예증하다 exemplary모범적인. 전형적인 exemption면제.공제
Exhale [eksˈheɪl]	내뿜다puff, belch, spout, gasp, emit. Exhale the smoke through his nose 코로 연기를 내뿜다.	밖으로ex 끌어내니hale… Hale 끌어내다. 건강한 안으로 끌어내니 inhale 흡입하다. *My nose is stuffed-up 코 막혔다. / I got a runny nose콧물이 줄줄 난다.
Exhaust [ɪgˈzɔːst]	배기가스emission, effluent. 배기관. 녹초를 만들다wear out, enervate, fag. 샅샅이 다루다handle thoroughly. 다 써버리다run out of. use up, squander, waste, consume	Exhaust oneself 기진맥진해지다. Exhaust one's vocabulary 아는말 다 쓰다. *I'm burned out.녹초되었다.=I'm tired out =I'm done up= I'm played(worn) out *fatigue 피로. *Indefatigable 지칠(포기할)줄 모르는
Exhaustive [ɪgˈzɔːs tɪv]	완전한. 철저한(painstaking, thorough, taking pains, complete, rigorous, inside and out)	*wet through완전히 젖다. pierced through완전히 뚫다. walk through 내내 걷다. go through 완전히 관통하다. Drive straight through (들리지 않고, 신호무시하고) 곧장 운전해 지나치다. *완전히, 대체로, 모두 합쳐 altogether *다함께, 동시에 all together
Exhort [ɪgˈzɔːt]	열심히 권하다foment, agitate, inflame 타이르다impel. force, drive, egg on. Exhort him to repent 회개하도록 타이르다. Exhort his sister to turn away from violence 폭력은 피하도록 누나에게 권하였다. *참회하다 put on a white sheet	충고hortation을 열심히 하는… Hortation 충고 권고 장려 Hortatory 충고의 권고의 *get down to … (본업)을 열심히 하다. *go out of business 폐업하다. 파산하다. *go out of his way to~위해 자신의 길로 돌아가다.
Exhume [eksˈhjuːm]	파내다unbury, excavate, deepen. 발굴하다dig out. disinter, scoop out *It's been swept under the rug for a long time.오랫동안 비밀로 내려왔다	Inhume 매장하다bury *dig up (비밀. 사생활)파헤치다. 캐내다 *dig in 파내다. 먹어라. *Dig her in the ribs 옆구리를 쿡 찌르다
Exile [ˈeksaɪl]	추방하다expelled from, ostracize, eject 망명자a refugee.	Be(live) in exile 유배중(유배 생활중)이다. Go into exile 망명가다. Political exiles 정치 망명자
Exodus [ˈeksədəs]	(다수의)대탈출fleeing, getaway. 대이동. 출애굽기(이집트 탈출 기록)	Exorcist 귀신 몰아내는 무당 또는 기도사 Exorcism 귀신 쫓는 의식. 굿 Exotoxin 세균에서 나오는 독소. 외독소 Toxic gas 독가스.
Exorbitant	과도한excessive, inflated, extravagant, immodest, outrageous, inordinate Exorbitant fees/rents 과도한 수임료, 집세	영향권orbit에서 벗어난ex… orbit궤도. 영향권 orbital period 궤도 주기 lunar orbit 달의 궤도
Exotic [ɪgˈzɒtɪk]	이국적인, 외국의foreign, alien, outlandish	Exotic plants 이국적인 식물 Exotic weapons 신형 무기

Expand [ɪkˈspænd]	확대시키다(burgeon, flourish). 확장되다. 더 상세히 하다. Expand his operation 사업을 넓히다.	Expand on/upon that topic. 더 상세히 말하다. Broach (말하기 힘든 이야기를) 꺼내다 꺼내다:take out
Expedient	방편measure, means, contrivance 처방recipe 편리한convenient, desirable, useful	*Expedite 더 신속히 하다. 촉진시키다. Temporary expedient 임시 방편. Resort to an expedient 편법을 강구하다.

Make a(또는 an) 형태 숙어

Make a trip 여행하다
Make a choice of 선택하다
Make a fortune 재산을 모으다
Make a move 이사하다
Make a reference 조회하다
Make a suggestion 제안하다
Make an offer 제공하다
Make a claim for 요구하다
Make an excuse for 변명하다
Make a mess of 망쳐놓다(cook one's goose)
Make a profit on 이익을 얻다
Make a speech 연설하다
Make sense of 뜻을 이해하다
Make progress 진보하다.

Make an apology for 사과하다
Make an effort 노력하다(exert oneself)
Make a plan for 계획 세우다
Make a noise in the world 유명해지다
Make a remark on 소견을 말하다
Make a promise 약속하다
Make an attempt to 시도하다
Make a contribution 기여하다
Make a mistake 잘못하다
Make a noise 소란피우다
Make a request for 요청하다
Make a statement 성명을 내다.
Make comments on 논평하다

Expedite [ˈekspɪdaɪt]	더 신속하게 처리하다hasten, dispatch 촉진시키다speed up or ease, facilitate. Expedite action on this request 이 건을 신속히 처리하다.	빠르게 발ped로 움직여서… Pedestrian 보행자. 도보의. 재미 없는. 상상력이 없는.. Pedal 페달, 발판 Peddle 행상하다. 팔고 다니다.
Expedition [ˌekspɪˈdɪʃn]	탐험exploration. 탐험대. 짧은 여행jaunt, hop, sortie, filed trip Manned expedition 유인 탐사 Go on an expedition to 탐험여행을 떠나다.	Exposure 발각. 노출 Exposure meter노출계 Exaction 강요. 부당요구 *배낭여행 backpacking
Expel [ɪkˈspel]	추방하다banish, deport, expatriate, outlaw. 쫓아내다eject, dislodge, evict, displace (공기나 물을)배출하다(emit). All illegal immigrants are being expelled. 불법이민자들은 모두 추방될 것이다.	추방하다;banish, exile, deport, evict, force to leave, drive out, discharge, force out, let out, eject, issue, spew, belch. Expel air from the lungs. 공기를 폐로부터 빼내다.
Expend [ɪkˈspend] expenditure. n	(시간, 노력 등을)들이다spend, employ. 사용하다use up, exhaust, deplete. Expend(spend)much money on his foods. 음식비에 돈을 많이 사용하다.	해결해보려pend 시간 노력을 들이다. Pend 매달려있다. 미결인 채로 있다. Pendulous 매달린, 갈팡질팡하는 Pendulum 추

Expire [ɪk'spaɪə]	만기되다. 끝나다come to an end. 숨을 거두다decease, perish, pass away. *expiration 종료. 숨을 내쉼.	끝나다; become invalid, end, finish, conclude, close, stop, run out, cease. bring to an end 죽다; die, depart, perish, kick the bucket, meet your maker, cark it, pass away. 결국 ~이 되다 boil down to= end up=come down to
Exploit [ɪk'splɔɪt] Exploitation. n	부당하게 이용하다 trespass on, maladapt, manipulate, utilize. 착취하다extort, wring out, screw out of his money. 개발하다develop. 위업 contribution, accomplishment Perform a heroic exploit 영웅적 행위를 하다. // Exploit natural resources. 천연자원을 개발하다. Exploit his subordinates부하를 이용해 먹다.	계책ploy을 잘 이용하다. Ploy 계책gambit, 술책 Plot 구상, 표, 음모machination, cabal, intrigue Plotter 음모자. **exploit 이용하다.공적// explicit 명백한// implicit절대적인.함축적인 // elicit끌어내다. 도출하다 // solicit간청하다.
Expose [ɪk'spəʊz]	드러내다expose to, introduce to. set forth, lay bare 폭로하다let out, uncover, leak, let out 노출시키다unhusk, overexpose. Expose goods for sale 상품 팔려고 진열하다. *Her dress is so skimpy. 그녀의 드레스는 너무 노출이 심하다. (*skimpy 노출이 심한, 내용이 빈약한)	바깥에ex 위치하니pose Pose 자세취하다. 태도취하다. 괴롭히다. 함께com 위치시켜 compose 구성하다 따로 위치시켜 decompose 분해하다 다시 구성시켜 recompose 재구성하다 마음을 혼란시켜 discompose 당황시키다. *Expose a plot to the police 음모를 경찰에게 알려주다.// expose a plant to sunlight. 식물을 햇빛 받게 하다. *혼자만 알고 있어라 keep ~to yourself
Exposition [ˌekspə'zɪʃn]	전시회exhibition. 박람회. 설명statement, 해설demonstration.	An exposition of his views on ethics. 윤리에 대한 견해의 설명
Expostulate [ɪk'spɒstjʊleɪt]	타이르다admonish, persuade. 반대하다dissuade from.	Expostulate with him on(about, for) his mischief. 그의 부정을 고치도록 타이르다.
Expound [ɪk'spaʊnd]	상세히 설명하다circumstantiate, expatiate, elaborate on, round out. Expound on the revolution.혁명에 대하여 상세히 설명하다.	우리에 가두고pound 설명해주니…. Pound 어슬렁 걷다. 우리에 가두다. 앞으로 내면 Propound 제출하다. 제의하다. 안에 두면, Impound 압수하다. 가두어두다. *stagger 비틀거리면서 걷다.
Expunge [ek'spʌndʒ]	지우다erase, wipe, efface, take off. 삭제하다delete, rub(blot) out, efface, obliterate, wipe out, eradicate, edit Be expunged from his memory 그의 기억으로부터 지워지다.	스폰지sponge로 모두 지우면… Sponge 스폰지, 씻어내다. 의지하다fall back on. Sponge off 염치없이 붙어살다. 의지하다.
EXTRA	밖의	
Extralegal	법의 영역 밖의 *extralegal check 초법적 견제	Extraction뽑아냄. 추출. 혈통 Extravehicular 우주선 밖의. 선외의 extraterrestrial 우주인. 외계인(ET)

		Extraneous 논외의. 관련없는 extracurricular activity 과외 활동 Extrapolate 추정하다. 추론하다.
Extend [ɪk'stend] extension. n	넓게 만들다outstretch, outspread. 연장하다elongate, lengthen. 확대하다widen. 포함하다. 포괄하다. 늘이다stretch, draw out. *a proposal to broaden access to higher education. 고등교육의 기회를 넓히기 위한 제안	Extend his visa 비자를 연장하다. Extend sympathy to the elderly 연장자에게 동정을 베풀다. **extend연장하다 // expand확장하다// expense비용// extent한도.범위 //external외부의
Extemporize [ɪk'stempəraɪz]	즉흥적으로 하다(ad-lib, improvise, play it by ear, wing it). 즉석에서 하다contrive, make do. Extemporize in a very energetic fashion 매우 활동적인 방식으로 즉석에서 하다.	미루지temporize 않고 즉석에서 하니.. Temporize타협하다. 미루다. 임시변통하다make do with Contemporize 동시대에 놓다. *contemporary 동시대의. 동시대. Pro tempore 임시로(=pro tem)
Exterminate [ɪk'stɜ:mɪneɪt]	전멸(몰살)시키다wipe out, eradicate, annihilate, eliminate, obliterate, terminate Exterminate cockroaches 바퀴벌레를 몰살시키다.	완전히ex 끝내버리는terminate… Terminate 끝내다be through with. 한정하다. put through 겪게 하다. 전화를 연결하다
Extinct [ɪk'stɪŋkt]	사라진, 멸종된gone, died out, defunct, (화산이)사화산의inactive, dormant An extinct species 멸종된 종 An extinct volcano 사화산 An active volcano 활화산	착색하고 물들이니tinct 새치가 사라지고.. Tinct 착색하다. 염색하다. *멸종되다. die out
Extol [ɪk'stəʊl]	극찬을 하다.(tout, praise highly) Extol the teacher's virtues. 선생님의 선행에 대해 극찬하다. Be extolled as a hero 영웅으로 극찬되다.	관대하고 관대하면tolerant 극히 칭찬해준다. Tolerant 관대한. (tolerance관용breadth) Tolerate 참다endure. 허용하다allow. *I'll let it slide this time. 이번은 용서한다. *허용될 수 없는 beyond the pale
Extreme [ɪk'stri:m]	극심한. 심각한. 극단적인. 가장 먼 Take extreme action과격수단 쓰다	An extreme case 극단적인 사례 Extreme fashions 지나친 유행 The fashion has gone out유행이 사라지다 유행: vogue, fashion, style, trend(추세)
Extra ['ekstrə]	추가의. 추가되는 것. 추가로for good measure. Extra good wine 최고급 포도주	An extra large hat. 특대 치수 모자 Extra news 호외/An extra lady 단역여배우
Extraordinary	기이한bizarre. 보기 드문peculiar. 임시의temporary. 엄청난stupendous. striking, arresting Exclaim at the extraordinary price 엄청난 값에 놀라서 소리 지르다.	An ambassador extraordinary 특명 대사 An extraordinary general meeting임시총회 Ordinary= banal(평범한, 진부한) *아주 드문once in a blue moon=very rarely (파란 달을 보려면….), few and far between
Extrovert ['ekstrəʊvɜ:t]	외향적인 사람(outgoing person)	밖으로ex 공공연한overt 사람 내성적인 사람introvert 공공연한. 명시적인 overt

Extrude	밀어내다roust, detrude, wedge away, repel, push out, heel out. 압출성형하다cast, mould. Extrude toothpaste from the tube 치약을 튜브에서 짜내다	밖으로 내미는trust… 안으로 내밀며 intrude 밀어넣다. 끼어들다 앞으로 protrude 튀어나오다 *He's pushing twenty 그는 스무살이 다 되어간다 =He's just short of twenty.
Exuberant	생동감넘치는ebullient, enthusiastic 무성한overflowing, lavish. 풍부한. An exuberant welcome 열렬한 환영. Exuberant imagination 풍부한 상상력	Reverberant 반향하는 울려퍼지는 무성한; thick, overgrown, thicky-wooded, lush 이 불이 붙어 끓고 있는ebullient 끓는
Exult [ɪgˈzʌlt]	크게 기뻐하다(rejoice, revel, glory). 의기 양양해하다(celebrate, delight). Exult to find that…을 알고나서 크게 기뻐하다. Exult at his victory 승리에 기뻐서 의기 양양해하다.	exude물씬 풍기다 exuberant활기 넘치는 exuberate철철 넘치다. 풍부하다. 빠지다. exultant크게 기뻐하는
EU	좋은	
Eulogy [ˌjuːləˈdʒɪ]	칭송. 찬양exaltation, glorification, praise, glory. Chant the eulogy of 을 찬양하다.	좋은 Eu 말logy Eugenics 우생학(인간의 유전 개선 학문) Euphemism (돌려서 표현)완곡어법 Euphonious 음조가 좋은
Euphoria [juːˈfɔːrɪə]	희열joy, pleasure, elation. 행복감uplift, exhilaration. In a state of euphoria 행복한 상태에서	좋은 eu 느낌을 가지는bear 나쁜 느낌을 가지는dysphoria 불쾌감. 위화감 갑자기 약물 중단 따른 불쾌감cold turkey Euthanasia 안락사

Take 관련 숙어

Take an action 조치를 취하다　　　　　Take a bath 목욕하다
Take an exam 시험치다　　　　　　　Take a seat 앉다
Take a holiday 휴가를 얻다　　　　　Take a photograph of 사진 찍다
Take a walk 산책하다　　　　　　　　Take effect 효과가 나타나다
Take a possession of 손에 넣다 Take turns ~ing 교대로 하다
By truns교대로in rotation. One after the other, alternate, rotate, take turns
Take place 발생하다(come to pass)　　Take pity on 불쌍히 여기다
Take part in 참가하다(go in for)　　　Take pains 수고하다
Take rest 휴식하다　　　　　　　　　Take heart 기운내다
Take care 조심하다　　　　　　　　　*take part in 참가하다
Take part with ~편을 들다side with　*take place 발생하다. Take the place of 을 대신하다.

Euthanasia	안락사(mercy killing)	행복하고 좋은Eu 죽음death 죽지 않는 Athanasia 불멸. 불사
EXTRA	밖에서	

단어	뜻	추가 설명
Extraneous [ek'streɪnjəs]	외부에 발생한. 관계없는irrelevant, peripheral, superfluous 외래의(extra, alien, foreign, exotic, outlandish, extrinsic). Extraneous opinion. 관계없는 견해	동시에 발생(존재)하는 contemporaneous 즉석의. 임시변통의. extemporaneous
Extravagant [ɪk'strævəgənt]	낭비하는lavish, profligate, prodigal. 사치스러운costly, exorbitant, dear. 터무니없는preposterous, absurd, Chimerical, immoderate, impractical *An extravagant claims of lawyer 변호사의 터무니없는 주장 *put the cart before the horse 주객이 전도되다.	밖으로Extra 나다니면서 돈쓰는vagant Noctivagant 야간에 돌아다니는. 야행성의 *Live above his means 분수에 맞지 않게 살다. Rise above himself / live up to his income 분수에 맞게 살다 *The cobbler should stick to his last 분수에 맞게 살아야 한다/ live it up 흥청망청 즐기다
Extrapolate [ek'stræpəʊleɪt]	원가로부터 추정하다Deduce, infer	밖에 있는 것으로부터 추정하니까… *안에 있는 것에 더 붙여 *interpolate 말참견하다. 덧붙이다.
Ebb [eb]	썰물. 물이 빠지다. 서서히 약해지다fade, wane, wilt, droop On the ebb 쇠퇴하여	Ebb back 소생하다. At a low ebb (평시보다)더 안 좋은 Ebb and flow 썰물과 밀물처럼 변동하다=fluctuate.
Ecclesiastical	교회의. 기독교의.	Ecclesia교회 Ecclesiastic 성직자officiant, celebrant, official Enter the priesthood 성직자(the clergy)가 되다
Edifice ['edɪfɪs]	큰 빌딩. 조직organization. 체계system. Make the whole edifice of knowledge 지식의 모든 체계를 만들다.	고층 건물. 마천루skyscraper *to the best of my knowledge 내가 아는한=as far as I know
Effectual	효과적인effective, availing, successful. 효험이 있는capable, efficacious, productive, competent, functional	(약이나 치료의)효험efficacy 효율적인, 유능한: efficient 효력 없는 inefficacious
Elite [eɪ'liːt]	최상으로 선발된 계층gentry, upper class, nobility, blue bloods	The elite of society 상류 인사
Emaciate [ɪ'meɪʃɪeɪt]	(사람을)쇠약하게 하다. (땅을)메마르게 하다.	이 맛이 에잇 갔네요….
Estimable ['estɪməbl]	존경할 만한respectable, esteemed, respected, admired, valuable, worthy 감탄스러운admirable, reputable 뛰어난commendable	*칭찬할 만한 meritorious, laudable, admirable (훌륭한), praiseworthy, estimable, splendid, awe-inspiring, first-rate *admiring 감탄하는. 찬양하는 *칭찬하는 감탄하는: laudatory, eulogistic
Ethics ['eθɪks]	윤리학. 윤리. 도덕원리.	Codes of ethics 윤리의 규범 A societal norm 사회적(사회 활동의) 규범
Excise [ek'saɪz]	삭제하다. 잘라내다. 소비세.	Be excised from ~로부터 삭제되다. Incise (글자. 무늬)새기다

Explicate
['eksplɪkeɪt']

| 설명하다 illuminate, elucidate. 해석하다 interpret, clarify. Make a detailed explanation 상세한 설명을 하다. | 밖에 내놓고 설명하니 해석이 되네…. 함께 다집어 넣고 complicate 복잡하게 만들다. 내부에 넣어 implicate 연루시키다. 포함하다 두개 세개 duplicate 복제하다. 되풀이하다 |

미국 샌프란시스코 해안

Ff

FA	만들어내는	
Fabricate fabrication. n	거짓말하다lie. false excuse, forge, fake 날조하다made up, produce, trump up *얼버무리다.prevaricate, equivocate *You've cried wolf too many times. 네가 콩으로 메주를 쑨다해도 안 믿겠다. 만듦contrivance, make-up, concoction fabrication	공장에서factory 벽돌brick을 찍듯 쉽게 미리 만든prefabrication 미리 만들기. 조립식 공정. Light로 반짝반짝 Lubrication 매끄럽게 하기. 윤활. // lubricate 윤활유 바르다. 매끄럽게 하다// lubricant 윤활유 Burnish 윤이 나다lustrous. 광나다. 윤기. 광택
Façade	건물의 정면. (실제와 다른)허울.가식pretense *앞에. 앞면에 in front of 뒤에, 배후에 at the back of	Put up a façade 외관을 바로잡다. The truth behind the façade 허울 뒤에 숨겨진 진실 pretentious 가식적인ostentatious
Facetious [fə'siːʃəs]	까부는(humorous, jocular). 경박한(not serious)	진지한 face얼굴을 만들지 못하는….
Fallacy ['fæləsɪ]	(인식)오류 misconception. 틀린 생각 false notion.	It's a fallacy to say that~ 라고 말하는 것은 틀린 생각이다. *Fallible 실수할 수 있는. 틀릴 수 있는
Falsification	위조counterfeit. 변조. 위증proven untrue 사실 곡해misrepresentation	Memory falsification 기억 착오(기억 꾸며냄)
Farcical [ˈfɑːrsɪkl]	웃음거리가 된(absurd, ludicrous, ridiculous, silly, senseless, outlandish, preposterous, imbecilic, moronic, inane). *Sam and I were in stitches. 샘과 나는 배꼽잡고 웃었다.	Farce 광대극. 익살, buffoon, joker 광대. *그는 이중 인격자: He has a poker face.
Fatuous [ˈfætʃʊəs]	어리석은(foolish, idiotic, silly, inane) *big idea 어리석은 생각	살쪘다고fat UP 놀리는 것은 유치하고 어리석으니… FAT UP 가축을 살찌우다.
Facile ['fæsl]	술술 하는. 손쉬운(용이한)(easy)	감아 논 cil실을 풀 듯 술술 하는.. Come natural to~에게 용이하다.
Faction ['fækʃn]	파벌clique, cabal, camp, circle. 소수그룹group. 불화sedition, discord, schism, rift	당faction을 만들어서 활동하는action

Fathom ['fæðəm]	수심을 재다measure the death. 가늠하다(헤아리다)comprehend	Fathom 두 팔을 펴서 벌린 길이
Fastidious [fæs'tɪdɪəs]	까다로운(meticulous, finicky, fussy, finical, particular, punctilious, picky)	꽤빠른fastish것을 원하는 까다로운···.거..
Fatalist ['feɪtlɪst]	운명론자. 숙명론자. **divination [ˌdɪvɪ'neɪʃn] 점을 치다. 점 **talisman (행운을 부른다는)부적amulet *점쟁이fortune-teller, palm reader	운명은 미리 정해져 있다고 믿는… Fatal 치명적인. 중대한 중요하다; make too much of 중요치 않다. make little(nothing) of
Fauna ['fɔːnə]	동물군 Faunist 동물군 학자	Flora 식물군 Florist 화초집 주인. 화초재배자 Biota 한 지역에 사는 동물군과 식물군
Figurative ['fɪgjərətɪv]	조형상의. 비유적인metaphorical, analogous, parabolical, symbolic.	In a figurative sense 비유적인 의미에서
Finesse [fɪ'nes]	교묘하게 처리하다(subtlety). 능숙하게 처리하다(craftiness). 논점을 피하다bypass an issue *Ms.Bill wants to be seen and heard to be doing something. 빌양은 원가로 두각을 나타내길 원한다.	섬세하고 정교하게fines 처리하는 Fines (fine의 복수형) 미립자 고운가루. Fine 섬세한. 정교한 두각을 나타내다cut a fine figure=make a fine appearance(among them)=distinguish oneself=make oneself noticeable
Felicity [fɪ'lɪsəti]	절묘한 어울림(skillfulness). 더 없는 행복(Consummate happiness)	절묘함, 미묘함: subtlety *매우 행복한 on cloud nine=walk on air
Fervor ['fɜrvə(r)]	열렬(great warmth). 열정(zeal, ardor, eagerness)	
Florid ['flɑrɪd]	(얼굴이)발그레한ruddy, flushed, red-faced, pink, rosy in complexion 장식이 너무 많은decorated, highly showy, garnish	A florid language/ speak 미사여구/ 미사여구를 많이 쓰는 연설가 Blood rushed to her face. 그녀의 얼굴이 빨개졌다.
Fodder ['fɑdə(r)]	사료. 재료material, ingredient. (못마땅한 곳)에서만 쓸모 있는 이	Be fodder for the gossip. 가십의 먹이감이 된다.
Folly ['fɑli]	어리석음foolishness, absurdity. 어리석은 생각a foolish idea. (시골의 정원에 있는 장식)건물	Supreme(a high) folly 극도의 바보 짓 Commit a folly 바보짓을 하다.
Foray ['fɑreɪ]	급습quick raid. Incursion. (타 활동에 대한)도전initial venture	A short foray into acting of comedy. 코미디 연기를 잠시 시도 하다. *venture 감히(대담하게도) ~하다dare.
Foreclose	담보권을 실행하다. 제외하다. Foreclosure 담보권 행사. 압류 *mortgage 대출(금), 융자(금), 저당잡히다 pledge property	빌려간 돈에 대해 타인이 먼저 손쓰기 앞서서fore 배제하고 막는close *disclosure 폭로. Enclosure (함께)동봉. *close up (점심.휴가등으로)잠시 문닫다. 상처가 아물다. 점점 막히다. *close down 완전 폐쇄하다. *close-down 폐쇄. 폐점

Forensic [fəˈrensɪk ,-zɪk]	범죄 과학 수사의. 재판에 관한juridical, judicial, judiciary.	Forensic tests. 법의학적 테스트 A forensic psychiatrist 법정의 정신의학자
Forte [ˈfɔrteɪ]	강점strongpoint. 장기specialty, gift, trade, craft, ability	Have a advantage over강점을 가지고 있다.
fragmentary	부분적인incomplete, scattered, disjointed, incoherent. 단편적인scrappy, piecemeal	Fragmentary ideas 단편적인 아이디어 Infraction 불화. 위배. 법률위반 행위 Shard [ʃɑːrd]조각, 파편

Do 관련 동사

Do one's best 최선을 다하다
Do one's hair 머리 손질하다
Do one's face 화장하다
Do damage to 손해를 주다
Do time 복역하다.
Do a deal with 거래하다
Do the dishes 설거지하다wash up

Do one's duty 의무를 다하다
Do one's homework 숙제 하다
Do business with 거래하다
Do the sights of 관광하다
Do an experiment 실험하다
Do a problem 문제 풀다

FOR	분리되어	
Forbear [ˈfɔrber /ˈfɔːbeə]	참다(refrain, endure, put up with). 삼가다abstain	*Bear and forbear 잘 참고 견디다. 삼가다keep from. refrain from 무자비한intolerant, unforbearing, unindulgent, impatient, inhospitable, incharitable
Forfeit [ˈfɔrfɪt]	몰수하다. 박탈당하다. 벌금. 몰수된 Be the forfeit of his crime 그 죄의 벌로서 빼앗기다. Forfeit his driver's license 운전면허증을 박탈당하다.	Counterfeit 위조품. 위조의. 거짓의 Surfeit 포식. 포만. 과도
Forgo [fɔrˈgoʊ]	포기하다waive, give up, relinquish. 그만두다quit, resign, cut short.	멀리 없이for 가다go Determine to forgo coffee 커피를 끊길 결심하다.
Forlorn [fə(r)ˈlɔrn /-ˈlɔːn] Forlornness. n	버림받은deserted, abandoned, forsaken 황량한desolated, vacated 허망한futile, vain, bootless, fruitless. A forlorn line of immigrants 비참한 이민자의 대열	멀리 for 버려진lorn Lorn 버려진. 고독한. 의지할 데 없는 Lovelorn 애인에게 차인. 실연한. Outcast 따돌림(버림) 받는 사람pariah.
Forsake [fə(r)ˈseɪk]	저버리다abandon. Scuttle. 그만두다(relinquish).	멀리 for 위하는 sake 마음을 두고
Forswear [fɔrˈswer]	그만두다. 그만두겠다고 맹세하다 (renounce, abjure, take back).	멀리하겠다고for 맹세하다swear

Fortuitous [fɔːˈtuːɪtəs]	행운의lucky, in luck, blessed. 우연히 발생하는(occurring by chance, by accident, haphazard, random). *(날 위해) 행운을 빌어주세요. Keep your fingers crossed.	*I was out of luck yesterday. However I really luck out today when I meet you. 어제는 운이 없었으나, 오늘은 당신을 만나 행운이다.
Foible [ˈfɔɪbl]	(해롭지 않은)약점a small frailty 약점을 공격하다 blindside. touch him on a score spot.	약점: weakness, weak point, vulnerable point, blindside
FORE	앞서서.	
Forebear	선조. 조상ancestor. forefather, forerunner, precursor, antecedents	앞서서 fore 낳았던 분들….
Foreboding [fɔrˈboʊdɪŋ]	불길한 예감omen, premonition, hunch An uneasy sense of foreboding 불안한 예감	앞서서 fore 느껴지는 예감bolding Bolding 징조. 예감(presentiment). 불길한
Forerunner	선구자harbinger, precursor. 전조omen. 전신. The forerunner of the modern fan. 현대 선풍기의 전신	앞서서 fore 달리는 주자runner *그 쇼는 얼마 동안 하지요? How long does the show run?
Foresight	선견지명far-sight, far-seeing, sagacious 예견prognostication, prescience. 신중함prudence, caution, provident She had the foresight to invest her money. 그녀는 돈을 투자하는데 있어서 신중하다.	앞서서 fore 내다 보이는sight Insight 통찰력. 이해. 간파see through Oversight 못보고 넘김. 간과. 실수 Hindsight 뒤늦게 알게 되는 묘안. 뒷궁리 foreseeing선견지명이 있는 foreseeable예측할 수 있는
Forestall	미리 막다prevent, obstruct, thwart. 선수 치다take the initiative. Forestall the market 매점 하다.	앞서서 Fore 칸막이로 막는stall Stall 칸막이. 매점. 마구간 His car often stalls. 시동이 자주 꺼진다.
Foretell	예언하다predict, forecast. 예고하다herald, preannounce, foreshow, presignify, premonish. 예시하다indicate, illustrate. An angel foretold that I would meet with the princess. 천사는 공주를 만날 것이라고 예언하였다.	앞서서 Fore 말하다tell Retell 바꾸어 말하다. 되풀이 말하다. Show-and-tell 물건을 가져와서 발표하다 Cherub (그림의 통통한chubby)천사(그런 아이) 미리 언급되지 않은: not preannounced unheralded, unforetold, unpredicted
Fraternal [frəˈtɜrnl]	형제 간의	Fraternity 동포(형제)애. 동아리coterie. Sorority 여학생 클럽.
Frenetic [frəˈnetɪk]	정신없이 돌아가는(frantic). 부산한(frenzied)	Fluster 허둥거림. 허둥지둥하게 만들다.
Futile [ˈfjuːtl]	무용한(useless, unsuccessful, vain, abortive, bootless, worthless, sterile, barren, impotent, ineffectual). 희망 없는(hopeless)	*그의 아들에게는 소용이 없다be lost on his son // *The lady is lost to the world 그녀는 세상사에는 관심없다//*He had hoped to make a singer of her daughter. 그는 그녀의 딸을 가수로 만들길 소망했었다(못 이룸)

Gg

Gaffe [gæf]	(공식 자리.사교)실수social blunder, boo-boo, slip, slip-up, screw-up 무례 A faux pas	Faux 가짜의. 모조의
Gamut [ˈgæmət]	전 범위The gamut=the full range. Whole	The gamut of human courtesy 인간의 예절 전반
Garner [ˈgɑrnə(r)]	(정보. 지지)모으다gather. 얻다earn	(함께)돈을 모으다(갹출하다) chip in
Gastronomy [gæˈstrɑnəmɪ]	미식. 미식학.	미식가 gourmet, epicure
GENE	낳는	
Genre [ˈʒɑnrə /ˈʒɒnrə]	장르. 예술.문학의 종류style, genus Genital 생식의. 생식기의 Gene 유전자. Genetics 유전학. Genealogy 가계. 혈통. 족보	Generic 속. Genus 종류. Oxygen 산소. Hydrogen 수소. Nitrogen 질소.
Genesis [ˈdʒenɪsɪs]	발생creation. 기원origin. 창세기	Engender 발생시키다. congenial 같은 성질의. 성격이 맞는 *stem from ~로부터 기원하다originate in
Genteel [dʒenˈtiːl]	교양있는refined, polished, sophisticated 공손한polite, courtly, civil, courteous, docorous 젠체하는pretentious, pompous, over-polite, affected, unnatural	Gentleman은 genteel해야…
Gesticulate [dʒeˈstɪkjəleɪt]	몸짓(손짓)으로 나타내다gesture, sign.	
Ghastly [ˈgæstlɪ /gɑːs-]	섬뜩한ghostlike. 지독한horrible. 끔찍한frightful. 기분 나쁜	
Grandiloquent [grænˈdɪləkwənt]	거창하게 말하는exaggerate. 젠체하는(pompous, pretentious)	거창하게grand 말하는loq… She talks posh. 그녀는 젠체 말한다.
Grandiose [ˈgrændɪoʊs]	(실속없이)거창한imposing. Impressive. having grandeur 과장된seeming pompous, showy	Grandiose words 과장된 이야기 *Starts off with a bang and ends with a whimper용두사미(시작은 함성, 끝은 신음)

단어	뜻	관련어
Gratis ['greɪtɪs ,'grætɪs]	무료의free of charge. For free *for nothing 이유없이. 공짜로. 헛되이in vain(이유없이 공짜로 얻어도 헛되이 나갈 수 있는 게 공짜 돈)	Complimentary ticket. 무료 입장권 *There is no free ride(lunch)공짜 점심은 없다. *Her hard works down the drain. 그녀의 고된 작업은 헛수고가 되다.
Gratuitous [grə'tuːɪtəs /-'tju-]	정당한 이유 없는(unjustified, unprovoked, uncalled for). 쓸데없는for nothing, no bottle. 무료의free(of charge, gratis) *It's on the house. (가게, 음식점 등에서) 공짜입니다. *freebies 공짜의. 무료의. 경품	Gratuitous service 무료 봉사 No gratuity accepted 팁 사절 *즐겁고, 감사하는grat 관련 어군 Gratuity 팁tip. 그래서 여성들은 Gracious 친절한, 상냥한 매번 감사하니 ingratiate 호감을 사다 Grateful 감사하는. Gratitude 감사 Ingrate 은혜를 모르는(배은망덕한) 사람.
Gravity ['grævətɪ]	중력. 중대성. 엄숙함(seriousness, sobriety, state of being sober, on the wagon).	The gravity of the situation 상황의 중요성 *Sobriety술 취하지 않음(맨정신)soberness, seriousness
Grimace [grɪ'meɪs]	얼굴을 찡그리다at. frown, make faces 찡그린 표정mug	Give/make a grimace of ~때문에 찡그리다 =make a face=frown
Gregarious [grɪ'gerɪəs]	사교적인 sociable, amiable, amicable, friendly, affable, attractive, open	sociable사교적인 social사회의. 사회적인
Guise [gaɪz]	외양appearance, semblance, image. 허울.겉치레semblance. 가장pretense. disguise	Disguise 가장하다. 변장하다. 위장하다. Under the guise of 을 가장하여(..구실로) *Excuse my appearance 제 꼴(꼴이 말이 아니어서)을 이해해주세요.

미국 허스트캐슬

Hh

Have 관련 숙어	Have a bad memory 기억력 나쁘다 Have a try at 시도하다 Have a good time 즐겁게 지내다 Have a dance 춤추다 Have a quarrel with 싸우다 Have a cold 감기에 걸려 있다. Have a lesson in 수업 받다 Have a favor of 좋아하다care for	Have the pleasure of ~ing 해서 기쁘다 Have the satisfaction of ~ing 만족스럽다 Have the opportunity for~ing 기회가 있다 Have no use for 소용이 없다. Have confidence in 신뢰하다 Have command of 지휘하다 *좋아하다 concern for the actress *related with 관련있다 concern with *관심없다. Have no concern(interest) in
HETERO. HOMO	다른. 같은	
Heterodox ['hetərəʊdɑks /-dɒks]	이설의. 비정통성의 unorthodox. 이교의 heretic, apostate. 이단의 Heterodox opinions 비정통적인 견해.	다른Hetero 의견을 가지는dox Orthodox 정통파의. 정설의. 이단: heresy Paradox 자기 모순의 말. 모순된 사람.
Heterogeneous	여러 종류로 이루어진 varied[véərid], diverse, mixed, motley, sundry, manifold The heterogeneous population of the U.S.A. 다인종의 미국 인구 A collection of heterogeneous pictures 다양한 종류의 그림 모음	여러 다른Hetero 태생의geneous **Homogeneous 동질의. 동종의(uniform) *heteroclite 불규칙한. 상식 밖의 사람 *heterodox 비정통적인 *orthodox 정통적인
Homograph	동형이의어 철자 같으나 뜻이 다른 homograph 소리는 같으나 뜻이 다른 homonym 동음이의어.	homogeneity 동질성. 균질성 homocentric 중심central이 같은 homophonic 같은 음의 polyphonic 다른 음의
HOLO	전체	
Holocaust	대참사. 대학살 genocide, massacre, pogrom, carnage, extinction. 대파괴 destruction, devastation. The Holocaust (1930년대 나치의 유태인 대학살)	전체를 Holo 태워 버린 caust Hypocaust 마루 밑 난방. 온돌 Caustic 가성의. 부식성의(corrosive). 신랄한 corrosive, burning, mordant, astringent, biting
HYDRO	물	

Hydrophobia ['hɑləkɔst /'hɒləkɔːst]	공수병. 광견병rabies *hydrogen bomb 수소 폭탄 Hydroplane 수상비행기 Hydroelectric power plant 수력발전기 / dehydration 탈수	물을hydro 무서워하는 증상phobia phobia혐오. 공포의 어군. Claustrophobia 밀실(폐소) 공포증 Acrophobia 고소 공포증 Agoraphobia 광장 공포증 Monophobia 고독 공포증 Xenophobia 외국인 혐오증 Aquaphobia 물 무서워하는 병hydrophobia
HYPER HYPO	도를 넘는. 아래에.	
Hyperbole [haɪˈpɜrbəlɪ /-ˈpɜːb-]	과장(법) (exaggeration) Hypertension 고혈압. Hypertensive 고혈압환자 Hypotension 저혈압	도를 넘어Hyper 던지는bole Hypodermic 피하의(아래+피부). 피하주사. Hyperacidity(hyper+acid) 위산과다 Hyperactive 활동이 지나친 Hypertension 고혈압(*저혈압hypotension)
Hypercritical	혹평하는ultracritical, captious, caviling, overcritical, niggling, hypercritical 혹평하다; hypercriticize= castigate =chastise=censure = put… on the pan(불판에 올려 놓으니!!) =slice up(하나 하나 들춰내면서)=cut to pieces(칼질하면서)=rubbish(쓰레기 취급하며)=scathe, fustigate, maul	도를 넘는 Hyper 비판critical Uncritical 무비판적인 Supercritical 극도로 비판적인. 임계초과의 Hypocrite 위선자. Hypoactive 극단 활동저조자. Hypersensitive 과민증의. Hyperemia 충혈 Hypertrophy 이상 발달(**atrophy 위축증)
Hypothetical	가정적인alleged, assumed, putative, 가설의theoretical, notional, conjectural, unproven, uncertain	Hypothetical reasoning 가설적 추론 Ratiocination 논리적 추론(추리) Rationale (행동. 결정의)근거. 이유.
Habituate [həˈbɪtʃueɪt]	길들이다train. 습관되다accustom to, used to.	Habituate myself to eating a lot. 많이 먹는데 습관이 되다.
Hapless [ˈhæplɪs]	불운한(unlucky, misfortune, prone to mishap)	행복happy가 사라져 간 less *마냥 기쁜elated, joyful, high spirited *고무하다 elate
Harp [hɑrp /hɑːp]	(악기)하프. 지겹게 되풀이다on/about.	Harpy 지독한 욕심쟁이. Strike the harp 하프를 뜯다. Tear at 쥐어 뜯다. ~을 찢으려고 하다.
Harry [ˈhærɪ]	침략. 약탈plunder, pillage, booty, loot 괴롭히다harass. annoy. pester	Harry a writer for copy. 작가에게 원고를 귀찮게 재촉하다. You're being hard on me. 넌 날 괴롭힌다.
Hegemony [hɪˈdʒemənɪ /hɪˈge-]	통솔력. 지도력leadership. 패권pre-eminence, preponderance	Industrial hegemony is always shifting. 산업 주도권은 늘 변화하고 있다.
Henpecked [ˈhenpekt]	공처가pussy-whipped. *그는 공처가다. He is a henpecked (whipped) husband.	*She pulls husband around by the ring in his nose.=She has him by the ring in his nose. 그녀의 남편은 코꿰였다(꽉잡혔다)

Herald ['herəld]	예고하다foretell. 발표하다publish. 전조harbinger, forerunner, precursor. 전령(사자)proclaimer	The herald of economic recovery 경기 회복의 전조
Hermetic [hɜr'metɪk]	밀폐된airtight, sealed. 비밀의secret, confidential.	Hermeticism 신비주의. 연금술의. 밀폐된 *My lips are sealed 비밀을 지키다
Heyday ['heɪdeɪ]	전성기(prime, golden age, acme)	좋은 하루 되세요. Have a nice day./ 당신도요. You too. 또는 당신도요. Same to you.
Hoary ['hɔːrɪ]	백발의gray(white)-haired, silver. 고대의ancient. 진부한banal.	Get gray 백발이 되다. Hoarfrost (하얀)서리
Homage ['hamɪdʒ /'hɒm-]	경의reverence. 존경deference.	Pay homage to 경의를 표하다. 충성맹세를 하고 신하가 되다. *put ~ on a pedestal 존경하다. 연장자로 모시다
Hierarchy ['haɪərɑrkɪ /-rɑːk-]	계층(rank). 지배층. 사상체계	The pecking order 모이를 쪼아먹는 순서
Histrionic [ˌhɪstrɪ'ɑnɪk]	연극하는 조의dramatic. 극적인theatrical, dramatic 과장된exaggerated, bombastic.	과장된: magniloquent, high flown, melodramatic, blown-up, orotund, high-colored, hyperbolic, tumid, inflated, overdone, overblown, camp, full of bull, hammy, OTT, extravagant, painted, blown
Homily [|hɑːməli]	설교(sermon, preach)	*homage [|hɑːmɪdʒ] 경의. Pay homage to 경의를 표하다. 충성을 맹세하고 신하가 되다.
Husbandry ['hʌzbəndrɪ]	절약frugality. 가축livestock. 농업agriculture, farming.	Dairy husbandry 낙농업 Agronomy 농업 경제학 *pinch pennies 인색하게 굴다. 절약하다 *take a pinch(grain) of salt 에누리해서 듣다
Hypocrisy [hɪ'pɑkrəsɪ]	위선two-facedness. insincerity, cant, sham, pretence, humbug, sanctimony	위선자: hypocrite 진실성: sincerity, integrity, honesty, honor, outspokenness, candour, forthrightness

Ii

INFRA	아래에	
Infrastructure	하부 구조foundation. 기반 시설.	하부의Infra 조직structure Configuration: 배치. 배열.(배치 따른)외형.
INTRA. INTRO	내부에서	
Intrinsic [ɪn'trɪnzɪk /-sɪk]	고유한inherent, native, innate, inbred. 본질적인essential nature, elemental.	내부에Intrin 존재하는sic The intrinsic value of culture 문화의 본질적인 가치

To death 관련 숙어

(The homeless dog was run over to death last year. 그 집 없는 개는 작년에 차에 치어 죽었다.)

Be beaten to death 맞아 죽다
Be frozen to death 얼어 죽다
Be sentenced to death 사형선고 받아 죽다
Be burnt to death 불타 죽다

Be burnt to death 불타 죽다
Be run over to death 차에 치어 죽다
Be starved to death 굶어 죽다

IN, EN, IG, ILL, IMM	아니야	
Ignoble [ɪg'noʊbl]	비열한dishonourable, sordid, vile 비천한not of the nobility Ignoble purposes 비열한 속셈 Of ignoble origin 비천한 태생의	고상한 귀족noble이 아닌 *what's the catch? 속셈이 뭐냐? *That's catchy. 참 기억하기 쉽군. *비천한contemptible, abject, vile, wretched *경멸하는, 오만한contemptuous, sneering, disdainful, scornful, derisive, insolent
Ignominious [ˌɪgnoʊ'mɪnɪəs]	불명예스러운stigmatic, dishonorable, discreditable 수치스러운disgraceful, shameful, 창피한abashed, opprobrious, shaming An ignominious retreat 불명예스러운 후퇴	자신의 평판name을 더럽히는… Name 이름, 평판, 명명 Retreat 후퇴. 도피. 수행. 가격이 떨어지다 Be below the belt 비겁하다. 치사하다 *I went red as a beet. 얼굴이 홍당무가 되었다 =I've gone beet red.

단어	의미	반의어/관련어
Illegal [ɪˈliːgl]	부정의negative, 불법의unlawful Illegal trade 부정거래 Illegal parking 불법 주차 An illegal sale 밀거래 *barter (돈없이)물물교환swap	적법Legal이 아닌. Legal 법률의. 합법의. 법정상속권 Legalese 난해한 법률용어 Legal age 법정 연령, 성년 Forum 토론회. 법정tribunal. 토론 광장.
Illegible [ɪˈledʒəbl]	읽기 어려운(unreadable), Illegible handwriting 읽기 어려운 필체.	읽을 수 있는legible 것이 아닌…
Illegitimate [ˌɪlɪˈdʒɪtɪmət]	불법의unlawful, illegal, felonious 불법화하다illegalize, outlaw. 사생아로 태어난 Illegitimate business 위법 거래	적법하지legitimate 않은… Legitimate 적법한, 적당한, 적출인 An illegitimate child=of illegitimate birth 사생아
Illicit [ɪˈlɪsɪt]	불법의illegal, unlawful, outlawed 사회통념에 어긋난(not permitted) Illicit drugs 불법 약물 An illicit love affair. 사회통념에 어긋나는 연애 Illicit commerce 불법 거래. 밀무역	적법하지licit 않은 Licit 정당한 합법적인 Implicit 암시된 내포된 Explicit 명시적인. 명백한. Solicit 간청하다. 유혹하다. Solicitous 세심히 배려하는
Illiterate [ɪˈlɪtərət /-trət]	읽거나 쓸 줄 모르는unlettered, untaught, uneducated, ignorant, 문맹의unlettered (특정 분야에) 잘 모르는benighted Computer illiterate 컴퓨터 문맹 Musically illiterate 음악 문맹	읽고 쓸 줄literate 모르는 Literate 읽고 쓸 줄 아는, 교양 있는. *I am a chiphead. 나는 (컴퓨터 없이는 못사는)컴퓨터 광입니다. *a chip off the old block 부모를 꼭 닮은 자식 *as like as two peas 꼭 닮은, 매우 흡사한
Immaculate [ɪˈmækjəlɪt /-kjʊl-]	티 하나 없이 깨끗한spotless, stainless, unblemished, untarnished, unsoiled, 완벽한faultless, errorless, impeccable Immaculate hotel 깨끗한 호텔 An immaculate text 완벽한 교재	더럽혀시|maculate 잃은 Maculate 더럽힌 얼룩진
Immature	미숙한callow, unripe, premature 다 성장하지 않은undeveloped Immature behaviors 철없는 행동 Immature daisy 다 자라지 않은 데이지 꽃	성숙한mature 것이 아닌… Mature 성숙한, 신중한 Mature plans 신중한 계획 Mature wine 숙성한 포도주 Premature 시기 상조의, 조급한 Precocious 조숙한unusually mature
Immediate [ɪˈmiːdiət]	즉각적인prompt, instantaneous, quick, high-trigger, one-two, off hand 목전의impending, imminent. 가장 가까운proximate. The immediate vicinity 바로 인근	An immediate cause/ reply 직접적인 원인/ 즉답 *point-blank 직접적으로, 단도직입적으로 *just around the corner(시간, 장소)얼마 안남은, 가까운
Immemorial [ˌɪmɪˈmɔːriəl]	먼 옛날부터in the dim and distant past, way above than, far back, far-off, before the flood(노아 홍수 이전에), in the year dot(서기 o년에). From time immemorial 먼 옛날로부터	기억memory에 남지 않는 Memorial 기념물, 기념의, 청원서 Memorialize 기념하다. 건의하다.

단어	뜻	관련어
Immortal [ɪˈmɔrtl̩ /-ˈmɔːtl̩] Immortality. n	불후의undying, deathless, imperishable 죽지않는eternal, everlasting, perpetual The immortal Beethoven 불후의 베토벤 작품 Art is immortal. 예술은 영원하다.	죽는mortal 것이 아닌 불후의…. mortal죽음의. 인간의. 치명적인 Mortal wisdom 사라질 지혜 *죽음mort 관련 어군 죽음에 가까운 moribund 죽어가는 죽어 발생하는mortality 사망률. 죽을 운명 타인 죽은 후 일하는mortician 장의사 죽을만큼 창피한mortification 굴욕. 분함
Immune [ɪˈmjuːn] immunity. n	(질병, 처벌, 세금)이 면역된inoculated, 면제된free of, exempt, insusceptible Immune reaction 면역 반응	의무duty가 아닌… Immune from punishment 처벌을 면한 immune to new idea 새로운 사상에 영향 없이.
Impartial [ɪmˈpɑrʃl /-ˈpɑː-]	공정한(equitable, fair, objective) An impartial observer 공정한 관찰자. Impartial advice 공정한 충고. Impartial judge 공정한 판사	편파적partial 이지 아니한,. Partial 편파적인, 부분적인 Partial eclipse 부분 일식
Impassive [ɪmˈpæsɪv]	무표정한dead pan, straight (face) 아무 감정도 없는stolid, unmoved Impassive face 무표정한 얼굴 Her face is always impassive. 항시 얼굴이 무표정하다.	열의가passion 없는… Passionate 정열적인. 열의에 찬 Passive 수동적인, 활기가 없는 Passive smoking 간접 흡연 Passive resistance 소극적 저항
Impeccable [ɪmˈpekəbl]	무결점의flawless. without error, pure, immaculate, unblemished, blameless.	죄를 범하기 쉬운 Peccable 아닌… *erroneous 잘못된
Impecunious [ˌɪmpɪˈkjuːnɪəs]	무일푼의penniless, impoverished, poverty-stricken, destitute, in distress *I'm all tapped out 나는 무일푼이다. =I lost my shirt.	아주 작은 돈 페니penny도 없는 Penny 1센트. 잔돈 Penny-pinch 인색하게 굴다 Penny-pincher 구두쇠 Pretty penny 상당히 많은 돈

빠져 있다.

Be into
Give oneself up to
Be mad about
Be nuts about

Be given up to
Be dead gone on
Be crazy about
Be lost in

회화에 유용한 에베레스트 산 최상급

(Mt. Everest is the highest mountain in the world)
No (other) mountain in the world is **so high as** Mt. Everest.
No (other) mountain in the world is **higher than** Mt. Everest.
Mt. Everest is **higher than any other mountain** in the world.
Mt. Everest is **the highest of all the mountain** in the world.

단어	뜻	관련어
Imperceptible [ˌɪmpə(r)'septəbl]	감지할 수 없는insensible, impalpable, unperceivable, incorporeal Imperceptible opinion 사소한 견해 Imperceptible difference 미미한 차이	감지할 수perceptible 없는 Perception 지각, 이해, 개념 Perceptible 감지할 수 있는, 눈에 띄는, 상당한
Impervious [ɪm'pɜrvɪəs /-'pɜːv-]	통하지 않는 impassable. 휘둘리지 않는. 무감각한insensible.	Pervious 도리를 따르는. 통과시키는(to)
Impertinent [ɪm'pɜrtɪnənt /-'pɜːt-]	부적절한, 건방진(imperious, saucy), 무례한(cavalier, brazen, impudent), 무관한irrelevant, disrelated Impertinent question 무례한 질문 An impertinent detail 무관한 세부사항 Be impertinent enough to whistle in class. 수업 중 휘파람을 불 정도로 무례하다.	적절하지pertinent 않은.. *Pertinent 적절한germane, 딱 들어맞는. 관련된 *아주 적절한. 절묘하게 어울리는 felicitous, to the point *A leopard never changes his spots. 제 버릇 개 못준다.
Impotent [ɪmpətənt]	무력한(powerless, helpless). 허약한 With impotent mood 무력한 기분 Impotent feeling 무력감	강력하지Potent 아니하므로.. Potent 강력한. 효험이 있는 Potentate 강한 지배자ruler. emperor
Import [ɪm'pɔrt /-'pɔːt-]	수입품. 수입. 중요성meaning, sense. 수입하다bring in. 데이터를 불러오다.	Matters of great import 극히 중요한 문제 Import his feelings into a discussion 토론에 개인 감정을 개입시다.
Impracticable [ɪm'præktɪkəbl]	실행 가능하지 않은infeasible, inexecutable, unworkable, unviable, 통행 가능하지 않은not travelable. An impracticable invention 실행 불가능한 발명. Impracticable terrain 통행 불가능한 지역	실행 가능하지 practicable 아니한 Practicable 실행가능한feasible 통행가능한 실용적인 Practice 실행. 실천, 관례, 연습하다. 꾸미다.
Impregnable [ɪm'pregnəbl]	정복 불가능한unconquerable. 무적의unrivaled. Invincible. An impregnable bulwark(fort) 난공불락의 요새 An impregnable lead. 확고한 우위	정복 가능하지pregnable 않은… Pregnable 정복 가능한, 점령하기 쉬운 Victor 정복자. 승리자 Vanquish 정복하다. *They'll go(play) for best(two) out of three. 삼판양승으로 경기한다.
Impresario [ˌɪmprɪ'sɑːrɪəʊ]	(극단. 발레단의) 단장director.	응원단장 captain of a cheerleading squad 서커스단장 circus master
Improbable [ɪm'prɑbəbl /-'prɒb-]	사실일것 같지않은unlikely, implausible 희한한strange. 별난odd, queer. An improbable autobiographical novel 사실 일 것 같지 않은 자서전 소설	있음직 하지probable 않으므로.. probable있음 직한, 예상 출전자 *in truth 사실은in fact, in reality in detail 상세하게, in practice 실제로 in theory 이론적으로, 원칙적으로
Improper [ɪm'prɑpə(r) /-'prɒp-]	부적당한not suitable, indecent 부당한not appropriate for, wicked 잘못된not right, amiss, awry Improper conduct 부적당한 행동 Improper use of the match 성냥의 잘못된 사용.	적당하지 proper 않은… Proper 적당한, 고유의, 독특한 Proper noun 고유 명사 As you think proper 적절히 Err. 잘못하다.do wrong, 잘못을 저지르다.

Improvise ['ɪmprəvaɪz]	즉흥적으로 하다shoot from his hip. 즉석에서 처리하다/만들다contrive. Improvise on the melody 즉흥적으로 연주하다. Improvise a dinner 저녁식사를 즉석에서 만들다. Improvise a sermon 즉석에서 설교하다.	즉흥적으로 하다; ad-lib, extemporize, speak off the cuff, on the top of one's head 고안하다; devise, contrive, concoct, throw together
Imprudent [ɪm'pru:dnt]	무분별한, 경솔한(unwise), 무모한rash, reckless, foolhardy, breakneck, daredevil, headlong Imprudent remark/ behavior 무분별한 말과 행동	신중하지prudent 못 한… Prudent 신중한, 현명한, 검약하는 Temerity 무모. 만용foolhardiness. *breeding 공손함politeness, 양육raising
Impudent [ɪmpjədənt /-pjʊd-]	무례한brazen, arrogant 버릇없는 impertinent, ill-mannered, naughty, contrary, impish, rude, hairy-heeled, uncourteous, uncomely.	겸손치prudent 않은 Prudency 겸손 수줍음 An impudent adolescence boy 버릇없는 사춘기 소년(*puberty 사춘기) An impudent remark 무례한 말 *adolescent 사춘기teenager, juvenile, minor, youth, youngster, teen.
Impunity [ɪm'pju:nəti]	처벌 받지 않음freedom from harm With impunity 처벌없이. 무사히	처벌punish 받지 아니하는.. Punish 처벌하다. 응징하다. 혼내주다 Punishment 처벌 응징 학대
Inaccessible [,ɪnæk'sesəbl]	접근하기 어려운unapproachable, un-come-at-able An inaccessible personality 접근하기 곤란한 성격 A library inaccessible to the people at large 일반인은 이용이 불가능한 도서관	접근하기 쉬운accessible 것이 아닌… accessible 접근하기 쉬운 approachable, available, attainable, obtainable, reachable, at hand accessible to bribery 뇌물 수수에 약한 accessible to pity 정에 약한 accessible to reason 사리를 아는
Inadvertent [,ɪnəd'vɜrtnt /-vɜ:t-]	부주의한heedless. Inattentive 고의가 아닌, 우연의unintentional. An inadvertent mistake 무심코 한 실수 Inadvertent disclosure 부주의한 공개 Feckless:부주의한careless, 효과없는ineffective *mark one's words 주목하다see to.주의하다	주의 깊은Advertent가 아닌 Advertent 주의 깊은, 신중한 우연히:by chance, by accident, accidentally, incidentally. // 작은 실수. 사소한 죄: peccadillo, a minor offense **attentive경계하는/ *attenuate약화시키다 *extenuate (죄)경감하다. 약하게 하다. 정상 참작 하다. 얕보다
Inanimate [,ɪn'ænɪmət]	무생물의 Inanimate matter 무생물 An inanimate station 활기 없는 역 An Inanimate robot 생기없는 로봇	살아 있는 것animate이 아닌… animate살아있는, 활기에 찬, 동물의 animate nature생물계 reanimate 되살리다.
Inappropriate	부적절한misplaced, unsound, laine 부당한unreasonable, unfair, unjust	적절하지appropriate 않은… Inappropriate remarks 부적절한 말 inappropriate treatment 부당한 대우

To one's 감정 명사(~하게도)

To one's amazement(surprise; astonishment) 놀랍게도
To one's disappointment 실망스럽게도
To one's embarrassment 당황스럽게도(on edge)
To one's joy 기쁘게도
To one's pleasure 즐겁게도
To one's regret 유감스럽게도
To one's relief 안심하게도
To one's shame 부끄럽게도
To one's sorrow 슬프게도
To one's wonder 이상하게도

Inarticulate	분명히 표현을 하지 못하는pronounce unclearly, speechless, tongue-tied 불분명한(nebulous, hazy, vague) Inarticulate with rage 격노하여 말이 안 나오는// Inarticulate mutterings 불분명한 웅얼거리는 소리	분명히 표현articulate 하지 못하는… Articulate 분명히 표현하다. 발음하다. Articulated vehicle 연결식 차량 enunciate분명하게 발음하다. Disarticulate 해체하다. Nebula성운(=cosmic fog) Mutter중얼거리다murmur. 불평하다complain, moan, grumble, groan, grouse, grouch, carp
Incalculable	계산할 수 없이 많은, 무수한countless, sumless, without number Incalculable damage 막대한 손해 Be incalculable help to career 경력에 상당히 도움되는	계산할 수 있지Calculable 아니한… calculable계산할 수 있는, 예측 가능한 calculation 계산, 산출, 예측 *I'd like to put it on my Master. 마스터 카드로 계산하겠습니다.
Incessant [ɪnˈsesnt]	쉴새 없는unceasing, continual 끊임 없는ceaseless, unremitting An incessant crying 끊임없는 울음 Incessant invasion 끊임없는 침략	중단되지cessation 아니하는 Cessation 중단, 정지 *continual (간격을 두고)거듭되는 *continuous (간격 없이) 연속되는
Inclement [ɪnˈklemənt]	(춥거나 비가 와서)좋지 않은, 궂은stormy, tempestuous, bad, squally Inclement weather 궂은 날씨	관대하지clement 않은 Clement;관대한(tolerant, magnanimous, indulgent, lenient), 온화한, 동정심 있는
Incognito [ɪnˈkɑgnɪːtəʊ /-ˈkɒg-]	가명으로, 익명으로 Travel incognito 신분을 숨기고 다니다. Do good incognito 익명으로 선행하다. Drop his incognito 신분을 밝히다.	가명:alias, false name, pseudonym 가명으로 under an assumed name, by the alias of ~, false name, under a false name, 익명으로 anonymously, unsigned, silent
Incomparable [ɪnˈkʌmpərəbl /-ˈkɒm-]	비할 데 없는inimitable, matchless Incomparable beauty of Lake Powell 비할 데 없는 파웰 호수의 아름다움	비교할 만comparable 하지 않은, Comparable 비교할 만한, 유사한 The lady looks young for her age. 그녀의 나이에 비해서 젊어 보인다. There is one apple for every two boys. 두 소년당 하나의 사과가 있다.
Incompatible [ˌɪnkəmˈpætəbl]	양립할 수 없는unsuited, discordant, 공존할 수 없는mismatched, jarring, 호환성이 없는incongruous Be incompatible with the computer 그 컴퓨터와는 호환성이 없다.	양립할 수 있는 compatible것이 아닌.. compatible양립할 수 있는, 모순 없는, 적합한, 호환성이 있는 *coexist 공존하다.

단어	뜻 및 유의어	반의어 및 관련어
Incompetent ['ɪn'kɑmpɪtənt /-'kɒm-] incompetence. n	무능한uncapable, unqualified, unfit, inept, inexpert, maladroit, awkward. An incompetent technician 무능력한 기술자. The girl is incompetent to manage the on-line shopping mall. 쇼핑몰을 경영할 자격이 없다.	유능하지|competent 못한|in… Competent유능한, 능숙한, 자격이 있는 서투른, 무능한; inept, useless, incapable, floundering, bungling, unfit, ineffectual, inexpert **(쇼핑몰에서)그냥 둘러보는 겁니다. I'm just looking around. I'm just browsing. Window-shopping
Incomprehensible	이해할 수 없는unintelligible, foxed[fɑːkst], beyond my grasp, abysmal, unaccountable, unfathomed, 양해하기 어려운 Be incomprehensible to adults. 성인이라도 이해할 수 없는. An incomprehensible manner. 이해할 수 없는 태도	이해할 수|comprehensibel 있지 아니한… Comprehensible 이해할 수 있는, 알기 쉬운, 명료한 Comprehensive insurance 종합 책임보험 blanket coverage Comprehensively 종합적으로, 철저하게
Inconceivable [,ɪnkən'siːvəbl]	상상(생각)도 할 수 없는 beyond conception, unimaginable, unthinkable. *It is inconceivable to me that~나로서는 상상할 수 없다.	상상할 수 있지|conceivable 아니한|in… conceivable상상할 수 있는, 믿음직한. The best conceivable strategic partner. 그 이상은 상상할 수 없는 전략적 파트너
Incongruous [ɪn'kɑŋgruəs/-'kɒn-]	부조화한(not consistent, not harmonious, not congruent), 이상한(not appropriate, freakish), Incongruous structure 부조화한 구성 incongruous couple 어울리지 않는 부부.	조화하는congruous 것이 아닌 Congruous 일치하는, 조화하는, 적당한 Congruent 크기와 형태가 일치하는. 합동하는. Congruity 일치 조화 합동 2인조couple(연인), twosome, duet, pair 3인조 trio, triad, threesome 4인조 foursome, a group of four 5인조 quintet[kwintét] *There's a lid for every pot.짚신도 짝있다.
Inconsistent [,ɪŋkəsɪstənt]	모순되는contradictory, conflicting, 일관성없는inconsecutive, disjointed, disconnected, incoherent. An inconsistent statement 일관성 없는 진술. Social inconsistent with life 생활의 사회적 모순	모순되지 않는consistent 것이 아닌|in… consistent일치하는, 일관된, 모순되지 않는 *be consistent with 와 관련이 있다.
Incredible [ɪn'kredəbl] Incredulity. n	믿을 수 없는implausible, perfidious, incogitable, trustless, fallible, fallacious, unbelievable, An incredible amount of examination 믿기 어려운 시험의 양 Incredible advanced technology. 믿을 수 없는 첨단 기술 *The child is a soft touch. 그 아이는 속이기 쉽다. *simpleminded, dupable 속기 쉬운	믿을 만 한credible 것이 아닌|in… Credible 믿을 만한, 확실한 Credit 신뢰 명성 예금 Credit crunch 신용 규제, 신용 제한 Tax credit 세금 공제 /// 공제 deduction *tax on ~에 대한 세금 *믿다Credit 관련 어군 믿고 따르는 creed 교리 믿지 못하면 discredit 의심하다. 불명예 쉽게 쉽게 믿는 credulous 잘 속는 신임credence (*신임장credentials) Accredit 신임하다. (신임하니 멀리 보낼 수 있어서…)파견하다.

Incredulous [ɪnˈkrɛdʒələs /-djʊl-]	믿지 못하는, 의심하는doubting, dubious, under a cloud, suspicious Incredulous remarks / look 못믿겠다는 말/ 표정	믿을 수 있지lcredulous 아니한… Credulous 잘 믿는, 잘 속는(gullible)
Indemnify [ɪnˈdɛmnɪfaɪ]	보상을 약속하다. 보상하다compensate, assoil, countervail, square oneself, recompense for, make amends for, make up for, make it up. Indemnify her for damage 그녀에게 보상하다. Be indemnified in a week. 일주일 이내에 보상받다.	손상damage에 보상하다. Damage손상, 피해, 훼손 collateral damage 부수적인 피해 brain damage 뇌 손상 endamage 누구에게 손해를 입히다. *get the short end of the stick 손해보다
Indescribable [ˌɪndɪˈskraɪbəbl]	묘사할 수 없는, 형언할 수 없는ineffable, beyond expression, termless, Indescribable feeling /pain 형언할 수 없는 사랑 /고통	묘사할 수 있는describable것이 아닌in.. Description 서술 묘사 설명 describable묘사할 수 있는

In the 포함 숙어(1).

In the sun	1)양지에서 -볕 쬐다bask in the sun 2)고생 없이 3)주목을 받으며
In the egg	1)초기에, 미연에
In the know	1)잘 알고 있는 Somebody in the know 사정을 잘아는 누군가가
In the main	1)대부분. 대체로(in the general)
In the mass	1)전체적으로(in the gross, as a whole)
In the wind	1)곧 일이 일어나려는 듯한(in the cards)
In the cold	1)무시당한 채 2)버려진 상태로
In the dust	1)죽어서 lie in the dust 폐허 되다 2)굴욕 당해서 grovel in the dust 굽실거리다.
In the soup	1)(스프에 빠져 있으니까), 곤경에 처하여(=in the dirt, in the mire, in the tube, in the pooh, in the bight, in danger, in the corner, in the crunch, in the clutches, in a bind, in a jam) They were all in the soup. 그들은 모두 곤경에 처하였다.
In the dice	1)거의 확실한
In the mill	1)준비 중인(in the works, in the hopper, in the pipeline)
In the make	1)제작 중인
In the hunt	1)아직 찬스가 있다(in the race). His business is in the hunt 사업은 아직 찬스가 있다.
In the dumps	1)의기 소침하여 down in the dumps
In the least	1)조금도 ~않다.
In the blood	1)타고난 소질인
In the teeth	1)맞서서, 터놓고
In the saddle	1)실권을 쥐고 있는 2)말을 타고 있는
In the collar	1)속박 당하여
In the picture	1)관련된 (out of the picture 관련되지 않은)
In the bargain	1)게다가 in addition, boot, moreover, additionally
In the flesh	1)실물로 in real life 2)직접 in person

단어	뜻 1	뜻 2
Indignant [ɪnˈdɪgnənt]	분개하는resentful, blow his top 성난(angry, hot under the collar) Be indignant with the insolent boy. 무례한 소년에게 화내다. *화나서 뛰쳐나가는storm(walk) out of	존엄받을 수dignify 없게 만드는in… Dignify 존엄, 위엄, 고위인사 Indigenous 쟤, 너와 본래 같아…(원산의) Indigent: 가난해도 gentle하면 돼(궁핍한) Indignant 그냥gnant 화가나는 거야.. *화내다 be angry at(사물), be angry with(사람)
Indiscreet [ˌɪndɪˈskriːt]	분별성 없는unreflecting, reasonless, senseless, undiscerning, 조심성없는unchary [ʌntʃέəri], careless An indiscreet remark/ behavior 분별성이 없는 말/ 행동	분별성이 있지discreet 아니한in… discreet분별성 있는, 신중한(prudent) discretion 신중함. *Once bitten, twice shy. 한번 물리면, 다음부터는 조심하게 된다.
Indiscriminate [ˌɪndɪˈskrɪmɪnət]	무차별적인, 무분별한indiscreet, 지각 없는inconsiderate, incogitant, indiscretion, inanity [ɪnǽnəti]. Indiscriminate attacks 무차별적 공격. Indiscriminate poaching. 무분별한 (동물)포획	차별하지discriminate 아니하는in discriminate구별하다. 차별하다. *I should have known better. 내가 지각이 있었어야 했는데…(지각없이 바보같았다) *지각 있는, 냉철한 level-headed
Indolent [ˈɪndələnt]	게으른idle, lazy, slothful, sluggish. 나태한in the coop, lethargic, languid An indolent piece of work. 성의가 부족한 (게으른) 작품 *lie down on the job일을 게을리하다	애절하거나 슬프도록doleful 게으른in Doleful 애절한, 슬픈sorrowful I want to get there in one piece. 무사히 거기 갔으면 좋겠다.
Indomitable [ɪnˈdɑmɪtəbl /-ˈdɒm-]	불굴의impossible to subdue, resolute, resolved, steadfast, staunch, dauntless. An indomitable belief / willpower불굴의 신념/ 의지	정복할 수 있는domitable 것이 아닌in… 정복할 수 있는domitable, subduable, 길들일 수 있는tamable 불굴의; dauntless, persevering, chin-up, never-say-die, iron, invincible
Ineffable [ɪnˈefəbl]	표현(형언)할 수 없는overwhelming, awesome, inexpressible, unutterable	표현할 수 있는Effable 것이 아닌in Effable=expressible
Ineluctable [ˌɪnɪˈlʌktəbl]	피할 수 없는inescapable. Her ineluctable demise 피할 수 없는 죽음.	피할 수 없는: Unavoidable, unexpected, inevitable, ineludible, inescapable, inexorable *be expected to=be likely to=be liable to=be apt to=~할 것 같다
Ineradicable	근절(변경)할 수 없는inalterable, deep-rooted, deep-seated, unshakeable Ineradicable evils 뿌리깊은 악폐들	근절할 수 있는eradicable 것이 아닌in… 근절할 수 없는: inextipable, irradicable, 근절하다 eradicate, root up
Inept [ɪˈnept]	서투른(clumsy, incompetent, gauche, awkward, maladroit, unskillful)	서투른: bunglesome, botchy 망치다. 서투르다: bungle, botch, bumble, stumble, mismanage, spoil, screw up, blow
Inert [ɪˈnɜrt /-ˈnɜːt] inertia. n.	활동하지 않는inactive, neutral 기력 없는sluggish, languid, immobile 불활성의 Inert gas (non-reactive gas) 불활성 가스	기민하지alert 않고 기력이 없는… Alert 기민한agile, 빈틈없는vigilant, heedful 게으름, 나태; lethargy, sluggishness, laziness. Sloth, Drowsiness(나른함)

Inexorable [ɪnˈeksərəbl]	무정한relentless, truculent, 필연적인unavoidable, inevitable 멈출 수 없는(거침없는)relentless Inexorable crime 무정한 범죄 An inexorable creditor. 무정한 채권자	Exorcist 퇴마사. 무당 Exorcise (귀신을)내쫓다. 무정하다; cold, cruel, heartless, cold-hearted, unfeeling, hard-hearted, severe, draconian, harsh
Inextricable [ɪnˈekstrɪkəbl]	떼려도 뗄 수 없는, 불가분의 undetachable, inseparable, indivisible An inextricable relations between two countries. 양국의 불가분의 관계 an inextricable superalloy 불가분의 초합금	벗어날 수 있지extricable 아니한in extricable구출할 수 있는, 해방할 수 있는(벗어날 수 있는) These two girls are inseparable. 두 소녀는 바늘 가는데 실가는 격이다.
Infallible [ɪnˈfæləbl]	틀림없는without(beyond) doubt, out of question, 결코 실수하지 않는 Infallible short cut 틀림없는 지름길. An infallible method of suggestion. 결코 실수하지 않는 제안 방법	틀리기 쉬운fallible것이 아닌… Fallible 틀리기 쉬운, 오류를 잘 범하는 Fallible information 믿을 수 없는 정보 *Keep a fox in the chicken coop. (고양이에게 생선맡기듯)여우를 닭장속에서 지키게 한다.
Infamous [ˈɪnfəməs]	악명 높은(disgraceful, wicked), Infamous cheats 악명높은 사기꾼 Infamous murderers 악명높은 살인자들 infamous snacks 오명이 난 저질 간식	유명한famous 것이지 아니한 famous유명한, 멋진 famous in story 전설로(왕년에) 유명한 famous last words! 너무 자신만만pushy 하시군요! *부도덕한 행위turpitude. depravity, baseness.
Infatuated [ɪnˈfætʃueɪtɪd] Infatuation, n	푹 빠진(미쳐 있는)immersed, absorbed, madly, head over heels, got into, engaged, preoccupied, buried	Be infatuated with 푹 빠지다.
Infinitesimal [ˌɪnfɪnɪˈtesɪml]	극미한, 극소의(infinitely small), 무한소(한없이 0에 접근하는 상태) Infinitesimal amounts of radioactivity 극미량의 방사능	Tiny 극미한, 극소의(minuscule) Tiny waves 잔물결wavelet A tiny dog 작은 개 Infinite 무한한, 경계없는, 엄청 큰vast
Infirm [ɪnˈfɜrm]	병약한weak, shaky 우유부단한 vacillating Be infirm with (old)age 노쇠하다 *look on the bright side. 긍정적으로 생각해보세요.	단단한firm이 아닌in… Firm 회사, 단단한 한결 같은 Affirmation 단언. 긍정 Affirm 단언하다assert.aver. 긍정하다. Confirm 확증하다. **affirmative긍정적인//confirmed만성적인 //conform동의하다//conformity 준수.일치
Inhospitable	불친절한disobliging, unfriendly, unkindly, ungenial, unamiable, unaccommodating (기후 조건이)살기 힘든 An inhospitable climate/ terrain 사람이 살기 힘든 기후/ 지대 You shouldn't be inhospitable to the elderly 노인에게 불친절해서는 안돼요.	친절한hospitable 것이 아닌in hospitable 친절한 쾌적한 a hospitable fan 따뜻하게 맞아주는 팬 (*fan = rooter 응원해주는 사람) a hospitable(warm) welcome 따뜻한 환영
Initiate [ɪˈnɪʃieɪt]	착수시키다get on to, set to work. 접하게 되다. 가입시키다induct	Initiate freshmen into a club. 신입생을 클럽에 입회시키다.

Iniquitous [ɪˈnɪkwɪtəs]	부당한underhanded, 사악한(flagrant, egregious, notorious, scandalous, nefarious, most villainous) An iniquitous system/ practice 부당한 제도/ 관행	동등하게equal 대하지 아니하니in Obliquitous 부정한 삐뚤어진 Enormous 거대한colossal. 악독한 *be equal to = be up to 적임자 이다.
Innocuous [ɪˈnɑkjʊəs] Innocuity. n	무해한harmless 악의 없는not oppressive, innocent	유해한 nocuous 것이 아닌 nocuous 유해한, 유독한 *구취. 심한 입냄새 bad breath
Innumerable [ɪˈnuːmərəbl]	셀 수 없이 많은(countless), 무수한numberless, myriad, vast Innumerable tribulation. 무수한 곤경. Innumerable topics무수한 주제	셀 수 있는numerable 것이 아닌;in Numerable 셀 수 있는, 계산할 수 있는
Inordinate [ɪnˈɔrdɪnət]	지나친(immoderate, shocking, exorbitant, enormous, extreme), 과도한(excessive, a plethora of) Keep inordinate hours 불규칙한 생활을 하다. A claim of inordinate length 지나치게 긴 주장	규칙이 바른 ordinate 것이 아닌in.. Ordinate 세로좌표, 규칙 바른 *lay(make) claim to 제 것이라고 주장하다. after hours 일과후에 *The child has dibs on this seat. 그 아이가 이 자리를 찜한 것이다.
Inquire [ɪnˈkwaɪə(r)]	묻다(of. From). 질문을 하다(of.about). 조사하다scrutinize, ransack. delve. dig. prove into 조회: query, question, inquiry	Inquire of …에게 묻다ask. Inquire for the book책(물품)을 문의하다. Inquire into a matter 사건을 조사하다. 밖의 상태Inquire out 조사하여 알아내다. Inquire(ask) after an old man노인 안부를 묻다.
Insatiable	만족키어려운insatiate,wolfish, wolflike 탐욕스러운(greedy, avaricious, rapacious)	만족하기satiable 어려운in.. Satiable 만족시킬 수 있는, 물리게 할 수 있는

In the 포함 숙어(2)

In the air	1)기운이 감도는 There's friendship in the air 우정이 감도는 2)up in the air 미정인, 3) hang in the air 미해결상태인 4)leave in the air 불안정한 상태에 두다. 5)build castle in the air 공중누각을 짓다. 터무니없는 헛된 꿈꾸다. 6)with his head(nose) in the air 우쭐대며 7)throw his hat in the air. (졸업처럼 하늘로 모자를 던지니까)크게 기뻐하다(in the groove).
In the end	1)마침내(in the event, in the upshot, eventually, ultimately), 결국(in the death, in the issue, in the sequel, in the result, in the long run) 2)(갑자기)어려운 일에 뛰어들다. Jump(plunge, be thrown) in at the deep end.
In the raw	1)날 것 대로, 가공되지 않은 그대로(in the gray, in the rough) 2)벌거벗고(in the buff)
In the red	1)빚지고, 2)적자상태로(in the hole, in the bank)
In the tub	1)파산하여(in the dumper) be in the tub 파산하다.
In the gravy	1)부자의, 돈있는(in the chips)
In the way	1)길가에 2)방해되다 get(lie, be, stand) in the way 3)라는 점에서 in the way that

In the van	1)선두에 서서 2)선구자가 되어 She was in the van of mass psychology 군중 심리학의 선구자이다.	
In the bag	1)(성공, 우승)이 확실하여 be in the bag 2)(백의 절반을 마셔서)술 취한 half in the bag(In the ditch) 3)(백의 바닥에 남은 거니까)최후 수단으로 in the bottom of the bag	

Insensible [ɪnˈsensəbl]	무감각한insensitive, unaware, 의식불명unconscious, numb Fall insensible 의식불명이 되다. Insensible of shame 수치를 모르는 Drink oneself insensible 인사불성이 되도록 술을 마시다.(마시다booze, tipple)	지각할 수 있는 sensible이 아닌in… sensible 현명한, 지각할 수 있는, 이해할 수 있는 *I passed out last night 나는 어젯밤 맛이 갔었다. (pass out 기절하다. 의식을 잃다)
Inseparable [ɪnˈseprəbl]	갈라 놓을 수 없는solid, 불가분한. Inseparable friends 갈라놓을 수 없는 친구. (*That's what friends are for 친구좋다는 게 뭐예요. *fair weather friends. 좋을 때 만나는 친구들)	분리가능한 separable 이 아닌in.. Separable 분리가능한 An inseparable relations between both countries. 불가분의 양국 관계
Insolent [ˈɪnsələnt]	무례한(insulting, arrogant) An insolent response 무례한 반응 An insolent statement/ behavior 무례한 성명/ 행동 *농땡이 부리다 shirk his duty=goof around(off), blow off, ditch his class (수업 빼먹다)	무례한;impolite, rude, extraordinary, ill-mannered, discourteous, impertinent, churlish, flippant, flip, saucy, pert. Truculent(무례한, 잔인한), haughty, overbearing, high-handed 무례한 사람:churl, boor, oaf, clod, upstart 천박한: churlish, boorish, vulgar 지진아: idiot, dunce, dolt. Dizzy 운동만 하고 버리는 쓰지 있는 사람 jock. *She's a dumb blonde. 정말 머리 나쁘다.
Insolvent [ɪnˈsɑlvənt /-ˈsɒl-]	지급 불능(insolvency)의. 파산한bankrupt, insolvent. An insolvent restaurant 파산한 식당 *채무불이행, 체납하다.default	지불 능력이 있는solvent 것이 아닌in… Solvent 지불 능력이 있는, 해결책, 용액 Soluble 해결가능한, 녹는 Dissolvent 녹이는, 용매
Insomnia [ɪnˈsɑmnɪə]	불면증(sleeplessness) *suffer (from) insomnia 불면증이 되다. *He used to talk in his sleep. 그는 잠꼬대를 하곤 했었다. *catnap 토막잠. 졸다doze off. take a snooze	잠somni을 푹 자는 것이 아닌in… Somniloquy 잠꼬대. 잠꼬대하는 버릇 Somnifacient 최면성의. 수면제 Slumber. 잠sleep. 잠자다. *Did you have a good night's sleep? 잠을 푹 잤습니까?
Insular [ˈɪnsələr /-sjʊlə]	섬의. 섬과 관련한. 편협한biased, narrow minded, illiberal, provincial in outlook	Insula (뇌. 췌장의) 섬
Insurgent [ɪnˈsɜrdʒənt]	반란을 일으킨 사람(a rebel).	Maverick 낙인이 안찍힌 송아지. 이단자. 반체제파 사람.
Intangible [ɪnˈtændʒəbl]	무형의incorporeal, imperceptible. 만질 수 없는. 모호한obscure, dim An intangible property 무형 재산(특허, 상표, 디자인 등)	유형tangible이 아닌in… Tangible 유형의corporeal. 분명한. 유형자산 Tangible assets 유형 재산 Tangible evidence 물증

		An intangible feeling of sadness 무언가 막연한 슬픈 분위기 An intangible awareness of danger 무언가 막연한 위험 인식	분명한: apparent, obvious, palpable, Tangible, touchable, patent(특히. 분명한) **corporeal육체의. 물질적인
	Intend [ɪnˈtend]	작정하다have in mind. 의미하다mean. connote. denote.	I intended it as a joke. 농담으로 말했다. =I was just joking(kidding).
	Integral [ˈɪntɪgrəl]	필수 불가결한(indispensable), 필수적인(essential), 적분(수학) An integral requirements 필수 요건.	필수적인, 극히 중요한; Essential, basic, fundamental, necessary, indispensable, intrinsic, significant, pivotal, crucial. Momentous, critical
	Integrity [ɪnˈtegrətɪ]	온전함. 진실성veracity, honesty In its integrity 꼭 온전한 그대로 Territorial integrity 영토 보전 A man of the cleanest integrity 청렴결백한 사람	손을 대지touch 않은 온전함… 정직, 솔직; Honesty, principle, virtue, goodness, morality, purity, probity, truthfulness, candor, veracity
	Intellect [ˈɪntəlekt]	지적 능력intellectual capacity. 지적 능력이 우수한 사람	The intellects of the age 당대 지성인들
	Interfere [ˌɪntə(r)ˈfɪr /-ˈfɪə]	간섭하다nose into. 참견하다intermeddle, edge in, interlope, cut a pie(감내라라 배내라라), intrude upon, poke into, cut into Have no business to interfere 간섭할 권리가 없다.	Interfere with his duty. 그의 의무를 방해하다. Interfere with health 건강을 해치다. *interfere in간섭하다intervene. step in. cut in. 참견하는 사람peeper, snooper, busybody, meddler, buttinsky 지저귀다chirp, tweet, twitter, chirrup, peep
	Interloper	침입자intruder, trespasser	Developer(부동산,신상품)개발업자. 현상액
	Intervene [ˌɪntə(r)ˈviːn]	개입하다. 끼어들다. 일어나다. *Intervene in a dispute 분쟁을 조정하다.	intermediate중계자, 중간물 interlude 간주곡(사이+연주) intermission 중간에 쉬는 시간. 중지. Intersect 가로 지르다. Intersection 교차로 Intercourse 교환. 교제. 통상.
	Intrepid [ɪnˈtrepɪd]	용감무쌍한(fearless) An intrepid explorer to reach Antarctic expedition 남극에 도달한 용감한 탐험가	겁많은trepid 한 것이 아닌.. Trepid 겁많은, 소심한(trepidant) For fear of 두려워하여 Take the bull by the horns용감히 맞서다
	INTRO	안으로	
	Introspect [ˌɪntrəˈspekt]	자기 반성하다. 내성하다. **see (to it) that~ 인지 살펴보라.	안으로intro 살펴보는spect Intromission 삽입. 입장. 허가green light. Introvert 내향적인. Extrovert 외향적인 Intramuscular근육만의.(*muscular 근육의) intramural교내의, Intranet 내부 전산망.
	Invalid [ˈɪnvəlɪd]	무효한void, null. 근거 없는. 병약자sufferer, patient. An established invalid 불치 병자	유효한valid 것이 아닌in… A invalid argument 근거 없는 주장 His invalid uncle. 병약한 아저씨

Invaluable [ɪnˈvæljʊəbl]	매우 귀중한priceless, precious, costly 매우 유용한too valuable, irredeemable An invaluable experience in Mars. 화성에서의 매우 귀중한 경험 Our invaluable heirloom 우리의 귀중한 가보	소중한 valuable 것 이상으로 소중한in… Valuable 소중한. 귀중한. 가치가 큰 귀중한, 값비싼; precious, priceless, inestimable, worth *Could you come down a little? 좀 더 깎아 주세요. valuable가치 있는// invaluable매우 값진
Invariable [ɪnˈveriəbl]	변함없는unchanging, unvarying, 변치않는constant, steady, stable, rigid His invariable routine 변함없이 틀에박힌 생활. Her invariable courtesy and charm 그녀의 변함없는 예절과 매력 the invariable principle of democracy 변치 않는 민주주의의 원칙	가변적variable 인 것이 아닌in… Variable 변화하기 쉬운 것, 가변의 Variable cost 변동원가 Variable annuity 변동 연금 Variable interest rate 변동 금리 *shading (색. 명암)점차적 변화
Invent [ɪnˈvent]	발명하다come up with. 날조하다make up something untrue.	Invent the wheel 아는데도 새삼스럽게 얘기하다.// invent an excuse 핑계를 대다
Invincible [ɪnˈvɪnsəbl]	정복할 수 없는, 천하무적의(no rival), An invincible pitching staff. 천하무적의 투수진	정복 가능한vincible 것이 아닌in… Vincible 이길 수 있는. 정복 가능한 Convincible 설득할 수 있는, 도리를 아는
Involuntary [ɪnˈvɑləntɛri]	비자발적인, 본의아닌, 무의식적인 An involuntary movement(action)무의식적인(반사적인) 동작 An involuntary shudder. 반사적인 전율 *The computer screen is frozen.스크린이 성시뇌었나.(It crashed)/ The computer monitor is wavy. 모니터 화면이 흔들려 보이지 않는다.	자발적이지 voluntary 아니한in Voluntary 자발적인spontaneous, 임의적인 Voluntary service 지원 근무 Voluntary arm 의용군 Voluntary school 기부제 학교 Voluntary aid detachment 구급 간호 봉사대 자발적으로 voluntarily=of his own accord =spontaneously *자발성spontaneity
Irrational Irrational. n	비이성적인(무분별한)preposterous, 비논리적인senseless, mindless An irrational shudder/ fear 비이성적 전율/ 공포	이성적이지 rational 아니한in.. Rational 합리적인. 이성적인 Rational expectations 이성적인 기대 Rational number 유리수 Rationale 이유, 근거 *on the ground that 라는 이유(근거)로
Irregular [ɪˈregjələ(r)]	불규칙한erratic, meandering, random, unnormalous 고르지 못한unparalleled, incongruous. 비정상적인(eccentric, quaint, eccentric)	Irregular meals 불규칙한 식사 Irregular procedure 반칙인 절차
Irrelevant [ɪˈreləvənt] Irrelevance. n	무관한discrete, outside, remote 상관없는non responsive Irrelevant case / law 무관한 판결/ 법 Be irrelevant to the problems of education 교육 문제와는 무관하다.	적절한 relevant 것이 아닌ir… Relevant 관련있는, 적절한 관련 없는; unconnected, unrelated, unimportant, inappropriate, peripheral, immaterial, extraneous, beside the point, regardless, tangential
Irreparable [ɪˈrepərəbl]	돌이킬 수 없는(irreversible), 바로잡을 수 없는(irremediable) Irreparable damage to the poor 가난한 이들에게 돌이킬 수 없는 손해	돌이킬 수 있는reparable 것이 아닌ir Reparable수리할 수 있는, 돌이킬 수 있는 an irreparable mistake 돌이킬 수 없는 실수

Irresistible [ˌɪrɪˈzɪstəbl]	저항할 수 없는resistless, 너무나 유혹적인inviting, enticing, seductive An irresistible urge to cry. 울고 싶은 마음을 참을 수 없는 An irresistible force 불가항력 An irresistible impulse 참을 수 없는 충동	저항할 수 있는resistible 것이 아닌ir Resistible 저항할 수 있는, 참을 수 있는 *A beautiful lady used to buy bags on impulse.충동적으로 가방을 사들이곤 했다.
Irresolute [ˌɪrɪˈspektɪv]	결단력이 없는 indecisive, 우유부단한vacillating,weak-headed, costive, An irresolute attitude 우유부단한 태도. An irresolute president 우유부단한 사장	결심이 굳은resolute 것이 아닌ir.. Resolute 단호한, 결심이 굳은 *나는 아직 결정 못했다. I'm still on the fence.
Irrevocable [ɪˈrevəkəbl]	변경할 수 없는(irreversible) An irrevocable order / step 변경할 수 없는 주문 / 조치 An irrevocable mistake/ decision 변경할 수 없는 실수 / 결정	취소할 수 있는revocable 것이 아닌ir.. Revocable 폐지(취소)할 수 있는 Take back what you've said, right now! 네가 말한 것을 당장 취소해라!

In the ( ) of 숙어(1)

In the event of	할 경우에는
In the track of	의 예를 따라서, 도중에(en route)
In the grape of	사로 잡혀
In the heart of	의 한가운데에(in the depth of)
In the cause of	을 위해
In the sight of	의 판단(의견)으로는
In the style of	식으로, 류로서.
In the suite of	수행하여
In the train of	의 결과로서
In the grasp of	수중에on hand(available)
In the power of	의 지배 아래
In the ratio of	의 비율로
In the shadow of	의 아주 가까이에
In the course of	하는 동안에(in course of 과정에)
In the region of	대략…정도
In the nature of	와 비슷한. 와 같은 스타일로
In the throes of	하려고 고생하여, 한창일 때에

In the ( ) of 숙어(2)

In the absence of	이 없어서, 없을 경우(for lack of)
In the face of	에도 불구하고(in spite of, despite, in the teeth of, none the less), 직면하여
In the light of	견지에서(in view of), 감안하여(make allowance for, take into consideration)
In the name of	라는 이름으로

In the presence of	의 앞에서, 면전에서
In the way of	(부정문.의문문에서) ~라 할 만한 것이
In the pay of	을 위해 일하는
In the wake of	을 뒤따라(뒤이어)
In the hope of	라는 희망을
In the care of	의 보살핌을 받고
In the eyes of	보는 바로는
In the case of	에 관해 말하자면(as regards)
In the form of	의 모양으로(in the shape of)
In the heat of	한창일 때에(in the thick of)

IN	안에	
Ambush	매복(공격)assault, attack 매복 공격하다set upon, beat up, mug. Lay an ambush 매복시키다. Fall into an ambush 복병을 만나다	덤불bush 안으로 들어가 숨는… 함정에 빠뜨리다; trap, attack, surprise, deceive, dupe, ensnare, waylay, bush whack,
Illuminate [ɪˈluːmɪneɪt]	(불을)비추다. 분명히 하다(clarify). 환하게 만들다(light up). Illuminate the subject with examples. 실례로 문제를 명확하게 만들다. A tutor gifted to illuminate young students. 어린학생을 계몽시키는 재능있는 튜터.	안에il 불light을 밝히다. 설명하다.; explain, interpret, make clear, clear up, elucidate, shed(cast, throw) light on실마리를 주다. The tutor has a head for education. 그 강사는 교육에 재능이 있다. *rub 비비다. 문제. 어려움.
Illustrate [ˈɪləstreɪt]	설명하다. 분명히 보여주다(예증이 되다). Extra-illustrate 다른 자료의 삽화를 쓰다. Illustrate a book 책에 삽화를 넣다.	안에il 불을light을 밝히다. 자나 깨나(항시) twenty-four-seven, day and night
Imbibe [ɪmˈbaɪb]	술을 마시다take in liquids, gulp, sip. 정보를 흡수하다. Too hard To imbibe the meaning of the words in his life. 너무 어려워 말의 의미를 파악할 수 없다.	안으로im 들이마시다.bib Bib 턱받이. 마시다. Liquidate 청산하다. 팔다. (문제를)제거하다. (보험)해약하다. *An actress has hiccups 딸꾹질이 나왔다.
Immerse [ɪˈmɜrs /ɪˈmɜːs]	(액체 속에)담그다plunge, submerge. 몰두하다buried in, occupied in. 몰두시키다. Be immerse oneself in study 연구에 몰두하다. Immerse myself in the Spanish culture 스페인 문화에 몰두하다.	액체 등 안에im 뛰어들다merse 그 밑으로 가면 submerse 잠수하다. Let the twilight immerse me in the music. 그 황혼은 나를 음악에 빠지게 한다. She try to immerse herself in the conversation. 그녀는 대화에 빠지게 된다.
Immigrate [ˌɪmɪˈgreɪt]	타국에서 이주해 오다. You don't get to immigrate to another country as a guest. 손님으로 타국에 이민 갈 필요가 없다.	밖에서 안으로 im 이주하다migrate Migration bird 철새 Immigration office 출입국 관리국 사무소

Imminent [ˈɪmɪnənt]	긴급한(impending, imperious), 절박한urgent, pressing An imminent war / danger/ attack 임박한 전쟁 / 위험/ 공격 An imminent terrorist bombing 임박한 테러 폭격	시간상으로 가까운; near, coming, close, approaching, gathering, forthcoming, looming, impending, at hand 거대하게 모습을 드러내다.loom
Impact [ˈɪmpækt]	충격shock. 효과, 영향effect. 충격을 주다affect, stupefy, throw, jolt, shake Make an impact on 영향을 주다 The impact of the future 미래의 충격 It will further help you reduce the environmental impact. 환경 영향을 더욱 감소시킬 것이다.	충돌; collision, contact, crash, clash, knock, stroke, smash, bump, thump. 영향, 결과, 효과; effect, influence, consequences, impression, repercussions. 환경: surroundings. Environment. Milieu *further 추상적인 정도로 나아가서 *farther 구체적인 거리로 나아가서 **under these circumstances 환경 아래서 **smash충돌하다 // marsh습지
Impair [ɪmˈper /-ˈpeə]	악화시키다. 손상시키다harm, mar, detract from, do hurt to, begrime, do nothing for. The hearing-impaired 청력장애인 Depression can impair memory 우울증은 기억력에 손상을 줄 수 있다.	악화시키다; worsen, damage, injure, harm, undermine, weaken, corrupt, subvert 설상가상이다: It went from bad to worse. **impair 악화시키다 //impart 주다. 밝히다.// implore 간청하다// impure더러운
Impart [ɪmˈpɑrt /-ˈpɑːt]	나누어 주다hand out, hand around, distribute, dispense, (정보, 지식을)알리다let them know, announce, report, inform, notify, publicize, send through, unrip. Impart a secret 비밀을 전하다. He has great wisdom to impart everyday. 그는 매일 전해 주는 위대한 지혜를 가지고 있다.	안에서im 하나 하나 나누어part 주다… 정보 지식등을 전하다; convey. Transport Convey his thoughts. 그 생각을 전달하다. *part from 사람~와 헤어지다break up= split up.(이혼하다divorced from) Part with 사물 ~포기하다give up.헤어지다
Impassioned [ɪmˈpæʃnd]	열정적인ardent, stirring, fervent 간절한passionate, heated, rousing An impassioned speech/ performance 열정적인 연설/연기	안에im 열정passion을 가진… Disimpassioned냉정한. 침착한phlegmatic
Impeach [ɪmˈpiːtʃ]	탄핵하다. 고발하다accuse, indict. 의심하다call into question. Impeach a witness 증인의 신빙성을 공격하다. Impeach his motives 그의 동기를 의심하다. Impeach the president for bribery 뇌물수수로 대통령을 탄핵하다.	*peach 아주 멋진(사람), 복숭아 Impeach the president for the mishap. 작은 사고로 대통령을 탄핵하다. Indict 고발하다. 기소하다 Interdict 금지하다. 금지. Interdiction 금치산 선고. *black sheep골치덩어리, 말썽꾸러기 *tomboy 말괄량이boyish girl.

Make 관련 숙어

Make out 도망치는, (도둑을), 이해하고, ~을 알아 본(결과를), 작성하여write, 옹호론을 편다.
도망치다make it out, 이해하고make the boy out, ~을 알아 본, 작성하여make out a receipt, 옹호론을 편다. make out a case for.

Make up 그 지역 정치인은 무언가 형성하고, 고향에 봉사 못한 걸 만회 위해 노력했으나, 주민들은 정치인과 화해하고 난 뒤에 두텁게 화장한 얼굴을 보자마자, 이야기를 꾸며서, 정당을 만든 것에 불과한 것으로 보고 있다.

무언가 형성하고make up, 만회 위해make up leeway(make up for something), 화해하고make up with 난 뒤에 화장한make up 얼굴을 보자마자, 이야기를 꾸며서make up, 만든 것make up a team에 불과한 것으로 보고 있다.

Make over 그의 직업은 웃음거리인 집을 잘 꾸며서 비싼 가격에 양도하는 것이다.
웃음거리로 삼다make merry over. 꾸미다. 바꾸다make over, 양도하다make over

Impede [ɪmˈpiːd]	지연하다delay. retard, brake, foil 방해하다(fetter, hamper, thwart). Nobody want to impede freedom of speech. 아무도 연설의 자유를 방해하길 원치 않는다.	안으로im 발로ped 걸으니 얼마나 좁은 곳에서 방해 많고, 지연되겠어요…. The release of the stolen e-mails seems aimed to impede any real progress. 도난 이메일의 배포는 실제로 진보를 방해할 목표가 있는 것으로 보인다.
Impel [ɪmˈpel]	강요하다. 재촉하다. 기분이 들다be in the mood(vein) for. The law can impel mothers to make regular payments. 그 법은 어머니들에게 정기적인 지불을 강요하게 만든다. Impel him to confess 무리하게 자백시키다. Impel him to submission 복종시키다.	강요하다; force, make, oblige, constrain, coerce, impel, compel *be obliged to 동사=억지로..하다 *be obliged to 명사=~에 감사하다thank *burn the candle at both ends. 무리하다 *That couple always look chipper. 그 연인은 늘 기분이 좋아보인다(명랑쾌활해 보인다).
Impending [ɪmˈpendɪŋ]	임박한imminent. Looming An impending disaster/ crisis 임박한 재앙/ 위기 Have a sense of impending crisis 임박한 위기를 감지하다.	임박한; approaching, impending, pressing 임박하다; draw near, approach, impend, be near, be close at hand, be imminent
Impenetrable [ɪmˈpenɪtrəbl] Impenetrability. n	불가사의한incomprehensible. 관통할 수 없는impervious Impenetrable situation 눈앞이 앞보이는 상황	아닌im 관통 가능한penetrable penetrable침투할 수 있는. 영향 받을 수 있는 *관통하다 go(pass) through
Imperative [ɪmˈperətɪv]	반드시해야하는mandatory, compulsory, 위엄있는august, 명령을 나타내는 An imperative sentence 명령문 An imperative order위엄 있는 명령 An imperative conception 강박 관념	It is imperative that during these hearings the company establish its credibility by squarely addressing allegations. 이번 청문회를 통해 회사의 신뢰도가 정확하게 주장되는 성명에 의해 확증될 수 있기에 매우 절실하다. **august위엄 있는//augment확대하다
Impetuous [ɪmˈpetʃʊəs] Impetuousness.n	성급한impatient, rash, headlong, brash, 충동적인(impulsive). An impetuous puberty 충동적인 사춘기 an impetuous conclusion 성급한 결론 Impetuous winds 폭풍	충동적인; rash, impulsive, impetuous It happens during an impetuous moment when Fisher jumps out of a car. 피셔가 차에 돌진하는 충동적인 순간에 발생한 것이다. Impetuous rather than steady 안정성보다는 충동적인 *be impatient of 참지 못하다. 조급해하다 *be impatient for초조히 기다리다 wait for

Implement ['ɪmplɪmənt] Implementation.n	시행(이행)하다(carry out, redeem, fulfill). 도구tool, kit To implement changes/ reforms 변화/ 개혁을 시행하다 Agricultural implements 농기구 Implement campaign promises 선거공약을 이행하다.	We are taking steps to implement more stringent quality controls. 우리는 좀 더 엄격한 품질 관리를 시행할 조치를 취하고 있다. 수행하다; carry out, complete, apply, perform, realize, fulfill, cash in(이용하다) 시행하여in force 효력을 발생하여, 전원.
Implicate ['ɪmplɪkeɪt]	관계시키다. 말려들게 하다. By implication 함축적으로 There was no evidence to implicate Lee in financial fraud. 리를 재정 사기서 관계시킬 증거는 없다.	관계시키다.;involve, embroil, entangle, inculpate, incriminate(유죄로 하다) **incriminate유죄로 하다 // discriminate구별하다 // indiscriminate무차별의 // disseminate 퍼뜨리다. 전파하다
Implicit [ɪm'plɪsɪt]	완전한, 함축된, 암시적인 Implicate others in trouble 남에게 누를 끼치다. Be implicated in an affair. 사건에 걸리다. Be implicated in a murder. 살인 사건에 연루되다.	완전한, 완벽한; absolute, full, complete, firm, fixed, constant, utter, outright 암시적인; tacit, inferred, unspoken, hinted at, suggested, understand, implied *I'm going to fix you up. 내가 소개시켜 줄게요.
Implore [ɪm'plɔr /-'plɔː]	애원하다. 간청하다supplicate, beg, entreat, solicit, beseech, plead. Implore you to stay here. 여기에 머물러 달라고 애원하다.	애원하다; plea, entreaty, beg, plead, entreat, implore We implore you to withhold your ennui one more time. 우리는 당신의 지루함이 허락하지 않게 되길 당신에게 간청합니다.
Importune [,ɪmpɔr'tuːn]	성가시게 조르다pester, badger, cadge, buttonhole,	Pester the nurse for information. 해당 정보를 구하기 위해 간호사를 조르다. Cage 구걸하다. 조르다.
Impose [ɪm'pəʊz]	시행하다. 부과하다charge. 속이다cheat, bilk, defraud 속여팔다. 강요하다. Don't impose on. 주제넘게 나서지마라. Impose a blockade 봉쇄(를 시행)하다. Impose a duty on 세금을 부과하다. Seals off 봉쇄하다.	강제로 안에im 넣는position… The new proposed law that would impose heavy fines on some gays. 새로 제안된 법률안은 일부 동성애인에게 무거운 벌금을 부과하는 것이다. You can lead(take) a horse to water, but you can't make it drink. 말을 물가까지는 데려갈 수 있어도 물을 마시게 할 수는 없다.
Impoverish [ɪm'pɑvərɪʃ]	가난하게 만들다reduce to poverty, make destitute. Be worse off. 질을 떨어뜨리다debase, let fall. *born with a silver spoon in your mouth. 부잣집에 태어난	가난poor하게 만드는im……..be poor *I could eat a horse. 너무도 배고프다. 가난한badly-off, down and out 부유한well-off, well-to-do, better off 유복하다be well off=be rich *쪼들리다 be hard up for=be in great need of *벼락부자되다 go from rags to riches
Impromptu [ɪm'præmptuː]	즉흥적으로 한, 즉석에서 한on the spur of the moment An impromptu statement. 즉흥 성명. Deliver a speech impromptu 즉석에서	즉흥적으로; improvised an impromptu lesson on violin 바이올린 즉석 강의 rostrum. 연단. 강단.

	연설하다. A little impromptu birthday party. 조촐한 즉석 생일 파티	
Impute [ɪmˈpjuːt]	책임을 전가하다shirk, pass the buck. 탓으로 하다ascribe to. credit to *Who's calling the shots here? 여기 책임자가 누구지요?	Covertly impute his promotion to ceaseless willpower. 은연중에 그의 승진을 끊임없는 의지력 덕(운)이라고 돌렸다. *cop-out 책임회피
Inaugurate [ɪˈnɔːgjəreɪt]	취임하게 하다. 선언하다declare. Inaugurate a president 총장의 취임식을 거행하다. Inaugurate the era of the Internet 인터넷의 시대를 선언한다.	He will be inaugurated as President of United States America next year. 그는 내년에 미 대통령으로 취임하게 될 것이다.
Inborn [ˌɪnˈbɔːrn]	타고난indegenous, 선천적인. Have an inborn talent for dance 댄스에 대한 타고난 재능이 있다. Inborn trait 타고난 기질	타고난,; natural, acquired, unstudied, born, constitutional, inborn, innate
Incandescent [ˌɪŋkənˈdesnt]	백열성의. 눈부시게 밝은(brilliant). 열정적인keen, impassioned	Daze 눈부시게 하는, 현혹하는 Be in a daze 눈이 부셔서 어리벙벙하다
Incantation	주문chant, spell, abracadabra, rite, mumbo-jumbo	주문Chant를 외니까…. 암기하다:memorize, learn(know) by heart
Incarnate [ɪnˈkɑːrneɪt]	인간의 모습을 한, 구현하다embody. A devil(evil) incarnate 인간의 모습을 한 악마. A wolf incarnate 인간의 모습을 한 늑대.	Embody 구현하다. 화신이 되게 하다. *incarnate구현하다//truncate줄이다// placate진정시키다pacify *eradicate전멸시키다 *humanity인간성
Incense [ɪnˈsens]	(종교)향, 몹시 화나게 만들다.Exasperate Fume the altar with incense 제단에 향을 피우다.	화나게 하다; anger, infuriate, enrage, irritate, madden, inflame, rile, make your blood boil. get crossed, become angry, rub the wrong way.
Incentive [ɪnˈsentɪv]	자극제stimulant. 장려책. 고무적인inspiring Tax incentives to encourage savings. 저축 장려 위한 세금 우대 조치. Incentive wage system 장려 임금 제도	유인책, 장려책; spur, lure, inducement, encouragement, bait, motivation, carrot, stimulus *Stimuli 자극(stimulus의 복수형) *under the stimulus of 의 자극을 받아
Incipient [ɪnˈsɪpiənt]	초기의(emerging), 막 시작된 Incipient stage / study / signs 초기 단계 / 연구 / 징후 Incipient inflation 초기 통화팽창 the incipient Cold War 초기 냉전	초기의; early, advanced, initial, primary,
Incisive [ɪnˈsaɪsɪv]	날카로운keen, sharp, acute, trenchant 신랄한sarcastic, sardonic, caustic 기민한shrewd,	Decisive 결정적인. 중대한. 명백한 Indecisive 우유부단한
Incite [ɪnˈsaɪt]	선동하다stimulate. 조장하다provoke 격려하다influence, waken, arouse.	선동하다 ; stir up(trouble), instigate, incite(to riot), agitate, foment

	Incite curiosity(anger) 호기심(분노)를 조장하다. / Incite him to word hard격려해서 일 열심히 하게 하다	*bone up 열심히 공부하다. 벼락치기하다(cram for) *burn the midnight oil 밤 새워 가며 공부하다
Incorporate [ɪnˈkɔrpəreɪt]	포함하다include. embody 설립하다merge. Set up 법인설립. Incorporate revisions into a book. 책에 개정사항을 포함시키다(추가하다). Incorporate her thoughts in an article. 논문에 그녀 사상을 포함시키다(구체화하다 crystallize).	포함하다.:include, contain, cover, comprehend, imply, connote, incorporate **corp몸의 관련 어군. incorporate포함하다 // cooperated with협력하다 // corporeal 육체의. 물질적인 // corporative법인의. 협동 조합주의의 corps 단체. 군단. 거즈처럼 땅에 착 누운 Corpse 시체cadaver 몸이 풍부하여(opulent) corpulent 뚱뚱한. 우리 위해 집대성한 corpus 집대성.말뭉치
Incumbent [ɪnˈkʌmbənt]	현직의office-holding, 의무이다obligatory, mandatory, compulsory, binding 재직자official, occupant, office-holder. The incumbent mayor 현직 시장 the name of incumbent lieutenant governor 현 부 주지사의 이름	It's going to be incumbent on the owners to try to convince us of the urgency of getting a deal between now and July 1. 소유자의 의무는 지금과 7월1일 사이의 계약을 성사시켜야 하는 긴급성을 우리에게 확신을 시켜주는 것이다.
Indent [ɪnˈdent] indentation. n	들여쓰다. 주문. 주문하다. Indent upon her for goods. 그녀에게 물품을 주문하다.	안으로in 치아dental 자국이 나게 하는… 우편으로 주문하다send away for=order by mail// be made to order 주문에 따라 만들다. //bridgework 부분 의치
Indigenous [ɪnˈdɪdʒɪnəs]	고유의(innate), 토착의, 원산의 The indigenous languages/ instruments 토착민의 언어/ 도구들 Feelings indigenous to human beings. 인간 고유의 감정	the indigenous American music in the '60s. 60년대 미국의 토착 음악. 토착의; aboriginal, native-born, indigenous *indigenous 토착의// ingenuous 솔직한// ingenious 재능있는 //genius 천재.천재성
Indigent [ˈɪndɪdʒənt]	궁핍한needy, destitute, in want, 가난한down at the heels, penniless The indigent = the poor largely the medically indigent 대체로 의학적으로 궁핍한 사람들	Down at the heel 뒤축이 닳아빠진, 가난한 penurious, stony-broke, hard up 타고난indigenous, native, endemic, aboriginal All in all 대체로=as a rule=on the whole =for the most part=mostly
Induce [ɪnˈduːs]	유도하다lead, persuade, mean, goad, 초래하다cause, influence, spell, create Induce him to an action 그에게 행동을 하게 유도하다. 초래하다; cause, produce, create, effect, lead to, generate, bring about	Disasters on the scale of Haiti's quake tend to induce long-term poverty that is difficult to reverse. 아이티의 지진으로 인한 재앙은 오랫동안 뒤집기 힘들만큼 가난을 초래하였다. Analysts at Yale University have calculated that a penny-an-ounce tax would induce a 23% drop in consumption. 예일대의 분석가들은 온스 당 일페니의 세금은 소비를 23% 감소시킬 것이라고 산출하였다.
Indulge [ɪnˈdʌldʒ]	충족시키다. 가담하다(흠뻑 빠지다). 다 받아주다coddle, pamper, spoil. Indulge oneself in 흠뻑 빠지다. Indulge	He used to indulge in a $135 eight-course tasting menu for Valentine's Day. 그는 발렌타

	in pleasures 마약에 흠뻑 빠지다. Indulge his friends with a song 노래를 불러 친구들을 즐겁게 하다.	인 데이 때면 135달러 8코스에 빠지곤 하였다. *Friends and wines improve with age. 친구와 포도주는 오래될수록 좋다.
Infer [ɪnˈfɜr /-ˈfɜː] Inference. n	추론하다deduce, derive, surmise, guess 암시하다hint at, allude to, signal Infer an unknown fact from the context. 문맥에서 미지의 사실을 추론한다. In this case, we infer quality from prices. 이 경우, 우리는 가격으로부터 질을 추론한다.	Deduce 연역하다. 추론하다. Deduce his lineage 그의 가계를 연역하다. 더듬다. Deduce a conclusion from premises. 가정으로부터 결론을 연역하다. * The detective is looking for crucial clues(leads, hints). 형사는 결정적 단서를 찾고 있다.
Inflate [ɪnˈfleɪt]	(공기, 사실과 다르게)부풀리다boost. 가격이 오르다rise, go up, advance. Inflate(pump up) a tube. 튜브에 공기를 넣다. A scheme to inflate the company's revenue in order to mislead Wall Street analysts. 월스트릿 분석가를 잘 못 인도하기 위해 기업의 수입을 부풀리는 계획.	부풀리다; blow up, pump up, swell, dilate, distend, bloat, puff up or out, bulge 공기를 빼다. 수축시키다; deflate 과장하다; exaggerate, embroider, embellish, enlarge, amplify, overstate, overestimate, overemphasize, inflated, overblown, grandiose, bombastic, magniloquent **Pump up the jam 시끄럽게 하다. 흥분시키다.
Inflict [ɪnˈflɪkt]	괴로움을 안기다impose. 가하다afflict. Inflict injury on 상처를 입히다. Inflict oneself on 신세를 지다. Inflict our children on you. 우리 아이들이 당신을 귀찮게 하다. Inflict a loss / an injury on 손해/ 상해를 가하다.	힘들거나 불쾌한 것을 부과하다(지우다); Impose, administer, apply, visit, deliver, levy, wreak. Sustain. 징벌의. 형벌의: punitive= inflicting a punishment
Infringe [ɪnˈfrɪndʒ] infringement. n	위반하다breach, infract, violate, break 침해하다encroach, intrude, trespass. Infringe patent law 특허법을 위반하다. Infringe on her privacy 그녀의 프라이버시를 침해하다.	The new owner wouldn't infringe on the publisher's free speech rights. 새로운 오너는 발행인의 자유로운 연설 권리를 침해하지 않을 것이다.
Infuriate [ɪnˈfjʊrieɪt /-ˈfjʊər-]	격노하게 만들다vex. fire up, blood boil 화나게하다inflame, irritate His extreme indifference infuriated her. 그의 극도의 무관심이 그녀를 격노하게 만들었다.	격노하게 만들다.;enrage, anger, provoke, irritate, incense, madden, exasperate, rile It infuriates me that the owner was found dead. 그가 죽은 채 발견된 것이 날 너무 격노하게 만들었다.
Infuse [ɪnˈfjuːz]	불어넣다. 스미다permeate, seep. 주입하다be imbued with. Be infused with 으로 스며있다. Arts infuses all sides of our life. 예술은 우리 생활에 온 영향을 미친다. The sage Gandhi infused new hope into Indian people. 간디는 인도 국민에게 새로운 희망을 불어넣었다.	He's looking to cut the dead weight and infuse the company with new blood. 그는 무거운 짐을 잘라내고, 신진세력을 회사에 주입시키려고 계획하고 있다. 불어넣다; inspire, imbue, instill, inculcate
Ingenious [ɪnˈdʒiːnɪəs]	기발한fantastic, novel, 독창적인original, hackish, creative An ingenious apparatus 기발한 장치	Genius 천재, 수호신, 특징 Genie 요정 An ingenious designer. 독창적인 디자이너

Ingenuous [ɪn'dʒenjʊəs]	순진한(simple, naive), 천진한childlike Too ingenuous smile (부정적)너무나 순진한 미소	천진한; naïve, innocent, ingenuous, pure, simple, artless, immaculate, unworldly *The elderly moved heaven and earth. 그 노인은 산전수전 다 겪었다.
Ingrained [,ɪn'greɪnd]	깊이 배어든, 뿌리깊은deep-rooted, deep-seated, inveterate, inherent, hereditary, native	안in에 곡물grain 낟알을 넣어.. Ingrained pride and prejudices 뿌리깊은 오만과 편견
Ingredient [ɪn'griːdiənt]	재료material, 구성요소element, factor A ingredient for 의 재료(성분)	구성요소; element, component, constituent The vital ingredient for the rich 부자가 되기 위한 필수적인 요소
Inhale [ɪn'heɪl]	숨을 들이마시다. 빨아들이다engulf. Inhale, then exhale, and pull your navel toward your spine. 들이쉬고, 내쉬고, 당신의 배꼽을 척추를 향해 당기시고…	숨을 들이쉬다; breathe in, gasp, draw in, suck in, respire *작은 목소리로(소곤소곤) under one's breath
Inherent [ɪn'herənt]	고유한, 내재하는indwelling Inherent meaning for his talking. 그의 말에 내재된 의미	고유한, 본질적인; intrinsic, natural, essential, native, fundamental, hereditary, instinctive, innate, indigenous
Inherit [ɪn'herɪt]	상속받다succeed to, come into. 물려받다be bequeathed, acquire. Lee inherited a fortune from his mother. 리는 어머니로부터 많은 재산을 물려받았다. Inherited his daddy's good health. 그의 아버지의 건강을 물려받았다.	물려받다; inherit from, succeeded to, take over, receive *succeed in 성공하다have success in=come off *Succeed to 계승하다. 상속하다inherit *put over the movie 영화를 성공시키다(호평받게 만들다) *put one over on me 나를 속이다play a trick on me.
Inhibit [ɪn'hɪbɪt] Inhabitation. n	억제하다keep back. keep in check 저해하다hold back. restrain Inhibit his desire for honor 명예욕을 억제하다. Inhibited him from airing his trouble. 그의 고통이 공개되는 것을 저해하였다(막았다).	저해하다. 방해하다; hinder, check, frustrate, disturb, curb, restrain, constrain, obstruct, impede, discomfit. Thwart
Inject [ɪn'dʒekt] injection. n	소개하다. 주입하다. 주사하다 Inject humor into the trailer. 예고편에 유머를 집어넣다. Inject a remark into new mayor's talk. 새 시장의 이야기 중 말참견을 하였다.	주사하다; Vaccinate, administer, inoculate 소개하다; introduce, bring in, insert, instill, infuse Introduce A to B=fix B up with A. A를 B에게 소개시켜주다. *What brings you here? 여기는 웬일이니?
Inmate ['ɪnmeɪt]	수감자prisoner, convict, captive, 입원환자inpatient Convey drugs to him inmate. 수감자에게 마약을 나르다. *Every Jack has his Jill. 짚신도 짝이 있는 법이다.	안in에 함께 있는 친구mate… Mate 친구, 짝, 조수. Crony 친구 (*cronyism 정실 인사) Now Census officials will make data on inmate populations. 이제 센서스 공무원은 수감자 인구 데이터도 만들것이다.

Innate [ɪˈneɪt]	타고난, 선천적인 An innate characteristic / ability 선천적인 특성 / 능력.	안에in 들어 있는 본성nature Nature 천연 자연 본성 Native 태어난 곳의, 원주민
Innovate [ˈɪnəveɪt] innovation. n	혁신하다put through, technify. 받아들이다allow, absorb, accept. Adhibit, embrace, swallow, deal in What they would be free to do is to innovate. 그들이 자유롭게 되는 것은 받아들이는 것이다.	안에in 새롭게new만드니까.. Renovate 개조하다Revamp, Renew, Revise **do up 개조하다. 포장하다. 단추채우다.
Innuendo [ˌɪnjuːˈendoʊ]	빗대어 하는 말, 암시hint, inkling, tip. 빈정거림.풍자sarcasm. irony. satire Your article is nothing but a tissue of innuendo. 당신의 논문은 빈정거림의 연속일 뿐이다.	안으로in 고개nod를 내미는.. 암시하다; imply, suggest, hint, allude, insinuate, infer, get at, intimate, implicate, allude 자기 암시 autosuggestion Poignant/ pungent sarcasm 신랄한 풍자
Inoculate [ɪˈnɑkjəleɪt] Inoculation. n	접종하다. 접목하다. 불어넣다. Inoculate his son with new concepts. 그의 아들에게 새로운 관념을 불어넣다. Inoculate students with a virus 학생들에게 병균을 예방 접종하다.	A doctor said in a report that the program to inoculate all 2.4 million American military personnel against anthrax should be suspended. 의사는 탄저병을 예방하기 위해 240만명의 미군에게 예방접종하려는 계획은 중지되어야 한다고 말했다. Immunize 면역시키다. Vaccinate 천연두 예방접종 하다.
Inscribe [ɪnˈskraɪb]	(마음, 책등)새기다carve, mark, hew, sculpt, shape, chisel, model. Inscribe a new book to his mom. 그의 어머니에게 책을 증정하다. Inscribe my name in the textbook. 교과서에 내 이름을 적어넣다.	안에in 글씨를 쓰다scribe… Prescribe 처방하다. Subscribe 구독하다. 가입시청하다. Describe 서술하다. 묘사하다.
Insidious [ɪnˈsɪdɪəs]	은밀하게 퍼지는(sneaky), 음흉한(treacherous) Insidious conspiracy 은밀한 음모 Insidious effects of yellow dust 은밀히 퍼지는 황사의 영향	퍼지다; spread, circulate, travel, go around 루머가 퍼지다; a rumor is abroad (circulate, spread, pervasive) 소문난: rumored, claimed, purported(진술된, 알려진) 보기 흉한: indecorous, eyesore(꼴불견)
Insinuate [ɪnˈsɪnjʊeɪt]	암시하다hint, imply, suggest, indicate (사심으로 환심, 존경)을 얻다inject. Insinuate themselves into their mom's favor. 그들의 은근히 어머니의 환심을 샀다.	안을 보내in 꾸불꾸불 가지만sinuate 암시하는… Sinuate 꾸불꾸불한, 물결모양의sinuated The manager insinuated that his performance has been extremely low. 그의 근무성적이 너무 낮다고 부장은 은근히 비쳤다.
Inspect [ɪnˈspekt]	조사(점검)하다scrutinize, scan. 순시하다check, investigate. The tutor inspected their project. 선생님은 프로젝트를 검사했다. Inspect troops whenever the president visit other countries 대통령은 다른 나라를 방문할 때 마다 군대를 사열하였다.	안을 in 잘 보면look…. Spectator 관중 Spectacular 장관을 이루는, 극적인 Specter 유령 *Look over 묵과하다 overlook, pass over. *pass off 미루다. 행해지다. *pass up a chance 기회를 놓쳤다. *pass on to his daughters 그의 딸들에게 물려주다hand down.

Inspire [ɪnˈspaɪə(r)] inspiration. n	격려하다. 고취시키다inspirit, kindle, vivify, energize, prompt. 영감을 주다animate, activate, actuate. Inspired his daughters with confidence. 그의 딸들에게 자신감을 고취시켰다. Be inspired by a tour to Turkey 터키 여행으로 영감받다.	격려하다; encourage, spur, stimulate, motivate, galvanize, animate, influence, enliven. Revitalize.
Install [ɪnˈstɔːl]	설치하다invest, establish, put, position 임명하다instate, nominate, assign, appoint, institute, . Install a minister 장관에 임명하다 She will need my help installing new window software. 그녀는 새로운 윈도우 소프트웨어를 설치하기 위해 내 도움이 필요할 것이다.	도입하다. 시작하다; institute, establish, introduce, invest, ordain, inaugurate, induct. fire away 부터. 시작하여 as of=as from (연주. 노래를)시작하다strike up
Instigate [ˈɪnstɪgeɪt]	실시하다. 부추기다goad, stir up. Instigated some real change by no longer letting politics trump policy. 이제는 인기 정책의 시도 없이 실제적 변화를 실시할 것이다.	하라고 안으로in 찔러대다stick I am concerned that this article will instigate a rash of dog owners. 이 글이 개 소유자들을 발끈하게 선동할지에 대해 걱정이다.
Insurrection [ˌɪnsəˈrekʃn]	반란revolt, rebellion, uprising. 폭동riot, civil commotion, emeute Try to raise insurrection against the king 국왕에 대항해서 반란을 일으키려고 시도하다.	Resurrection 부활revival *폭동 선동 sedition
Intensify [ɪnˈtensɪfaɪ]	심해지다become fierce(vehement). 격렬해지다become acrimonious. Intensify his belief/ mistrust 믿음/ 불신이 심해지다.	안으로in 긴장한tense상태를 만드는… Tense 긴장한uptight, 날카로운, 시제 *I've got butterflies in my stomach. 나는 너무 긴장됩니다.
Intimate [ˈɪntɪmət]	친한, 사적인personal, privy, intime, 밀접한close, 암시하다hint. 친구. 동료friend, associate, confident Intimate details 사적인 개인사 Be intimate with 친하다 Have an intimate acquaintance with 와 조금 알고 있다.	Mate 친구. 짝. Intimate clothes 잠옷 Intimate secrets 개인적 비밀 *be acquainted with 친숙하다. *be accustomed(use) to(+명사, 동명사) 익숙하다
Intimidate [ɪnˈtɪmɪdeɪt]	겁을 주다scare, alarm, cow, daunt. 위협하다frighten into compliance. Intimidate(frighten) people into applauding for them 그들에게 박수치도록 겁을 주다.	안으로in 겁timid을 잔뜩 주는 Timid 소심한 겁 많은timorous. Fearful Timidity 겁많음, 수줍음 Tremulous 겁많은timid, 떨리는quivering, trembling
Intoxicate [ɪnˈtɑksɪkeɪt]	중독시키다enrapture, fascinate, bewitch 취하게 하다muddle, be fuddle. 열중시키다.	Toxic 유독성의poisonous Toxicity 유독성 Detoxicate 해독하다. 치료하다 Disintoxicate 술깨게 하다. 중독증상을 고치다.

Intricate [ˈɪntrɪkət]	복잡한complicated, 얽힌entangled Extricate:구해내다. 해방시키다. (=free from difficulty, unshackle)	복잡한; complicated, involved, complex, fancy, elaborate, tangled, tortuous, convoluted
Intrigue [ɪnˈtriːg]	모의secret scheme, 모의하다. 강한 호기심을 불러일으키다 Intrigue against King 킹에 대하여 음모를 꾸미다. Be involved with an politic intrigue 정치 음모에 관련되다.	안에서in 꾸미는trig Trig 말쑥한, 멋진, 꾸미는 Trigger 방아쇠. 개시하다initiate. 일으키다set off. Triggerman 암살자, 경호원
Introspective [ˌɪntrəˈspektɪv]	자기 성찰적인(내부를 들여다보는). 유망한 사람a man on his way	내부intro를 들여다 보며spect…. Prospective 장래의. 유망한 Retrospective 회고적인. 뒤로 소급하는 Retroactive 반동하는, 소급하는
Intrude [ɪnˈtruːd]	침범하다. (on/into/upon)break in 방해하다(on/into/upon) Intrude into a garden 정원에 밀고 들어가다. Intrude upon neighbor's privacy 이웃의 사생활에 참견하다.	안으로in 들이미는thrust… 앞으로 protrude 돌출하다jut out 밖으로 extrude 내밀다. 추방하다. 침범하다.; invade, trespass on, violate, encroach upon, infringe on, drive over *침범하다intrude // protrude돌출하다.
Intuition [ˌɪntuːˈɪʃn /-tjuː-]	직관력, 직감hunch, gut By intuition 직감적으로	안을in 들여다보는look… Tuition 수업료, 수업 gut intuition(feeling) 육감=sixth sense(*육감으로 in one's bones), hunch
Inundate [ˈɪnʌndeɪt]	침수시키다engulf. 쇄도하다overrun with a rush. Be inundated with care package 위문품이 쇄도하다. *I need blanket coverage 종합보험이 필요하다.	쇄도하다;be flooded with, be deluged with, have a rush(pressure) of, a storm of, rain in, tread on the heels of, storm his way into. *바로 직후에 on the heels of
Invective [ɪnˈvektɪv]	욕설(abusive speech, diatribe)	욕설:abusive denunciation
Invert [ɪnˈvɜrt /-ˈvɜːt]	뒤집다turn inside out. 변태pervert. Bats's inverted lifestyle. 박쥐의 거꾸로 매달려 사는 생활 Inverted 반대의 역의 *How did the game turn out? 게임 어떻게 끝났냐? We kicked their butt 5 to 4. 5대4로 이겼지. The game ended in a tie. 무승부로 끝났지.	*배, 정설, 통설, 결정을 뒤집다. 전복되다; Capsize (overturn) (a boat) *코트, 순서, 판례를 뒤집다. Reverse (a coat, order, case) *손바닥, 카드를 뒤집다. Turn over. *주머니를 뒤집다. Turn out *안을 뒤집다. Turn inside out. *put on inside out 뒤집어 입어라. Put on back to front. 옷을 돌려입어라.
Invigorate [ɪnˈvɪgəreɪt]	기운나게 하다impart vigor. enliven 상쾌하게 하다give energy to *invigorating기운넘치는vibrant, brisk stimulating, energetic	안으로부터in 힘vigor 나게 하니까 Vigor 정력strength. 힘force. 활기 vigorous정력적인strenuous. 단호한. 활기찬.

Irrigate ['ɪrɪgeɪt]	물을 대다supply with water, 관개하다. Irrigated crops / a paddy(fields) 관개수를 대어 지은 작물/ 논	I pump into their dried coffer to irrigate the arid land. 건조한 대지에 물 대기 위해 메마른 금고에 펌프질을 하였다. None of it is irrigated. 이 땅은 관개가 가능치 않다.
INTER	사이에, 중간에	
Entertain [ˌentəˈteɪn]	즐겁게 해주다delight with. (융숭하게)대접하다regale. (감정을)품다bear, harbor, carry. The best way of entertaining friends. 친구를 대접하는 좋은 방법 Entertain a doubt / suspicion 의심/ 의혹을 품다.	Entertain an angel unawares 귀인(천사)인줄도 모르고 남을 대접하다. Entertain the company with music. 음악으로 동료를 즐겁게 해주다. Entertain an elderly at a party 파티에 노인을 초대하여 대접하다
Interact [ˈɪntəˈrækt]	상호 작용하다react upon. 영향을 미치다touch on, impinge. Act up 버릇없이 굴다. Act on 영향을 주다. Act big 잘난체하다	상호간에 inter 작용하다act Act 행동. 법률. 가식. 막. 행동을 취하다. 가장하다. 연기하다. 기능하다. *on the back burner (잠시)제쳐둔, 덮어둔
Intercept [ˌɪntə(r)ˈsept]	가로채다snatch, steal. 가로막다block, obstruct, head off Intercept(steal) a baseball/ pass 야구공/ 패스를 중간에 가로채다. Intercepted his hero as he began to leave the station 역을 떠나려 할 즈음 그 이 영웅을 가로막다.	중간에inter 잡아내다catch.. *Catch sight of 얼핏보다get a glimpse of *catch off 잠들다. Catch off balance 허를 찌르다. 당황케하다. *그를 잡아두다 pin him down. *A drowning man will catch at a straw. 물에 빠진 사람은 지푸라기라도 잡는다. *Would I get by? 지나가도 좋을까요?
Interchange [ˌɪntə(r)ˈtʃeɪndʒ]	(고속도로의) 인터체인지, 분기점, 정보의 교환. 교환하다. 교체하다. Interchange of concepts 개념의 교환 Interchange presents for Christmas Day. 성탄절 선물 교환	중간에서inter 바뀌는change.. Exchange 교환. 맞바꿈. 환전하다. Shortchange 잔돈을 덜 주다. 속이다. Turnpike 유료 (고속)도로 toll road *Can you break a hundred? 백 달러를 환전해 줄 수 있니?
Interdict [ˈɪntə(r)dɪkt]	금지. 금지하다. 제지하다. Interdict a suspected burglar from a telephone conversation. 절도 피의자에게 전화 대화를 금지시키다.	중간에inter 서서 금지하도록 말하기dic… I couldn't get hold of the lawyer at that time. 그 당시 변호사와 통화할 수 없었다.
Interim [ˈɪntərɪm]	중간/ 임시/ 과도의(transitional) An interim measure / briefing 임시 조치 / 중간 브리핑 Interim profits / results 잠정적인 수익/ 결과 Interim president / government 임시 대통령 / 과도 정부	In the interim 그 동안에 Interim dividend 중간 배당 An analysis of records shows my initial hunch about these interim coaches was correct, even underestimated. 한 기록 보고서는 과도기의 코치에 대한 나의 초기 육감이 옳았고, 다소 과소평가 되었다는 점을 나타낸다.
Interject [ˌɪntə(r)dʒekt]	불쑥 말참견을 하다. 첨가하다add. Interject a few comments. 평 몇 마디를 하다. Interject humor into the principal's	중간에 inter 불쑥던지는 throw 말참견하다; interfere, intervene in, meddle in, break in, chop in, cut in, butt in, barge in, put in word, make comment, poke(put,

		boring speech. 교장의 지루한 연설도중 익살로 참견을 하다.	thrust) his nose into. Interjection 감탄사
Intermediate [ˌɪntə(r)ˈmiːdɪətd]		중간의. 중급자. To be intermediate between liquid and solid. 액체와 고체의 중간에 있는. The intermediate examination 중간 시험	중앙의, 중간의; middle, mid, halfway, in-between, midway Mediate 조정하다. 중재하다. Calibrate 조정하다. 목표 정해 공부하다. 눈금을 정하다. *Could you cut it in half? (햄버거 등)반으로 잘라 주시겠어요? Don't put any ice in my soft drink. 음료수에 얼음 넣지 마세요
Intermission		중간 휴식시간interlude, 중지pause. During the intermission tea can be served. 휴식기간 중, 차는 제공된다. Without intermission (중지 없이) 계속해서	In terms of 관점에서 from the standpoint of *continuously= on and on계속해서
Intermittent [ˌɪntə(r)ˈmɪtnt]		간헐적인sporadic. Occasional Intermittent sound of music. 간간이 터지는 음악 사운드.	사이로 왕복하며 보내는=mitt…. *보내는mitt, mis 관련 어군 밖으로 보내다 emit 내보내다. 방출하다. 밖으로 보내 emissary 특사. 사신 모든 삶을 내려놓고 demise 죽음 그리운 맘을 보내니 missive 편지 선물 보냈는데 그 선물 보내니remiss 부주의한. 태만한. 나른한 다시 방출 안되게 remit용서하다.송금하다.
Interrogate [ɪnˈterəgeɪt]		심문하다examine, question. 정보를 얻다get the information. Interrogate a suspect-burglar 절도 피의자에게 심문하다. He was questioned(interrogated) by the detective. 형사로부터 심문받다.	문 안으로 들어가 ɪnterrogate 심문하다. Rogatory 심문. 조사하는 Rogation 법률 초안. 법률안의 제출 문밖에 내다버리니 Abrogate 폐지하다. 서로suro 들어가 surrogate 대신하다.
Interrupt [ˌɪntəˈrʌpt]		가로막다(차단하다). 방해하다. Interrupt the view in the theater. 영화관에서 시야를 막다. Interrupt an electric current 전류를 차단하다.	중단하다; suspend, stop, end, delay, cease, postpone, shelve, break off, put off. Desist (from~ing) 중단: Stagnation, motionlessness. Inactivity 방해하다; intrude, disturb, intervene, interfere, break in, heckle(야유를 퍼붓다), butt in, barge in, hinder
Intersect [ˌɪntə(r)ˈsekt]		교차하다cross. 가로지르다cut across, traverse. Intersecting point 교차점 Be intersected with 가로질러 있다.	중간에서inter 횡단cut 하다. 레이스로 Interlace 얽히다. 엮이다. 꼬다 바람부니 Interwind 얽히다. 한데 감다.
INE		관련된	
Bovine [ˈboʊvaɪn]		소의(Cow related). (사람이)미련한lamed, goony.	Canine; dogs, equine; horses, feline; cats Piscine; fish, porcine; pigs, ursine; bears.

단어	의미	예문/관련어
Ideology [ˌaɪdɪˈɒlədʒɪ /-ˈɒl-]	이념. 관념concept, notion, idea	Ideologue 이념적 지도자
Idiosyncrasy [ˌɪdɪəˈsɪŋkrəsɪ] Idiosyncratic. a	특이한 성격. 별스러운 특이점(peculiarity, eccentricity).	특수하게idio 혼합된syncretic Syncretic 통합주의의. 혼합주의의. 특성feature, character, earmark, property, attribute, trait, mark
Imperial	제국의. 황제의	The imperial palace 황궁
Imperious [ɪmˈpɪrɪəs /-ˈpɪər-] Imperiousness. n	건방진flip, hubris, haughty 고압적인domineering, bossy. 긴급한urgent, pressing. 중요한crucial, critical	Imperious need 긴급 필요성 *I was just flipping through the channels. 채널을 그냥 이리저리 돌리는 중이다
Impugn [ɪmˈpjuːn]	비난하다jump on. excoriate 이의를 제기하다attack as false.	Pugnacious 호전적인 excoriate가죽을 벗기다. 호되게 비난하다.
Incendiary [ɪnˈsendɪerɪ]	불을 지르기 위한act of arson. 자극적인fiery. pungent 선동적인inflammatory. provocative	An incendiary fire 방화 An incendiary device 방화용 장치
Influx [ˈɪnflʌks]	유입inflow. (사람. 자금의)밀려듦flood, surge	Flux 유동. 흐름. 밀물. 범람. 녹다. 밀려들다. 변화하다. 밀려듦: inflow. Rush, arrival, invasion, incursion, inundation, inrush
Ingratiate [ɪnˈgreɪʃɪeɪt]	환심을 사다make up to me. 알랑거리다butter up, brown-nose.	Ingratiate himself with the mayor. 그는 시장의 환심을 사려 하다.
Innuendo [ˌɪnjuːˈendəʊ]	빈정거림insinuation. sly hint. 풍자parody.	Sexual innuendo 성적 풍자.
Injunction [ɪnˈdʒʌŋkʃn]	법원의 금지명령. 경고.	Injunctive 명령적인, 금지의
Inquisition [ˌɪnkwɪˈzɪʃn]	엄중한 심문ruthless questioning 공적인 조사official investigation.	Propose an inquisition into조사를 제안하다.
Insouciant [ɪnˈsuːsɪəns]	걱정 없는carefree, easygoing, blithe 무관심한nonchalant, blasé	*It doesn't matter to me.=I don't care=I don't give a shit. 절대 상관 안 해. *Stop being antsy. 걱정 그만하세요.
Insufferable [ɪnˈsʌfərəbl]	견딜 수 없는intolerable An insufferable laugh 참을 수 없는 웃음.	아니한in 견딜 수 있는sufferable 참을 수 없는:unbearable, uncontrollable, irrepressible, insupportable
Insuperable [ɪnˈsjuːpərəbl]	이겨낼 수 없는(압도적인)	극복할 수 있는superable 것이 아닌…. 압도적인overwhelming, insurmountable
Invidious [ɪnˈvɪdɪəs]	질투를 유발할causing envy. 부당한unjust, undeserved	It's invidious to do ~것은 불공평하다.

Inviolate [ɪnˈvaɪələt]	신성한pure. 존중되어 온inviolable. 어길 수 없는not to be profaned.	아니한in 침범하는violate Violate 위반화다. 침해하다
Interminable [ɪnˈtɜrmɪnəbl]	끝없이 계속되는unending. Endless	아닌in 끝내는.기한이 있는terminable
Iridescent [ˌɪrɪdesnt]	보는 각도에 따라 색깔 변하는. 무지갯빛의.	A iridescent makeup 무지갯빛의 화장
Itinerant [aɪˈtɪnərənt]	떠돌아 다니는(wandering), 순회하는 (peripatetic).	A itinerant library 순회 도서관 *curator 박물관, 화랑 등의 전시 책임자

미국 브라이스 캐년

Jj

Jargon ['dʒɑrgən /'dʒɑː-]	(전문. 특수)용어 *In-jargon 최신 유행의 전문어 *In vogue 유행하는popular	Computer jargon 컴퓨터 전문 용어
Jaunt [dʒɔːnt]	짧은 여행trip. 소풍excursion.	Jaunty 경쾌한. 의기양양한.
Jingoism ['dʒɪŋɡəʊɪzəm]	맹목적 애국주의fanatical patriotism	An ardent patriot 열렬한 애국자
Jubilation [,dʒuːbɪ'leɪʃn]	의기양양함exultant joy. 승리감triumph *막상막하neck and neck *역전승하다 win a losing game	Jubilate 환희하다rejoice. 환호하다 *go over with a bang 멋지게 환호받다 *go (off) with a bang 멋지게 성공하다hit the jackpot *당당하게 triumphantly, in triumph, with flying colors
Junta	(쿠데타 이후)군사정부	Juntos (정치)비밀 결사, 파당(faction)

미국 산타바바라

Kk

Karma	업보retribution for the former deeds.	Good/bad karma 좋은/나쁜 업보
Kinetic [kaɪˈnetɪk ˌkɪ-]	운동의motional, motorial. 활동적인active, energetic	Initial kinetic energy 초기 운동 에너지

미국 피스모비치

Ll

Languish ['læŋgwɪʃ]	약화되다weaken, listless. 겪다go through, undergo Languish(long) for home 고향을 그리워하다	권태:boredom, ennui, dullness, monotony. Seven-year itch (결혼 후)7년째의 권태
Larceny ['lɑrsnɪ /lɑː-]	절도(죄)theft. burglary	Grand/petty larceny 중/경 절도죄 *lucency 투명(성), 광휘
Largess [lɑr'dʒes /lɑː-]	많은 부조. 아낌없이 부조.	Large 양이 많은, 대형의, 광범위한 Talk large 호언장담하다
Lascivious [lə'sɪvɪəs]	음탕한lustful. Obscene. Lewd. Licentious, promiscuous, prurient, amoral They were made for each other 천생연분. Every couple is not a pair. 모든 부부가 천생연분은 아니다	Lascivious scenes 선정적인 장면 *바람둥이 a womanizer. *The pants is so kinky(tight, loose). 이 바지는 너무 야하다(꽉 낀다. 너무 헐렁하다) *바람 맞혔다. Stood him up. Blew him off
Latent ['leɪtənt]	잠재력 있는(potential)	**latent 잠재력 있는// remnant나머지 // lament 한탄하다.슬퍼하다
Layman ['leɪmən]	비전문가nonprofessional. 평신도	평신도들 the laity[lleɪəti]
Liaison ['lɪəzɑn /lɪ'eɪzn]	연락connection. 연락담당자 밀통secret love affair. *I'll give you a shout. 연락할게요.	A liaison office in L.A. 엘에이 연락사무소 접촉하다get(keep) in touch with= communicate with
Litany	(주고받는)응답 기도. 장황한 설명recital.	ramble장황하게 말하다. 장황하게 글쓰다. Recitation 암송. 낭독. 설명
Livid ['lɪvɪd]	격노한enraged, miffed, offended 검푸른. 납빛black and blue 퇴색한discolored. Fade	Turn livid over(with) 에 의해 납빛으로 변하다. // 변하다change(turn) into *take a turn 교대하다.
Lobby ['lɑbɪ /'lɒb-]	(만남 공간의)로비. 압력단체. 정치 로비. 영향력을 행사하다pull strings for, rule the roost(닭장에서 지배권을 쥐다).	On a lobby basis 비공식으로off the record =unofficially *power-broking[-bròukiŋ] (정치권의 중개를 통한)정치 영향력의 행사
Lyrical	서정적인poetic. Melodious. Songlike	Lyrical music/picture 서정적인 음악/그림
Luminous ['luːmnəs]	야광의glow in the dark. 색이 선명한brilliant, vivid. 강렬한	A luminous explanation 알기 쉬운 설명

Mm

MACRO. MICRO	크게 본. 작게 본	
Macroeconomics	거시 경제학(단수 취급) the favourable macroeconomics of recent times 최근의 유망한 거시경제한	크게 본 Macro 경제학economics Economic sanctions 경제 제재(penalty, punitive measure) Economic strike 경제 파업
Malapropism ['mæləprɒpɪzm]	말의 익살스런 오용unintentional misuse of a word	단어와 음은 비슷하나, 뜻이 다른 단어를 말하게 되므로 범하는 실수.
Microcosm ['maɪkrəʊkɑzm]	소우주. 소세계(a miniature model of something). 인간사회human society. In Microcosm 축소된. 소규모로 *microbe 미생물microzoon, germ, bacterium, virus, bug	작게 본 Micro 우주cosm Cosmos 우주the universe Cosmopolitan 국제적인. 범세계주의자 Cosmopolis 국제도시(cosmopolitan city). Cosmology 우주론. 우주철학 *get on in the world 출세하다come up in the world, make something of oneself(…come down몰락하다fail down to the ground) *get on with 사람 ~와 친하게 지내다.
Microeconomics	미시 경제학	작게 본 Micro 경제학economics
Microscopic [,maɪkrə'skɑpɪk]	현미경에 의한. 미시적인 A microscopic organism 미생물=microbe	세밀하게 Micro 보는scopic Microcosm 소우주. 소세계. /Microbe세균 Microbebomb 세균 폭탄
META	위에	
Metamorphosis [,metə'mɔːfəsiːz]	탈바꿈(magical change in form). 변형. 변태pervert An amazing metamorphosis 놀라운 탈바꿈	이전 형태에서 위에서 Meta다른 형태로 morphosis…. Anamorphosis (식물의)기형. 체형의 변화 Mediamorphosis 미디어의 사실 왜곡보도
Metaphor ['metəfɔr /'metəfə,'metəfɔː]	은유. 비유comparison Movie writer's use of metaphor 영화 작가의 비유 사용.	이전 형태에서 Meta 다른 것을 포개어phor
MAL	나쁜, 악의적	
Maladroit ['mælə'drɔɪt]	솜씨(재치)없는clumsy, inept, klutzy, awkward, ungainly, gawky, unhandy	노련하지 adroit 않은mal Adroit 노련한 솜씨있는

	His maladroit speech makes me really boring. 그의 솜씨없는 연설이 날 지루하게 한다.	The elderly made a maladroit attempt to apologize. 노인은 서투르게 사과를 시도했다.
Malady [ˈmælədɪ]	심각한 병폐(illness, infection, ailment) Eradicate a social malady 사회적 병폐를 근절하다. Take steps against the mysterious Malady. 원인 불명의 병에 대하여 조치를 취하다.	나쁘고도mal 붙잡고 있는hold… *hold the garlic(no garlic) 마늘은 넣지 마세요. I can't hold food down. 난 음식을 삼킬 수 없다.
Malediction [ˌmælɪˈdɪkʃn]	저주curse. 비방aspersion, slander, libel 욕cuss, invective, Uttered a malediction upon his enemies 적들에게 악담을 퍼붓다.	나쁜male 말하기|dic Malcontent 불평을 품은. 반항적인. **rebellious반항적인// embellish장식하다 *욕하다cuss(curse) him out, shout(scream) insults, hurl abuse, swear at him,
Malefactor	악인evildoer, villain, miscreant 죄인criminal We cannot trust malefactors in politics as much as commerce. 경제계 만큼이나 정계 내부의 악인들을 신뢰할 수 없다.	나쁜Male 요인factor Factor 요인, 비율, 지수 Factor out 제외하다. 뽑아내다 악의적인, 악랄한 evil, villainous, miscreant
Malevolent [məˈlevələnt]	악의적인evil. maleficent, diabolical A malevolent witch/gaze 악의적인 마녀 / 시선 The officials were not being malevolent. 관료가 악의적인 것은 아니다.	나쁜male 의지volition 악의적인; malicious, wicked, malevolent, unprovoked egregious
Malfeasance	불법(부정)행위iniquity. 나쁜 짓illegal act	Malformed 꼴사나운. 기형의. Maltreat 혹사하다. 혹사 Malpractice 업무상 과실. 의료 과실
Malice [ˈmælɪs]	악의(앙심)spite, 적의hostility, 원한grudge, resentment Out of malice 악의로 Bear malice to him 그에게 악의 원한을 품다. With malice aforethought 살의를 품고	나쁜mal 차가운 마음ice Malnutrition 영양 부족 Maladapted 부적합한. Have it in for 악의(앙심)을 가지다mean to harm Say with a lick of malice 악의 없이 말하다.
Malign [məˈlaɪn]	해로운harmful, injurious, 악성인bad, vicious, satanic 중상(비방)하다slander, calumniate. Have a malign effect on 해로운 영향을 미치다. Malign a benign person 선인을 비방하다.	나쁜mal 태생birth Lignify 나무에 그리다. 목화하다. Ligniform 나무 형태에 Ligneous 목질의 **many chestnuts on the tree 나무에 열린 많은 밤들.// crack chestnut 밤을 까다
Malinger [məˈlɪŋgə(r)] Mailingerer. n	꾀병을 부리다feign illness. Malingering people 꾀병부리는 사람들	꾀병 부리다; feign(sham) illness. Malinger, Fake illness, swing the lead
Malleable [ˈmælɪəbl]	펴 늘일 수 있는. 영향을 받기 쉬운 (gullible. Easily influenced)	늘일 수 있는:extendable, extensible, protractile, ductile

MAN. Manu	손	
Manifesto [ˌmænɪˈfestəʊ]	(단체. 정당의)선언문proclamation. 성명서public declaration.	Issue a manifesto 성명을 내다. Manipulate 교묘하게 다루다. 속임수쓰다. Mandate 명령. 위임통치. madatory명령의 Mannerism 틀에 박힌 수법. manacles수갑(handcuff)
Marshal [ˈmɑrʃl /ˈmɑːʃl]	보안관. 경찰서장. 스포츠 진행요원 (사물, 생각을) 모으다. 통제하다.	
Martial [ˈmɑrʃl /ˈmɑːʃl]	전쟁의warlike, belligerent, bellicose. 싸움의militant, pugnacious Invoke martial law 계엄령을 선포하다.	Martial art/ music 무술/ 군악
Martyr [ˈmɑrtər /ˈmɑːtə]	순교자. 순교자인체 하는 자. 질병에 지겹도록 시달리는 사람.	~인체하다 make believe, pretend
Matriculate [məˈtrɪkjuleɪt]	대학생이 되다. 성공적으로 마치다wind up. get through	His mother matriculated in 1963. 1963년에 대학생이 되었다(대학생활을 시작했다)
Mania [ˈmeɪnjə]	열광. 열중passion, fixation, preoccupation, prepossession. ~광phobia,	미국에서는 mania보다는 buff를 더 많이 써서 ~광을 나타냅니다. Dance buff…. *a little demon 장난꾸러기
Monomaniac	한가지 일에 집착하는 편집광. *What are you up to? 넌 뭐에 빠져있니?// She is into dance. 그녀는 춤에 빠졌어.	한가지mono 집착하는maniac Pyromania 방화pyro광 Megalomaniac 과대mega 망상증 환자, Megalith 고인돌. Megaphone 확성기 megadeath대량사. megadose대량 투여
MIS	나쁜, 잘못	
Miscarry [ˈmesˈkærɔɪ]	유산하다part with child. 실패하다fail, flush it in. She miscarried the baby last year. 작년에 유산했다.	잘못된mis 이동하다carry Carry 운반하다. 보내다. Carryover 이월품, 이월 거래.
Misdemeanor	경범죄, 못된 행동 A little demon has committed high crimes as well as misdemeanors 장난꾸러기는 경범죄 뿐만 아니라 중범죄까지 범했다.	잘못된mis 행동demeanor demeanor태도manner. 행동. 품행 중범죄; a serious offence, major offenses, High crimes, (청소년)비행(범죄)delinquency
Misgiving	불안감apprehension, qualm 의혹doubt, uncertainty. With a sense of misgiving 불안한 마음으로 I have a little bit of misgiving about this present. 선물에 대하여 약간의 의혹이 있다.	잘못된mis 것을 가져오는giving 불안감; anxiety, insecurity Mismatch(=mismate)남녀가 어울리지 않는 상대와 결혼시키다. Misfire 불발하다. 목적한 효과를 못이루다. Misname 틀린이름을 부르다. mistreat학대하다. 혹사하다. Misinform 잘못 전하다. misadventure재난

Mishap ['mɪshæp]	작은 사고contretemps, mischance 불행misfortune Without mishap 작은사고도 없이, 무사히 A slight mishap 경미한 사고 mishap after mishap= a series of mishaps 연속된 작은 불행들 It could've been worse불행중 다행	나쁘게mis 발생happen Happen;발생하다come true. 우연히…하다. Happenstance 우연 Happen in 불쑥 들리다 Happen in with 와 만나다. Happen on 발견하다. *사고 뭉치 accident-prone
Misjudge	오해하다misunderstand. 오산하다miscalculate.	You can't judge a book by its cover. 겉만 보고서 사람을 판단해서는 안된다.
Mislead [,mɪslɪːd]	오도(호도)하다lead in the wrong direction. varnish 속이다deceive. Several misleading statements 몇몇 호도한 성명 Be misled by an unscrupulous owner 비양심적인 소유주에 의해 속임을 당하다.	잘못mis 인도하다lead 호도하다;cover up, gloss over Lead 안내하다. 인도하다. 권유하다. (안내원.수위 concierge, usher) Leading 선두적인 일류의 지휘 통솔 Please를 외치면서, plead 탄원하다. 간청하다. 변호하다. Cheerlead 응원하며 용기를 주다. Cheer up 기운나다became happier Varnish 니스. 광택제를 바르다. 호도하다
Misuse [,mɪs'juːs]	오용, 남용, 악용. 오용하다. Alcohol / drug misuse 알코올, 약물 남용 The misuse of power 권력 남용 The misuse of identity cards ID카드의 오용	잘못 mis 이용하다use Abuse 악용하다. 학대하다. 비방하다. User-friendly 사용하기 쉬운 Useless 소용없는, 헛된 Monday morning quarterback (이미 지나간 일로)뒤늦게 따따부따하는 사람.
MISO	증오	
Misanthrope ['mɪznθrəʊp ,-sn-]	인간 혐오자. Misanthropic=hating mankind *misogamy 결혼 혐오 (monogamy 일부일처제, polygamy 일부 다처제, bigamy 중혼) *misogyny 여자 혐오 *misology 토론(논쟁) 혐오 *misoneism 새 것(개혁) 혐오. 보수주의	사람anthrope을 싫어하는Mis Anthropomorphic 의인관에 따른(신. 생물을 모두 의인화해서 보는 사상에 따른), 사람을 닮은. Anthropomorphism 의인화personification Anthropology 인류학 Anthropoid 원숭이 닮은. 유인원
MONO	하나의	
Monarchy 'mɑnə(r)kɪ /'mɒ-]	군주제. 군주국. 군주정치 The monarchy 군주 일가. 왕가. *diarchy (=dyarchy) 양두 정치(2+지배하는) For oneself(스스로 위하여)without other's help. You don't make trouble for yourself.사서 고생하지마 By oneself (옆에 자기만 있는)홀로alone // beside oneself 미친mad In itself 본질적으로by nature Of itself 저절로by itself, naturally	혼자서 Mon 지배하는archy Constitutional Monarchy 입헌 군주제 Despotic(absolute) Monarchy 전제 군주제 patriarch족장, 원로. patriarchy족장 정치, 가부장제(patri아버지가 archy지배하는) patricide아버지 살해, patrimony세습재산, 유산. patriot 애국자, matriarch 여가장, 여족장(matri 어머니가 arch지배하는), archangel 천사장(지배하는+천사),

Monocracy	독재정치(autocracy) *외톨이 oddball, odd one *외골수 one-track mind, single-minded	홀로mono 제맘대로 지배하는 정치cracy 독재자 despot, autocrat, absolute ruler, monocrat, dictator, tyrant(폭군), oppressor 시달리다suffer from, pestered by
Monolithic ['mɑnəʊlɪθɪk]	단일체의. 획일적인. 하나의 암석으로 된.	A monolithic society 획일적 사회 Monolith 단일 암체 Monogram 여러글자가 한 글자를 만듦 Monograph 전공논문(한 분야의)
Monologue ['mɑnəlɔg /'mɒnəlɒg/]	독백. 1인극. His 30 minute monologue.그의 30분 일인극	혼자서 Mono 말하는logue 앞서서 말하는 prologue 서언 대등하게 analogue 대등한 것. 유사물 같이 말하는 dialogue 대화
Monotony [mə'nɑtnɪ /-'ɒn-]	단조로움(arid, dry, flat). 지루함boredom, tedium, flatness. 같은 반복. Break the monotony 단조로움을 깨다. *reiterate 반복해서 말하다. We're spinning our wheels. 우리는 다람쥐 쳇바퀴 돌리는 격이다.	하나의 Mono 음으로만 계속..tone Monoploism 전매. 독점제도./monopoly독점./ monocle외눈안경. / monomania 편집광. monotheism일신교.(polytheism다신교) Disabuse him of superstition 그를 미신에서 깨어나게 하다.
MULTI	많은	
Multiloquent	수다스러운talkative, garrulous *multipurpose 다목적의. 다용도의 Multistory 다층. Multitude 군중. Multilingual 다중 언어 사용의	많은 Multi 말을 하는loquent Eloquent 웅변을 잘하는. 감동적인// Elocution 웅변술 **말을 거창하게 하는 Grandiloquent 허풍떠는. 과장된 // 많은 말을 하여 magniloquent 과장된 허풍떠는
Multiply ['mʌtɪplaɪ]	곱하다. 증대시키다reproduce. 빠르게 증가하다(proliferate). 여러 겹의. You can learn to add, subtract, multiply and divide through arithmetic. 산수 과목을 통하여 사칙연산을 배울 수 있다.	점차로 증가하다crescendo 점차로 감소하다decrescendo 점차로by degrees=gradually Crescent 초승달 *lunate 초승달 모양의. Lunatic 광기의 *lunatic bet (한 곳에 모든 돈을 다 거는)광기의 돈걸기(배팅) Moony(또는moonish) 변덕스러운. 달(변화) 같은
Magnate ['mægneɪt, -nət]	재계 거물(큰 손)tycoon, bigwig.	An oil magnate 석유 재벌
Malaise	설명하기 힘든 문제들. 불만감displeasure.	몰라 이제…너무도 어려운 문제들… So much for my malaises 내 문제는 이쯤 접어두자(그만하자).
Mania ['meɪnjə]	열광craze. -광. -병(벽). Kleptomania 절도광. Gambling mania 노름병	Has a mania for short-track skating 숏트랙에 열광적이다. ~을 쫓아가다track, trail, trace(흔적) *선례를 따르다follow in someone's footsteps =follow suit

Marginal ['mɑrdʒɪnl /'mɑːd-]	한계의. 중요치 않은insignificant. 주변부의. 여백에 쓴. 근소한 차이로 당락이 엇갈린.	A marginal seat 근소한 차로 얻은 의석 Marginal ability 한계 능력 Marginally 가장자리에. 여백에. *Are those seats taken? 자리 임자 있어요?= Is anyone sitting here?
Materialistic	물질 만능주의적인. 소유욕이 강한worldly.	Materialistically 물질주의적으로.
Meander [mɪ'ændə(r)]	구불구불하다. 이리저리 거닐다. 두서없이 진행되다digress.	구불구불한:winding, crooked, tortuous *무슨 짓을 해서라도 by hook or by crook, go to great lengths
Mediate ['miːdɪeɪt]	조정(중재)하다build bridges. 간접적인indirect 화해시키다 bring them together, heal the breach, reconcile.	Mediately 간접적으로 중재하다;intercede, go between, interpose, interfere *interposition: 중재. 삽입. 간섭. 주의 권리 우위설 (각주는 연방 정부 조치에 반대할 수 있다는 주의)
Medium ['miːdɪəm]	(치수.양.길이) 중간의. 대중매체. 도구. 수단 A medium-size town 중소 도시 The medium of drama 드라마라는 표현수단	Hit a happy medium. 두 가지 선택 중 중도 타협점을 찾다. By the medium of 의 매개로(~을 통해서) *He is hitting on her. 그는 그녀에게 수작을 걸고 있는 거다.(make a pass at ~에게 수작 걸다)
Melancholy ['melənkɑlɪ /-kəlɪ]	구슬픈gloomy, depressed, weary	Feel melancholy 처량해지다.
Melee ['meleɪ]	소동brawl. Turmoil. Tumult, bedlam, uproar, hubbub, commotion. 혼란tumultuous confusion	소동: Ferment. A noisy riotous fight, disarray, commotion, fracas
Millennium	1천년. 새 천년이 시작되는 시기.	Bimillennium 2천년
Mellifluous [mɪlɪfluəs]	유창한eloquent, fluent. 매끄러운pleasing to ear.	달콤하게Melliferous 흐르는flow Mellow 달콤한. 익은
Menagerie [mɪ'nædʒərɪ]	동물원zoo, safari park	a purebred 순종(*a mutt 잡종)
Mendacious [men'deɪʃəs]	거짓말하는(Dishonest, lying), 거짓의	*말을 계속 고쳐야 하는mend…. Mendacity 거짓말. 거짓말하는 버릇. 성격 *It's a put-on. 모든 것은 거짓말이다.
Mendicant ['mendɪkənt]	구걸하는. 거지(a beggar, supplicant) A haunt for beggars. 거지 소굴 Disguise oneself as a beggar. 거지로 위장하다	*계란을 앞뒤 살짝 익혀라 over easy 앞뒤 바짝 익혀라 over hard 노른자 터트리지 말고 앞뒤로 running 노른자 터트리지 말고 한쪽만 sunnyside up 삶은 계란boiled egg 살짝 익히다: parboil
Mercenary ['mɜrsənerɪ]	용병(a hired soldier)	모병: draft, recruiting, conscription, soldiers.

Mire ['maɪə(r)]	수렁marshy. quicksand. bog 진흙탕mucky ground. 진흙탕에 빠지다wallow	Stick(sink) in the mire 궁지에 빠지다. Drag him through the mire. 남에게 창피를 주다.
Mode [məʊd]	특정방식. 기분.태도. 유행. 음계 A mode of behavior 행동 방식.	Minor mode 단음계 Be in festive mode 축제 분위기에 젖은
Modulate ['mɑdʒəleɪt] Modulator. n	(목소리)조절하다reduce. Regulate (신호.음악)바꾸다change.	Modulate her voice with~그녀의 목소리를 ~으로 조절하다.
Momentum [məʊ'mentəm]	운동량impetus. 탄력elasticity, flexibility, resilience 계기impetus.	운동량p= 질량m * 속도v Resilient 회복력 있는bouncing back. 탄력있는 spring back
Monger	세상에 퍼뜨리는 사람. 상인. 장수 소문퍼뜨리는 사람:a rumormonger 유언비어 유포자: a scaremonger	생선 (철물)장수: fish(iron)monger There are a lot of fish in the sea. 세상에 여자는 많다.
Moratorium	지불 유예(정지). 활동의 중단knockoff	A moratorium on nuclear testing 핵실험의 일시 정지.
Moribund ['mɑrɪbʌnd]	죽어가는(dying). 소멸해가는	제 기능을 못하다break down. 허물다 tear down(teardown 분해)
Mores ['mɔːreɪz]	도덕 규범traditional behaviors. 풍습. 관습custom. *옷이 날개다. Fine feathers make fine birds. Good clothes open all doors. Clothes make the man.	Customs 세관 Clear through 세관을 통과하다 Custom-made 맞춤 옷. *I bought it off the rack.시상에서 옷 샀나
Motif [məʊ'tiːf]	(예술에서 전개되는)주제.중심사상 디자인(무늬)	The main motif of her song. 그녀의 노래의 주 모티브 *Motive [ˈmoʊtɪv] 동기. 이유
Motley ['mɑtlɪ /'mʊ-]	잡다한heterogeneous. sundry 잡동사니의. 얼룩의 광대 옷	A motley fool/ crowd 얼룩 옷을 입은 광대/ 잡다한 관중 Sundry goods 잡화
Mundane ['mʌndeɪn]	보통의(mediocre, ordinary) 따분한(boring, banal). 속세의secular. earthly	Secular music/ affairs 세속의 음악/ 일 Earthbound 세속에 얽매인
Municipal [mjuː'nɪsɪpl]	지방 자치제의. 시의.	Municipal Art Gallery 시립 미술관
Munificent [mjuː'nɪfɪsnt] Munificence. n	인심 좋은generous, lavish, liberal, broadminded, bountiful, beneficent, magnanimous	Liberal 후한, 진보적인, 풍부한ample, fruitful
Muster ['mʌstə(r)]	지지를 모으다build up support. 동원하다mobilize. raise 용기 내다. 소.양 떼를 모으다.	Muster in/out 입대 / 제대 Muster(take) up courage용기를 내다.

Myopia [maɪˈoʊpɪə]	근시안(nearsightedness)	원시안:a hypermetropic eye, far-sighted eye, long-sighted eye
Myriad [ˈmɪrɪəd]	무수함a large indefinite number. 무수히 많음innumerable.countless	A myriad of colours / stars 무수한 색/별
Mystic [ˈmɪstɪk]	신비로운mysterious. 신비주의자 불가사의한enigmatic	Mystic words 주문incantation, conjuration, cantrip

미국 글렌데일 야경

Nn

NEO	새로운	
Neologism	신조어(new word). 새로운 의미(표현) *The science teacher coined the word. 과학선생님은 새 언어를 만들어냈다.	새로Neo 만들어진 말logism Analogism 추리. 유추. Syllogism 3단 논법. Neoimpressionism 신낭만주의. Neoclassic 신고전주의 neoplastic신조형의. 종양성의.
Neophyte [ˈniːəfaɪt]	신참자beginner, fledgling, novice, tyro, greenhorn, rookie, wet behind the ears 새 성직자. A neophyte patent attorney 초보 특허 변리사. *She has milk on her chin. 그녀는 아직 젖먹이(풋내기)이다.	새롭게neo 심은 plant 초보자. *작은Ling을 붙여 만든 어군 Princeling 소공자, gosling 새끼 거위, duckling 새끼 오리, foundling주운 애기 Sapling 새 순. Stripling 애송이, Suckling 젖먹이, yearling 한살 배기 (*piglet새끼 돼지, *wavelet잔물결, *sibling 형제자매) *Welcome aboard! 환영합니다.(새로운 지원이나 상사가 직장에 출근했을 때) Glad to be (aboard) here.(환영해주니 기쁩니다.)
Noisome [ˈnɔɪsəm]	역겨운(고약한)stinking. full odor 해로운 harmful 역겨운 냄새noisome smells/odors	역겨운. 고약한: offensive, disgusting, sickening, nauseating, noxious, nauseous, 마늘 냄새가 난다It smells of garlic (냄새가) 확 풍긴다.give off
Nomadic [noʊˈmædɪk]	방랑의. 유목의 The nomadic tribe (복수취급)유목 민족	방랑자: vagabond, wanderer 방랑벽: wanderlust 방랑하다:wander, roam, drift(모두 around) *What's your ancestry? 어느 민족이니? *ethnicity 민족성
NON	않는. 부정의	
Nonchalant [ˈnɑnʃəlɑnt /ˈnɒnʃələnt/]	차분한. 태연한(무심한)(척하는) Appear / sound nonchalant 보이기에 / 들리기에 태연한 것 같다.	아니한Non 관심chalant 무관심한;indiffierent, irresponsible, lax, unconcerned, careless, negligent, listless.
Nepotism [ˈnepətɪzm]	친족 등용. 족벌주의 정실 인사favoritism, preferment, proclivity, leaning	nonage미성숙. 미성년. Nonmoral 도덕과 관련없는. Nonplussed 당황하는 nonadmission입장거부 nonsocial 비사교적인

Nominal ['nɑmɪnl /'nɒ-]	명목상의titular, honorary, ex officio. 중요치 않은insignificant	중요치 않은, 쓸모 없는; insignificant, worthless, paltry
Nostalgia [nɑ'stældʒɪə /nɒ-]	향수longing for something past. 고향을 그리워하는 마음 과거를 생각나게 하는 오래된 것.	Be sick for 매우 그리워하다 Be sick(tired) of 싫증 나다have had it with= feel jaded from
NOVA	새로운	
Novelty 'nɑvltɪ /'nɒv-]	새로운 것originality, uniqueness. 신기한marvelous, gimmick *novelistic 독특한unique, different	Nova 신성new star. Supernova 초신성 innovate혁신하다. Novice 신참자. Novation 채무 갱신. 혁신
Novel ['nɑvl /'nɒvl]	새로운new, unusual, fresh, original. 소설story, tale, narrative.	Nothing is new under the sun. 태양 아래 새로운 것은 없다.
Nuance [nuːˈɑns /njuːˈɑːns]	미묘한 차이subtlety, refinement. 특색	*A black hen lays a white egg. 솥은 검어도 밥은 검지않다(개천에서 용났다)
Nemesis ['nemɪsɪs]	천벌scourge. 피할 수 없는 벌.	Play the nemesis 복수하다.

미국 할리우드

Oo

Oscillate ['ɑsɪleɪt /'ɒs-]	(행동.감정이)계속 오가다waver. 진동하다pulsate.	Oscillate between A and B A,B사이를 계속 오가다
Osmosis [ɑz'moʊsɪs /'ɒz-]	삼투. 흡수하기. 서서히 터득하기.	Reverse osmosis 역삼투
Oxymoron	모순어법(반대어의 배치로 사용)	예) Compulsory volunteering강제 자원봉사자, Virtual reality 가상의 현실, *virtual 가상의. 사실상의// virtually 거의. 실질적으로// virtue미덕// virtuous정숙한
OB	너무도 저항하는, 반대의	
Hostage ['hɑstɪdʒ /'hɒs-]	인질, 담보물security, deposit Be a hostage to 지배당하다. 좌우되다. A person in hostage 인질로 잡혀 있는 사람. Hold(Take) him hostage 그를 인질로 잡다.	Stage 상연하다. 계획하다work out. 설치하다. Stagecoach 역마차 Stage fright 무대 공포증 Stage craft 연출 기법
Obdurate ['ɑbdəjʊrət /'ɒbdə-]	완고한(stubborn, disobedient), 고집센(intractable, uncontrollable, stubborn, inflexible, unruly, intransigent, uncompromising) Obdurate opponents 고집센 상대편. The old man's obdurate refusal 노인의 완강한 거절	너무도 저항하는ob 단단하게dur Durative 지속을 나타내는 Durable 지속성 있는. 오래가는 Duration 지속시간 Indurate 단단하게 하다. 무감각하게 하다. 굳은 Tractable 다루기 쉬운docile, 영향을 잘 받는malleable
Obese [oʊ'biːs]	비만인excessively fat, chubby, chunky, beamy, heavy An obese(overweight) child 비만아 A subset of overly(extremely) obese group 고도 비만 단체 Be diagnosed as obese 비만 판정을 받다.	너무도ob 많이 먹어서eat Eat 먹다. 침식하다. 소모하다run down. Eating 식사 Eating disorder 식이 장애 Eatable 먹을 수 있는 Eatery 간이 식당 disability장애. 불구///inability 무능력
Obfuscate ['ɑbfʌskeɪt /'ɒb-]	혼란스럽게 만들다make obscure (make confusing. Make a fuss)	혼란하게confuse 만들어 소동fuss을 일으키는… fuss(=ballyhoo, brouhaha, hubbub) 야단. 소동. 언쟁. 설치다.

Object [əb'dʒekt]	물건. 목적. 항의하다. 반대하다 fly in the face of Indirect object 간접 목적어	Objection 이의. 반대. Objective 목표. 목적격인. 객관적인 meet the mark 목표에 도달하다
Oblige [ə'blaɪdʒ]	강요하다(의무적으로 …하게 하다). 베풀다 treat with, show mercy. Be obliged by law to take a break 법에 따라 휴식을 가질 의무가 있다. Would you oblige me with some help? 도움 좀 주시겠어요?	강요하다; push to do, force to do, compel to do, coerce him into, impose on him, Care for another drink? =Would you like to another drink?
Oblique [ə'bliːk] Obliqueness. n	비스듬한(at an angle, slant), 완곡한(간접적인)indirect 애매한evasive and underhanded An oblique approach/ comment / hints 간접적인 접근/ 논평 / 암시.	너무도ob 굽은 bent.. Oblique(euphemism) expression: 완곡한 표현 Oblique dealings 부정 거래 Oblique oration 간접 화법
Obliterate [ə'blɪtəreɪt]	흔적을 없애다remove traces of. 지우다wipe, rub off. Obliterate his fingerprints 지문을 지우다. // Obliterate entire memories 모든 기억을 지우다.	문자화literation 되어 있는 것을 반대로ob Literate 글을 읽고 쓸줄 아는 Literati 지식인들, 학자들
Oblivion [ə'blɪvɪən]	망각(total forgetfulness), 흔적도 없이 사라짐. Sink into(consign to) oblivion 망각되다. Be buried in oblivion 잊혀지다. Be oblivious to 잊다=slip one's mind.	*무언가 잊은 듯 한데, 생각이 안 날 때, 옆 친구가 환기시키기 위해 하는 말. Did you feed the dog? 개 먹이는 주었니? 한편, 수업중 너무도 떠드는 학생에게 교수가 옆에 가서 하는말 Good morning?
Oblong ['ɑblɔŋ /'ɒblɒŋ]	직사각형의rectangular, 길쭉한longish. 타원형의oval An oblong roll like a sausage 소시지 같은 긴 롤빵	Long 긴, 넉넉한, 충분한 Longevity 장수. 오래 지속됨 Longstanding 다년간에 걸친 An oblong shape 1/2 inch thick 1/2인치 두께의 타원형
Obloquy ['ɑbləkwɪ /'ɒb-]	오명bad name. 악평hypercriticism, scandal. 불명예disgrace, dishonor, black eye Earn a good deal of obloquy from 로부터 상당한 악평을 얻다.	반대의ob 말을 하는speak Soliloquy 독백 Colloquy 대화, 회담
Obnoxious [əb'nɑkʃəs /-'nɒk-]	아주 불쾌한unpalatable, 몹시 기분 나쁜out of humor Obnoxious remarks/ behaviors / ordours / habit 불쾌한 말 / 행동 / 냄새 / 습관	너무도ob 유해하여noxious Noxious 유독한, 유해한 Innoxious 무독한 독이없는
Obscene [əb'siːn]	외설적인indecent, lewd, smutty, 터무니 없는absurd, outrageous Obscene books/ gestures 외설적인 책/ 몸짓 It's obscene to eat ten hamburgers at a time. 한 번에 10개의 햄버거를 먹는 것은 터무니 없는 짓이다.	너무도 않좋은ob 장면scene Scene 현장, 장면, 풍경, 풍경화, 남 부끄러운 꼴 Scenery 경치 풍경 Scene painting 배경화

Observe [əb'zɜrv /-zɜːv] Observation. n	목격하다 notice. 관찰하다. 의견을 말하다 comment. remark 준수하다 keep a law. 기념하다 commemorate. Observe good manners/ the proprieties. 예의를 지키다. Observe an eclipse 일식을 관찰하다	Do they observe Thanksgiving Day? 추수감사절을 기념하나요? The boy observed a man enter the bank. 그 소년이 남자가 은행에 들어가는걸 목격했다.
Obsequious [əb'siːkwɪəs]	아부하는(adulate, subservient) Obsequious manner / idea 아부하는 태도 / 발상 *Did you go to brown-nose? 너, 아첨하러 갔었지? *butter him up 그에게 아첨하다	아부하다; flatter, fawn on, suck up to, kiss up to, butter up, brown-nose, lick his shoes, pay court to him, play up to, blandish(into doing) Flatter oneself that=혼자 믿고서 좋아하는 아부하는 사람: sycophant. Brown-noser *감언이설 snow job, sweet talk
Obsess [əb'ses] Obsessiveness. n	사로잡다 be haunted by. 강박감을 갖다 be preoccupied by. To obsess over his watch. 그의 시계에 집착하고 있다. Don't obsess about taking the job. 직업 구하는데 집착하지 마시오 be obsessed with sports car 스포츠 카에 집착하고 있다.	나쁘게도 ob 들어앉아서 sit 집착하다; cling to, stick to, have an obsession about, hold by. Cleave (착 달라붙다. 쪼개다.). Keep an eye on(have his eye on, guard)지키다. 감시하다.
Obsolete ['ɑbsəliːt /ɒb-]	황폐한 discarded, 구식의 no longer current, 더 이상 쓸모 없는 no longer used Obsolete technology 한물간 기술 Obsolete practice / customs 구식의 관행 / 관습 Obsolete word 폐어	구식의; old-fashioned, outdated, out-of-date, archaic, extreme old **Obsolete구식의 // obstinate완고한 // obsession볼누 // obscure애매한 // obstacle장애물 *He is a goner. 그는 한물간(한때 화려했으나) 사람이다.
Obstinate ['ɑbstɪnət /ɒbs-]	고집 센 obdurate, mulish, 난감한 impossible, 없애기 힘든 stubborn As obstinate as a mule 고집불통인 If you continue obstinate 계속 고집을 부린다면… Obstinate problem of unemployment 난감한 실업 문제	고집 센; headstrong, pigheaded, stiff-necked, stubborn, dogged, bigot *난감한 문제 hot potato 뜨거운 감자 *She is mule-headed(bigotry). 그녀는 고집장이다. *head over heels 공중제비하다. 거꾸로 *head over heels in love 사랑에 빠지다.
Obstruct [əb'strʌkt]	막다 block, clog, 방해하다 hinder. mar You're obstructing my life. 내 인생을 가로 막고 있다. Obstruct the view / justice 시야 막다. Obstruct justice 재판을 방해하다.	막다, 차단하다; block, close, bar, plug, barricade, stop up, bung up, clog 방해하다, 지연시키다; impede, hamper, hold back, thwart, stymie(특히 골프에서 상대편 공을 방해하는). Hinder
Obtrude [əb'truːd]	끼어들다(on, upon). 참견하다 interfere, intervene. Obtrude upon their dispute. 그들의 논쟁에 끼어들다.	너무나 반대로 ob 뛰어들다 보면 thrust… 끼어들다; interfere in meddle in, intrude into, interrupt, break in, cut in, butt in 끼어드는:obtrusive,meddlesome,interfering

단어	뜻	관련 표현
Obtuse [əb'tuːs /-'tjuː-]	무딘(dull, crass), 둔감한(insensitive, insensible, callous, thick-skinned, hard-hearted, hardbitten) An obtuse angle/ weapon/pain 둔각/ 둔기/ 둔통	너무나 ob 사용 되어져서 use.. A blunt instrument 둔기, 무딘 도구 무딘, 평범한;blockish, edgeless, blunt, dull, prosaic, vapid, uninteresting, nondescript (별 특징없는), milk-and-water
Obviate ['ɑbvɪeɪt /'ɒb-]	제거(제외)하다(preclude, avert). 미연에 방지하다(fend off).	너무나도 ob 방해되어 way… 미연에 방지하다; crush in the egg, nip in the bud, fend off. *obviate 막다// deviate 벗어나다
Occult [ɑ'kʌlt /ɒ'kʌlt ,ə'kʌlt]	초자연적인, 비술, 주술, 숨겨진 The occult arts 초자연적 기술;마술 Occult powers / obsession 신통력 / 신비한 망상	Supernatural, magical, psychic, mystical, unearthly, esoteric, uncanny, occult *cult추종 숭배, 종교집단, 의식, ~을 추종하는
OCT	여덟. 8	
Octuple	8배의. 8겹의. 8배로 하다.	Octagon 8각형. Octave 옥타브. 8개의 음정 Octopus 낙지. 8개의 발 A regular octahedron 정 8면체
Odyssey ['ɒdɪsɪ]	경험 많은 긴 여정peregrination. Excursion. Pilgrimage(특히 종교상 여정).	여행 일정: itinerary
Offer ['ɔfər ,'ɑ- /'ɒ-]	제안. 제의. 할인. 제공하다. 바치다. Make an offer 제의하다.	On offer 제공(가능한)되는 offer up 제물을 바치다. Under offer 매매가가 합의된
Offend [ə'fend]	불쾌하게 하다. 불쾌하게 여겨지다. 범죄를 저지르다. 도덕에 어긋나다. Offend against the custom 관습에 어긋나다.	Offend the eye 귀에 거슬린다. Offend his mom's mind 마음에 상처주다
Officious [ə'fɪʃəs]	거들먹거리는portentous. 젠 체하는pretend The officious officer 위세부리는 관리	Inofficious 맡은 일이 없는. 도덕적 의무에 어긋나는 Unofficious 지나친 간섭을 안하는
Onerous ['ɑnərəs /'ɒn-]	부담되는 burdensome, wearisome, bothersome, cumbersome, worrisome, onerous, laborious, weighty 짐스러운oppressive, An onerous task 부담스러운 과제 Put a pressure on=lay a burden on ~부담을 주다 //put a stress on강조하다//ease him of his burden 그의 부담을 덜어주다	명인oner이 되는 길은 너무도 부담스러워. Oner 뛰어난 사람. 명인. Practitioner 의사. 변호사. 전문가 Prisoner 죄수. 형사 피고인.
OPTIC	눈의. 시력의	

Optical [ˈɑptɪkl /ˈɒp-]	시력vision, eyesight. 시각의 *Optic 시력의. 눈. 광학용 렌즈	optimize낙관하다 optima 최적. 가장 알맞은) optimal age 적령기 optimism 낙관주의/ pessimism 비관주의
Opaque [əʊˈpeɪk]	불투명한(not transparent). 불분명한(obscure) *Anything with caffeine in it like coffee keeps me up. 커피처럼 카페인이 첨가된 어느 것이든 마시면 잠이 안와요.	물aqueous처럼 투명하지 못한op Aqueous 물의. 수용성의. 수분을 함유한 Aqua 물//aquatic물속의. 물속에서 자라는 aquarium 수족관, aqua-lung 수중폐(잠수부들이 등에 메는 수중+폐), aquafarm 양식어장(수중+양식장), aquaculture 양식(수중+재배), aquanaut 잠수 연구원(수중+항해자), aquaplane 수상스키(수상+활주판), 수상스키를 타다. Aquaporin 물통로(물+수로), aquatic product – 수산물, sub-aqua diving 수중다이빙, aqua yoga 수중 요가.
Opponent [əˈpəʊnənt]	상대자contestant, 반대의reverse, opposite, contrary A political opponent 정치적인 적 Generosity toward a defeated opponent 패자에 대한 관용	반대편op 위치한place… 상대자; adversary, rival, enemy, competitor, challenger, foe, contestant, antagonist, dissident, objector *반대로 on the contrary
Opprobrious [əˈprəʊbrɪəs]	상스러운(모욕적인)critical. 부끄러운disgraceful.	Be opprobrious for(to) 수치스럽다.
Opportune [ˌɑpərˈtjuːn /ˌɒpəˈt-]	적절한(favorable) An opportune advice / moment 시기적절한 충고 / 순간 This season is an opportune time to eat persimmons. 이 계절은 감 먹기 시기 적절하다.	Out of season 제철이 아닌 In season 제철의 Out of sight 안보이는. in sight 보이는 Opportunity seldom knocks twice. 기회는 두 번 오지 않는다. *in a timely manner 시기적절하게
Ostensible [ɑˈstensəbl /ɒˈs-]	표면상의superficial,seeming 명백한apparent. professed Ostensible goal/ reason /excuse 표면상 목표/ 이유 / 변명	표면상의; superficial, apparent, ostensible 피상적인, 대충의; cursory, superficial, crude (세련되지 않은), runthrough, hasty. in the rough, indelicate(연약하지 않은), slipshod, sloppy(대강의) *주먹구구식 a rule of thumb
Ostentatious	대단히 비싼(showy), 과시하는pretentious, boastful, show-off, bragging, conceited. 드러내놓고openly, outright Ostentatious lifestyle / gesture /conceit 과시하는 생활방식 / 몸짓 / 자만심	과시하다; display, show off, make a display of, flaunt, parade, display ostentatiously *flaunt 과시하다. 허세부리다 *flout 비웃다. 모욕하다. *똥 묻은 개가 겨 묻은 개를 탓하다 The pot calls the kettle black.
OMNI	모든	
Omnibus	시리즈로 묶은 옴니버스, 작품집. 많은 것을 포함하는. 총괄적인. An omnibus bill 일괄 법안	모두Omni다 탄 버스bus Syllabus 개요. 요강. 수업계획서. Omnibus law 총괄 법률

	A hotel/ YMCA omnibus 호텔/YMCA 전용 버스	Omnifarious 다양한. 여러종류의 Omnific 만물 창조의
Ominous ['ɑmɪnəs /'ɒm-]	불길한portending doom. 위협적인menacing, threatening	An ominous sign 흉조 What's your sign? 너의 별자리는 뭐니? Aquarius 물병자리. Aries 양자리
Omnipotent [ɑm'nɪpətənt /'ɒm-]	전능한all powerful. almighty, dictatorial, all-powerful, unlimited. An omnipotent dictator 전능한 독재자.	모든 것Omni이 가능한 힘potent 무력한 impotent Omnipresence 모든 곳에 동시 존재함.
Omniscient [ɑm'nɪʃnt /'ɒm-]	전지한all-knowing.	모든 것omni을 다 아는 scient 무지한. 몽매한.Nescient, inscient
Omnivorous [ɑm'nɪvərəs /'ɒm-]	잡식성의. 두루 관심을 갖는. An omnivorous glutton. 잡식성의 대식가.	모든 것Omni을 다 먹는vorous Insectivorous 식충성의. 곤충을 먹는. *Omnivore 잡식 동물
OVER	위에서	
Overall ['əʊvərɔːl]	전반적인general, unrestricted, 어느 곳이나all-inclusive, blanket. Over all 전반에 걸쳐, 끝에서 끝까지. Overall length/view 전장/전경 Overall circumstances 전반적인 사정.	위에서over 본 모든all… 전체의; total, full, whole, general, complete, entire, global, comprehensive 일반적으로; in general, generally, mostly, on average, on the whole, predominantly, in the main, all things considered
Overcast	흐리게 하다blear, bedim, becloud. 구름 덮힌 An overcast day/ sky/ morning 구름 덮힌 날/ 하늘/ 아침	위에over 구름이 던져있는cast Cast 던지다. 해고하다. 삐뚤어진 것. 버림받은 것.
Overcrowd	너무 많이 수용하다. 혼잡하게 하다(jam up) An overcrowded classes/ buses 과밀한 학급/ 버스	위에over 꽤나 붐비는crowd Overlap 겹치다. 중복되다. Overpower 압도되다. Overseas 외국의. 해외의. Overshadow 그늘지게하다. 슬프게하다.
Overdue	기한이 지난in arrears, past due 이미 늦어진late, tardy, unpunctual An overdue payment 지불 연체 Overdue books 연체 도서 *미국의 경우, (개인)수표check을 쓰면 은행잔고에서 빠져나가는데, 만일 돈이 모자라면 overdrawn 잔고도 없는데 써서 잔고를 초과했다는 의미로 은행에서 전화가 온다.	넘기는over 기한due Due 만기가 된. 적당한 Due date 만기 일 Due process 정당한 법의 절차 *be due to동사 ~예정이다be expected to Be due to명사 ~탓. 때문에be caused by
Overhang [,əʊvə(r)hæŋ]	걸쳐있다ie. 돌출하다jut, outstand. 위협하다threaten, menace. 과잉surplus Dead(debt) overhang 부채 과잉	위에over 달려있는hang *전화 끊지 말고 기다려 Don't hang up. *사귀다hang out together=keep company with=be go out with someone

Overhaul	앞지르다outdo, outstrip, overtake 수리(점검하다)repair, do up 정밀조사하다a close investigation. Go to an eye doctor for an overhaul. 정밀 검사 받으러 안과의사에게 가다. An overhaul of the education system. 교육제도의 개편	넘겨over 끌어잡는haul Haul 끌다, 운반하다, 바꾸다 Haulage 끌기, 운송, 수송비 Haul him in 그를 체포하다. Overcommitted 깊이 관여하다. Overcharge 과적, 지나친 값을 요구하다. Overdose 지나치게 투여하다.
Overhear [,əʊvə(r)hɪə(r),]	우연히 듣다get wind of. *hear from~로부터(직접) 소식 듣다 *hear of대해 듣다know by hearsay *hear 대상으로부터 듣다.	건성…위로over 우연히 듣다hear.. Eavesdrop 엿듣다. Hear out 말을 끝까지 듣다. *I need tunes(악기나 기계 조율). 음악을 들어야 겠어. *건성으로half-heartedly, absent-mindedly
Overland	육상의, 육로의 Overland journey/ trip 육로 여행 Overland transportation 육로 차편 Overland truck route 육로 트럭노선.	육지Land 도로상over의 Landscape 풍경, 풍경화 Landmark 유적, 명소, 획기적인 장소 Landslide 산사태, 압도적인 표차로 승리 Landfill 쓰레기 매립지
Overlap	겹치다stack up, 포개지다. Overlap each other 서로 겹쳐지다. Overlap in jobs 일자리가 겹치다.	위에 over 또 겹치다lap Lap 겹쳐지다, 싸다, 무릎, 파도소리 Lapse 실수 상실 쇠퇴
Overload	너무 많이 싣다burden, load up. 과부하 overcharge, oppression, overburden, surcharge, An overloaded sack / truck. 과부하 가방/ 트럭 She's overloaded with too much work nowadays. 요즘 그녀는 너무 과부하된 일로 시달린다.	너무나도over 많이 싣는load… Load 짐, 무게, 중량 Loaded 무거운, 가득찬, 탄알 장전된 Loading 짐싣기, 하역, 장전 Overnight 밤새는, Oversensitive 신경과민인. sensitive감수성 있는//sensible 분별있는
Overlook	간과하다ignore, turn a blind eye, cut someone dead 무시하다disregard, set at naught 눈감아주다connive, overslip. 내려다보다look down. Overlook a new recruit's mistake 신입사원의 실수를 눈감아주다. We live on a ridge(hill) overlooking L.A. 우리는 LA를 내려보는 산등성이(언덕)에서 산다.	건성으로 위만over 쳐다보다look 무시하다; ignore, disregard, neglect, pass over, slight, overlook, flout, turn a deaf ear to 무시하세요, 괜찮아요, forget it=overlook it *Are you dissing(disrespect) me? 너, 나 무시해?
Overnight	하룻밤 동안, 밤사이에 Over night 새벽까지, 하룻밤 Overnight poll 심야 여론조사 Overnight delivery 심야 배달 overnight stop 일박	하룻밤night을 넘겨over Nightmare 무서움, 악몽 Nightfall 황혼, 땅거미 Nightlife 야간에 할 수 있는 오락 Night shift 야간 근무(당직 근무)
Overpower	눌러버리다. 제압하다. 사로잡다. She was overpowered by two dogs at night. 밤에 두마리 개로 인해 제압당하다(쩔쩔맸다.)	너무over 큰 힘으로power 누르다 Powerless 효과없는, 무력한 Powerhouse 발전소, 최강팀, 동력실 Power failure 정전

Override [ˌəʊvəˈraɪd]	짓밟다tramp. 무시하다. 보다 중요하다more importantly. 무효로 하다. 기각하다overrule Override the public opinion 여론을 무시하다. An overriding(dorminate) prediction 지배적인 예측 Overriding aim / concern 최우선 목표 / 관심사 *pore over 심사숙고하다	위에서over 말타고ride 짓밟다. Ride 타다. 승마하다. 지배하다. 공중에 뜨다. Rideout 즉흥적으로 연주하다. Riderless 탈 사람이 없는, 추가조항 없는 **aim at 겨냥하다. /at stake. at risk위기에 처한 / at the mercy of~에 달려있는 *at the risk of her life 그녀의 생명을 무릅쓰고 *point at=aim at 겨냥하다 *point out 지적하다. 언급하다.
Overrun [ˌəʊvəˈrʌn]	빠르게 퍼지다teem. 초과하다be inundated. 녹초되다. Be overrun with rats/ weeds 쥐가 우글거리다/ 잡초가 무성하다. Overrun his allotted time 할당 시간을 초과하다.	너무나도over 빨리 달려나가run 퍼지는 Runner 경주자, 심부름꾼, 수금원 Runout 도망(elopement가출). 기피. 고갈 Runner-up 차점자, 2위 Run-down 황폐한. 쇠퇴한
Overseas	해외로, 해외의 Overseas markets/ trade 해외 시장/ 무역 Live/ go overseas 해외에 살다/ 해외로 가다 An overseas branch/ edition / buyers. 해외 지점/ 해외 판/해외 구매자	건너가는Over 바다sea A sea voyage 항해 A cruse room with sea view 바다가 보이는 크루즈 배의 객실 The North Sea 북해 *with a view to ~ing =for the purpose of ~하기 위해
Overtime	초과 근무, 초과 근무 수당 Work overtime 초과 근무 하다. Overtime pay 초과 근무 수당 *on the job 근무중인at work /at rest움직이지 않는. 휴식중인/at sea항해중인/ at church 예배중인/ at table식사중인 /at MIT. MIT에 재학중인 /at war교전중인/ at anchor 정박중인	시간time을 초과하여over Time-out 중간 휴식 Time-consuming 시간이 걸리는 Time-expired 만기의 *I just got off.막 근무시간이 끝났다. *at all times 항상 At another time 나중에. 다른 때에. *초과 이윤, 불로소득 windfall profit
Overused	남용한. 진부한banal, stock. bland, cut-and-dried	과도하게over 사용한use 진부한: stale, hackneyed, trite, insipid, bland, dull, tasteless, unflavored, lifeless, stereotyped
Overweight	과체중의, 비만의 Overweight baggage 중량초과 수하물.	너무나도over 체중이 나가는weight Weight 무게, 체중, 부담, 책임, 형벌 Weight watcher 체중에 신경 쓰는 사람
Overwhelm	압도하다tread. Boggle. snow someone under 제압하다oppress, dominate. 완전히 뒤덮다suffuse. Be overwhelmed by 쩔쩔매다. Overwhelming support/advantage 압도적인 지지/ 잇점 Be overwhelmed(filled) with grief /sorrow 슬픔으로 가득차다	너무나도Over 압도하다whelm Whelm 압도하다. 내리 덮치다. 파도가 삼키다. 물속으로 가라 앉히다. Underwhelm 감동을 주지 못하다. 실망시키다. *(주유소에서)가득 채우라. Filled it up. *가득 차다 be full of=be filled with=be rife with, swarm with, teem with.

OUT	밖으로	
Outburst	폭발blowup, explosion, detonation 급격 증가(increase, increment) An outburst of anger/ rage 분노/격노의 폭발 Sudden outburst of tears 갑자기 쏟아져 나오는 눈물 *Explosion 폭발. Implosion 내파. Plosion 파열. 파열음	밖으로out 분출burst Burst 폭발하다go off. 파열하다. 부풀어터지다. 찢다. Burst into+명사=burst out ~ing=막~하다 Sunburst 구름 사이로 햇살이 비추는 Cloudburst 폭우, 집중호우 *I am on cloud nine today. 오늘 난 기분이 너무 좋다. I feel like a million
Outcry ['aʊtkraɪ]	격렬 반응, 항의complaint, protest An outcry over the proposed bill. 제안된 법안에 대한 항의 A public outcry 대중의 항의	안이 아닌 밖으로out 울어제끼기cry *outscore 보다 많이 득점하다. *overmatch 보다 위인 사람(강적). 물리치다. 압도하다. *overrate(=overestimate) 과대평가 하다. *높이 평가하다put(set, place)much value on
Outdo [ˌaʊtˈduː]	능가하다(surpass). 보다 뛰어난. Outdo her in everything 모든 면에서 그녀보다 뛰어나다. Outdo Russia in the Olympic Games 올림픽 경기에서 러시아보다 뛰어나다. He was always one step ahead of you. 그는 당신보다 한 템포 빠른 사람이었다.	너무나도 Out 잘 하는do Undo 풀다. 취소하다break off. 망하게 하다. Pseudo 가짜의, 허위의, 사기꾼 *The man is a snake in the grass. 그 사람은 사기꾼이다. / You are outdone 너는 도가 지나쳤다.
Outgoing ['aʊtgəʊɪŋ]	떠나는. 물러나는. 출발하는 외향적인(sociable) The outgoing tide 썰물 Outgoing express train 출발하는 특급 열차 Outgoing lady 외향적인 숙녀	밖으로out 나아가는going 외향적인; sociable, open, social, warm, friendly, expansive, affable, extrovert *He's easy going. 편안한(인자) 사람이다. *The gentleman is good at heart. 그 신사는 마음이 따뜻하다. Expansive팽창하는.확대하는/expensive비싼
Outlaw ['aʊtlɔː]	무법자. 추방하다(ostracize). 불법화하다illegalize. outlaw, ban An infamous outlaw 악명 높은 무법자. Outlaw strike 불법 파업 Outlaw drunken driving 음주운전을 금지하다.	법law 밖out에 있는 사람 Law 법. 법률, 규칙(canon, decree, edict, fiat. Regulation, ordinance). 원칙 Lawsuit 소송litigation. 고소 Litigant 소송 당사자party to a lawsuit Lawful 합법적인. 준법의 Law-abiding 법을 준수하는 Law enforcement 법의 집행
Outlay ['aʊtleɪ]	경비cost, expense, charge, 지출spending, expenditure At a small outlay 적은 경비로 Balance his income and outlay 수지 맞추다make both ends meet. A capital / defense outlay 자금/ 국방비 지출	밖으로out 놓여지는lay 돈 Layman 평신도, 비전문가 Layout 배치 Layup 쉼, 휴양 Capital 수도. 자본금. 대문자. 사형의. 대문자의.

Outlive	보다 오래살다. 보다 오래 지속되다. Snack food giants far outlive fashion designers. 스낵 제조 거장이 패션디자이너보다 오래 산다. In my humble opinion, the conflict will long outlive any Obama administration. 제 개인 소견으로는 그 전투가 오바마 미국 정부보다 더 오래 지속될 것이라고 본다.	보다 오래out 살다live Lively 활기 넘치는. 명랑한 Livelihood 생계. 살림살이 Liven 명랑하게 하다. Live-in 동반해서 사는, 입주해서 살고 있는 Outclass 보다 고급이다. 훨씬 낫다.
Outlook ['aʊtlʊk]	조망view, prospect. 노려보다stare at, glare at, scowl at	밖을out 내다보니look Outdoor 집밖. 옥외 Outcome 결과. Outbreak 발발. 폭동 Outskirt 교외의. Outage 정전. 단수
Out-of-date	구식의. 시대에 뒤떨어진behind the times Out of date fashion 철지난 유행 Out of date eggs 유효 지난 달걀 Out of date clock 구식의 시계 Out of date nautical charts 시대에 뒤떨어진 항해도 *뒤떨어지지 않다keep up(abreast) with	보다 오래 out 날짜가 지난date Out of town 도시 외곽의 Out of print book 절판된 책 Out of reason 도리에 어긋난 Out of work 실직 중인 Out of bounds 영역 밖의 Out of this world 현실 밖의 Out of stock 재고가 떨어진 *We don't keep it in stock. 재고가 없다.
Outrageous [aʊt'reɪdʒəs]	너무나 충격적인shocking, lurid, sensational. 터무니없는, 잔인무도inhumanity Outrageous behavior 충격적 행위 Outrageous clothes특이한 별난 옷	너무나도out 격분rage 하게 되는 rage격노하다. 격분하다fire up. See red rage itself out 격분이 떠난, 잠잠해지다. 잔인.만행: savagery An outrageous crime / price 잔인한 범죄/ 터무니없는 가격
Outright ['aʊtraɪt]	명백한(glaring), 노골적인(blatant), 전면적인(완전한), 즉각instantly Give an outright denial 딱 잘라 거절하다. An outright victory/ refusal 전면적인 승리/ 거절 All criminals were killed outright. 모든 범죄자는 즉사하였다.	너무나도out 옳은 right… Right 올바른, 직각의, 정상적인 Righteous 옳은, 당연한 Right angle 직각 Rightmost 극우의 Rightist 우파인 사람 *I'm looking for Mr. Right. 난 이상형 남자를 찾고 있다.
Outrun [,aʊt'rʌn]	보다 더 빨리 달리다have the legs of. 웃돌다exceed. Outrun the constable 법망(보안관,경찰의 손)을 벗어나다. A frightened camper tried to outrun the storm. 겁먹은 야영자들은 폭설보다 멀리 달리려고 시도했다.	보다 멀리out 달리다run Runaway 도망자. 탈주자. 달아난, 탈주한 State-run 국영의 *outplay 보다 훨씬 잘하다. 패배시키다 *outvote(더 득표해)투표에서 이기다 **outvoter 부재 투표자(absentee voter) *keep away from 가까이 하지 않는 *outrun(exceed) our expectations. 우리 기대를 훨씬 웃돌다

Outset ['aʊtset] ['aʊtskɜrts /-skɜːts]	착수. 시초. 발단beginning, root. At/from the outset of ~의 처음에/ 처음부터	보다 잘out 놓으려면set 최초로······ Setting 환경. 배경 Setback 차질. 방해. 패배 Setup 기구. 조성. 배치 Setoff 상쇄. 출발. 비김. 공제 Setout 준비. 차림. 복장
Outskirt	교외suburb. 한계limit. 빠듯함. The outskirts of respectability 빠듯하게 품위 유지	밖에out 변두리skirt에 있는··· Skirt 치마. 둘러싸다. 경계에 있는. Skirt chaser 여자 꽁무니 쫓아다니는 사람
Outspoken ['aʊtskɜrts /-skɜːts]	(남 신경 안쓰고)노골적으로 말하는 speak plainly. An outspoken opponent of the manager. 부장에 대해 노골적인 반대 의사를 말하는 사람. Outspoken criticism / views /comments노골적인 비판/견해/논평	밖으로out 내놓아 얘기하는spoken··· 솔직 담백한, 노골적인; forthright, open, frank, straightforward, blunt, explicit, upfront, unequivocal, reserved, candid, outspoken, 솔직하게: without reservation, publicly, freely, candidly, openly, plainly, straightforwardly, above-board, straight from the shoulder
Outstretched	뻗다reach. 펼친. Outstretch your arms. 두 팔을 벌리다. Her arms outstretched and her eyes opened. 그녀의 팔을 벌리고 두 눈을 뜨다.	밖으로 out 뻗은stretch Stretch 뻗다. 잡아 늘이다. 전력을 다하다(move heaven and earth). Stretchy 신축성 있는 Overstretch 너무 잡아늘이는,~위에 걸치다
Outweigh	보다 더 크다. 보다 더 대단하다. The benefits outweigh the costs. 이윤이 비용을 초과한다. The positive sides outweigh the negative 긍정적 측면이 부정적 측면보다 더 크다.	보다 out 더 무게가 weigh 나가는 Weigh 무게. 체중. 헝밥. 부담 Weighted 치우친. 편중된 Weight-in체중 측정. 계체량 Overweight 보다 무겁다. 압박하다.
Overhead	하늘 높이skywards. aloft. in the clouds. in the upper air 머리 위의.	Overhead charges. 총 경비 Overhead railway/ walkway고가철도/육교 Overcharge 바가지 씌우다rip off, put it on *바가지를 쓰다pay through the nose

Pp

Palatable ['pælətəbl]	마음에 드는favorite, likeable 맛좋은tasty. dainty *내 취향이 아니다 This is not to my taste.	맛있다. Taste good, savory, palatable 입맛에 맞다: be to my taste. Suit my palate(미각).
Pallor	창백함paleness.	Pallid 창백한pale, wan
Paroxysm ['pærəksɪzm]	발작spasm. (감정의)폭발outburst	A paroxysm of laughter(coughing) 폭발하는 웃음(기침)
Partition [pɑrˈtɪʃn /pɑːˈt-]	칸막이. 분배distribution, division. 분할하다split into, demerge, fractionalize, deconglomerate	Be partitioned into ~로 나누어져 있다. Partitioned something off ~으로 구분하다. *Can we have a booth? 칸막이 식탁 있나요?
Patina ['pætɪnə]	녹청. 그윽한 멋. 고색	Have the patina of success. (팍 티나) 성공의 그윽한 멋이 느껴진다.
Placebo [pləˈsiːboʊ]	위약(속임약)	The placebo effect 위약효과: 플라시보를 사용했을 때, 환자가 진짜 약으로 믿고 좋은 반응이 나타나는 효과.
Platonic [pləˈtɒnɪk]	정신적인mental. *I love you before myself. 내자신보다도 더 널 사랑해	Strictly platonic love 순전한 정신적 사랑
Pliable [ˈplaɪəbl]	유연한.잘 휘어지는flexible, adaptable 순응적인obedient, tractable, malleable, ductile, versatile, alterable *be liable to ~하기 쉽다. 의무를 진다. *be liable for책임이 있다 =Be responsible for *He has lost his bearings(focus)그는 방향감(초점)을 잃어 왔다.	Pliable cushion. 유연한 쿠션(역할). flex관절을 구부리다. Flexible 유연한 genuflect 무릎꿇다. Inflexibility 불굴 reflect 반사하다. reflex 반사작용 Deflect 막다. 방향을 바꾸다. 피하다. 고지식한 prim, a one track mind, straight-arrow, inflexible, jejune[dʒɪ|dʒuːn]
Pluralism [ˈplʊrəlɪzəm]	다원성. 다원주의 Cultural pluralism 문화적 다원성	
Pontificate	거들먹거리며 말하다 speak pompously	*May I speak to Mr. Kim? 미스터 김 계세요? / Speaking(또는 This is he) 접니다.

Porous ['pɔːrəs]	다공성의many tiny holes. 투과성의permeable. 흡수성의absorbent	뽀로록…poro~~~s (물이 통과되면서 빠지는)
Prattle ['prætl]	수다떨다(재잘재잘) babble. chatter, babbler, gabble, twaddle, gibber *Prattler 수다쟁이chatterbox	Rattle 덜컹거리다. 당황시키다. Rattled 난처한 rattler방울뱀. 다변가
PAN	모든	
Panacea [,pænə'siːə]	만병 통치약cure-all A panacea for all our troubles. 우리의 모든 고통거리를 해결할 만병통치약 *once for all 한번만(간청)	모든 것을Pan 치료하는acea 약 Pan-Korea 전 한국 Panorama 광대한 풍경 Panoptic모든 것이 한 눈에 보이는(pan+optic)
Pandemic [pæn'demɪk]	전세계적(전국적) 유행병epidemic Interpandemic 대 유행기 기간의	모든 곳(all over)에 유행병epidemic Be attacked with an epidemic 유행병에 걸리다. *전세계 도처에 throughout the world, all over the world, across the world
Panegyric [,pænɪ'dʒɪrɪk]	찬사compliment. 격찬. 칭찬 연설글. Deliver a panegyric on the new principal. 새 학장에게 찬사의 글을 전하다. *blow your own trumpet(horn)자화자찬하다	모든 이들Pane 앞에서 하는gyric 찬사; eulogy(특히 고인에게), encomium, praise Pantheism 다신론. 자연숭배 Pantheon 모든 신을 모신 궁.
Pantomime ['pæntəmaɪm]	무언극mime, dumb show. 몸짓으로 표현하다gesture. 무언극을 히디. Express(convey) oneself in pantomime. 무언극으로 표현(전달)하다.	모든 것을Panto 흉내내는mimic Mimic 흉내내다imitate. 모조품. 모방자. Mimic tears 거짓 눈물 Mimicker 흉내 내는 사람. Mimicry 흉내 In a mimicry of 을 흉내내어
PARA	옆에	
Parable ['pærəbl]	우화(동물을 의인화한 이야기)fable The tale(설화;예부터 말로 전해오는 이야기) is a parable for our times. 그 이야기는 우리 시대의 우화이다. A somewhat unusual parable of the Samáritan 다소 보기 드문 사마리아인의 우화. A brilliantly animated, heart-tugging parable. 상당히 활발하고, 감동적인 우화.	옆para에 두고 비교 이용 가능한… 같이 비교comparable 비교할 만한, 비슷한….분리할 수 없는 inseparable 우화: morality tale, fable, allegory Paralegal 법률보조원. 미국의 경우 법무사 태양을 막는parasol 양산. parallelogram평행사변형. Paralympics 신체장애자 올림픽경기. Paralysis 마비. Paralyzation 마비상태 무력화.
Paradigm ['pærədaɪm]	전형적인 예(exemplary paragon model). 어형 변화표. A new economic paradigm for developing countries to copy. 개발도상국이 본 받아야 할 새로운 경제 모범 예. Paradigm shift in attitudes 태도에서의 인식 전환 Verb paradigms. 동사 어형 변화표	모범이 될 도표diagram를 옆에 두고 보는 것. Diagram 그림, 도표, 약도. Paradigmatic 모범적인 Paradigm shift 인식 체계의 대전환 Role model 역할 모델. 본받을 만한 사람. *What make and model is your car? 네 차는 어느 회사의 모델인가?

Paradox ['pærədɑks]	역설 contradiction, incongruity, enigma, inconsistency, absurdity 역설적인 사람(상황, 것) A curious paradox 묘한 역설적인 상황. Ironic 역설적인. 비꼬는. 반어적인	의견doxy으로 챙기지 않고 옆에para놓는…. Doxy 의견. 학설. 첩 바로 놓이면 Orthodox 정설의. 정통의 바로 안놓이고 옆에 놓이면 정설인지 아닌지 구분이 안되어 paradox 모순적인…
Parallel ['pærəlel]	평행한. 병렬의. 아주 유사한(사람, 것) 유사점similar. 유사하다. 필적하다be comparable to. The 38th parallel(of latitude)38도선 Juxtapose (비교 위해)나란히 놓다.	Have no parallel 유례가 없다. Run parallel with 평행으로 달리다. An parallel occasion 유사한 경우 *뒤지지 않고 따라가다.keep abreast of=keep track of
Paralysis [pə'rælɪsɪs]	(기능, 육체의)마비(palsy) Moral paralysis 도덕의 마비(결핍) Infantile paralysis victims 소아 마비를 앓았던 사람들 Waist-down paralysis 하반신 마비 Total paralysis 전신 마비(전신불수)	병세가 호전lysis 되지 않고 옆에para있는.. Lysis 세포의 용해, 병세 감퇴(호전). Membrane 세포막. 막 정지;standstill, breakdown, stoppage, halt, stand-off
Paramount ['pærəmaʊnt]	가장 중요한 having superior power and influence. utmost. of moment The lord/ lady paramount. 국왕/여왕. Safety is always of paramount importance. 안전이 항상 가장 중요하다. *part and parcel 요점the name of the game	옆의para 어떠한 것보다 우뚝 솟은mount Mount 올라가다. 타다. 증가하다. 설치하다. 올라서 surmount 극복하다. 넘다. 주요한; principal, prime, first, chief, main, primary, supreme, cardinal *principal주요한. 근본적인. 교장 **principle 주의. 원칙 *Water finds its level. 물은 낮은 곳으로 흐른다. 모든 일은 원칙대로 된다.
Paranoia [,pærə'nɔɪə]	피해망상증(편집증)unreasonable anxiety	Be suffered from paranoia. 편집증에 시달리다.
Paranomal	이상한strange, mysterious	정상적인nomal것은 옆으로para가 있을.. Parapsychology 관상. 토정비결. Paramedic 응급(치료)요원. Parasite 기생충bloodsucker, leech(거머리) Leech 거머리. 흡혈귀.
Paraphrase ['pærəfreɪz]	이해하기 쉽게 다른 말로 바꾸어 표현하다. Give me several paraphrase of what you mentioned. 당신이 언급한 것을 달리 쉽게 바꾸어 말해 주세요.	옆으로para 돌려 말하기phrase Phrase 구. 화술. 빈말. 표현하다. Raconteur (재미나게)말을 잘하는 Phraseology 말투. 어법 Rephrase 고쳐 말하다. 재표현하다. Catch phrase 이목을 끄는 문구. Come(appear)on the scene남 이목을 끌다
PED	발	
Peddler ['pedlə(r)]	행상인vendor, hawker *No amount of words can make up for something. 아무리 말을해도 보상할 수 없다(입이 열개라도 할 말이 없다).	발로ped 페달을 밟아 팔러다니는.. *발ped 관련 어군 Peddle 행상하다. Pedicure 티눈. 발톱가꾸기. centipede지네(발을 다수 가진). Pediatrician 소아과 의사

	No amount of money can make up for the loss of his wife. 아무리 돈을대도 그의 아내의 죽음을 보상할 수 없다.	발이 밖으로 자유로워expedite 촉진시키다. 지장이 없는. 도보로 다니는pedestrian 도보여행자. 못가게 막으니impediment 방해 자전거페달 연상pedal 발판 (*petal 꽃잎)
PEN	매달리다.	
Pending ['pendɪŋ]	미결중인 on the fence, in the balance 계류중인. ~까지. *The scholar is right on top of it. 학자는 그 일에만 매달렸다. *The actress will take a rain check. 그 여배우는 연기할 것이다.	Pendant 늘어뜨린 장식. Pend 매달리다. 결정을 연기하다(put something on the back burner). Appendix (책 맨끝에 달린)부록. 맹장. Appendicitis 맹장염. Suspend 매달다. 중지하다. impending절박한urgent.exigent Append 달아매다. Appendant 부가의. 부수적 권리
PENTA	다섯. 5.	
Pentagon	5각형. 미 국무부(5각형 건물이라서) *5각형의pentangular=pentagonal =quinquangular, pentagonoid	Pentahedron 5면체. Pentagram 별표. Pentathlon 5종 경기. **경기 시작 kickoff **결승전. 연장전 play-off
PER	통과. 관통	
Purblind ['pɜrblaɪnd /'pɜː-]	침침한blind. Dim-sighted 우둔한dim-witted, fat-witted, fatheaded, wooden-headed.	계속해서per 눈이 멀어지는blind 우둔하다.: be stupid. Dull-witted, thickheaded, silly
Puritanical [ˌpjʊrɪ'tænɪkl]	청교도적인. 금욕주의적인	Puritan 청교도적인 사람. 금욕주의자.
Peremptory [pə'remptərɪ]	독단적인(dictatorial), 무조건(categorical). 단호한(flat, drastic) A peremptory writ 절대 영장 A peremptory command 단호한 명령	빈 곳에서empty 통해per 자신만 내세워 빈 곳을 메꾸는 redemptory 메우는, 벌충하는, 상환의, 되사는 Redemptive 구원하는. 상환하는 *Do you have any vacancies(rooms available)? 빈 방 있습니까? *unavailable 이용할 수 없는 *up for grabs 이용 가능한
Perennial [pə'renɪəl]	다년생의, 지속되는long-lasting, 영원한eternal, everlasting A perennial plant 다년생 식물 Her perennial favorite film 그녀에게 영원히 사랑받는 영화 The perennial problem of food shortage in Africa. 아프리카의 식량부족은 영원한 과제.	계속되는per 매년ennia…l Biennial 2년마다 한번의, 격년의 Millennial 천년간의 천년왕국의 For good=for ever 영원히=eternally, forever *I can't keep my resolutions longer than three days=I can't stick to anything 작심삼일

Perfidy ['pɜrfɪdɪ /'pɜːf-] Perfidious. a	배신(faithlessness, treachery, apostasy) Numerous examples of incompetence mixed with perfidy. 배신으로 얽혀진 수많은 무능력의 사례들	믿음fidelity을 저버리는per… Fidelity 충성(loyalty), 성실(faithfulness). Fiddler 바이올린. Fiddly 성가신 Fiddling 하찮은trivial. inconsequential *성가신 물건 white elephant
Perform [pərˈfɔrm]	수행하다carry out. 공연(연주)하다perform. 작동하며 돌아가다get something done	Perform surgery/ a ceremony 외과수술하다/식을 올리다. Perform a contract 계약을 이행하다.
Perfunctory [pərˈfʌŋktərɪ] Perfunctoriness. n	기계적인unenthusiastic, 습관적인done routinely 형식적인lacking in concern A perfunctory smile/ courtesy 형식적인 미소/ 인사 Fairly perfunctory services/ interviews 형식적인 봉사 / 면접	기능function에 써있는대로 만per 하는 Function 기능 작용 Dysfunction 기능 장애 Malfunction 오작동 Perforate 구멍을 뚫다. Perforation 구멍뚫는 기계 *cut the red tape형식적 절차는 생략하다
Perpetuate [pərˈpetʃʊeɪt /-pə-]	불후화하다cause to continue. 영구화하다make perpetual. 영속시키다preserve from extinction	동일하게 유지하다:maintain, preserve, keep going, immortalize, end. Perpetuate the situation 상황을 영구화하다.
Perjury ['pɜrdʒərɪ /'pɜːd-]	위증죄. 위증(false testimony) Commit perjury 위증죄를 범하다 Be acquitted of charges of perjury 위증죄 혐의에서 석방되다.	심의하는jury 동안에 거짓을 말하는per Jury 배심원, 배심원단, 심의하다 Jury duty/ system 배심원 의무/제도
Permeate ['pɜrmɪeɪt /'pɜː-]	스며들다seep through. 침투하다infiltrate. 관통.퍼지다penetrate and diffuse 퍼지다(spread) Permeate through the system/intact skin 시스템/손상된 피부를 통해 퍼지다.	도관meatus을 통해per 완전히 스며드는 Meatus 관, 도관. *infiltrate 잠입하다pass through. 침투하다pass into. (액체.가스가)스며들다 His beliefs surround and permeate every side. 모든 면에 퍼지고 둘러싸인 그의 믿음.
Pernicious [pərˈnɪʃəs /pə-]	치명적인(악성의deadly), 악의에 찬an ill-willed, A pernicious lie/ information 악의적인 거짓말/ 정보 The pernicious black market/trade 음성적인 암시장/거래 Have Profoundly pernicious effect on…. 심각한 치명적 영향을 미치는	Neck목이 절실히 달려있는per… Malicious 악의적인, 적의 있는 Wanton악의적인. 정당없는(unjustifiable) Bring home to절실히 느끼게 하다cause one to realize
Perpendicular	직각의(vertical), 수직적인 Two lines perpendicular to each other 직각으로 교차하는 두 직선 Be perpendicular to 직각을 이루는	시계추가 걸려 있으면pend 수직을 이뤄 Pend 매달려있다. 미해결인 채로 있다 Pendulum. 추. Pendulous 대롱거리는, 매달린, 갈팡질팡
Perpetrate ['pɜrpɪtreɪt /'pɜː-]	(나쁜짓, 과실)저지르다commit. 함부로..하다get fresh with. Perpetrate a joke/a hoax 함부로 농담하다/ 심하게 장난하다. Perpetrate acts of racial	계속적으로per 겁에 질리게 Petrify Petrify. 겁에 질리게 하다. Petrified 겁에 질린 닥치는 대로at random=without aim *변덕스럽게도 at whim

	discrimination 인종차별 행위를 자행하다. Perpetrate misinformation 함부로 오보를 전하다. *prankster장난꾸러기=scamp *prank장난. *scamper날쌔게 움직이다. // *scampi 새우튀김	*자유롭게…하는 at liberty풀려난 *at large대략. 대체로. (체포안돼)활보하는, 오리무중인(have no clue)
Perquisite ['pɜrkwɪzɪt /'pɜː-]	부수입perk, side benefit. 특권privilege, prerogative A perquisite of his employment 고용에 따른 부수입(특전) Royal perquisites 왕실의 특권	필수적으로Requisite 따라오는per requisite필수의indispensible. 필수품 *prerequisite전제조건. 필수적인requisite //exquisite 섬세한//inquisitive호기심 강한
Persecute ['pɜrsɪkjuːt /'pɜː-]	박해하다oppress. 못살게 굴다bully, torment. pick on Persecute him with persuasions 설득으로 괴롭히다.	괴롭히다; harass, bother, annoy, tease, hassle, badger, pester. titillate, vex, harry, badger, nag 부당하게 괴롭히다; victimize, torture, torment, oppress, pick on, ill-treat, maltreat
Persevere [ˌpɜːrsəˈvɪr]	인내심을 갖고 계속하다persist. 인내심(endurance). Persevere with her career/ studies 경력/ 연구를 꾸준히 쌓아가다. Persevere to the end 끝까지 견디다. **끝까지 완수. 이행하다. 해내다carry through	가혹한severe 것을 참아가면서per Severe 심각한 가혹한 Severe criticism / standards 가혹한 비평 / 기준 Lost his patience 인내심을 잃다. *with patience 인내심있게(=Patiently) with ease 쉽게(easily)/with care=carefully
Perspective [pərˈspektɪv/pəˈs-]	관점. 전망prospect, view. 원근법, 통찰력insight Out of / linear 어긋나는/ 직선 원근법 An economical/ cultural perspective 경제/문화적 전망(안목) *She has a good hand.안목이 있다. *have an eye for=안목있다.	쭉 통과하여 per 보는spect Spectacular 극적인, 볼만한 Spectator 관중 Specter 유령 Spectrum 스펙트럼, 관련 있는 사상이나 사물이지만 다른 영역
Perspicacious [ˌpɜrspɪˈkeɪʃəs]	통찰력있는discerning, perceptive, percipient, farseeing, insightful, 총기있는young-eyed, bright-eyed A perspicacious speech/ remarks /comments/manner 총기 있는 연설/ 언급/ 논평/ 태도	지속적으로per 양념spice치며 공부하면… Spice 양념, 흥취, 양념을 넣다. I'll bring the relish. 양념소스를 가져올께 (relish 맛. 식욕. 조미료. 맛있게 먹다) *put off 식욕을 잃게 하다.
Perspiration [ˌpɜrspəˈreɪʃn]	땀sweat. 땀흘리기. 1% inspiration, 99% perspiration 1% 영감과 99% 땀(노력) Perspiration-beaded face 땀방울 맺힌 얼굴	땀흘리기; sweat, perspire 땀에 흠뻑 젖었다. Be(get) drenched with sweat =be soaked with sweat 속까지 다 젖었다. Be drenched to the skin
Pertain [pɜrˈteɪn /pɜː-]	적용되다apply, have application to. 관련되다 related to, bear on Pertain to our jobs/ questions /private security 우리 직업/ 질문/ 개인 안전과 관련되는 *pertaining to ~에 속하는	계속해서per 붙여져hold 관련되는…. Maintain 유지하다. 지키다. Contain 함유되다. 포함되어 있다. Certain 확실한, 틀림없는infallible

단어	의미	관련 어휘
Pertinent ['pɜrtnənt /'pɜːtɪ-]	관련한relevant ~관련하여:in connection (conjunction)with, in relation to, in(with) reference to	관련되다: be connected(with/to), be related to, be concerned (with/in), be associated with, be involved in
Perturb [pər'tɜrb /pə'tɜːb]	동요시키는, 어지럽히는. The investment loss would be perturb Wall Street analysts. 투자 손실은 월가의 분석가를 동요시킬 것이다.	계속해서per 방해하는disturb… Imperturbable 차분한(쉽게 방해나 동요가 되지 않는)=impassive.
Peruse [pə'ruːz]	정독하다(read carefully). 숙독하다. Peruse a new catalogue 새 목록을 정독하다. Peruse that book at your leisure 여기 시간에 그 책을 정독하다.	계속해서per 사용use 기간이 되도록… 잘 못 사용하면abuse 남용. 오용. 욕설. 비방하다. User-friendly 사용하기 쉬운 Used 중고의
Pervade [pər'veɪd /pə'v-]	완전히 스며들다filter(seep) through, permeate, diffuse, suffuse, penetrate. 만연하다widespread, prevalent. Pervade every aspect of our lives 우리 삶 모든 면에 스며들다	완전히per 퍼져 나가는vade 안으로 invade 침략하다. 밖으로 evade 도망치다. 회피하다
Perverse [pər'vɜrs /pə'vɜːs]	삐딱한cockeyed, skewed, askew, 비뚤어진crooked, gnarled A perverse mood / manner / remark 삐딱한 기분/ 태도/ 말 A reverse verdict 판사의견과 반대인 (배심원의)평결 The perverse humor of all this aberrant behavior 모든 기이한 행동의 비뚤어진 유머	계속해서per 비비꼬인turn Adverse 부정적인(unfavorable) Reverse 반대의 거꾸로의 *좋을 때나 싫을 때나: for the better or for the worse, through thick and thin
Pervert [pər'vɜrt /pə'vɜːt]	왜곡하다distort. 삐딱한. 변태 Pervert his talents 재능을 나쁜데 쓰다. Pervert the truth 진실을 왜곡하다. Conspiracy to pervert the course of justice 재판의 절차를 왜곡하려는 음모	계속해서per 비비꼬는turn 사람.. *돌리는vert 관련 어군 Divert 전환하다. 딴 데로 돌리다. Convert 변환시키다. 환전하다 Avert 피하다. 막다obviate(제거하다).. 서로 등 돌리니 controversy 논쟁.말다툼 내부에 치우쳐 돌리니introvert 내향적인 외부로 치우쳐 돌리니extrovert 외향적인 반대로 돌리니obvert방향을 바꾸다. 뒤집다 (*invert 거꾸로 뒤집다) 여러가지 잘다루는versatile 다재다능한
Petrograph	돌 비문. 돌에 새긴 비문 *epitaph 묘비명. 비문. 시대를 상기시키는 묘비명과 같은 것.	돌petro에 새긴 graph Petrol 석유. 휘발유(미국에서의gas는 gasoline의 약칭) Petroleum geology 석유 지질학
Petulant ['petʃlənt /-tʃʊl]	무례한rude. 삐딱한(cranky), 심술부리는(ill-tempered, bilious). 화를 잘내는irascible, choleric *Don't fly off the handle. 이성을 잃지 마세요(화부터 내지 마세요.).	삐딱한: cranky, perverse, cockeyed, skew-whiff, skewed, askew 삐딱하다:tilted, slanted, askew, crooked, skewed, oblique, cantankerous, perverse, cross, ill-natured

PERI	주위	
Periphery [pəˈrɪfrɪ]	주위edge. 바깥둘레perimeter. 표면outside surface. 소수파minority. 비주류파. 교외outskirts *주류파:the mainstream faction Be built on the periphery of the beach. 해변 주변에 지어지다. *Peripheral nervous말초 신경계	주위를Peri 도는phery sphery천체의. 별 같은. 구상의 periscope 잠망경(주위. 둘레를 보는…) periphrase 넌지시 돌려말하다. Perimeter 주변 Periphery 바깥 둘레 Periphrastic 우회적인. 돌려 표현한 Periscope 잠망경(먼 곳을 보게 하는)
PHIL	사랑하는. 아끼는	
Philobiblic	책을 사랑하는	사랑하는데philo 바이블. 책을 biblic Philharmonic 음악 애호가. 음악 애호의. Philology 언어학
POLY	다수	
Polygamy [pəˈlɪgəmɪ]	일부다처제. No-polygamy clause 일부다처제를 허용하지 않는 조항 *newlyweds 신혼 *As you make your bed, so you shall lie in it. (자승자박, 자업자득)당신이 만들었으니, 당신이 수습하라.	여러 번Poly 결혼하는gamy Polyandry 일처다부제. Monogamy 일부일처제 Bigamy 중혼. 결혼계율위반(죄) Polynesia 많은 섬들. polysyllable다음절어 polyarchy다두 정치. Polychrome 다색인쇄
POST	후에	
Posterity [pɑˈsterətɪ /pɒ-]	후세descendants, offspring, progeny. 후계자heirs.	Leave his name on posterity 후세에 그의 이름을 남기다. Go down 기록되다. 후세에 전해지다. 중퇴하다 (drop out of).
Posterior	(위치가)뒤의. (시간이)이후의. Posterior to the year 2012. 2012년보다 이후의	보다 rior 이후Poste Postdate 날짜를 실제보다 늦추어 쓰다. Postwar 전쟁후의.
Posthumous [ˈpʌstʃəməs]	사후의. 사후에 생긴. A posthumous child 유복자 Posthumous works 유저 Confer posthumous honors on 추서하다.	땅에서 부식한 humous 이후의Post Postgraduate 대학졸업후의. 대학원 학생 Postnatal 출생후의. (Prenatal 출생전의) *Childlike 어린 아이 같은//childish 유치한
Postmortem [ˈpəʊstˈmɔrtəm]	사후의. 검시. 일의 추후 분석.	죽음에 관한Mortal 이후Post Mortal 죽을 운명의. 치명적인. 운명의 검시:autopsy, postmortem, necropsy.
Postscript [ˈpəʊs(t)skrɪpt]	추신. 책의 후기. (뉴스 뒤)해설. P.S. stands for "postscript" P.S.는 추신의 약자이다.	글 쓰고 난 뒤script 맨나중에 쓰는Post Manuscript. 원고, 사본 Transcript 복사. 번역. 성적증명서 Copycat 숙제(또는 시험지) 베끼는 행위. 옷을 똑같이 입는 행위. Plagiarize 표절하다. plagiarism 표절

Posture ['pɑstʃə(r) /'pɒs-]	자세pose. 태도manner A forward-looking posture 전진적인 자세	Adopt an aggressive posture on ~에 대해 공격적인 자세를 채택하다.
PRE	앞, 전	
Precarious [prɪ'keriəs]	불안정한unstable, unreliable, unsure. 위태로운on the line, risky, hazardous, hang by a thread A precarious assumption 근거 없는 추측	이전부터pre 부식되어carious 위태로운 Carious 부패한. 충치가 된. Cavities 충치들
Precept ['priːsept]	교훈maxim, 영장warrant, 계율(principle, commandment) Practice/ violate religious precepts 종교 계율을 지키다./ 어기다.	이전pre 사람들이 잡은 개념concept Concept 발상 사상 개념 *Go back on(약속) 어기다fail to keep *Go back to 되돌아 가다
Precinct ['priːsɪŋkt]	선거구, 관할구, 구내. The castle / college precincts 성 / 대학 구내 A shopping / railway precincts 상점 / 철도 회사 구내 The Polling / precinct 선거구	주변cincture을 미리pre 정해놓은… Cincture 띠. 테두리. 주변. 알짜만 싹 골라서succinct 간결한
Precipitate [prɪ'sɪpɪteɪt] Precipitation. n	(나쁜 일)촉진시키다stimulate. 떨어뜨리다. 침전시키다. 침전물. 충동적인impulsive Precipitate stop 급정지 Precipitate a political / social crisis 정치적/ 사회적 위기를 촉발시키다.	precipitous cliffs 가파른절벽bluff, crag, precipice 촉진시키다; quicken, trigger, accelerate, advance, hurry, speed up, bring on, hasten, catalyze, kick-start, help-along *Step on it. 빨리 좀 가주세요. *BYOB: Bring your own bottle. 각자가 각자 마실 것 가져오기 Hurry up=get a move on 서두르다=step on the gas
Preclude [prɪ'kluːd]	미리 막다prevent. 차단하다cut out of the realm. Preclude judicial control 법적 제어를 막다. Preclude them from building the house in the cliffs. 절벽에 집을 짓는 것을 막다.	미리 pre 닫아버리다shut Premium 상여금. 우수한. 고가의 Premier 수상prime minister Predigest 소화하기 쉽게 조리하다. *입 다물어: shut up=pipe down *입덧 morning sickness *기분이 좋지 않은 under the weather
Precursor [,prɪ'kɜrsə(r)]	선도자leader, vanguard. 전조sign. Historical precursor to the Oscars. 오스카 상의 역사적 선구자.	미리pre 활동판 커서cursor를 움직인 사람
Predecessor ['predəsesər /'priːdɪsesə]	선배, 전임자. 이전 모델 The red pen is some 12mm longer than its predecessor. 적색펜은 이전 모델보다 12mm 더 길다. It is customary to pay tribute to our predecessor. 전임자에 경의를 표하는 것은 관례이다.	먼저pre 지나가버린decease Decease 사망 Deceased 고인 사망; decease, death, demise, passing away. 죽다: go flatline

Predestine [pridéstin, pri:-]	(신이 사람)운명짓다doom. ordain, fate, ordain, foreordain	미리 pre 운명이 정해지는destine Destine 예정해두다. 운명짓다doom
Predetermine [ˌpriːˈdestɪn]	미리 결정하다decree beforehand. It would be not wrong to predetermine where to go to college. 대학을 갈 곳을 미리 정하는 것은 잘못된 일이 아니다.	미리pre 결정하다.determine Determinate 확실한 Determent 방해물, 제지. Deter 단념시키다. 그만두게 하다.
Predicament [prɪˈdɪkəmənt]	궁지deadlock, impasse. Quandary 곤경dilemma. Plight. Distressing Be in quite a predicament 상당히곤경에 처해있다.	앞에서pre 얘기하기dic 곤란한…. Medicament 약, 의약 Apply a medicament 약에 사용하다. Plight your troth 약혼을 하다. 서약하다.
Predicate [ˈprɛdɪkeɪt]	근거를 두다base on, stand upon. 단정하다. 서술어. A predicate noun/adjective 서술 명사/ 형용사 We predicate the beggar to be happy in Spring. 봄날에 거지는 행복해 질 것이라고 단정한다.	미리pre 근거를 두는 말을 하는dic Predict 예측하다(augur, foretell, forebode, bode). Prediction 예측 Predictable 예측 가능한, 당연한 Predication 단정. 단언. 서술
Predilection [ˌpriːdlˈɛkʃn]	매우 좋아함(preference). 편애favoritism. 속성attribute Inexplicable predilection 설명할 수 없는 속성 predilection for possession of illegal guns. 불법 무기의 소유를 선호. Have a predilection for 선호하나	미리pre 아마추어로서 좋아하는dilectant Dilettante 아마추어 예술가 Dilettantism 취미로 하는 일. 예술 취미. **be possessed by(with)사로 잡히다 **be possessed of = possessed himself of 소유하다
Predispose [ˈpriːˌdɪspəˈzɪʃn]	성향을 갖게하다make susceptible (질병에) 잘 걸리게 하다. His good mood predisposed him to sing a song. 좋은 분위기로 인해 그는 노래를 불렀다. Unlike the contents of new novel, few seamen are predisposed to gluttony, rage. 신간 소설 내용과는 달리, 폭음과 격노하는 데 취약한 뱃사람은 거의 없다.	미리Pre 경향을 갖게하는dispose Dispose 배치하다. 맡기다. 경향을 갖게하다. Disposer 감독자. 음식물찌꺼기 분쇄기 Dispose of 없애다. 처리하다. Indispose 싫증나게 하다 overcloy. 기분 나쁘게 하다. 질리다cloy. *Susceptible 영향받기 쉬운vulnerable. Receptive to *Doggie bag, please.(먹고)남은 음식 싸주세요.
Predominate [prɪˈdɑmɪnənt]	지배하다dominate. 지배적이다(두드러지다)keep the field. Children predominated in the Ka show in Los Vegas 라스베가스 카쇼에서 어린이가 지배적이었다.	우세함이dominate 무엇보다 앞서서pre Dominate 지배하다. 중요 특징이 되다. 가장 두드러지다. 우세하다. **control over단속하다. 관장하다. 지배하다rule over. Seize. Seize control of
Preeminent [ˈpriːˈɛmɪnənt]	현저한(outstanding, conspicuous, salient, leaping, sticking out), 출중한. National preeminent astronomer 국가적으로 출중한 천문학자	유명함이eminent 무엇보다 앞서서pre Eminent 저명함. 탁월함 Supereminent 탁월함 One of the preeminent singers of the times. 당대 현저한 가수 중 한 사람.

Preempt ['prɪ'empt]	우선권에 의해 획득하다seize. 점유하다occupy	Pre-empt 선수치다. 미연에 방지하다. 정규방송을 대체하다. A young man made a preemptive strike. 젊은이가 선수쳤다.
Prefer [prɪ'fɜr /-'fɜː]	선호하다like better. As you prefer(wish, like)좋을 대로. Prefer/bring/press charges against ~를 고소하다.	Prefer the devil one knows to the one one doesn't know. 미지 고난보다 알고 있는 고난이 더 낫다.
Pregnant ['pregnənt]	임신한expecting, gravid. (느낌이)가득한overflowing. 의미심장한significant Be pregnant with cynicism 냉소로 가득하다. A pregnant advice의미심장한 충고	안에 쌓아두어 indignant 분개한. 성난 스탑 된 stagnant 고여있는 침체된 A pregnant year 풍년 Be seven months pregnant 임신7개월째이다.
Prehistoric [,prɪhɪ'stɑrɪk(l)]	선사 시대의 In prehistoric times 선사 시대에 Prehistoric cave paintings/ human 선사시대의 동굴벽화/ 인간	역사history 이전의pre History 역사. 역사학. 연대기(chronicle) Ancient history 고대사. 누구나 다 아는. Natural history 자연사. 박물학 Historic 역사적으로 유명한//historical 역사적 사실에 근거한, 실존한
Prelude ['preljuːd]	서곡(overture, 접근). 전주곡, 전조omen, 소개introduction A prelude to a humorous performance in the market. 상점에서 흥미로운 공연을 알리는 서곡	연주; performance, recital, rendering, rendition. 연주회용 서곡; concert overture The prelude to tragedy/ war 비극/ 전쟁의 전조
Premature	시기 상조의, 조산의. A premature birth(baby) 조산(조산아) premature death 요절 Premature withdrawal/conclusion 시기상조의 철수/ 결론. Premature graying hair 새치	미리pre 익은mature Mature 숙성한, 사려 깊은, 어른스러운 Mature wine 숙성한 포도주. mature decision 사려 깊은 결정. Mature for his age 나이에 비해 어른스러운
Premeditated ['prɪ'medɪteɪtɪd]	사전에 계획된preplanned. Trial on premeditated murder 미리 계획된 살인에 대한 재판 *be in limbo 생각중이다.	미리pre 깊이 생각해둔meditate meditate명상하다. 깊이생각하다mull over Meditative 명상하는. 사색하는musing. Pondering Contemplative 명상에 잠기는 사람, 명상적인, 관조적인
Premise ['premɪs]	전제(underlying assumption) 건물 A major / false premise 대전제/ 잘못된 전제 See a gypsy off the premise. 집시를 집 밖으로 내버리다.	미리pre 협정mise 해두고서… Mise 협정. 협약. 쟁점 *keep ~off the premise 구내 출입금지 *out of bounds 출입금지 지역의
Premonition [,prɪːmə'nɪʃn /pre-]	(불길)예감foreboding, presentiment A premonition of warmongering/ disaster 전쟁도발/ 재앙의 예감	미리 pre 경고하는admonition Admonition 책망(scold). 경고(warn) She had a premonition that she wouldn't see him again. 그를 다신 볼 수 없을 것이란 예감을 가졌다.

단어	뜻	어원/관련어
Preoccupy [ˌpriːˈakjəpaɪ]	(생각, 걱정이)사로잡다engross. 몰두시키다absorb. Be preoccupied with his work/health/doubts 일/건강/의심에 몰두하다. *~로 자리 비우다be away on~	미리pre 자리를 점유한occupy Occupy 차지하다take up. 점유하다. 거주하다. Occupy oneself by doing dishes on Sundays.일요일 마다 설거지에 몰두하다. *preoccupation 집착,*preoccupancy 몰두
Preponderance	(수적으로)보다 우세함 Have the preponderance over 보다 우세하다.	미리pre 고려할 가치 있는ponderable Ponderable무게가 더나가는. 고려할 가치 있는
Prepossess [prɪˈpɑndrəns]	마음을 사로잡다engross. 선입관을 갖게 하다favorably impress. 편견(편애)을 갖게 하다bias.	미리pre 붙잡는possess Possess 소유하다. 붙잡다get(take) hold of. *Be possessed of 소유하다own. Possess *be possessed with 홀리다get infatuated with
Preposterous [prɪˈpɑstərəs]	터무니 없는too wide of the mark. 엉뚱하고 파격적인 I think this is really quite preposterous 이것은 정말 터무니 없는 것이다. Preposterous clothes/haircuts/stages/argument 파격적인 의상/머리모양/무대/논쟁	앞pre 과 뒤post가 바뀐…. Wallposter 벽신문, 대자보. Billposter 포스터. 전단. 전단 붙이는 사람 *앞뒤가 뒤바뀐 put the cart before the horse
Prerogative [prɪˈrɑgətɪv/-ˈrɒg-]	특혜, 특권 The prerogative of the wealthy(the rich) 부지들의 특권 The prerogative of mercy 사면권 The prerogative of the parliament/government 국회 의원/정부의 특권	미리pre 요청하도록 rogative 해주는 안에 요청하여 질문하는interrogative 미심쩍어하는, 의문의. 명예를 떨어뜨리는 derogative 명예를 훼손하는(degrading),경멸적인(pejorative, negative, disparaging)
Presage [ˈpresɪdʒ]	(불길한) 전조(omen)가 되다. Portend, Foreshadow. Of evil presage 불길한. 재수없는	미리pre 감지하는sense. Sage 철인, 현명한sagacious, shrewd. 전조; sign of, omen of, prelude of, harbinger, portent, bellwether, foretoken
Prescience [ˈpriːʃns/ˈpresɪəns]	선견foresight, foreknowledge. 통찰precognition The prescience to anticipate the economic crisis 경제 위기를 예상한 통찰	미리pre 알고 있는science
Prescribe [prɪˈskraɪb]	처방하다order as a medicine. 규정하다stipulate, set down, ordain, lay down. Be prescribed to treat cancer 암을 치료하는데 처방되다. The manager prescribes to us what to do early in the morning. 매일 아침 일찍이 부장은 우리에게 할 일을 규정(지시)한다.	실행하기 이전에 미리 pre 써놓는 scribe Describe 묘사하다. 서술하다 Subscribe 가입 신청하다. 구독하다. Ascribe 탓으로 돌리다. Proscribe 금지하다. 추방하다(outlaw). Script 원고. 대본. Scribble 흘려 쓴 글씨. Scripture 성서(Holy Scripture)

Word	Meanings	Examples / Notes
Present ['preznt]	현재의. 참석한. 존재하는. 선물. 현재. 주다. 수여하다. 제출하다. 보여주다. 진행하다. 소개하다.	Present, sir. (Here보다 예의)(출석시) 예. Those present 출석자들 At this present 현재는 For the present 당분간은 for the moment
Prestige [pre'stiːʒ]	위신(dignity, 고관직). 명망 fame. A prestige car. 명망있는 고급차 National prestige 국위 School prestige 학벌	위신을 잃다; lose his prestige(authority, dignity) 위신을 지키다; uphold(maintain, preserve) his dignity.
Presume [prɪ'zjuːm]	추정하다 assume. 간주하다 regard. 주제넘게 굴다 overstep his place, be out of line It is presumed that he was killed on the spot. 그는 현장에서 죽은 것으로 추정된다.	Presumably=probably 아마도=perhaps =doubtless=for all I know *십중팔구 nine out of ten=ten to one *resume 다시 시작하다(leave off)
Presuppose [ˌpriːsə'poʊz]	미리 예상하다 assume beforehand. 추정하다 assume.	미리 pre 가정하다 suppose 가정하다: suppose, assume, presume
Pretend [prɪ'tend]	인척하다 feign, dissemble, forge, affect 상상하다 visualize, depicture 주장하다 claim, insist. She pretended not to notice on the bus. 버스에서 눈치채지 못한 척했다. (*take a hint 눈치채다)	She can't pretend to any great dancing ability. 춤 실력이 대단하다 주장할 수 없다 Pretend illness 꾀병 앓다. Pretend ignorance 모른 척 시치미 떼다. He was trying to turn a blind eye to the rub. 그 문제에 모른 척 하려한다.
Pretext ['priːtekst]	구실 false reason. 핑계 pretense Make a pretext of 구실로 삼다 On the pretext of catching cold 감기 걸린 것을 핑계삼아	미리pre 둘러대는 표현text Text 본문. 원문. 글. 주문 Context 맥락. 전후 사정. *know the ropes (사정,요령)을 잘 알다=get the hang of it. *not that I'm aware of=not that I know of 내가 알기로는 그렇지 않다.
Prevail [prɪ'veɪl]	승리하다(triumph). 이기다(get the better of). 유행하다. 설득하다(cajole, persuade, prevail on, coax). Prevail on him to dance 춤추도록 그를 설득하다. Prevail against over his brother 그의 형을 이기다.	앞서서Pre 이기니 팁vail도 받고….. Vail 팁. 이기다. 내리다. 떨어뜨리다. Vail his eyes 그의 눈을 내리깔다. Travail 고생하다. I have gone through hell 갖은 고생하다 Avail 도움이 되다serve. 유익하다. *serve him right 벌받아 마땅하다. *능숙하다be good at *유익하다be good for
Pristine ['prɪstiːn]	순수한(pure, unspoiled, chaste) 새것 같은 immaculately unused	**정숙한chaste // paste접착시키다 순수한: pure, virtuous, virgin, celibate, abstinent, stainless, unsullied
Primal Primacy. n	최초의 first. 원시의 original, primitive. 가장 중요한 momentous	A primal fear 원시적인 공포 Primary 주요한, 최초의, 초등교육의 Primarily 주요하게, 최초로, 주로 Primate 영장류(동물), 대주교

PRO	앞. 찬성.	
Proclivity [prəˈklɪvəti/prə-]	경향penchant. 기질tendency A proclivity for addicting himself to gambling 도박에 빠지는 경향 A proclivity for spending time in chatting on the web. 웹에서 채팅하는데 시간을 보내는 경향	앞으로 pro 기울어진cliv 경향; inclination, disposition, propensity, state of mind, preference(선호), liking(기호), 경향이다be inclined to=be disposed to=tend to=have a tendency to *It is not my cup of tea. 그것은 나의 취향(cup of tea)이 아니다.
Procrastinate [prəʊˈkræstɪneɪt]	연기하다put off, delay, postpone. 질질 끌다hesitate, drag his feet. Procrastinate doing her chores 집안 허드렛일을 질질 끌다.	Procrastinator 자꾸 질질 연기하는 사람. *We want to hold off for a few minutes. 조금 더 있다가 주문하겠습니다.
Procure [prəˈkjʊə]	구하다(입수하다)obtain, acquire, come by, secure, purchase, buy	앞으로pro 고쳐서cure 구하는.... Cure 고치다. 낫다. Get ahold of 입수하다. 잡다. 연결짓다.
Profess [prəˈfes]	주장하다claim. 공언하다proclaim. 소속이다belong to, be attached to. Profess a dislike for vodka 보드카는 싫다고 공언하다.	Profess ignorance 모르는 체 시치미떼다 Profess law 법률을 직업으로 하다.
Profit [ˈprɑfɪt /ˈprɒ-]	이익. 이윤. 이익을 주다(얻다) A hunt for profit 이윤 추구	Turn a profit 이익을 내다. Make a profit on 돈을 벌다. 이익을 얻다.
Prodigal [ˈprɑdɪgl /ˈprɒd-]	낭비하는. 풍부한copious, rich Play the prodigal 낭동을 부리다. Prodigal expenditure 낭비 (지출) The Prodigal Son from the Bible 성경에서의 탕아.	낭비하는; waste, squander, dissipate. Lavish, go on a spending spree
Prodigious [prəˈdɪdʒəs]	엄청난Remarkable, noticeable 놀랄만한extraordinary, remarkable, phenomenal, colossal, monumental A prodigious monument/castle 거대한 기념물/ 성	*돈이 (문제를)해결하는구나. Money talks! *돈 있다고 다 되는 거 아니야. Money can't buy. A prodigious expenditure/ research fund막대한 경비/연구자금
Prodigy [ˈprɑdɪdʒi /ˈprɒd-]	천재genius, brain. 영재gifted person. 징후portent.	
Profane [prəˈfeɪn]	불경한(irreverent, impious,), 신성 모독적인. 세속적인secular Profane rites 이교의 의식 Use profane language 모독적인 말을 하다.	신전fane을 앞으로 나와 버리는pro Fane 신전, 교회 A holy fane 성당. 성전 신성 모독; profanity, blasphemy, sacrilege 프로판가스 불로 싹 태워질 신성모독 우상파괴자: Iconoclast 인습 타파주의자
Profess [prəˈfes]	주장하다. 공언하다(declare). 인 체 하다(pretend, affect). Profess law 법률을 직업으로 하다. Professed himself against the bill 그 법안에 반대의사를 공언하다. Profess innocence 순진한 체 하다.	앞에서pre 대놓고 말하면confess *Declaration of Independence 독립선언문 Propaganda 선전

Proffer ['prɑfə(r) /'prɒ-]	권하다suggest, propose, offer. 내놓다present. Proffer a suggestion 제안을 내놓다. Proffer fruit 과일을 권하다.	앞으로 pro 물건을 내밀다offer. Offer a bribe 뇌물 주다.pay off, suborn Counteroffer 수정제안, 대안 Counterpoint 대조하여 강조하다.
Proficient [prə'fɪʃnt]	능숙한(skillful, deft), 능한. Be proficient at her job/in several kinds of dance 그녀의 업무에/몇 종류의 춤에 능숙하다. A proficient inventor 발명의 달인	능숙하다; good at, proficient in/at, skilled in/at, skillful at, adept at/in. 장인 artisan,a person skilled in a craft, dab hand, master
Profile ['prəʊfaɪl]	윤곽outline, contour, silhouette, shape 옆얼굴(의 윤곽), 인지도, 개요. 알려주다. I cannot see my profile. 옆 얼굴은 볼 수 없다. high-profile people (대중의) 높은 관심을 끄는 사람들. Keep a high profile 고자세를 취하다; 두드러지다.	앞으로pro내놓아 신청file··· File 신청. 제출. 파일철. 빈틈없는 사람. File footage 정리된 필름 Filet mignon 소의 허리 고기 뒤로 내면 defile 더럽히다stain. 불결하게 하다. 모독하다. Ask one out 데이트를 청하다.
Profuse [prə'fjuːs] Profusion. n	다량의. 풍부한(abundant. rich, copious, replete, bountiful, bounteous, inexhaustible, overflowing) profuse tears / bleeding/sweating 하염없이 쏟아지는 눈물/ 피/ 땀 Profuse apologies/ praises 거듭 사과/ 칭찬 Profuse hospitality 극진한 환대	앞으로 pro 많은 것을 붓는pour Fuse 퓨즈. 도화선. 녹이다. 안에 부으면 Infuse 불어넣고, 고취하는 함께 부으면 confuse 혼란시키다boggle. 마구뒤섞다. 앞뒤로 다 부으면diffuse 확산시키다. 퍼지다. 넘치게 다시 부으면 refuse거절하다. 거부하다. Defuse 긴장을 완화시키다.
Progeny ['prɑdʒənɪ /'prɒd-]	(사람,동식물의)자손 descendants, offspring, posterity, successors 결과. 제자 All her numerous progeny live in Seoul. 모든 그녀의 수많은 자손들 서울에 산다.	앞으로 pro 태어나는 세대generation Generation 세대, 자손 Generate 낳다. 발생시키다. Genetic 유전의. Genetics 유전학. Geneticist 유전학자 Genius 천재 Genuine진짜의authentic, unfeigned, actual Generic 포괄적인. 속. 속성의 *질병path 관련 어군 Pathogenic 병의 원인이 되는 Pathological 병리적인 Psychopathic 정신병의
Prognosticate [prɑg'nɑstɪkeɪt]	예언하다predict, foretell, prophesy. 예측하다. 전조가 되다presage, forebode, foreshadow, harbinger, portend. Prognosticate a depression	앞으로pro 일어나는 일을 아는know Prognosticator 예언자. 점쟁이(astrologer)
Project [prə'dʒekt]	목표. 활동. 계획하다work out. 예상하다. 비추다. 돌출하다.	Draw up a project 계획을 세우다. Undersign a project 계획을 승인하다.

Prolific [prə'lɪfɪk]	다작하는(productive, fruitful), 다산하는(fecund), 수많은 A prolific artist 다작 예술가 A subject prolific of controversy 논쟁을 야기하는 문제 **time over (단순히) 시간 끝나다. time out 경기 중 작전시간. 부상자 나오는 시간 등 *time up 심판이휘슬로 경기 끝 선언	앞으로 pro 많이 배출하는 삶life Life 삶. 생명. 생기 Life span 수명 Lifelong 일생 동안의 Lifetime 일생. 평생. Not on your life=not for the world 결코 아니다. (발생하지 않는다)
Prologue ['prəʊlag]	발단prelude, preamble, preface. 서언. 발단이 되다prefix, introduce, precede. In the prologue of life 생애 초기에 the prologue of Romeo and Juliet' 로미오와 줄리엣의 발단	앞에서 pro 하는 말speech 뒤에서 하는 말 epilogue 양편에서 하는 말 dialog 대화. 문답 Excellent 하게 해주는 eloge 찬사. 추도사 Anthology 명시 선집. etymology어원학 서언;preface, introduction, preamble, foreword, proem, prelude
Prolong [prə'lɔŋ /-'lɒŋ]	연장하다 protract. extend 연장시키다 lengthen in time. Prolong a soap opera 드라마를 연장시키다. Prolong his stay abroad 외국 체류 기간을 연장하다.	앞으로pro 길게 늘이니까long 연장하다;extend, lengthen, elongate, protract, stretch, draw out **protract연장하다 // detract줄이다. 손상시키다 // distract산만하게 하다 // extract추출하다 // tract지역.~계
Prominent ['prɑmɪnənt /'prɒm-]	현저한marked, 탁월한eminent, 양각된embossed	앞으로pro 툭 튀어나와project Imminent 임박한, 절박한 Eminent 저명한. 튀어나온
Promiscuous [prə'mɪskjʊəs] Promiscuity. n	잡다하게 모은miscellaneous, random, 난잡한lax, loose, unchaste, wanton 무차별한indiscriminate, unselective. Promiscuous hospitality 무차별한 대접	잎에서pro 보이는 쉬임mix Miscellaneous 여러가지 종류의. 다양한 Miscellanea 잡다한 것들 *Conflate 융합하다combine.
Promising ['prɑmɪsɪŋ /'prɒm-]	유망한encouraging, favourable 조짐이 좋은optimistic, cheering. A promising young actress / job 유망한 젊은 여배우/ 직업 Pick out the most promising boys. 유망한 소년들을 선발하다.	Promise;약속하다. 보증하다insure. 가망성이 있다. 유망한;hopeful, up-and-coming, likely, auspicious
Promulgate ['prɑmlgeɪt /'prɒ-]	널리 알리다(proclaim, declare, announce). 공포하다(make known). 반포하다. Promulgate the bills/ policies 법안/정책을 널리 알리다.	다수multiple 앞에서pro 알리는… Multiple 다양한, 복합적인, 다수의 A multiple birth 다산(한 번에 두 명이상 출산) a multiple pile-up 다중 추돌 사고 널리 알리다; proclaim, publish, declare, announce, give out, notify, advertise
Propagate ['prɑpəgeɪt /'prɒ-]	전파(선전)하다spread, grow, multiply, develop 번식시키다multiply, reproduce, breed.	Propagandize(허위. 과장)선전을 퍼뜨리다.
Propel [prə'pel]	나아가게 하다impel onward. 몰고 가다push, drive. Fury propelled her into action 격노가	나아가게 하다; impel, drive, move, push, actuate, activate, get started, set in motion *The ball is in your court.

	그녀를 행동하게 만들었다. *Hell hath(has) no fury like a woman scorned. 여자가 한을 품으면 오뉴월에도 서리가 내린다.	It's your move(turn). 당신이 (말)할 차례이다. Dart: move suddenly.
Propensity [prəˈpensətɪ]	경향. 성향a natural inclination Propensity to save /consume 저축/ 소비하는 성향 Have a propensity for stealing 도벽 성향이 있다.	앞에pro 매달려있는pensile Pensile 매달린, 늘어진 Pensive 깊은 생각에 잠긴 오랜 기간 돈을 부어 Pension 연금 경향;inclination, tendency, leaning proclivity, bent, penchant, bias, disposition, liking, taste, predisposition
Proper [ˈprɑpə(r) /ˈprɒ-]	적절한. 올바른. 완전한. 고유의. A proper(an improper) fraction 진(가)분수	At proper time 적당한 때에 Good and proper 완전히, 철저히 A proper rascal 순전한 악당
Proposition [ˌprɑpəˈzɪʃn /ˌprɒ-]	제의. 과제. 법개정안. 명제.	A paying proposition 수지 맞는 일 Be not a proposition 가망 없다. Make him a proposition 그에게 제안하다.
Prophesy [ˈprɑfɪsaɪ /ˈprɒ-]	예언하다predict. 예보하다forecast. Prophesy a hurricane / mudslide 허리케인/진흙사태를 예보하다.	예언하다. 예고하다;predict, foretell, divine, forecast, prognosticate, presage, augur
Propitious [prəˈpɪʃəs]	길조의. 자비로운benevolent A propitious sign 길조의 징후 Propitious release time 순조로운 배부 시점	길조의, 유리한; auspicious, opportune, prosperous fair, advantageous, favorable, fortunate, profitable
Proportional [prəˈpɔrʃnəl /-ˈpɔː-]	비례하는in proportion to. relative to, 균형 잡힌well-shaped. A proportional quantity / parts 비례 량/부분 Proportional representation 비례 대표제	앞에서pro 각자 몫portion을 나누는… Portion 1인분, 배당, 몫. 나누다. 비례하는; proportionate, commensurate, commensurable, well-proportioned, relative
Propriety [prəˈpraɪətɪ]	적절성suitability, properness, conformity 타당성cogency, relevance, 예절 With propriety 예절 바르게	예절; decency, decorum, suitability, fitness, courtesy Sin against propriety 예절에 어긋난 행동을 하다.
Proprietary [prəˈpraɪətərɪ /-trɪ]	소유주의. 등록상표가 붙은protected by trademark or patent or copyright	
Proscribe [prəʊˈskraɪb]	금지하다suppress, put a ban on. 배척하다exclude, cast by. Be Proscribe by federal law 법에 의해 금지되다.	앞서서pro 미리 써서 막는scribe 금지하다;outlaw, ban, forbid, prohibit, banish, interdict, exile(망명자)
Prosecute [ˈprɑsɪkjuːt /ˈprɒ-]	고소하다. (법에 권리를)요구하다. 수행하다. 종사하다. Prosecute a claim for damages 손해배상을 요구하다.	고소하다; sue, indict, arraign, put someone on trial, litigate, bring someone to trial, take someone to court. Try. 유치권:선취 특권: lien

	Prosecute his son for libel. 그의 아들을 명예훼손으로 고소하다. Prosecute a war 전쟁을 수행하다. Prosecute her studies 연구에 종사하다.	
Prospective [prə'spektɪv]	예상되는expected. 장차의future Prospective earnings 장래 수입 Prospective singers 가수 지망생들 The odds are a million to one. 그 확률은 백만 중에 하나다(하늘의 별따기다). *stand a good chance of 가능성이 높다.	앞이pro 내다보이는spect Spectacle. 구경거리 Spectral 유령의, 유령 같은 예상되는 것, 가능성 있는 것; likelihood, chance, possibility, hope, promise, odds, expectation, probability 확률이 꽤 높은 것: in all likelihood대부분
Prosper ['prɑspə(r) /'prɒ-]	번영하다. 성공하다make the grade. Prosper in new business 새 사업에 성공하다.	번성하다;flourish, thrive, boom 통달. 숙달mastery
Prostrate [prɑ'streɪt /prɒ-]	엎어져 있는(lie down, grovel, kneel), 정신을 가누지 못하는overwhelm, fell. Prostrate himself (예배하기 위해)엎드리다. *liturgy [lɪɪtərdʒi] 예배식. Be prostrated with sorrow 슬픔으로 정신을 가누지 못하는..	Frustrate 좌절감을 주다. 실망시키다 Illustrate 삽화를 넣다. 예증하다. Demonstrate 논증하다. 증명하다 Devastate 완전히 파괴하다wreck havoc on Reinstate 복귀시키다. 회복시키다. Apostate 배신자. 변절자
Protract [proʊ'trækt /prə-]	연장하다prolong, extend. 내뻗다stretch(put forth) out. Protract his speech much longer 최장으로 그의 연설을 연장하다.	앞으로 pro 길게 끌어당기기traction Traction 끌기. 당기기. 견인력 길게 끌다; prolong, extend, lengthen, elongate, draw out, spin out, drag out, draw, stretch
Protrude [proʊ'truːd /prə-]	튀어나오다project, bulge. 내뻗다stretch out. Protruding eyes 튀어나온 눈 Protrude his tongue 혀를 내밀다. *I have her name on the tip of my tongue.그녀 이름이 생각날만한데.	앞으로 pro 내미는thrust 안으로 내미는intrude 간섭하다. 끼어들다. 밖으로 내미는extrude 추방하다. 내밀다. 내밀다;stick out, jut, project, jut out, stand out. *실언 a slip of one's tongue
Prowess ['praʊɪs]	용기mettle. fortitude. grit, mettle 기량talent, skill, aptitude, dexterity, finesse, expertise, talent, ingenuity	A soldier of no mean prowess 용감무쌍한 병사 용기:bravery, daring, courage, heroism, mettle, valour, fearlessness, valiance, gallantry
Prudent ['pruːdnt]	신중한, 타산적인(self-interested), A prudent(serious) old man 신중한 노인 Prudent way to success 성공하는 현명한 방법	신중한; cautious, discreet, wary, careful, circumspect, chary, cautious, wise, judicious, canny, provident, politic, reasonable *wary 신중한// ware상품// weary피곤한
Purport ['pɜrpət /'pɜː-]	주장하다. 취지이다intend. purpose A speech purporting that라는 취지의 연설 The letter purports to be official 공문서로 주장된 편지	앞으로pur 전달하는 port… 밖으로 전달하는 export 수출하다. 안으로 전달하는 import 수입하다. 취지이다;mean, signify, claim, imply, intend 취지:gist, essence of an argument
PROTO	처음	

Word	Meaning	Synonyms/Related
Protagonist [proʊˈtægənɪst]	(영화,책,시합)주인공(leading character). (정책)주창자advocate, protector, backer A protagonist of the recycling moment 재활용 운동의 주창자	Antagonist; 적대자, 상대편 주인공;leading character, principal, central character, hero, heroine
Protocol [ˈproʊtəkɑl]	외교의전diplomatic etiquette, 예의. 통신규약observance The Kyoto Protocol 교토 의정서 internet protocol 인터넷 통신규약	행동규칙 code of behavior, manners, conventions, customs, etiquette, propriety, decorum
Prototype [ˈproʊtəʊtaɪp]	원형. 본보기(archetype) The prototype of the modern car. 현대 차의 원형	원래의proto 형태type type원형, 유형, 형 원본; original, model, first, example, standard. Archetype
Parochial [pəˈroʊkɪəl]	편협한(provincial, narrow, bigot) *narrow down the list 목록을 몇 명으로 압축하다.	편협한: narrow-minded, closed-minded, illiberal
Paternal [pəˈtɜrnl /-ˈtɜːnl]	아버지의(fatherly). 아버지 같은.	Maternal 어머니의. 어머니 같은. Be related on the paternal side 아버지편의 친척이다.
Patriarch	가장. 추장. 원로	가부장제: patriarchy. Patriarchism 여가장제: matriarchate
Pensive [ˈpensɪv]	깊이 수심(생각)에 잠긴sorrowful. 구슬픈(plaintive)	Look pensive 수심 있어 보이다.
Poignant [ˈpɔɪnjənt]	가슴 아픈(painfully emotional, thorny, tough). 신랄한(sharp, astute, keen).	Poignant regret 가슴 저리는 후회 Poignant parody 신랄한 풍자 Lame 고통스러운painful, 약한weak, 다리에 장애가 있는disabled, crippled
Polarize [ˌpoʊləraɪˈz] Polarity. n	양극화 되다. 극성을 주다. 빛을 편광시키다. *In the kingdom of the blind, the one-eyed is king. For want of a wise man, a fool is set in the chair. 범없는 골에 토끼가 스승이다.	극polar으로 가다. Polar 양극의. 정반대의 Polaris 북극성 *contrariwise 정반대로(**likewise 똑같이) *clockwise 시계 방향 대로 *시계 방향 반대로counterclockwise, anticlockwise, contraclockwise
Polemic [pəˈlemɪk]	격한 논쟁controversial. 격렬한 비판ambaste. disputatious	장대. 막대기pole 위에서 논쟁이 벌이니.. Polemicize 논쟁하다. 반론하다. Gladiator[glǽdi itər] 논쟁자. 검투사
Ponderous [ˈpɑndərəs /ˈpɒn-]	너무 신중한massive, weighty. 지루한dull, tedious, boring. 느릿느릿한draggy, awkward, clumsy	생각에 생각ponder을 하고 있는 Ponder곰곰이 생각하다:mull over, muse, contemplate, ruminate(think over), cogitate, meditate
Pragmatic [præɡˈmætɪk] Pragmatist. n	실용적인practical, functional, positive 이성적인reasonable, ordinary, mundane	실용적인down to earth, utilitarian, practicable, useful, realistic, sound, applicable, efficient, down-to-earth

Provident [ˈprɑvɪdənt /ˈprɒ-]	앞날을 대비하는. 신중한prudent Provident budget 예비 예산	Provide 제공하다. 마련하다. 대비하다. Providential 천우신조의. 신의에 의한
Pummel [ˈpʌml]	(주먹으로)때리다strike with the fist *갑자기 때리다lash out	Pummel the sandbag with her fists. 모래주머니를 주먹으로 치다. *소유격으로 해석하나 목적격으로 작성하는 관용어구. The girl caught me by the hand. 나의 손을 잡았다. / The lady pulled me by the sleeve. 나의 소매를 잡아당겼다. / The boy patted me on the shoulder. 나의 어깨를 쳤다. / Mary struck me over the head. 나의 머리를 쳤다./Tom looked me in the face. 나의 얼굴을 쳐다보았다
Pundit [ˈpʌndɪt]	전문가expert, specialist. 현인(박식한 사람)savant, sage. 권위자authority, right, prerogative	Expertise 전문 지식(기술)

캐나다 대학캠퍼스

Qq

Quaint [kweɪnt]	진기한rare. 예스러운old-fashioned	A quaint way of life 진귀한 생활 방식
Qualify [ˈkwɑlɪfaɪ /ˈkwɒ-]	자격을 주다. 한정하다(restrict).	*Qualm 거리낌.가책scruple. compunction Qualmish 양심의 가책을 받는. 메스꺼운 Without a blink or qualm 거리낌 없이
Qualitative	질의. 질적인.	Quantity 양의. 양적인
Quasi	거의almost. all but. near. next to 유사의. 절반의. 준-. 외견상. 즉, 말하자면so to speak.	Quasi-3D Design 준3차원 설계 In a quasi-official capacity반 공적자격으로
Quay [kɪː]	부두wharf. Pier. Dock. Levee Be docking(lying) at the quay. 부두에 정박 중이다.	Bring a yacht alongside the quay. 부두에 요트를 대다
Querulous [ˈkwerʊləs]	불평하는(complaining, grumbling) 짜증내는(whining, peevish)	In a queue 줄을 서서 Queue up for a Taxi줄지어 택시 기다리다 *줄줄이. 잇달아서 one after another
Queue [kjuː]	줄서서 기다리다queue up, line up, file. 열line, row, file, string, chain, series.	The girl was cooled her heels in a queue. 그 소녀는 줄을 서서 기다렸다. *cool(kick) one's heels 오랫동안 기다리다
Quiescent [kwaɪˈesnt]	조용한still, quiet, passive. (병 등)진행이 중단된motionless.	*tranquil평온한 /tranquilize진정시키다
Quintessential	본질적인essential, fundamental. 전형적인typical.	The quintessential American town. 전형적인 미국 도시.
Quixotic [kwɪkˈsɑtɪk]	돈키호테 같은. 비현실적인unrealistic, impractical.	*The retired man is always grounded. 은퇴한 사람은 항시 현실적이다.
Quotidian [kwɒˈtɪdɪən]	일상적인daily, diurnal, circadian. 보통의. 평범한ordinary, common, routine, commonplace	The man is a man of no mark. 평범한 사람이다.

Rr

RE	뒤…다시(재)	
Rally ['rælɪ]	집회. 경주. 반등. 단결시키다. 활기를 되찾다. 반등하다. Make a rally 기력을 회복하다 *~을 찾아서searching for= in search for // *추구하다 seek after	She rallied to win the third set 12-2 그녀는 활기를 되찾아 3세트를 12대2로 승리하였다.//rally from illness 병에서 회복하다.
Ramification [ˌræmɪfɪˈkeɪʃn]	파문. 영향implication (엄청난 결과를 몰고 올)	Ramify 가지 내게 하다. 분기시키다(branch out). 작게 구분하다.
Rampant [ˈræmpnt]	만연한 prevalent. rife. widespread. pervasive 무성한.uncontrollable. raging 난무하는. 맹렬한	A rampant(swarming) rumor 만연한 소문 A rampant lion 맹렬한 사자 *take lion's share 최대의 몫을 갖다 make the rounds 소문이 퍼지다 *get(have) wind of 풍문으로 듣다
Rancor [ˈræŋkə(r)]	원한resentment. 증오odium. 악의malice	Rancorous 악의 있는malicious. 원한 있는spiteful, embittered, hostile, malign, venomous
Rarefied	고상한lofty. noble 희박한thin. long shat	Rarefied hobbies 고상한 취미 The rarefied mood of his life. 그의 생활 고상한 분위기
Ransom [ˈrænsəm]	(납치)몸값. 몸값을 지불하다. Ransom demand/ money 몸값 요구/돈	Disburse지불하다pay out, 소비하다expend Hold his son to ransom 그의 아들을 잡고서 몸값을 요구하다.
Raucous [ˈrɔːkəs] Raucousness. n	소란한loud and bawdy. 귀에 거슬리는hoarse. A raucous voice 귀 거슬리는 음성	A raucous crowd of more than 100 boys. 소년 100명 이상의 소란스러운 관중들
React [rɪˈækt] Reaction. n	반응하다response. 반응을 보이다. Cross-react 교차 반응하다. Chain-react 연쇄 반응을 보이다. React to a drug 약에 반응하다. React against tyranny 압제에 반응하다.	다시re 행동act 하다. Act 행동. 행위. 연기하다. 법률 Activate 작동시키다. 활성화시키다. Active 현역의원. 활동적인. 능동의 Act on principle 원칙에 따라 행동하다. Reactionary 반동분자. 반동의. 되돌아가는.
Rebate [ˈriːbeɪt]	환불하다. 무디게 하다. 환불. Tax rebate 세금 환급 Cash rebate 현금 환불	다시re 약화시키면bate..무디게 하다. Bate줄이다. 약화하다. 덜다. Abate감소시키다. 중지하다.

	*I want to cash a check. 이 수표를 현금으로 바꿔주세요.	muffle 소리를 줄이다. (따뜻하기 위해)덮다 muffler 목도리. 소음기 mute 무언의. 말없는, 말 못하는. 벙어리 환불금; refund, repayment, rebate, drawback, kickback
Rebuke [rɪˈbjuːk]	비난하다 censure severely. 비난 opprobrium. Rebuke the boy for his faults …실수를 꾸짖다. Without rebuke 비난할 바 없는 Administer a rebuke 꾸짖다.	비난; scolding, censure, reprimand, admonition, dressing-down, row, back-stabbing(겉으로 친한 척하며)험담하기 야단치다; scold, censure, reprimand, castigate, chastise(꾸짖다). chasten, chide, call down, dress down, admonish, tell off. reproof, baste (호되게 야단치다), bawl(호통치다)out.
Recalcitrant [rɪˈkælsɪtrənt]	저항하는 refusing to obey. 다루기 힘든 hard to handle	다시 re 칼들고 저항하는…
Recant [rɪˈkænt]	(신념, 견해를) 철회하다(take back). The defendant wanted to recant confession 피고는 자백을 철회하고 싶었다.	다시 re는 할 수 없게 하는 can't… 철회하다; retract, withdraw, recant, call off Cant 위선적인 말. *withdraw 물러가다 //drawback 결점. 문제점
Recede [rɪˈsiːd]	물러나다 move back, ebb, return. 철회하다. 희미해지다. 머리가 벗어지다. A old gentleman receded from the pier. 부두에서 멀어진 노신사. The memory receded into the dim past. 그 기억은 희미하게 과거 속으로 멀어져 갔다. With receding hair 머리가 벗어지는	뒤로 re 진행하는 cede Cede 인정하다 approve. 양보하다. Cede territory to 영토를 양도하다. 함께 concede 인정하다. 허용하다. 응하면서 accede 동의하다. 따르다. 앞에서 precede 선행하다. 우선하다.
Recidivism [rɪˈsɪdɪvɪzm]	재범성 apostasy, retrogressing. 상습적 범행(누범). *재범 second conviction, second offender	1 percent recidivism rate. 1%의 재범 비율 (*30percent 처럼 숫자 뒤에는 percent, *a high percentage 처럼 숫자 뒤가 아니면 percentage)
Recipe [ˈresɪpɪ]	조리법 cuisine. 비결 key, know-how. 처방전 prescription. A recipe for a delicious ramen 맛있는 라면 만드는 조리법. 비결. Recipe for success in business 사업 성공의 비결	다시 re 쥐어주는 비결 cipher Cipher 암호. 열쇠. 부호. 아라비아 숫자. Delectable=맛있는, 유쾌한 delightful. 매력적인 맛있는 delicious, delectable, relishable, tasty, palatable, appetizing, toothsome, savoury

Reciprocal
[rɪˈsɪprəkl]
	상호간의 mutual.
	보답의 in return(requital) for.
	보복의 avenging, retributive, vindicative.
	Reciprocal love 상호 사랑함
	Reciprocal gifts 보답의 선물
	Reciprocal trade/ treaty 상호(호혜) 무역/ 조약
	Reciprocal proportion 반비례
		*Could you gift-wrap that? 포장 좀 해주세요.
		  Revert 본래 상태로 되돌아가다.
		*in return for 보답으로서
		*The sparrow near a school sings the primer. 서당개 3년이면 풍월을 읊는다
		  (primer 입문서. 초급 독본)

Recite [rɪˈsaɪt]	나열하다 list, arrange, parade. 낭독하다. 암송하다. Recite(chant) a charm 주문 외다.	Recite a poem to the class 학급에서 시를 낭송하다.
Reclaim [rɪˈkleɪm]	개간하다 cultivate. 교정하다 emend 반환을 요구하다 redemand. 보상하다. 회복하다 recover, salvage, save, regain, rejuvenate, redeem Reclaim your money and credit card. 돈과 카드의 반환을 요구하다	다시 Re 요구하여 claim Appear past reclaim 교정 가능성이 없어 보인다. Reclaim the wasteland 황무지를 개간하다.
Recline [rɪˈklaɪn]	비스듬히 기대다 lie back, lean back 뒤로 넘기다. Recline on a sofa 소파에 눕다. A reclining chair. 등받이가 뒤로도 넘어가는 의자	뒤로 Re 기우는 cline 아래로 기우는 decline 감소하다. 줄어들다 안으로 기우는 incline 경향이다. 기울다. 몸을 구부리다.
Recluse [ˈrekluːs / rɪˈkluːs]	은둔자 one who lives in solitude. Lead the life of a recluse. 은둔자의 삶을 살다.	다시 Re 폐쇄하는 closure Closure 폐쇄. 마감. 종료 은둔자; hermit, anchorite, solitary(혼자의. 고독한. 외로운), eremite, anchoret
Recompense [ˈrekəmpens]	보상. 보상하다 make amends for. Recompense the woman for her services=recompense the woman her services 그 여인의 봉사에 대해 보답하다.	다시 re 보상하다 compensate Compensate 보상하다 make up for. 보상금을 주다. Compensation 보상. 이득
Reconcile [ˈrekənsaɪl] Reconciliation.n	화해시키다 restore harmony between. 조정시키다 adjust, accommodate. 받아들이다 Reconcile them to each other 그들을 화해시키다. Reconcile a dispute 논쟁을 조정하다. Reconcile herself to living in La Crescenta. 라크라센타에 사는 것을 받아들이다(만족하고 있다).	다시 re 조정하다 conciliate Conciliate 달래다. 회유하다. 조정하다. Conciliator 조정자. 조정기관 *keep down 달래다 propitiate *keep at 계속 추구하다 keep on. *emollient 진정시키는. 달래는 soothing. Sedative(달래는. 진정제)
Recondite [rɪˈkɑndaɪt / ˈrekə-]	난해한 abstruse, very profound, esoteric 알려지지 않은 beyond the grasp A recondite sentence 난해한 문장 A recondite investigation/ subject 난해한 연구 / 주제	다시 re 조건을 맞추어야 할 condition Condition 상태. 신분. 처지 Conditioning 조절. 훈련. 조건 반사. Incondite 문장이 서투른. 조잡한 난해한; abstruse, obscure, secret, deep
Reconnaissance [rɪˈkɑnɪsəns]	답사 exploration, survey, scouting. 정찰 perambulation, inspection, scrutiny 정찰대 Make an aerial Reconnaissance 항공 정찰하다. A reconnaissance satellite 정찰용 인공위성	Reconnoitering = Reconnaissance party 정찰대 Reconnaissance plane 정찰기
Recourse [ˈriːkɔrs / -ˈkɔːs]	의지 volition. 의지하는 것(사람). Have recourse to 에 의지하다 turn to. Without recourse to 에 의지하지 않다.	다시 re 의지되어 과정 course에 들어가는 의지; resort, refuge

Recrimination	비난answering of an accusation. 맞대응counter-charge, counter-attack, retaliation, aspersion, reprisal	Crimination: 고소. 고발. 비난. Discrimination 차별대우. 구별. Incrimination 죄를 씌움.
Recruit [rɪˈkruːt]	모집하다. 남을 설득하다. 구성하다. A raw(new) recruit 신병 Recruit oneself 휴양하다.	신병; conscript, draftee, rookie.
Recuperate [rɪˈkuːpəreɪt/-ˈkju-]	회복하다come to, convalesce. 되찾다recover, get back, survive. To recuperate for his health 건강을 회복하기 위해 To recuperate at least his losses. 최소 그의 손실만이라도 되찾기위해	힘을 다시Re 회복하다cooperate(recover) 회복하다; recover, regain, rally, retrieve, convalesce, get over, recover from, tide over, overcome, pull through (*Get over with=finish with) 더듬어 찾다. 암중모색하다.grope (경기) 회복하다: turn around
Recur [rɪˈkɜr /-ˈkɜː]	재발하다occur again. 호소하다(to) 회상하다look back on. retrospect Recur to the matter of straight A's 다시 올A의 성적표 건으로 돌아가서 Recur to violence 폭력에 호소하다. *기억하다. ring my bell, ring a bell	다시re 떠오르는occur Occur 발생하다. 떠오르다hit on. 존재하다 Occurrence 발생, 조건, 사건. 존재 occurrent 현행의. 우연의 갑자기 떠오르다pop into my head 회상하다.기억하다recall to my mind *look(drop) in on me나(사람)를 방문하다 *hit on(upon)불현듯 떠올리다. *hit at 혹평하다. 주먹으로 때리다.
Redeem [rɪˈdiːm]	되사다repurchase, buy back. 변제하다pay off, pay back. 보상하다make up, balance up. Redeem oneself 속전을 내어 목숨을 건지다. Redeem a pledge 약속을 지키다. Redeem his party 의무를 이행하다.	다시re 사다buy *I'll stand you a drink. 내가 한 잔 사겠다. I'll pick up the tap. 내가 돈 내겠다(This will be my treat). Where is the taxi stand? 택시 정류장이 어디에 있습니까? (버스정류장 bus stop)
Redolent [ˈredələnt]	냄새 나는fragrant, aromatic, scented. 상기시키는remind of, resonate Redolent of onion 양파 냄새 나는 An atmosphere redolent of my hometown 고향이 생각나게 하는 분위기	다시 re 냄새나는 ol Olfactory 후각의. 후각기관 *She was having flashbacks of Korean life. 한국 생활이 주마등처럼 스치고 지나갔다.
Redoubtable [rɪˈdaʊtəbl]	가공할 만한formidable, fearsome, 존경할 만한commanding respect The redoubtable destructive power 가공할 만한 파괴력 A redoubtable teacher 존경할 만한 선생님	다시 re 의심할 정도로doubtable 가공할 만한; redoubted, formidable, dreadful, terrible, awful, horrible *나는 이름 외우는데 소질 없다. I am terrible at names
Redress [rɪˈdres]	고치다remedy. 교정하다emend. 시정. 교정. Redress an unfair 부당한 것을 시정하다. Be anxious to redress social evil 사회악의 교정에 열심이다. *emend특히, 인쇄 전에 교정하다	다시 re 손질하다dress Dress 손질하다. 옷을 입히다. 정렬하다. 교정하다; repair, fix up, rectify, retrieve, remedy, compensate, correct, right, mend, amend *She's a sharp dresser. 그녀는 옷을 잘 입고 다닌다.

Word	Meaning	Notes
Redundant [rɪ'dʌndənt] Redundance. n	과잉의(excessive, overabundant). 정리해고 당한. The recruit was made redundant in a month. 한 달 만에 신입사원은 해고 되었다.	다시 re 또 해버렸으니done… 과잉의; superfluous, unnecessary, needless, excessive, spare, surplus, redundant, tautological중복의
reference ['refrəns]	언급mention, allusion, innuendo. 참조referral. 문의. 조회. 추천서recommendation, testimonial. I must refer you to my manager. 지배인에게 문의해주세요.	With/in reference to 와 관련하여 Have reference to 관계가 있다= have to do with=have a connection with **reference언급// refer ~탓으로 돌리다// in reference 에 관하여// refer to 라고 불리다. 참조하다. 언급하다
Referendum [,refə'rendəm]	국민 투표plebiscite, vote. 총선거general election.	Hold(suggest) a referendum on ~을 국민투표에 부치다(제안하다).
Refine [rɪ'faɪn] refinement. n	정제하다purify, separate, weed out. 개선(개량)하다improve, ameliorate. Refine on 개량, 연마하다. Refine his taste and manners 취미와 예의를 품위있게 하다. Refine the metals. 금속을 정제하다	다시 re 정제하다fine Fine 정제하다. 예리한exquisite, 건강한, 질 높은, Fine-tune 미세 조정을 하다. Fineness 좀좀함. 순도
Refractory [rɪ'fræktrɪ]	다루기 힘든hard to handle. 불량한delinquent 난치의incurable. Obstinate *The opera isn't over until the fat lady sings. 승부는 끝나보아야 안다.	다시re 다루기 힘든 Fractious Fractious 다루기 힘든. 짜증 잘 내는 Refractor 굴절 망원경. 굴절 렌즈 안에서 짜증 내면. Infract 위반하다.어기다 /다시 Refract 굴절시키다(inflect 변화시키다). //잘게 잘게Diffract 분산시키다. 회절시키다. //fragile 연약한brittle. 깨지기 쉬운friable *curable치료 가능한 *curative치료 효과 있는therapeutic
Refute [rɪ'fjuːt]	반증하다disprove, disallow, counter. 부인하다deny. gainsay, negate Refute a dispute / a theory/a statement 논쟁/ 이론/진술을 반박하다.	다시 re 팡팡 때리다phut. 함께 팡팡 때리면서confute 반박하다. 틀렸음을 입증하다. 반박하다;rebut, confute, disprove, deny, negative, contradict, rebut, oppose
Regard [rɪ'gɑrd /-'gɑːd-]	간주하다consider, deem, look on. 고려consideration. 존경deference. 안부의 말. *Give me my best regards to your wife=say hello to your wife=Remember me kindly to your wife. 부인께도 제 안부를 전해주세요.	Out of regard for his sister, 그의 여동생 입장을 고려하여. Without regard to …상관없이… 무시하고 In this regard (방금)이 점에 관련해서는 Reckon with ~을 고려해넣다. *look after 배웅하다. 돌보다 *ask after 안부 묻다inquire after
Regenerate [rɪ'dʒenəreɪt]	재생시키다.rejuvenate, reclaim 재건하다rebuild, recharge. Be used to regenerate the shopping mall. 상업 단지를 재건하는데 이용되다.	다시 re 태어나게 하다.generate Generate 낳다. 발생시키다. 초래하다. 재건시키다;renew, revive Regenerate a battery.전지를 충전하다.
Regime [reɪ'ʒiːm]	정권. 정부. 제도 A military regime 군사 정권 The ancient regime 구 제도.	Regimen 식이 요법. 처방 계획 Regiment(군대)연대. 연대에 편성하다. 다수

Rehabilitate [,ri:ə'bɪlɪteɪt]	갱생시키다. 사회에 복귀시키다. 회복시키다 restore, pull round, reinstate. Rehabilitate drug addicts 마약중독자를 갱생시키다.	다시 re 훈련하다 habilitate Habilitate 훈련하다. 운영 자금을 주다. 자격을 얻다. Rehabilitate the old man as an artist. 그 노인을 예술가로서 명예 회복시키다.
Rehearse [rɪ'hɜrs /-'hɜːs]	(예행)연습하다 practice. 반복하다. Be given a week to rehearse. 연습할 시간은 일주일이 주어졌다. Rehearse a new play. 새 연극을 시연하다. He will not rehearse those disputes 그는 논쟁을 반복하지 않을 것이다.	연습하다; practice, prepare, run through, go over, repeat, drill, recite Go over: 반복하다. 되풀이하다. 자세히 검토하다 see about. *Practiced 숙련된 // practical 실용적인 Practicable 가능한, 실행 가능한
Reimburse [,ri:ɪm'bɜrs /-'bɜːs] reimbursement. n	배상하다 redress, atone, amends for. 상환하다 amortize, repay. Reimburse her for any expenses. 그녀에게 어떠한 비용이라도 배상하다.	다시 re 예전대로 불어넣다 imbue imbue 불어넣다. 고취하다. 배상하다; repay, refund, compensate, recompense, recoup, indemnify (특히 분할하여)상환하다 amortize
Reinforce [,ri:ɪn'fɔrs /-'fɔːs]	강화하다. 증원하다. 늘리다 increase Reinforce a wall with stone 돌로 벽을 보강하다. Reinforce a supply 공급을 늘리다	다시 re 안 in을 강화하다 force Force 힘, 에너지, 세력, 강제로…시키다. Forceful 강력한. 효과적인
Reiterate [ri:'ɪtəreɪt]	반복하다(repeat, harp on). 반복되는. Reiterate an offer/ an order / a demand 제의/ 주문/ 요구를 반복하다.	다시 Re 반복하다 iterate Iterate 반복하다. 되풀이하여 말하다. 반복을 막아버리는 obliterate 없애다. 지우다.
Rejuvenate [rɪ'dʒuːvɪneɪt]	다시 젊어보이게 하다. 활기를 되찾게 하다 revitalize, revivify, reanimate. The welcoming stance has rejuvenated the province's prospects. 이 환영의 태도는 이 지방 전망을 활기 있게 찾게 만든다.	다시 re 젊어지다 juvenescence Juvenescence 젊음. 청춘. 회춘 Juvenescent 청소년기에 달한. 젊어지는 Juvenile 청소년의. 청소년을 위한 Juvenility 젊음. 유치함
Relegate ['relɪgeɪt]	좌천시키다 upperson, demote, relegate. 위임하다 delegate, entrust 분류하다 assort, divide into Be relegated to 으로 좌천되다. Relegated them to an inferior post. 그들을 좌천시키다.	다시 re 발치 leg에 있는 곳에 떨어뜨리다. Legate 사절. 특사. 유산으로 물려주다. Ablegate 교황 특사 Delegate 대표. 위임하다. 임명하다.
Relent [rɪ'lent]	마음이 누그러지다 relax, yield, bend. (마침내) 동의하다 acquiesce, melt. The storm relented after a week. 일주일 후에야 폭풍이 누그러졌다.	다시 re 빌려주고 마음도 풀고 lent… 누그러지다. 완화되다; soften, relax, slacken. Let up (on)
Relentless [rɪ'lentlɪs]	끈질긴 continuous. in a row, incessant 잔인한 harsh, pitiless, obstinate. 심한 rigid, unswerving, intractable	Continuum 연속체 A space-time continuum 4차원
Relevant ['relɪvənt]	관련 있는 pertinent, apt, related. 의미가 있는 significant, germane, akin Be relevant to the novel 소설과 관련되다.	다시 re 대등하게 level 맞추어 Level 수평. 동일 수준. 대등하게 하다. Horizon 수평선. 지평선. 시야. 범위.

Word	Definition (Korean)	Synonyms/Notes
	Opinions on the relevant to matters. 그 문제와 관련한 견해	
Relinquish [rɪˈlɪŋkwɪʃ]	포기하다abandon. give up, drop 양도하다surrender, cede, yield Relinquish his right 권리를 포기하다. Relinquish her appointment as the Minister. 장관직에서 퇴임하다.	단념하다; give up, abandon, forgo, relinquish, renounce, quit, waive, leave, forsake, resign, surrender, abdicate, desert. Disclaim *I'll call it quits. 난 그만 두겠다. of despair
Reluctant [rɪˈlʌktənt]	꺼리는grudging, undesirable, averse, loath, resistant, antipathetic 주저하는reluctant, hesitant. Not reluctant 꺼리기커녕 좋아하는. Be reluctant to do …do하는 것을 꺼리다.=have a reluctance to	Reluct 저항하다. 싫어하다. 망설이다. 꺼리는; unwilling, hesitant, loath, disinclined, unenthusiastic, reluctant 감수하다resign oneself to=reluctantly accept 마지못해 받아들이다yield to
Reminiscent [ˌremɪˈnɪsnt]	연상시키는(remindful), Be reminiscent of his grandfather 할아버지를 연상시키다. A reminiscent look / smile 추억에 담긴 듯한 표정/ 미소	다시 re 상기시키는mind Mind 주의하다take notice of. 걱정하다. 기억력. 심기. The mind정신, the spirit, the human soul, psyche *The cowboy reminds me of Bill. 카우보이는 나에게 빌을 생각나게 한다. *Remind, inform, convince 는 전치사of을 취합니다.
Remiss [rɪˈmɪs]	태만한(derelict, lax, neglectful), 무책임한irresponsible, delinquent Be remiss (in the discharge of) his duties 임무에서 소홀하다. It would be remiss of me to do…do한 것은 내가 태만한 것이다.	다시 re 회피하고 회피하고 miss… Miss 실수. 회피. 놓치다. 생략하다. Misspell 철자를 틀리다. Misstep 잘못된 조치. 실수. 헛디딤 *무책임하게 행동하다play fast and loose *임무를 다하다 pull one's weight
Remission [rɪˈmɪʃn]	용서forgiveness, pardon. 감형commutation, abatement. 면제exemption. (병의)차도 Tax remission 세금 감면 *on the gain 회복중인	Remissible 용서할 수 있는. 면제할 수 있는. Remissive 용서하는. 관대한. 면제하는
Remit [rɪˈmɪt]	보내다send. 송금하다transmit. 면제해주다. 용서하다forgive. Be remit to his daughter in full. 그의 딸에게 전액 송금 되다. Remit a fine/ a prison sentence 벌금/ 수감형을 면제해주다. Remit taxes to half the amount 세금을 반감하다.	용서하다; forgive, pardon, condone, absolve, excuse, mercy, clemency. Give away (폭로하다disclose, 분배하다distribute, 주다give freely: 폭로된 사실은 분배해서 준 거니깐 give나 마찬가지…)
Remnant [ˈremnənt]	남은 부분small remaining part, fragment, 나머지remainder. A remnant sale 나머지 떨이 세일 His remnant existence 남은 일생	뒤에 re 남아있는remain 것 Remain 남다. 잔존하다extant. 살아남다. 머무르다.

Remonstrate ['rɪmɑnstreɪt]	항의하다(against), 불평하다. The reporter remonstrated with the judge about the decision. 리포터는 그 판결에 대해 판사에게 불평했다.	Demonstrate 논증하다. 설명하다spell out. 항의하다; protest, expostulate, object **judging from her appearance. 그녀의 외양으로부터 (판단해)보건데.
Remorse [rɪ'mɔrs /-'mɔːs]	후회regret, repent, ruefulness, woe. 양심의 가책compunction, qualms In(with) remorse for the murders. 살인에 대하여 가책을 느끼며 Without remorse 사정없이 Be racked(overwhelmed) by remorse. 양심의 가책으로 고통을 겪다(어찌할 줄 모른다).	뒤에re 통렬하게 후회mordant Mordant 신랄한, 통렬한 후회; compunction, regret, repentance, penitence, contrition, rue, mourn 어찌할 바를 모르는at one's wit's end=not knowing what to do *(It) beats me 금시초문. 전혀 모르겠다(=It's all Greek to me).
Remuneration	보수recompense. payment. reward A remuneration contingent on success 성공 사례금(case의 성공적 완수에 대한 감사의 보수)	
Renaissance [rə'neɪsəns]	재생(rebirth). 부활(revival)	Reincarnation [ˌriːɪnkɑːrˈneɪʃn] 환생
Rend [rend]	거칠게 찢다tear. Rip. Rend in two 두 동강이 나다	Rend apart 뜯어내다.
Render ['rendə(r)]	(상태로)만들다make. 제공하다give in return. 제출하다. 표현하다. 번역하다. Render evil for good 선을 악으로 보답하다	Render up 말하다. 내주다. Render down 정리하다. Render a verdict 판결을 내리다. 제출하다:turn(hand) in, submit
Renegade ['renɪgeɪd]	이탈자defector, apostate, traitor. 탈당자turncoat, 배교자heretic. A band of renegades 배신자 일당	다시Re 부정하는negate사람 Negate 부정하다. 부인하다. 무효화하다. Negation 부정, 부인, 정반대 Negative 부정적인 배신자; turncoat, apostate, recreant, traitor
Renounce [rɪ'naʊns]	(신조,행위를)공식적으로 버리다 abnegate. 포기를 선언하다forswear, 의절을 선언하다reject, repudiate. Renounce ideals/ beliefs 이상/신념을 버리다. Renounce the world 세상을 등지다 Renounce friendship/his son 친구와 / 그의 아들과 등지다.	다시 re 공식적으로 발표하다announce Announce 발표하다. 알리다. 방송으로 알리다. Announcer 방송진행자, 아나운서 Preannounce 예보하다. 예고하다.
Repress [rɪ'pres]	참다endure. 억누르다suppress. 탄압하다oppress. Repress a riot 폭동을 진압하다. Repress a minority race 소수 민족을 탄압하다. *진압 crackdown	다시 re 누르다press 진압하다; subdue, abuse, wrong, persecute, quell, subjugate, maltreat, suppress, squelch, put an end to. quash **repress억누르다//suppress정복하다//surpass앞서가다. 뛰어나다//compass범위

Reprisal [rɪˈpraɪzl]	보복retaliation, revenge, retribution 앙갚음counterattack, vengeance. Make(take, carry out)reprisals 보복하다. In(by way of) reprisal for 의 보복으로.	다시re 비틀어 prise 앙갚음 Prise 비틀다. 보복하다: get even with one=get one's revenge on
Reprobate [ˈreprəʊbeɪt]	타락한 사람an amoral, an abandoned, a depraved. a degenerate.	다시 re 입증하는probate과정을 거치니까.. Probate 입증. 검인. 공증하다. Approbate 승인하다. 허가하다. 인정하다
Reprove [rɪˈpruːv]	꾸짖다. 비난하다. 잔소리(rebuke) Reprove him to his face. 그의 면전에서 나무라다.	뒤에서 re 따져가며 증명하다prove Prove 증명하다evince. *잔소리하다keep after, nag
Repudiate [rɪˈpjuːdɪeɪt]	거부하다reject, rebuff, spurn. snub. 부인하다(renounce). 절연하다. Repudiate a suggestion/ an idle rumor. 제안을 거부하다/근거 없는 소문을 부인하다.	뒤에서re 차버리다foot. *버림받은 사람reject, cast-off, castaway, outcast Spurn his offer 그의 제의를 일축하다. *athlete's foot cream. 무좀약. 무좀 발(athlete's foot)에 바르는 크림(ointment연고, 화장품 크림).
Repugnant [rɪˈpʌgnənt]	불쾌한offensive. disgraceable 혐오스러운repulsive. Disgusting *turn me off 질색이다(내 취향이 아니다)	A repugnant odor 불쾌한 냄새 Be repugnant to him 그로서는 불쾌하였다. Repulse 혐오감주다. 물리치다. 격퇴하다
Repute [rɪˈpjuːt]	평판reputation. 명성fame I just know her by repute. 소문으로 그녀를 알뿐이다. A patent attorney of repute. 저명한 특허 변호사. Be(held) in high repute 평판이 좋다.	We repute him (as) an honest boy. 그를 정직한 소년이라고 여긴다. We repute him (to be) wise 그를 현명하다고 여긴다. 간주하다, 여기다(타동사+목적어+as형식); regard, consider, look upon, acknowledge, define, describe, see, view, refer to
Resentment [rɪˈzentmənt]	분노(animosity, hostility, ill will, antipathy, malevolence, enmity, hatred). 억울함 Bear/ feel/ harbor quite resentment against(towards) them 그들에게 말없이 분노를 품다. Walk away in resentment 분연히 걸어 나가 버리다.	다시re 감정이 욱 치미는sentiment.. sentiment감정. 정서. 감정에 흐르는 경향. Sentimentality 감상적임. 감상벽. Sentimentalize 감상에 빠지다. Sentimental감상적인(maudlin, mawkish) 앞서 감이 오면,presentiment 예감 Mushy 지나치게 감상적인, (밥 등)죽 같은
Reside [rɪˈzaɪd] residence. n	살다live. 거주하다dwell on, inhabit.	Reside in/ with ~에 속하다. Reside in the fact ~에 있다. 야기된다.
Renowned [rɪˈnaʊnd]	유명한famous, noted, acclaimed 명성있는renowned, prestigeful A renowned writer/ attorney 유명한 작가/ 변호사 It is renowned as~으로 유명하다. She is renowned for her voice. 그녀의 목소리로 유명하다.	다시 re 자주 known 알려진.. 유명한; famous, noted, celebrated, well-known, distinguished, esteemed, notable, eminent, stand out, acclaimed, renowned, prominent *rise to fame 명성을 얻다

Word	Meanings & Examples	Notes & Synonyms
Reparation [ˌrepəˈreɪʃn]	보상(paying back, making amends, compensation), 배상금repairing of damage As reparation for his sacrifice 희생에 대한 보상으로서 Make/demand reparation for 배상하다/배상을 요구하다. Demand reparation from the driver 운전사에게 배상을 요구하다.	다시 할 수 있게 Re 준비해둔 preparation Preparation 준비. 마음의 준비. 각오 *All ready 모든 준비(완벽한 준비) Pay /recompense/ compensate/indemnify for damages 손해배상을 하다. Demand reparation for 손해배상을 청구하다. *put in for 공식적으로 요구하다
Repartee [ˌrepɑrˈteɪ]	재담joke, gag, banter. 말재주wordplay A jolly repartee 유쾌한 재담	Her acerbic wit and repartee 그녀의 신랄한 위트와 재담.
Repeal [rɪˈpiːl]	법률을 폐지하다nullify. The repeal of laws 법률의 폐지 Repeal a grand 인가의 폐지	폐지하다; abolish, reverse, revoke, annul, recall, cancel, invalidate, nullify, repeal, 제거하다: get rid of, do away with, discard, become free of, eliminate
Repel [rɪˈpel]	격퇴하다hurl back. ward off 퇴짜놓다spurn, reject, nix, brush-off 혐오감을 주다repulse, revolt. Repel the assailants 습격자를 격퇴하다.	뒤로 re 냅다 쫓아버리는pel… Reincarnation 윤회. 환생. Revulsion 극도의 충격, 혐오감 The odor repels the girl. 그 냄새는 소녀에게 거부감을 주다.
Repercussion [ˌriːpə(r)ˈkʌʃn]	(간접적인) 영향(주로 복수형)backlash, reaction, repercussion, kickback, backfire, boomerang, counteraction	
Replete [rɪˈpliːt]	가득한, 몹시 배가 부른stuffed Circus replete with excitement 흥분으로 가득한 서커스 Replete with beer 맥주를 실컷 마시고	다시 re 채우는 fill Complete 가득히 채우는, 완벽한 Deplete 감소시키는. 고갈시키는 Replenish 다시 채우다. *exciting흥미진진한//excitable흥분 잘하는
Replica [ˈreplɪkə]	복사품clone, 복제duplication A replica of the Statute of Liberty 자유의 여신상의 복제품	복사; copy, duplicate, reproduction, transcript, facsimile Full-scale replica guns실물크기의 모형 총
Repose [rɪˈpoʊz]	휴식rest, calm, respite, tranquility. 수면nap, sleep, catnap, doze, slumber. 보관되다. 자세를 취하다pose. 문제 제기하다propound. Set forth *You should lie low. 남의 시선을 끌지 않도록 해야한다.	In repose 온화한balmy Seek repose 휴식하다. *propound문제 제기하다 //compound 복잡한. 혼합하다// confound 혼란시키다. *잠깐 눈을 붙이다 take a nap= catch(take) 40 winks
Reprehend [ˌreprɪˈhend]	꾸짖다reprove. 비난하다blame	꾸짖다; reprove, rebuke, reprimand, reproach, childe, objurgate, upbraid, censure, scold, blame, admonish, call one's names
Resignation [ˌrezɪgˈneɪʃn]	사직. 사직서notice, abdication. 체념passive submission	Hand in/give/offer/tender my resignation 사직서를 제출하다. *체념하다 resign oneself to

Resolute ['rezəluːt]	단호한emphatic, 확고한(staunch, steadfast, out-and-out, unwavering, purposeful) Resolute refusal / reprisal 단호한 거절 / 보복	뒤에는 re 녹겠지만solute, 현재는 단호한 Solute 화학 용질 Solution 해법. 해답. 분해. 용액 Emphatic 강조하는. 단호한. 확실한 The captain is resolute for peace. 대위는 평화에 확고한 결의를 가지고 있다.
Resort [rɪˈsɔrt /-ˈsɔːb]	의지will. 휴양지vacationland.	Resort to 의지하다hold on to. 기대다.
Resound [rɪˈzaʊnd]	울려 퍼지는. 반향하는reverberate.	다시re 울리는 sound
Respite [ˈrespaɪt ,pɪt]	(곤경의) 일시적 중단halt, interval, intermission, recess, interruption. 한숨 돌리기pause, hiatus, reprieve	잠시 뒤에re 괴롭히겠으나spite 현재는…. Spite 원한, 악의, 괴롭히다.
Respire	호흡하다breathe. 발산하다blow up. vent They don't respire or photosynthesize but reproduce. 그들은 호흡하거나 광합성을 하는 것이 아니라, 번식하는 것이다.	다시 re 숨을 쉬는breathe Spire 싹트다. 돌출하다. 첨탑 안에 숨을 넣어 inspire 숨을 쉬게 하다. 생기를 주다. 영감을 주다. 함께 숨을 넣다가 conspire 음모를 꾸미다 홀로 우뚝 Aspire 솟아오르다. 열망하다.
Resplendent [rɪˈsplendənt] Resplendence.n	빛나는radiant. shining, splendorous 화려한dazzling. marvelous, brilliant	다시re 빛나는splendid Splendid 눈부신. 화려한
Restraint [rɪˈstreɪnt]	규제a limitation of liberty, 저지holding back, detent Self-restraint 자제력 Wage restraint 임금 요구의 자제 Exercise restraint 억제하다. Put(lay) me under restraint for=put a restraint on me 날 억제시키다. Without/beyond restraint 억제 없이/거리낌없이/자유롭게	다시 re 잡아당기니까strain Strain 잡아당기다. 긴장시키다. 과로시키다. 함께 당기니까 constrain 통제. 제한. Strain the truth 진실을 왜곡시키다. *진실의 입(로마)La Bocca Della Verita strain긴장.잡아당기다 restrain억제하다.보류하다 constrain억제하다 refrain중단하다 retain유지(지속)하다 refine개선하다. Detention 저지. 억류
Restrict [rɪˈstrɪkt] restriction. n	제한하다limit, confine, bound. 금지하다restrain. 방해하다impede. Be restricted with two hours here. 이 장소는.두 시간 내로 제한하다. Restrict freedom of speech 연설의 자유를 제한하다. Restricted area 제한 구역	다시 re 엄격하게strict 막는.. Strict 엄격한 정확한mathematical Striction 긴축, 압축, 팽팽함 Stricture 혹평(negative criticism). 비난. 구속(restriction). 제한(limitation) **set limit to 제한하다confine to.
Retail [ˈriːteɪl]	소매. 소매하다. (남의 행위에 대해)이야기해주다.	다시 re 꼬리 부분tail에 이르러 파는 Tail 꼬리

	Buy wholesale and sell retail. 도매가로 사고, 소매가로 판다. The gum retails for(at) 2 dollars. 그 껌은 소매로 2달러이다.	Tails 뒤의. 뒷면의. 뒤집혀서 꼬리까지 포함해서 detail 세부. 세부항목끝에 이르러 Entail 수반하다ensue. 일으키다. *뒤를 밟아. ~결과로서 in the wake of~
Retaliate [rɪˈtælɪeɪt]	보복하다repay, payback. 앙갚음하다. Retaliate for an injury. 상해로 앙갚음하다. Retaliate on(upon) her enemy. 그녀의 적에게 복수하다. Retaliate against his attack. 그의 공격에 앙갚음하다.	앙갚음하다; pay someone back, hit back, strike back, reciprocate, take revenge, get even with, get your own back
Reticent [ˈrestɪsnt]	과묵한(quiet), 억제한(restrained) The girl was extremely shy and reticent about her personal life. 그 소녀는 개인 생활에 대해 극히 과묵했고, 소심했다.	과묵한; taciturn, reserved, silent, uncommunicative, secretive *I put my cell phone on silent. 휴대폰을 진동상태로 해놓았다.
Retort [rɪˈtɔrt /-ˈtɔːt]	말대꾸하다rejoin. 쏘아붙이다snap. A bold sharp retort 건방지고 예리한 말대꾸. Retort a jest on a person 농담을 받아넘기다. Retort an argument against a person 주장을 반박하다.	뒤에서 re 비트는tortuous Tortuous 구불구불한, 비틀린, 부정의 함께 비틀다보면 contort 뒤틀리다. 비틀다. 왜곡하다. Distort 비틀다. 왜곡하다. 밖에 보이는 대로 Extort 강탈하다wring. 강요하다.
Retrench [rɪˈtrentʃ]	긴축하다constringe, take in a reef. 경비를 줄이다reduce, cut down. The company was retrenching rather than expanding. 회사는 확장보다는 긴축을 하는 중이다.	집짓는 대신 다시re 참호trench를 파서 살 정도로 긴축해야…. Trench 참호를 파다. 도랑파다. 침해하다.
Retrieve [rɪˈtriːv]	되찾다. 회복하다recover, rescue, take back. 갱생시키다make up, redeem. Beyond retrieve 회복가망 없는 Retrieve oneself 마음을 고쳐먹다 Retrieve his son out of ruin 파멸로부터 그의 아들을 구하다. Retrieve his loss 손실을 회복하다.	되찾다; get back, regain, recover, recapture Reshuffle 개혁. 인사이동(다시re 뒤섞으니 shuffle). Repress 억누르다. Refinery 정유공장. reinforce강화하다. 군대 증강하다.
Revel [ˈrevl]	흥청거리며 놀다make merry, make whoopee, binge, toot, paint the town red, go on a bender (흥청거리며)축하carousal, spree, wassail Revel in all the attention 모든 관심을 즐기다. Revel in reading 독서를 즐기다.	흥청거리며 놀기: merrymaking, spree, celebration. Festivity, carousal, have a ball (신나게 즐기다)
Reverence [ˈrevərəns]	존경admiration, esteem, homage. 경의respect, admiration, glorification Self-reverence 자존심pride Sir-reverence 실례이오나. Pay(do) reverence to 경의를 표하다.	그 인격이 다시re 입증되어verify Verify 확인하다. 입증하다. 검증하다. Versatile 다재다능한, 융통성 있는 Verifiable확인(실증)할 수 있는ascertainable. Version 판, 번역 / Reverend 목사

Word	Meaning 1	Meaning 2
	At the reverence of 존경하여. Hold the professor in reverence 교수를 존경하다. *Don't pocket your pride. 자긍심을 버리지 마라.	Revere 존경하다venerate, obeisance. Look up to Venerable존경할만한reputable, estimable respectable.
Revert [rɪˈvɜrt /-ˈvɜːt]	되돌아가다turn back, return to. 되돌아가는 사람(물건) Revert to the old version. 구판으로 돌아가다. Revert to the original topic of conversation 본래 화제로 돌아가다.	다시 re 돌아가다turn 되돌아가다; return, come back, go back, recur, get back *그녀가 전화했다고 해서 걸고 있는 중이다. I'm returning a call from her. 그에게 너에게 전화하라고 말할게. I'll have him get back to you.
Revile [rɪˈvaɪl]	욕하다(at, against). 비방하다traduce. The politician was rightly reviled for spin and duplicity. 그 정치가는 말을 빙빙돌리고, 표리부동하여 비방되었다.	욕하다; abuse, vituperate, rail, swear, insult, curse, vilify, scold. defame, berate, denounce. Traduce, slender **denounce비난하다//renounce거절하다//announce공표하다.
Revise [rɪˈvaɪz]	(마음)변경하다change, permute. 개정하다amend. reform, ameliorate Revise my views of her abilities 그녀의 능력에 대한 내 관점을 변경하다. A revised edition of a textbook. 교과서의 개정판	Revise a book 책을 교정하다. Read proofs 교정 보다 Read A into B. B를 A의 뜻으로 확대해석하다. 짐작하다. *a book/a lecture on patent war. 특허 전쟁에 관한 책/ 강의
Revolt [rɪˈvoʊlt] revolution. n	약탈.저항rebellion, revolution, mutiny. 반란을 일으키다rebel, mutiny. 반항하다. 혐오감을 주다repulse	In revolt 반항하여. 속이 메슥거려 Rise in revolt 반란을 일으키다. Repress a revolt 반란을 진압하다.
Rhapsodize [ˈræpsədaɪz]	(열광적으로)쓰다.(이야기하다)about =go into raptures about	열광적으로: zealously, enthusiastically, crazily, in a big way
Rhetoric [ˈretərɪk]	미사여구(inflated discourse, phony eloquence). 수사법	Rhetor 수사학자. 웅변술 교사 Oratory 웅변. 능변. 웅변술. Orator 웅변가
Rigorous [ˈrɪgərəs]	철저한strict. 엄격한harsh.	Vigorous 활발한(robust). 단호한 *철저하게 throughout
Ribald [ˈrɪbəld]	야한vulgar, obscene. 상스러운bawdy. 야비한immodest, filthy.	야비한: dirty, base, underhanded, mean, stained, bedraggled, muddy, untidy
Rivet [ˈrɪvɪt]	리벳으로 고정하다hold. pin (흥미. 관심)사로잡다engross.	Rivet a plate on the wall. 벽에 판을 리벳으로 박다. Rivet something in my mind 내 맘에 뭔가를 굳게 새기다.
Rogue [roʊg]	악당ruffian. hoodlum 불량배(a scoundrel). 범죄자criminal, culprit.	Play the rogue 사기 행각을 하다. *mole (조직내) 스파이, 점, 두더지 (take out the mole 점빼다)

Rout [raʊt]	완패. 완패시키다 tromp, crush. Be in rout 완패하다. Put him to rout 그를 완패시키다.	패배시키다: defeat, beat, overthrow, thrash, destroy, crush, conquer, wipe the floor with, annihilate, tromp,
Rustic [ˈrʌstɪk]	전원적인(bucolic, idyllic, rural, pastoral, countrylike)	A log cabin full of rustic simplicity 순진한 소박함이 풍성한 통나무 집 *arboreal 수목의. 나무 사이에 사는. *idyll 전원. 전원시

캐나다 빅토리아 의사당

Ss

Sally ['sælɪ]	재담witticism. Repartee 소풍expedition. 기습 공격raid **공격하다fell on, make an assault on, invade on, attack on, come at	Make a sally 반격하다. Make a sally into 소풍가다. Sally forth/out 힘차게 떠나다.
Scant [skænt]	부족한insufficient. lacking in 별로 없는limited *드물게sparsely, scantly	불충분한. 부족한:inadequate, meager, sparse, minimal, barely sufficient, run short 충분하다: be enough. Be sufficient, be adequate, meet requirements. Suffice **suffice만족시키다// sufficient충분한// suffocate숨막히게 하다
Schism ['skɪzm ,'sɪzm]	(종교) 분립division. 분열주의discord, disharmony	분열: polarization분극화, fission 용해, 융합, 통합:fusion(fuse를 생각하면!!) 핵융합:nuclear fusion 화학 시약: reagent 분열을 초래하는: divisive
Seamless	솔기가 없는without a seam. 아주 매끄러운smooth	A seamless flow of speech 매끄러운 연설
SE	분리.이탈되어	
Secede [sɪ'siːd] secession. n	분리 독립하다apostatize, pull out of. Secede(withdraw) from the union 조합을 탈퇴하다.	분리되어se 독립하는cede Depend on 의존하다rely on(independent of 독립하다) I'm on my own. 나는 (부모로부터)독립했다(내 맘대로 한다).
Seclude [sɪ'kluːd] seclusion. n	격리하다separate, isolate, detach, set oneself apart, cut off 은둔하다go into retreat Seclude her son from his companions. 그녀의 아들을 동료에게서 떼어놓다. Seclude himself from society 사회에서 은둔하다.	분리되어se 문을 닫은close Close 닫다. 잠그다. 숨겨진 Closet 벽장. 변기. 비밀의. 틀어박히다./ 닫힌 것을 벗겨내니disclose폭로하다. 들추다. / 닫게 되니까 enclose둘러싸다. 에워싸다. 동봉하다. Be enveloped in에 둘러싸이다
Sect [sekt]	종파(religious subgroup)	A Utopian religious sect. 유토피아 적인 종교 교파.
Sedentary ['sednterɪ /-rɪ]	주로 앉아서 일 보는seated, stationary, sitting, immobile, unmoving. 한곳에 머물러 사는.	Sedentary birds 텃새

Sedition [sɪˈdɪʃn]	폭동 선동, 난동 교사 The young man arrested on the charged of sedition 그 젊은이는 소요죄로 검거되었다. *seditionary 난동교사자, 치안방해자	이탈하여 se 도랑을 파놓는ditch Ditch 도랑, 버리다, 도랑파다. 선동; rebellion, mutiny, revolt, riot, insurgency, insurgence, insurrection
Seduce [sɪˈduːs /-ˈdjuːs]	유혹하다coax, tempt, debauch. 꾀다lure, bait the hook. Seduce him into investing with his money 그는 유혹되어 그의 돈을 투자하게 되다. Seduce a person into error./his duty. 잘못을 저지르게 하다/의무를 저버리게 하다.	멀리 se 끌어들이는 ductile Ductile 끌어들일 수 있는, 유순한 Duct 도관, 관. Ductwork 배관 Docile 유순한(obedient) Flirt 추파 던지다with. 바람둥이 Flirtatious 추파 던지는 *She made a pass at me.나에게 추파를 던졌다.
Segregate [ˈsegrɪgeɪt]	차별하다differentiate, discriminate. 구분하다sort, classify. Segregated from each other 서로 구분되었다. Segregate exceptional children 장애아를 분리하다.	떨어뜨려 se 모아있는greg것을 깨뜨리는 Gregarious 남들과 어울리길 좋아하는, 떼지어사는
Self-made	자수 성가한self-reliant, self-sufficient. A self-made millionaire 자수성가한 백만장자	Self-esteem 자부심 Self-invited 불청객의. Self-motivation 자발성spontaneity Self-enrichment 자기 계발 Self-fulfilling 자기 충족의. Self-indulgence 방종. 제 멋대로 하기 Narcissistic 자기 도취의loving one's self
Senior [ˈsiːniə(r)]	고위의. 마지막 학년의. 연장자. 상급자. (아들과 이름이 같은 경우의)아버지.	He is eleven years my senior=He is eleven seniors to me. 그는 나의 11년 선배입니다.
Sententious [senˈtenʃəs]	훈계조의preachy. 금언이 많은. 독선적인self-righteous	훈계하다: preach(give, deliver) a homily
Serene [səˈriːn]	평화로운peaceful. Placid 조용한calm. tranquil. *Keep your pants on. 좀 진정해라.	Serene courage/ weather 침착한 용기/ 맑은 날씨 At peace 평화롭게
Serpentine	뱀의. 나선형의. 구불구불한tortuous 악한evil, satanic, bad, wily, cunning	The serpentine style of penmanship 구불구불한 글씨체
Sever [ˈsevə(r)]	절단하다cut. (관계를)끊다be through with. Sever father and son 아빠와 아들 사이를 갈라놓다. 이간시키다. Sever his arm from the body. 몸에서 그의 팔을 잘라내다. We are in hot water. 우리는 사이가 안좋은 상태이다.	이탈되어 se 입증하는verify 자르다; cut, separate, split, part, divide, detach, disconnect, cut in two **hew:자르다. 토막내다chop or cut(잡것.찹컷), 노력하다. 개척하다. **mince: 약해지다. 갈다(chop or cut into) 중단하다; discontinue, terminate, break off, leave off, put an end to, dissociate *let's split. 이제 다들 헤어지자.

SEMI	반	
Semitropical	반열대의. 아열대의subtropical	반semi 열대의tropical Semitransparent 반투명의 Semifinal 준결승전. Semicolon 세미콜론 Semiconductor 반도체 Semicircular 반원의
Shackle [ˈʃækl]	족쇄를 채우다manacle. fatter (말.행동을)구속(제약)하다restraint. tie up	언론을 억압하다 shackle speech and writing. 헛간shack, hut, cabin, cottage, cot, bungalow, chalet, lodge
Skirmish [ˈskɜrmɪʃ /ˈskɜː-]	사소한 충돌. 논쟁dispute. 작은 충돌(언쟁)을 벌이다. Disputatious 논쟁을 좋아하는contentious	사소한 nothing to speak of. 사소한 것 a mere trifle. Trivial 사소하게 간주하다trivialize
Slake [sleɪk]	갈증을 해소하다quench. 욕구를 충족시키다gratify. meet the needs *벌컥 벌컥 마시다quaff	Sun으로 인해 갈증 나는데 Lake를 다 마시면 갈증이 해소된다. *iron out 다림질로 펴다. 문제(the winkles, the kinks, difficulties)를 잘 해결하다. 장애물을 제거하다. *parch: 건조하게 하다. 목마르게 하다
Slogan [ˈsloʊgən]	구호.shibboleth. 선전문구.표어catchword	슬로건을 내걸고 under the slogan of 슬로건을 내세우다publish a slogan
Solidarity [ˌsɑlɪˈdærɪtɪ /ˌsɒl-]	결속sense of unity. 연대. 유대bond	결속을 다지다 strengthen(confirm) the solidarity
Sophomoric	대학2년생의. 건방진saucy. 미숙한goofy	대학1학년freshman, 대학2학년sophomore 대학3학년junior, 대학4학년senior
Sordid [ˈsɔrdɪd /ˈsɔː-]	비열한vile. mean, ignoble, base 부정직한dishonest. 몹시 지저분한filthy. dirty	정직한: honest, sincere, on the level, on the square 부정직한: insincere, disingenuous Wretched: 비참한, 불쌍한, 진절머리나는 Wretch : 불쌍한 인간, 비열한 인간
Sovereign [ˈsɑvərɪn /ˈsɒvrɪn]	군주monarch. 국왕King. 자주적인independence,autonomous 독립된. 최고권력을 가진	A sovereign prince 군주. 원수. Sovereign authority 주권 *A little woman has got the ball. 작은 여인이 실권자이다.
Stalwart [ˈstɔːlwə(r)t]	충실한 당원. 충실한faithful. 튼튼한strong	A stalwart campaigner 충실한 운동가 *충실히 to the letter, faithfully
Stark [stɑrk /stɑːk]	삭막한desolate. 냉혹한utter. 순전한sheer. 극명한obvious, blatant, palpable	Social divisions are stark. 사회 분열은 확연하다.
Stint [stɪnt]	제한. 절약frugality. 정량. 아끼다save. 인색하게 쓰다.	Labor without stint (몸을)아낌없이 일한다. Exceed their stint 그들의 정량을 초과하다

Word	Meaning	Synonyms/Notes
Stipend ['staɪpənd /-pend]	(특히 성직자)봉급. His yearly stipend 그의 연봉	봉급. 급료: income, allowance, salary
Stout [staʊt]	통통한plump, corpulent, chunky. 튼튼한strong, stocky 용감한gallant. Put up a stout defense 용감한 항변을 펼치다.	stout resistance 완강한 저항 *똥배 the beer belly *stout튼튼한//sprout가지//spout분출하다
Stupor ['stuːpə(r) /'stjuː-]	(술.충격에 의해)인사불성inertia	거의 무의식stupor으로 가다가, 더 가면stupid… 나는 이미 취했다. I'm already wasted.
SUB	아래	
Sojourn ['sɑdʒɜrn]	묵다stay, put up. 체류하다. 체류. A week's sojourn in Tokyo. 일주일 간의 도쿄 체류 The place of sojourn 체류지	아래서 sub 여행하는journey Journey 여행, 여정, 여행하다. 체류하다; stay, tarry
Somber ['sɑmbə(r) /'sɒm-]	어두침침한(dark). 우울한morose, melancholy A somber picture 음울한 그림 Somber laments우울한(엄숙한)애도	우울한; gloomy, dark, dismal, murky, black, glum, cheerless, dreary, sad, obscure, sullen, dim, morose, dusky, tenebrous, murk, overcast, Turbid, Opaque
Subjugate ['sʌbdʒəgeɪt]	정복하다(subdue, dominate). 종속시키다(enslave) Be subjugated to ~에 예속되다. Subjugate any indigenous population 원주민을 종속시키다.	아래 sun 두고, 멍에를 씌운 yoke 종속시키다; subdue, subject, enslave, conquer, vanquish, submit, overpower **Subject종속적인.주제/subjective주관적인 **Be subject to (권한)아래 있다be dominated by, 영향받기 쉬운be likely to, 달려있다 depend on
Submerge	잠수하다dive. (생각을)깊이 감추다. Be submerged by flood 홍수로 잠수되다.	아래로sub 내려가서 합치는merge.. 가라앉다.; immerse, sink, submerse, plunge, dip, dive, flood, inundate, drown, duck, swamp, founder, plummet(급락하다)
Subordinate [sə'bɔːdɪnət]	종속된, 부차적인(ancillary, secondary), 부하assistant, aide, inferior. 경시하다downplay, hold cheap. Be subordinate to 종속되다. A subordinate state. 종속국 Subordinate furies to reason 이성으로 격노를 억제하다. Subordinate work to pleasure 쾌락으로 치우쳐 일을 억제하는	아래 사람을 sub 규칙 바르게 만드는 Ordinate 규칙 바른. 종좌표 Inordinate 터무니없는. 과도한 같이 바르게 만드는 coordinate 동등한, 대등한. 조직화하다. *이성을 잃다. 흥분하다. Lose his head *화를 내다. Lose his temper *솜씨가 떨어지다 lose his touch *man Friday 심복. 충성스런 부하
Subscribe [səb'skraɪb] subscription. n	정기구독하다. 서명하다sign, underwrite. 기부하다donate. Subscribe a large sum to charities 자선사업에 거액을 기부하다. / subscribe a contract. 계약서에 서명하	아래에 sub 서명 작성하세요scribe 기부하다; contribute, give, donate Subcontractor 하청 업자. Subsistence 생존. 호구지책. Subtotal 소계.

	다. / subscribe to (for) a magazine 잡지를 구독 신청하다.	
Subsequent ['sʌbsɪkwənt]	차후의next, ensuing, succeeding. 잇따른successive, arrow, one after another, in a stream Subsequent events/ developments 잇따른 사건/ 개발	아래에 sub 연달아 오는 sequent Sequent 다음에 오는, 연속되는 Sequential 순차적인 In subsequent years.연이은 해마다
Subside [səb'saɪd]	가라앉다sink. 침전되다. 진정되다. Subside into a sofa 소파에 주저앉다. / caused the apartment to subside 그 아파트를 내려앉게 했다	아래로 sub 가라앉는sit 가라앉다; sink, abate, fall, go down, recede *subside진정되다//subsidy연금//subsidize후원하다//subsidiary보조적인
Subsidiary [səb'sɪdɪerɪ]	보조의supplemental, additional. 부차적인secondary, 자회사의 Subsidiary matters 부차적 문제들 Subsidiary business 부업 Subsidiary company 자회사	아래로 sub 앉아 있어sid *be second only to~다음으로 첫째이다 What do you do (for a living)? 직업은? What do you do on the side? 부업은?
Subsidize	보조금을 주다aid, sponsor, subvene. Be subsidized by the government 정부 보조금을 받는다.	Cross-subsidize 채산성 없는 사업을 다른 이득이 나고 있는 사업에 의해 유지하다.
Subsist [səb'sɪst]	근근이 살아가다. 존속되다alive. 유효하다hold good. Subsist upon scanty food 근소한 식량으로 살아나가다. The terms of the contract subsist 계약 조건들은 유효하다.	아래에서 sub 근근이 지속하는persist 근근이 살아가다; survive, be, live, exist 안으로 insist 주장하다, 고집하다. 계속하여 persist 관철하다. 끈질기게 고집하다. Persistent 끈질긴(tenacious) Tenacity 집착력. 끈기. Tenancy 부동산 차용기간, tenure 종신 재직권. 재임기간. *subsist존속하다//subsistence생존// subservient부차적인.종속적인subordinate //insubordinate반항적인
Substantiate [səb'stænʃɪeɪt]	구체화하다crystallize. 입증하다verify, confirm, corroborate. Substantiate a charge /his claims 용의점/ 그의 주장을 입증하다. Substantive= solid, substantial	아래에서 sub 위치하여stand 실체화 Stand 일어나다. 위치하다. 견디다. 입증하다;prove, corroborate, confirm, verify, establish, back up, validate *substantial실질적인//substantiate입증하다 //substitute대체하다//submissive순종적
Substitute ['sʌbstɪtuːt /-tjuːt]	대신하는 사람(것). 대용품. 교체하다. 대신하다be behalf of. take place of *in(on) behalf of 대신(대표)하여	Substitute food 대용 식품 Substitute B for A =substitute A with B =replace A with B…A대신에 B로 대신하다
Subterfuge ['sʌbtə(r)fuːdʒ]	계략stratagem. Ruse. Trick. Artifice	Artifact [ɑ́ː rtəfækt] 인공물. 인공 유물. 공예품
Subtract [səb'trækt]	(수, 양을)빼다. 4 subtracted from 10 is 6 10에서 4를 빼면 60다.	아래로 sub 끌어당기는 tract Tractive 끄는. 당기는 Tractivity 신장성, 연성

Succumb [sə'kʌm]	굴복하다(submit). 무릎을 꿇다 kneel. Succumb to pneumonia / cancer 폐렴/암에 굴복하다 Succumb under misfortunes 불운에 울다. Die of cancer/hunger 암/굶주림으로 죽다 // cure oneself of cancer 암을 스스로 고치다.	아래에서 sub 방해하는 cumbrance Cumbrance 방해. 성가심 Cumber 방해. 장애 *crawl on his belly 비겁하게 굴복하다(배로 기어가니까…) *be open to=순순히 받아들여 굴복하다. 여지가 있다. 개방되어 무방비이다.
Suffocate ['sʌfəkeɪt]	질식시키다 stifle. 숨 막히게 하다. Be suffocated by fumes from a gas fire. 가스 난로에서 나온 연기로 질식되었다.	아래로 Suf 초점이 떨어지는 focal Focal 중심의. 초점의 Focal point 초점
Suffrage ['sʌfrɪdʒ]	투표권 vote, 선거권 franchise, 참정권 Universal(popular) suffrage 보통 선거권 Women's suffrage 여성 참정권	아래로 Suf 권리가 분산되어..fragment Fragment 파편, 조각, 산산이 부수어진 것.
Supplement ['sʌplɪmənt]	추가 addition. 부록 appendix. 보충하다 replenish. Vitamin supplements. 비타민 보충제/ There is a 20dollars supplement for a single room. 홀로 방쓰는 경우는 20불의 추가요금을 받는다.	아래도 sup 채우는 fil 여행에서의 추가 요금 supplement. 일요일 신문 증보판도 the Sunday supplements.
Supplicate ['sʌplɪkeɪt]	간청하다 beg to. 기원하다 pray. Supplicate him for the bread. 그에게 빵 하나를 간청하다. Supplicate to a person for mercy 신의 자비를 간청하다.	아래로sup 고개 숙여 please를 외치며… 간청하다; implore, beseech, beg, entreat, gray, plead, adjure, invoke, crave, appeal, solicit, petition, conjure *supplicate간청하다//supplant대체하다 replace, supersede **supplement 보충.보완하다 *complement 보어.보충.보완하다.
Surge [sɜrdʒ /sɜːdʒ]	격동 turbulence. 큰 파도 roller. 쇄도하다 be divulged, be flood. 느슨하게 하다(slacken, unbrace, unloose, loosen). Storm surge 폭풍 해일 Debris surge (빌딩 무너질 때)파편 폭풍	아래부터su 위에까지 urge 재촉하는… *Whirlwind 감정의 폭풍. 격한 행동 **surge쇄도하다// purge정화하다// verge경계 // upsurge급증하다// diverge갈라지다 // merge융합하다.합치다 // converge모이다. 한데 모아지다.
Surrogate ['sɜrəgeɪt /'sʌrə- ,-gət]	대리인. 대리의(substitute). 대용의. A sort of surrogate mother 일종의 대리 엄마. A surrogate for her dead father. 그녀의 돌아가신 아버지의 대리인	아래에 있어서 대리하겠다고 sur 요청된 사람… Interrogate 심문.추궁하다. Abrogate 폐지하다.
Susceptible [sə'septəbl]	할 수 있는. 예민한 민감한 sensitive, receptive. Be susceptible to 에 민감하다. Be susceptible of 을 할 수 있는.	Susceptible to colds. 감기에 걸리기 쉬운 Susceptible to flattery 아첨에 약한 Susceptible to various interpretation 여러 해석이 가능한.
Suspend [sə'spend]	매달다. 중단하다 leave off. 연기하다 hold off. 정학시키다	Suspend payments on his loans 그의 대출의 지불을 중단하다.

	Suspend a sentence for murderer. 살인자의 형 집행을 연기하다.	Suspend his judgment 판결을 미루다.
Sustain [sə'steɪn]	살아가게 하다provide food. 지속시키다keep up, maintain. 피해 입다. 뒷받침하다. 견디다. 인정하다approve.	Sustain a discussion 토론을 지속시키다. Food enough to sustain nature. 체력 유지에 충분한 음식 *Surf and turf dishes.바닷가재와 스테이크 *surf 밀려오는 파도. *sustain지탱하다//suspend차단하다. 연기하다 //suspect추측하다//susceptible하기 쉬운. 취약한//sustenance음식. 양식
SUPER, SUR	위	
Superb [suːˈpɜrb /-ˈpɜːb]	훌륭한. 멋진. 뛰어난outstanding. 최고의next(second) to none.	가장 뛰어난 super갈채를 받는bravo *stickout 뛰어난, stick out 눈에 띄다. *2류의, 평범한second-rate, run-of-the-mill
Superfluous [suːˈpɜrfluəs]	여분의extra, spare, surplus. 필요이상의unnecessary. Superfluous wealth 남아도는 부 Superfluous luggage 불필요한 짐	위에 super 넘치고 넘치는flow Superrace 우수민족 Supersonic 초음속의
Superintend [ˌsuːpərɪnˈtend]	감독하다(supervise). Superintendent 감독자. 국장. 교장 preceptor.	위에서 super 의도대로intend 하게 하다. Intend 작정이다. 의도하다. 고의로 하다. Superintendency 감독권
Superlative [səˈpɜrlətɪv]	최상의supreme, superb, bettermost 최고의 사람brain, one in a million. A superlative performance 최상의 성과 // the cream of the crop 제일 좋은 것(사람). 알짜	The positive/ comparative/ superlative degree 원급/비교급/최상급. **비교급 강조: much, still, even, a lot, a little, by far(최상급 강조도 가능)
Superior	우월한. 상급의. 거만한. 상급자. With a superior air 거만하게 Be superior to temptation 유혹에 굴하지 않다.	Superior status 상급 지위. A superior manner 거만한 태도 His immediate superior 직속 상관 유일한:singular, unique, exceptional. Unusual
Supernatural	초자연적인(occult), 초자연적 현상. The supernatural 초자연적인 존재(기적). Supernatural powers. 초자연적인 힘	뛰어넘은 Super 자연natural 초자연적인; paranormal, unearthly, uncanny, ghostly, psychic, mystic, miraculous, occult
Supersede [ˌsuːpə(r)ˈsiːd]	대리하다fill in for. 대체하다(displace) 교체하다shuffle, replace. The radio has been superseded by the TV. 라디오는 TV로 대체되었다.	위에서 super 앉아 sit 일 보는 Supersede Mr. Lee with Ms. Lee. 이씨 대신에 이양으로 취임시키다. *대신에 in place of =instead of
Supervise [ˈsuːpə(r)vaɪz]	관리하다maintain, administer. 감독하다. 지휘하다conduct. Supervise the children in the kindergarten school. 유치원에서 아이들을 지도하다.	위에서 super 보고 있는 vision Vision 시력. 통찰력. 상상 Visional 환상의. 환각의

Surfeit ['sɜrfɪt /'sɜ:-]	폭식, 폭음. 과다profuse, excess. A surfeit of advice 과다한(질린) 충고/ surfeit oneself with sweets. 단것을 질리도록 먹다.	너무 많이 초과하여sur 먹는feed Feed 공급하다. 먹이주다. 알려주다. Feeder 공급자. 사육자. Feed-in 무료 급식회 Breast feed 모유로 키우다.
Surmise ['sɜrmaɪz]	짐작하다. 추측하다speculate on. 추측 His surmise is wrong(off) and my guess was right. 그의 추측은 틀렸고, 나의 추측은 맞았다. Be pure speculation/conjecture/surmise 추측에 불과하다.	짐작; supposition, guess, speculation, assumption, presumption, conjecture, surmise *speculation짐작. 추측 // stipulation조건. 조항 *surmise추측//premise가정.전제/precise정확한// despise경멸하다// disguise감추다
Surmount [sɜr'maʊnt /sɜ:-]	오르다. 극복하다. 얹다(cap). Surmount the challenges 도전을 극복하다. //Peak surmounted with snow. 눈 덮인 산꼭대기	위로 Sur 오르다mount 극복하다; overcome, vanquish, master, overpower, get over, top, cope with. pass through. break through, come through
Surpass [sər'pæs /sə'pɑ:s]	보다 낫다excel. 초월하다.뛰어나다. Surpass description 말할 수 없이 뛰어나다. // Her new record has surpassed our expectations. 그녀의 기록은 우리의 기대를 뛰어넘었다.	수준 위에서 sur 지나갈 수 있는 보다 낫다; excel, exceed, outdo, outstrip, transcend, top, outmatch, overtop, outclass **excel앞지르다// expel추방하다.내쫓다// extol칭찬하다// exalt칭찬하다.기쁘게하다 ***Our team is 21 goals up(down) 우리 팀이 21골 더 앞서다(뒤지다).
Surplus ['sɜrplʌs /'sɜ:pləs]	과잉의(glut, overabundance). 흑자in the black. Be in surplus last year. 지난해는 흑자였다. // a surplus population 과잉 인구	많은 데도sur 또 더해지는plus Nonplus. 궁지. 당황하게 하다mystifying. Perplexing, bewildering, puzzling *궁지를 벗어나는land on his foot=get himself out of trouble
Surrender [sə'rendə(r)]	항복하다(capitulate, give up, give in, surrender). 포기하다give up, discard, capitulate 항복. 굴복. 양도	An unconditional surrender 무조건 항복 Surrender to intimidation 협박에 굴복하다 *Her muscular made my spirits droop. 그녀의 알통이 날 기죽게 만들었다.
Survey [sər'veɪ /sə'-]	(설문)조사. 측량. 조망 조사하다. 점검하다. 조망하다. *scrutiny 정밀조사close inspection, 감시surveillance	Make a survey of 조사하다. 측량하다. Survey TV viewers 시청자 설문 조사하다 *look into=inquire into조사하다investigate =see into *see to 처리하다. 맡아하다. 조처하다.
Surreal	비현실적인unreal. 꿈 같은dreamlike 환각의 hallucinatory	초현실주의surrealism
SYN	함께	
Symmetrical	대칭적인symmetric, proportionate, even, harmonious Symmetrical pattern/ design 대칭적인 유형/ 디자인	치수가 measure 같은 sym Asymmetrical 비대칭의

Symptom ['sɪmptəm]	증상. (불길한)조짐. 징후omen, sign A prominent symptom 두드러진 징후	같이 Sym 툇ptoo 나타나는 조짐 Withdrawal symptoms 금단 증세
Synchronize ['sɪŋkrənaɪz]	동시에 발생하다. 동시성을 가지다. 동조시키다. 화면과 일치시키다. One event synchronizes with another. 한 사건이 다른 사건과 동시에 발생하다.	같은Syn 시간대에 발생chronize 동시에 발생하다:coincide, synchronize, co-occur, line up, correspond, jibe, concurrent 동시에 발생하는contemporaneous 동시에 at the same time, at once, simultaneously, concurrently
Syndicate ['sɪndɪkɪt]	기업 연합. 신디케이트. (기사 등을동시에 여러 신문사에) 팔다. Syndicate loan. 2개이상의 금융기관이 동일 조건으로 기업에 대출해줌.	같이 Syn 표시되어지는 indicate Dedicate 바치다. 헌신하다. Eradicate 근절하다root up. root out. stamp out) *타동사+목적어+to를 취하는 동사: Attribute(탓으로 돌리다), owe(빚을 지고 있다), distribute(배포하다), dedicate(바치다), entitle(제목을 붙이다), subject(복종시키다), forbid(금하다), return(복귀하다)
Synthesis ['sɪnθɪsɪs]	종합put together. blend. composite 통합combination. merge, union, fusion (화학. 음악)합성	같이Syn 하나의 제목을 만드는thesis Thesis 학위논문. 논지. Synthesize 합성하다. 통합하다 Hypothesis 가설. 가정. Parenthesis 삽입구. 괄호. 여담.
Sympathize ['sɪmpəθaɪz]	동정하다(with).feel for, empathize with 지지하다hold up, support, back up *hold up지지하다.연기하다.강탈하다	Symposium 토론회 Symbiosis 공생 Sympathetic 동정어린, 호감이 가는
Saccharine ['sækərɪn]	달콤한sweet, sugary, gooey 지나치게 감상적인mushy, maudlin.	Chariness 조심성. 인색함.
Salutary ['sæljətərɪ /-jʊtrɪ-]	효과 좋은curative. 유익한healthful	Salutation 인사말greeting. 인사. Salutatory 인사의. 환영의
Sanguine ['sæŋgwɪn]	낙관적인(optimistic, hopeful, positive). 쾌활한(cheerful, fervid, zealous)	Be sanguine of success 성공할 자신이 있다. A sanguine nature 낙천주의자 *a last bloomer 대기만성인 사람
Scintillate ['sɪntɪleɪt]	불꽃을 내다. 반짝 빛나다sparkle. 재치가 번득이다.	Scintillate of wit 번득이는 기지
Scrupulous ['skruːpjələs]	꼼꼼한punctilious, careful, attentive, fastidious, finicky, finical, fussy 양심적인conscientious	With scrupulous care 세심하게 주의해서 She is lost to conscience그녀는 양심 없다.
Sequester [sɪ'kwestə(r)]	격리시키다set apart. Keep apart	Quest 탐구pursuit
Serendipity	뜻밖의 행운trouvaille, a bit of fat. 재미fun, pleasure	Serendipitous 우연히 발견하는. 유리한

Solicitous [səˈlɪsɪtəs]	세심히 배려하는considerate. Be solicitous of his mom's help 엄마의 도움을 구하다.	Solicitude 걱정. 배려. Solicitation 간청. 유혹
Soporific [ˌsɑpəˈrɪfɪk /ˌsʊ-]	최면성의sleeping inducing. drowsy 매우 졸린	살포시sopri… 졸린… 최면성의… Her soporific lecture 그녀의 졸린 강의
Sordid [ˈsɔrdɪd /ˈsɔː-]	비열한vile, odious. despicable 추잡한filthy, squalid	Sordid rumor 추잡한 소문 **despicable비열한//dejected우울한// defection배신.탈당//defector탈주자 deserter, apostate, turncoat, traitor.변절자
Spawn [spɔːn]	(알, 상황)을 낳다lay spawn.	*You took the words out of my mouth. 내가 말하려던 것을 네가 말했다.
Specious [ˈspiːʃəs]	허울만 그럴싸한spurious deceptively plausible, convincing	
Sporadic [spəˈrædɪk]	산발적인scattered. 가끔 발생하는	가끔from time to time=once in a while= at times=now and then=occasionally 지금까지 up to now, so far
Spurious [ˈspjʊriəs /-jʊər-]	거짓의(fake, false, faux, bogus, sham). 겉만 그럴싸한plausible	That looks flash. 겉만 번지르르 하군.
Squalor [ˈskwɑlə(r)]	불결한filth. 불쌍한wretched	불쌍한 처지 a pitiful(miserable, wretched) Condition(plight)
Static [ˈstætɪk]	고정된the opposite of dynamic. 정적인stationary. at rest (방전에 의한)소음. 전기 방전	정전기static electricity 정전기 방지 기능an antistatic feature 소음blast, din, roar, boom, blare, noise
Stigmatize [stɪgmətaɪz]	불명예를 씌우다. 낙인 찍다brand. Stigmatize him as a fool. 바보라고 비난하다(오명 씌우다)	Stigma 오명. 불명예 Misbrand 틀린 낙인(상표)을 찍다. Brandish 휘두르다wield. 과시 Name-brand 유명 상표
Stratum [ˈstrætəm]	층layer. class, rank 계층level, position, station, stage	스펙트럼에서 여러 층으로 색이 나오듯…
Subversive [səbˈvɜrsɪv]	체제 전복적인overthrowing. 파괴적인corrupting. 반란을 일으키는insurgent	(배나 차의)전복 overturn, rollover
Suffuse [səˈfjuːz]	(감정.색깔)번지다(퍼지다)spread. His back was suffused with sunbeam. 그의 등에 햇살이 번졌다.	Ink runs(spreads) 잉크가 번지다
Sumptuous [ˈsʌm(p)tʃʊəs]	호화로운luxurious. 빛나는splendid Sumptuous evening dress 사치스런 이 브닝 드레스	Sumptuary 윤리 규제의. 사치 규제의. 비용절감의.

Supersede [ˌsuːpə(r)ˈsiːd]	대체하다. 대신하다 replace. Be superseded by new theory. 새 이론에 의해 대체되다.	Supersede A with B. A 대신에 B로 대체하다. *~에 의해 by means of = by dint of
Supine [ˈsjuːpaɪn]	등을 대고 반듯이 누운. 무기력한 lethargic. torpid. flagged 무관심한 apathetic. impassive	무기력에 빠지다. Become lethargic
Sweeping [ˈswiːpɪŋ]	광범위한 extensive. Wide-ranging 포괄적인 comprehensive	폭넓은. 광범위한: wide-ranging, global, wide, comprehensive, extensive, broad, all-inclusive, all-embracing
Systemic [ˌsɪstɪˈmɪk]	(인체)전신에 영향을 주는. (화학물질)전체 퍼지는 침투성의.	영향을 미치다. Have(exercise, exert) a effect

캐나다 빅토리아 해안

Tt

TELE	멀리	
Talkative ['tɔːkətɪv] Talkativeness. n	수다스러운(chatty, garrulous) *teleconference (TV이용) 원격회의	수다스러운: loquacious *수다 : loquacity *그녀는 입이 싸다. She is a big mouth. 그녀는 입이 무겁다.Her lips are sealed.
Telegraph ['telɪgræf /-grɑːf]	전보. 전신. 전신기. 전보를 보내다. 무심코 의향을 드러내다. By telegraph 전신(전보)로 Telegraph his punches 무의식중에 의도를 누설하다. Radiotelegraph= wireless telegraph 무선전신	멀리Tele 보내는 글graph Radioactive 방사능을 가진. Radio heat 복사열. Radiate 빛나다. Radius 원, 구의 반경. Radio photo 무선 전송사진. Radiodust 방사능 낙진. Radiology 방사선 학. Radio frequency 무선주파수. Clock radio 시계 달린 라디오.
Telepathy [tɪ'lepəθɪ]	텔레파시. 정신감응psychomancy They communicated through mental telepathy. 정신 감응을 통해 교감하다.	멀리Tele에서도 느껴지는pathy Sympathy 동정. 연민 Empathy 감정이입. 공감. Apathy 무관심 Right chemistry 궁합이 맞는, 잘 통하는
TRANS	횡단	
Traduce [trə'duːs /-'djuː-]	중상하다sling mud, smear. 비방하다slander. Be traduced by the press 언론에 의해 비방당하다.	건너다니면서 tra 꾀는 seduce 비방하다; slander, calumniate, defame, malign, vilify, libel, backbite, belie, asperse, denigrate.
Tranquil ['træŋkwɪl] Tranquility. n	고요한serene. 평온한placid A tranquil scene / heart /life 평온한 광경/ 마음/ 생활	완전히 tran 조용한quiet Quiet 조용한. 마음의 평정. 조용하게 하다. Quiescent 조용한, 진행이 중단된inactive
Transfer [trænsˈfɜr /-ˈfɜː]	옮기다. 이동하다. 전학가다. 넘겨주다. (팀을)이적하다. 갈아타다. 복사하다.	A transfer point 갈아타는 곳. Transfer a girl to another school 전학시키다.
Transaction [træn'zækʃn]	거래. 매매. 처리 Commercial transactions 상업적인 거래. A queer / shady transaction. 부정/ 암거래 Drop money over a transaction. 거래에서 손해보다.	오고가는 trans 조치action Action 행동, 조치, 소송 Action plan 상세한 사업 계획 Map out 상세한 계획을 세우다 Action-packed 액션이 많은, 흥미진진한 *play it by ear 임기응변으로 대처하다

Transcend [træn'send]	초월하다go beyond. 능가하다surpass, outdo, excel. Transcend the speed of thought. 생각의 속도를 초월하다.	뛰어서Tran 보내지는send 한계를 초월하다push the envelope **transcend초월하다// transient일시적인 transitory // transparent 분명한
Transcribe [træn'skraɪb]	베끼다copy. 번역하다translate. 편곡하다arrange Transcribe a Korean name into English. 한국이름을 영어 문자로 고쳐쓰다.	오가면서tran 복사되어 써있는scribe 중국어로 번역하다; translate(put, render) into Chinese.
Transgress [træns'gres]	(도덕, 법적 한계)넘어서다overstep. 위반하다violate. Transgress existing criminal law. 형법을 위반하다.	잔디 보호 없이 건너서trans 잔디grass로 곧장 가다. Trespass 무단 침입(출입)하다. Jaywalk 무단 횡단하다
Transient ['træʃnt /-nzɪənt]	덧없는ephemeral. 일시의tempory. 단기 투숙객, 뜨내기(casual/chance /stray comer). A transient situation / attacks 일시적인 상황/ 공격	일시적인; transitory, passing, fleeting, temporary, momentary, impermanent, evanescent, fugacious, ephemeral, fugitive, perishable, provisional, tentative(잠정적인, 주저하는)
Transition [træn'sɪʃn ,-z-]	변천change. 이행fulfillment, performance. 변이modification, variation. A transition period 과도기 Make a hurried transition to other matters. 다른 문제로 화제를 바꾸다	건너가는trans 상태condition Condition 상황, 상태, 건강상황 On condition that=so long as ~하는 한. *Who do you want to talk to? (전화를)누굴 바꿔 드릴까요?
Transmit [trænz'mɪt ,-s-]	보내다send, remit. 방송하다broadcast, announce, air. 전염시키다communicate. Transmit a letter by hand. 편지를 손수 전하다. Transmit troops to the front line. 휴전선에 군대를 파견하다.	아들/딸을 장가보내다(시집보내다) marry off his son/daughter / 뜨거운 박수를 보내다 give him a big hand./ 기립 박수를 보내다. Give her a standing ovation/ 시간을 (그냥)보내다 pass the time(kill time)/ 즐거운 시간을 보내다 have a ball. paint the town.//spend on할애하다 //waste on낭비하다.
Transparent [træns'perənt]	투명한limpid, clear as crystal 알기 쉬운knowable, luminous Make transparent compliments. 속보이는 칭찬을 하다.	통과되어trans 뚜렷하게 보이는apparent Apparent 분명한, 명백한. 누가 봐도 분명한. Heir apparent 법정 추정 상속인 Am I transparent? 제가 너무 속보였나요?
Transpire [træn'spaɪə(r)]	(비밀이) 새다leak out. 일어나다occur. 배출하다produce, excrete. 발산하다emit, give off. It later transpired that ~나중에 알고 보니…이다.	건너가버린trans 영감 inspire *late into the night 밤늦게 까지 *keep late hours=sit(stay) up late 밤늦게까지 자지 않다 *a known secret 공공연한 비밀 *비밀로 on the quiet *비밀을 누설하다 spill the beans=let out=let the cat out of the bag
Transplant [træns'plænt /-'plɑːnt]	(식물, 제도를)이식하다implant. 이주시키다populate, immigrate. Transplant a morning glory to a	건너trans 심다plant. Plant 심다. 이식하다. 건설하다. 농작물. 제조공장 안에 심어 implant 심다. 끼워 넣다. 이식하다.

	garden. 나팔꽃을 뜰에 옮겨 심다. Hair / organ / heart transplant 모발/장기/심장 이식	
Traverse ['trævə(r)s]	가로지르다cut across. 횡단하다cross. 반대하다oppose. 거부하다deny.	건너서trans 가버리니turn 횡단하는; transverse, transversal, cross, thwart.
Travesty ['trævɪsti]	모방(parody). 웃기게 만들다. 흉내(mockery)내다. A travesty of justice/the truth 정의/ 진실의 왜곡	건너편도trans 모두 같은 속옷vest Vest 조끼. 속옷. 옷을 입히다. *fitting room(옷 가게 등에서)탈의실
Trespass ['trespəs]	무단 침입하다break into.무단 침입 May I trespass on you for pepper? 후추 좀 빌려 주시겠어요? Make a trespass on her time. 그녀의 시간을 빼앗다(침해하다).	허가 없이 가로질러tres 통과하다pass. Pass 지나가다. 통과하다. 죽다. 합격하다. Passerby 통행인 *promptitude시간엄수. 신속//similitude 동일성 // fortitude 용기//multitude 군중
Tactical	전략적인strategic. 전술의. 작전상. Tactical interests 전략적 이해관계	전략적인: strategic. Shrewd, cunning, shrewd, smart, diplomatic.
Tamper ['tæmpə(r)]	참견하다with. 함부로 손대다with 뇌물주다with. *The accident is my affair. 그 사고는 내 일이라구요.(그러니 참견말라) Tamper with official records공식기록을 변경하다.	Tamper with a witness 증인을 매수하다 *buy off ~를 매수하다. Buy-off 전 권리의 매점 *buy out (장악위해)주식을 사들이다. Buyout 인수. 경영권 매수. Leveraged buyout 기업 담보 차입 매수
Tantamount ['tæntəmaʊnt]	동등한equivalent to. on a par with 다름 없는no better than, as good as, nothing short of.	Be tantamount to ~와 마찬가지이다. *equivalent유사한// equivocal 애매한// Equate 동일시하다// equitable 공정한
Taint [teɪnt]	더럽히다disgrace. 오염시키다contaminate, pollute. 망치다. 오점을 남기다stain on, blemish on, blot on. Be tainted with scandal 스캔들로 오점을 남기다.	망치다: spoil. Ruin. Contaminate, damage, corrupt. Stain. Pollute. Tarnish. Besmirch, sully, blow it, goof up *Pure of taint 오점 없는 *I blew it. 시험 망쳤다.
Temporal ['tempərəl]	현세의pertaining to time. 시간의. 일시적인noneternal. Spatial and temporal dimensions 공간적 차원과 시간적 차원	Temporal prosperity 현세의 번영 Temporal power 세속적 권력
Tenable ['tenəbl]	방어될 수 있는defensible. 보장되는valid.	Be tenable for 보장된다. 유지된다 Valid 유효한, 타당한, 정당한legitimate
Tenet ['tenɪt]	신조creed, credo, belief 교의doctrine, dogma. 주의	A tenet of contemporary pathology 현대 병리학의 신조
Tenuous ['tenjʊəs]	극도로 허약한thin, slender, delicate. 미약한flimsy. inconclusive, weak, frail	허약한 feeble, frail, weak, infirm, poor, bad

Tepid ['tepɪd]	미적지근한lukewarm, warmish 열의 없는downbeat. Halfhearted	Beat up (상습적으로) 때리다strike repeatedly
Theology	신학. *A degree in Theology 신학 학위 *logy안붙이는 학문… 주의 Astronomy 천문학. Engineering공학	*학문. 연구의 logy 어군 bibliology서적학. metrology도량형학(미터) demonology귀신학. phonology음성학. etymology어원학. Mass psychology군중 심리학. parapsychology관상. 손금. philology언어학. astrology점성학. meteorology기상학. ecology 생태학. geology 지질학. morphology 형태학. psychology 심리학. technology 공학
Threshold ['θreʃhəʊld]	문턱door sill. doorstep, entrance 한계점critical point, brink, edge, verge On the threshold of spring 봄의 문턱에서	*spring (jump) to his feet 벌떡 일어나다 *geyser[g izər] 간헐 온천. 내뿜다. 분출하다. *jamb 문설주. 세로기둥
Throttle ['θrɑtl /'θrɒtl]	조리개. 목구멍throat. 목을 조르다choke. strangle, smother.	Pore (피부) 털 구멍 *At full throttle 전속력으로on the spur Cut the throttle 감속하다. 멈추다let up

Tirade
['taɪreɪd /taɪ'reɪd]
	장광설harangue.
	장황한 비난censure, condemnation
	*Skip the long details and show me
	  the bottom line. 장황한 것은 넘어가고,
	  결론을 보여주세요.
		지겹도록tire 듣는 비난condemn
		장황한 prolix(장황함 prolixity, verbosity,
		wordiness), long-winded (*winded숨이 찬)

Toil [tɔɪl]	수고hard work. 노고labor. 힘써 일하다hoe his own row.	Toil along 애써 나아가다. Toil at a task 부지런히 일하다.
Torpor	무기력inactivity, sluggishness, stupor	Throw off the torpor 무기력을 날려버리다
Transfix	얼어붙게 만들다curdle[lk3ːrdl], gel, jell, coagulate, congeal Stand transfixed with shock 충격으로 얼어붙은 듯 서 있었다.	Transfix A with B. A를 B로 고정시키다. *단단히 고정시키다.fix down *fixate 고정(정착)시키다. 시선 고정되다.
Trauma ['traʊmə /'trɔː-]	정신적 외상. 충격적 경험. 부상.	Severe brain trauma 심각한 뇌의 손상
Trepidation [,trepɪ'deɪʃn]	두려움(fear, angst). 걱정apprehension *worrywart잔걱정을 많이 하는 사람	Be of full of trepidation 너무 당황해 하다. *I am scared to death=I almost shit my pants. 무서워서 죽는 줄 알았다.
Tryst [trɪst ,traɪst]	(애인 사이의)밀회secret love affair	Keep(break) a tryst밀회 약속을 지키다(깨다)
Tumult ['tuːmʌlt /'tjuː-]	소란uproar. 소동commotion. turmoil 마음이 심란함disturbance.	In tumult 격동하여 What's the big deal? 호떡집에 불났냐?=Where is the fire?, What's the rush?

Uu

UN	반대	
Carefree ['keəfʊl]	걱정 없는halcyon. Peaceful, serene 속 편한(blithe, blissful, merry, elated). In carefree attitude 속 편한 태도	Be carefree with 무책임(무관심)하다. 걱정 없는: painless, nirvana, blissful, worry-free state
Ubiquitous [juːˈbɪkwɪtəs]	아주 흔한. 어디에나 존재하는.	The ubiquitous coffee shops. 흔한 커피숍
Unctuous [ˈʌŋktʃʊəs]	(엉큼하게도 감동한 체)말로만 번지르르한 slick. *허풍(헛소리, 뻥B) brag, bunk, baloney, bluff, tall story, boast	Bombast 번지르르한 말grandiloquence, magniloquence, hot air, bravado, boast, bluster. Bombastic 허풍 떠는. 과장한 Tumultuous 떠들썩한. 격동의 Virtuous 도덕 있는. 우쭐한. *talk through his hat(neck)(머리가 아닌 모자. 목에서 나오는)허튼소리하다. 허풍떨다
Urbane [ɜrˈbeɪn /ɜːˈbeɪn]	세련된sophisticated. 점잖은poised	Urbanized 도시화된, 도시에 사는citified
Usurp [juːˈzɜrp /juːˈzɜːp]	(무리하게)빼앗다wrest,extort	
Unarmed	무장하지 않은demilitarize, demobilize, 비무장의demilitized. weaponless 맨손의barehanded, unprotected Unarmed civilians 비무장 민간인	아니한un 무장한 armed Armed 무장한, 무력을 배경으로 한 Armed robbery 무장 강도 armor 갑옷과 투구, 방호복을 입다. armored car 장갑차(무장+차). armored forces 기갑부대(무장+부대), armory 병기고, armament 무기, 군사력, armless (팔걸이 없는)의자, armful 한아름, arm in arm 팔짱 끼고, 서로 제휴하여. air arm 공군(전력). arm-waver 흥분하기 쉬운 사람
Unattended	돌보는 사람이 없는unattended. 주인 없는masterless Unattended vehicles / dogs 주인 없는 차량/ 개들 An unattended class 참석자 없는 수업	아니한Un 시중드는attended Attend to 집중하다. 처리하다see to Attend on 시중들다. 돌보다care for. *She is attending on online lecture. 그녀는 온라인 강의를 듣고 있다.
Unbecoming	어울리지 않는 incommensurate, improper ,incongruous, unflattering.	아니한un 어울리는becoming Becoming 잘 어울리는, 알맞은

	부적절한 disproportionate. An unbecoming sunglasses 어울리지 않는 안경 remark unbecoming to a manager. 부장에게 부적절한 언급하다. *I want to place a take-out-order. 나는 가져갈 음식을 주문하고 싶다.	*off the point요점에서 벗어나다. 헤맨다 =wander away from, another pair of shoes =a horse of another color *off the track탈선하다. 주제에서 벗어나다 *at 5% off the price 5%할인 / *To the point 요점에 부합하다correspond with. 적절하다. **put on입다/take off벗다 **go off(음식이)상하다. 잠시 자리뜨다. 발사되다. (전기)나가다
Unbroken	깨어진 적 없는. 중단되지 않는uninterrupted. 50 years of unbroken peace 중단된 적 없는 50년 간의 평화 An unbroken antique. 손상 안된 골동품.	아니한Un 깨진broken broken깨진, 중단된, 고장난out of order *I am flat(dead) broke. 나는 완전 무일푼이다. *meal ticket 식권. 밥줄. 돈줄(사람, 사물).
Unchangeable	불변의(immutable, uniform)	Mute 무언의 Mutate 변화시키다. 돌연변이시키다. Transmutation 변화transformation. 변질. 돌연변이. 진화설. 소유 양도.
Uncanny	초자연적upernatural.extraordinary	번데기 앞에서 주름잡다 hold a candle to the sun
Unconditional	무조건적인(categorical). 절대적인(absolute) Unconditional love / peace 무조건적인 사랑 / 평화	아니한 Un 조건부의conditional conditional 조건부의. 제한이 붙은 무조건적인;absolute, unqualified, implicit, unreserved unconditionally무조건적으로absolutely, unqualifiedly, unequivocally, categorically
Uncouth [ʌnˈkuːθ]	무례한impolite, arrogant 상스러운vulgar, obscene 세련되지 않은inurbane, incult. Uncouth manner / remark 무례한 태도/ 말	아니한 Un 예의바른couth Couth 예의바른, 세련된, 고상한 *The dunce had cool cheek. 그 바보는 뻔뻔스럽다.
Unconscious	의식이 없는. 무심결의unintentional 깨닫지 못하는. 무의식subconscious. Self-conscious남 시선을 의식하는, 남의 눈치를 살피는. *Your eyes are gummed up. 눈에 눈곱이 끼었어.	An unconscious impulse 무의식적 충동 Be unconscious of his mistake 실수를 깨닫지 못하다. *subliminal (알지못하는 사이에, 잠재의식속에) 영향을 미치는 *black out 잠시 의식을 잃다. 등화관제하다
Unconscionable [ʌnˈkɑnʃnəbl]	양심이 없는(unscrupulous). A guilty conscience needs no accuser 도둑이 제발 저리다	아니한 un 양심적인conscionable Conscionable 양심적인. 공정한
Undaunted [ˌʌnˈdɔːntɪd]	용감한valorous. bravery, valiant 의연한being strong, stalwart, daring She is undaunted by her dim prospects. 희미한 전망에도 꿋꿋하다.	아니한un 기를 죽이는daunted daunted기를 죽이다. 위압하다.

Undo [ˌʌnˈduː]	원상태로 돌리다. 결과를 망치다. 매듭을 풀다untie, unjoint. Undo a zipper 지퍼를 끄르다. Undo a present 선물을 풀다.	아니한un 행동하다do do하다. 베풀다. 행동하다. 원상태로 돌리다;untie, unfasten, cancel, unbind, call off
Undress	옷을 벗다take off, strip off. 옷을 벗기다unclothe, undrape. To undress a patient 환자의 옷을 벗기다.	아니한Un 옷을 입다dress Dress 옷을 입다. 옷을 입히다. 손질하다.
Undue	부당한unjust, undeserved, 과도한excessive. 심한bitter Have an undue effect on 부당한 결과를 가져오다. Take undue advantage of 지나치게 이용하다.	아니한un 정당한 due Due 정당한. 도착할 예정인 과도한; excessive, inordinate, improper, inappropriate, exorbitant, unbecoming 과도하게:unduly, excessively, to a fault
Uneven	평평하지 않은, 고르지 않은. 불균등한. An uneven distribution of resources 자원의 불균등한 분배 Of uneven temper 변덕스런 (성질) *against the grain 성질에 맞지 않는	아니한Un 평평한even Even 평평한. 균등한, 규칙 바른. 짝수의 Equable 균등한, 고른, 고요한, 평등한 *temper=temperament기질. 괴팍함. *temperance자제. 절제self-restraint *temperate알맞은
Unfair	부정한unjust. unsportsmanlike 불공평한unequaled, unparalleled Unfair competition 부당 경쟁 Unfair trade 불공정 거래	아니한un 공정한fair Fair 공정한righteous, 편견 없는, 평균의, 박람회 편견있는biased, prejudiced, partial, warped, jaundiced, distorted, bigoted, one-sided
Unfamiliar	익숙지 않은unused, unacquainted, 경험이 없는untried, just come up. 잘모르는 uncertain, ill-informed Unfamiliar surroundings / faces 낯선 환경/ 낯선 얼굴 Be unfamiliar with 잘 모르다.	아니한 un 익숙한familiar familiar 익숙한, 친한(on good terms with), *사람 be familiar with 사물 (사물 be familiar to 사람)
Unfavorable	호의적이 아닌. 비판적인derogatory 불길한ominous, ill, gloomy. 불리한adverse, disadvantageous. An unfavorable omen 불길한 징조. Hold an unfavorable opinion of 비판적인 의견을 갖다.	아니한 Un 호의적인favorable Favorable 호의적인. 유리한 To teach a fish how to swim 공자 앞에서 문자 쓴다.
Unfold	펴다spread. 펼치다open, stretch out. 밝히다reveal, disclose, clarify, blurt Unfold a map 지도를 펴다. Unfold oneself 이야기가 전개되다.	아니한Un 접다fold Fold 접다. 망하다. 가두다. 양 떼.
Uninterested	관심 없는, 무관심한indifferent Some women were uninterested in sport. 스포츠에 관심 없다.	아니한Un 관심있는interested interested 이해관계가 있는. 호기심이 생기게 하는 *어느 것에 관심이 있습니까? Which would be of interest to you?
Unlike	~와는 달리. 답지 않은uncharacteristic	It is unlike her to be so lazy. 그렇게 게으른 것은 그 답지 않다.

Unlive	(과거 생활을)청산하다liquidate. 속죄하는 생활을 하다make atonement for.	Unlively기운이 꺾인. 활발치 않은 속죄하다. Expiate.
Unlikely	있음직 하지 아니한. 예상 밖의. 믿기 힘든. An unlikely speech. 믿기 힘든 연설. In the unlikely event of 혹시라도 일어난다면..	아니한 Un 있을 법한likely Likely 있을 법한, 그럴싸한 Be likely to..=(The) chances are (that)=stand a chance of
Unload	짐을 내리다. 총알을 빼내다. 없애다. Unload a gun 총알을 빼내다. Unload his heart 마음의 짐을 덜다	아니한Un 짐을 싣다load load 짐을 싣다. 장전하다. *That's a load off my mind. 한 짐 덜었다
Unoccupied	비어있는vacant, empty, unfilled. 점령되지 아니한. Unoccupied house/ territory 비어있는 집 / 점령되지 않은 영토	아니한 Un 사용하다occupied occupied점유하다. 사용하다. 바쁜(on the go)
Unofficial	공무가 아닌unauthorized, off the record 미확인의unidentified, unconfirmed 비공식적인informal, shirt-sleeves An unofficial strike 비공식 파업 An unofficial visit 비공식 방문 *예고 없이 방문하다drop in	아니한Un 공식적인official official 공무중인, 공식적인 officialdom공무원직을 가진 것. 관료집단 (*martyrdom 순교. 순교자적 고통, *stardom 스타 자리. 스타계) Stardom comes with a price tag. 유명하면 유명세를 치른다.
Unprecedented	미증유의unheard-of, 전례 없는unexampled Unprecedented power 전례 없는 지도력. Unprecedented drought 전례 없는 가뭄	아니한Un 전례가 있는precedented Precedented 전례가 있는 Follow suit남이 하는 대로 하다. 선례를 따르다// suit yourself 당신 마음대로.. To your heart's content, as much as you like. 마음껏
Unpredictable	예측할 수 없는. (사람)종잡을 수 없는 (capricious, fickle변덕스러운) 변덕스러운 사람:chameleon	Mercurial 감정을 종잡을 수 없는(emotionally unpredictable), 변덕스러운
Unreliable	신뢰할 수 없는treacherous, faithless untrustworthy, no account An unreliable eyewitness 신뢰할 수 없는 목격자	아니한Un 신뢰할 수 있는reliable reliable신뢰할 수 있는 mettle 신뢰할 수 있는. 용감한
Unremitting	끊임없는round-the-clock, incessant 부단한constant, steady, continual Unremitting efforts / gloom 부단한 노력/ 암흑	아니한 Un 늦추는remitting remitting 늦추는, 송금하는. 용서하는
Unrest	불안uneasiness, anxiety, apprehension 불만dissatisfaction, discontent Social/ political 사회/ 정치적 불만	아니한Un 안정rest rest휴식. 안정poise
Unscrupulous	비양심적인unconscientious, 무원칙한unprincipled. 부도덕한immoral, unethical	아니한Un 양심적인scrupulous Scrupulous 양심적인. 세심한 Unscrupulous behavior / remark 비양심적인 행동 / 말

단어	뜻	반대/관련
Unseemly	부적절한out of proportion. 꼴사나운unsightly, ugly. An unseemly mess. 꼴사나운 혼잡	아니한Un 적당한seemly Seemly 알맞은. 적당한. 점잖은. 품위있게 혼란clutter, litter, jumble, mishmash, hash, medley, muddle, hotchpotch
Unsettled	불안정한precarious. 긴장한. 미해결된uncertain. 미지불의. Unsettled situation 불안정한 상황	Settled 고정된. 확립된, 안정된, 뿌리깊은 Turn the air blue 긴장시키게 하다 Make the air blue 분위기를 깨다.
Unstable	불안정한disquieting. 쓰러질 듯한. The building unstable in the wind 바람 따라 흔들거리는 건물	아니한Un 안정된stable Stable 안정된. 지속성이 있는. 착실한. 결심이 굳은. 마구간.
Unsuitable	적합하지않은unconformable, ineligible,misbecoming uncongenial Be unstable for walking 걷기에 부적합하다.	아니한Un 적합한suitable Suitable 적당한feasible. 상당한. 어울리는 *be cut out for 적합하다, 꼭 알맞다
Untie	풀다undo, untangle, take off. Untie a bow. 나비넥타이를 풀다.	아니한Un 매다tie tie묶다. 매다. Tether (말뚝에)매다. 밧줄. 사슬
Untimely	때가 안 맞는inopportune, unready. 때 이른premature Untimely death at 17. 17세에 때 이른 죽음	아니한Un 시기 적절한timely timely시기 적절한. 적시의
Untold	말로 다 할 수 없는. 막대한huge. 아무에게도 들려주지 않은. Untold mystery 말로 다할 수 없는 수수께끼//untold losses 막대한 손실	아니한Un 말하다told Told 말하다. 알리다. 표현하다. *to say the least (of it)아무리 너그럽게 말하더라도
Unwholesome	건강에 안좋은not salubrious. 불건전한indecent, unhealthy Unwholesome drug /pastimes 몸에 해로운 약물/ 불건전한 오락	아니한Un 건강에 좋은wholesome Wholesome 건강에 좋은. 건전한 *get athlete's foot 무좀에 걸리다
Unwitting	자신도 모르는 사이(unintentional, not aware) *Be the unwitting cause of the fire. 자신도 모르게 화재의 원인이 되다. *in spite of oneself 자신도 모르게	아니한un 알면서 하는witting Witting 알면서 하는. 고의의 wittingly 고의로on purpose. 알면서 실수로, 우연히 : by accident, by chance, by mistake, accidentally Accidentally on propose (우연을 가장해서) 고의로…He run into her accidentally on purpose. 고의적으로 그녀를 만났다.
UNDER	아래	
Underground	지하의subterranean. 지하에, 지하로, 지하조직.	Underground opinion 반체제적인 의견 An underground theater 전위 극장
Underestimate [,ʌndə(r)'estɪmeɪt]	(비용,사람)과소평가하다misesteem, undervalue, underrate, shrug off. Underestimate the issues 해당 이슈를 과소 평가하다.	낮게 Under 평가하다estimate Estimate 평가하다. 판단하다. 중요 문제점 key issue(factor, point)

Undergraduate	학부 대학생. Undergraduate degree 학사 학위	이전Under 졸업하다 graduate Graduate 졸업하다. 졸업생. 학사. Pass out 졸업하다. 기절하다. Pass out of sight 보이지 않게 되다.
Underhand	비밀의secret. 부정직한unfaithful. 비밀스럽게on the side. 엉큼하게furtive, sneaky. Underhand deception 부정직한 기만	아래로Under 손hand 비밀의; secret, surreptitious, furtive, stealthy, clandestine, sly, secretive. *Keep the secret to yourself.비밀 간직해라
Underlying	근본적인basic, essential 밑에 있는fundamental The underlying presumption/ principle 근본적인 추정 / 원칙	아래에 under 누워있는lying 눕다 Lie - lay - lain 현재분사 lying 거짓말하다 lie -lied -lied 현재진행형 lying
Undermine	(자신감, 기반)을 약화시키다impair. weaken, undercut, threaten, hurt The strike has undermined his status. 그 파업이 그 지위를 약화시켰다.	아래를Under 파들어가서mine Mine 광산. 자원. 지뢰를 배설하다. 채굴하다. Mineralogy 광물학
Underpinning	지주buttress. 기반foundation. 지지support. 다리legs Be underpinned by survey 설문 조사에 의해 뒷받침된다.	아래에under 핀pin을 박아 놓은… Pin 못으로 고정시키다. 나무못 *take to his legs =run away 도주하다. 달아나다.
Underrate	과소 평가하다(underestimate) An underrated rival 과소평가된 적	낮게 아래로 under 평가하다rate rate평가하다. 등급 매기다. 간주하다
Underscore	강조하다underline. emphasize. point up. underline	Score 득점. 점수. 작품. 20. 사실. 득점올리다. 기록하다. 채점하다. 작곡하다.
Undertake	착수하다proceed with. Set forth 동의하다. 약속하다commit. 책임을 떠맡다assume. take on. Undertake an experiment 실험에 착수하다.	아래에서 Under 떠맡다take on *lie at the door of 에게 책임이 있다. 책임지다 answer for=be responsible for= see to
Underwrite	(비용부담을)동의하다relent, concur (보험. 주권)인수하다take over	*Who's it by? 누가 원작입니까? It's by Bill Clinton. 클린튼 원작입니다.
UP	위	
Upbraid	호통치다fulminate against. 질책하다berate, reproach, rebuke. Upbraid the boy with a fault. 잘못에 대해 소년을 비난하다.	위로Up 서도록 머리를 땋다braid Braid 끈. 짜다. 머리를 땋다. *My ears are burning. (어떤 놈이 내 험담하나)내 귀가 간질간질하네.
Upgrade	향상시키다rev up, bring on. 개선하다improve, reform. 승진시키다promote, advance. Upgrade the computer 컴퓨터의 성능을 향상시키다.	위로 Up 등급을 올리는grade Grade 등급. 지위. 단계 *새 사람이 되다turn over a new leaf Retrograde 퇴보하는. 악화하는 Transgress 법을 어기다 trespass 밖e으로 걸어가는gress……Egress 출구

Upheaval [ʌpˈhiːvl]	격변(cataclysm, earthquake). 대변동(shift, commotion, disorder) Political /social upheaval 정치적/ 사회적 대변동	위로 Up 잡아당겨 올림heave Heave 높이다. 끌어올리다. 부풀리다.
Upset [ʌpˈset]	속상하게 만들다. 잘못해서 뒤엎다. 혼란 상황. 예상밖 승리. 속상함. An upset in the family 가정 불화 *He is a family man and she is a home body. 그녀와 그는 매우 가정적이다.	A stomach upset 배탈 Have an upset 뒤집히다. Upset(explode) the system 체제를 뒤엎다. I want to root for the underdog. 약자편에 들고 싶다.(underdog 경기에 진 개. 약자)
Uplift	위로 올리기. 증가mount, increase. 행복감euphoria. An uplift in sales 매출 증가	위로Up 올리다lift Lift 올리다. 끌어올리다. 승강기 *They're selling like hot cakes. 잘 팔린다.
Uppermost	최고의top-notch. 최상의. 최우수의. 가장 중요한. The uppermost class of society 사회의 최상류 계급	Up의 최상급으로 가장 위에 있는 The thoughts that came uppermost to one's mind ..의 마음에 가장 먼저 떠오른 생각 *the toast of the town 도시에 이름난
Uprising	봉기(revolt). 반란revolt, rebellion. 폭동riot, insurrection A popular uprising 민중 봉기 Crush/suppress an uprising 폭동을 진압하다.	위로up 올라가서 일으키는rising rising상승. 올라가는. 오르막의. 봉기. 폭동 *What goes up must go down. 오르막이 있으면 내리막이 있기 마련이다.
Uproar	소란. 소동turmoil, disorder. 엄청난 논란controversy, wrangling End in uproar 소란 속에 끝나다.	크게up 다들 고함치면roar roar고함치다bluster. 으르렁거리다. 큰소리로 말하다.
Uproot	뿌리째 뽑다(root up).몰아내다oust 근절하다eradicate, stamp(root) out Uproot indolence 나태를 몰아내다.	위로 뽑다up 뿌리root Rooted 뿌리를 박은. 고착한 Rootless 뿌리를 내리지 못하는 Pluck 털 뽑다. 현 뜯다. 꽃 꺾다. 구해내다. 용기. 결단
UNI	하나의	
Unanimous [juːˈnænɪməs]	만장일치의consentaneous. 모두 동의하는. An unanimous decision/ vote 만장일치의 결정/ 투표	하나가Un 된 마음animous Magnanimous 관대한. 도량이 큰 *We are of a single mind.우린 한마음이다
Unification [yoo-nuh-fi-key-shuhn]	통일.단일화unification. 통합union The Minister of Unification. 통일부 장관.	하나로Uni 만드는fication Reunification 재통일. 재통합. Qualification 자격. 자격증 Identification 신분 증명. Class reunion 학교 동창회 분리. 불화. 불통일 disunion
Unison [ˈjuːnɪzn]	화합harmony, 일치accord In unison(union)협심하여	하나의 Uni 노래. 음.sound

Unity [ˈjuːnətɪ]	통합. 통일. 일치. 통일체. At unity 일치하여. Unity in variety 다양함 속의 통일	하나를 이룸 uni
Usury [ˈjuːʒərɪ]	고리대금업 an exorbitant rate of interest	With usury 이자를 붙여서

캐나다 빅토리아섬 공원

Vv

Vacuous ['vækjʊəs]	텅 빈empty. 멍청한foolish.	진공Vacuum(vacuous air)을 생각하면…. 진공 청소기 Vacuum cleaner
Vagary [vəˈgɑrɪ /ˈveɪg-]	변덕whim, caprice 예측불허의 행동cap the climax.	예측 불허의 사람(일)the joker in the pack 예측 불허entropy [ˈentrəpi]
Veneer [vəˈnɪr /-ˈnɪə]	허울façade 코팅. 베니어판 베니어판을 붙이다. A veneer of artist 예술가인체 함.	흔히, 베니어 합판이라고 부르는 얇게 코팅한 합판
Verdant [ˈvɜrdnt /ˈvɜːd-]	신록의virid, verdurous. 미경험의unpracticed, unsifted.	In my verdant youth 내 순진한 젊은 시기에
Verity [ˈverɪtɪ]	진리a principle, belief 진실a reality, truth.	In verity 진실로=actually=of a verity Veritable 진정한practically, in effect
Vigilant /[vij-*uh-luh*nt]	경계하는staying watchful. on the alert 방심하지않는unwinking, openeyed, unobserving.	Vigilant soldiers 불침번 병사 조금a modicum, a bit of 방심한, 경계를 푼 off guard
VICE	대신에	
Viscous [ˈvɪskəs]	끈적거리는gluey, viscid, sticky, moist, clammy, slimy	Viscous sticker 끈적거리는 스티커
Vicarious [vaɪˈkerɪəs]	대리의a deputy, stand-in. 간접적인(mediate, oblique) Vicarious authority 대리 직권	Vicar 교구 목사. 목사
Vice-president [vaisˈprezid(ə)nt]	부통령. 기업 부사장 Promoted his son to the position of vice president. 그의 아들을 부사장으로 승진시키다.	Vice principal 교감 Vice minister 차관 Vice chancellor 대학 부총장. 부대법관 Viceroyalty 부왕의 지위 Ex-wife 전처. Ex-convict 전과자. Ex-president 전임 대통령
Vice versa [ˌvaɪsˈvɜrsə]	그 역 또한 같다. 역으로conversely, end for end, the wrong way around.	the other way around 그 역 또한 같다.
Virtuoso/. [vur-choo-oh-soh]	(음악 연주분야)거장. 명연주자	맛과 예술의 전문가(감정가) connoisseur 미식가. 식도락가 epicure, gourmet, aesthete,

		hedonist, gastronome, bon vivant 예술 분야의 거장 maestro
Vivacious [vɪ'veɪʃəs]	쾌활한lively. 생기있는animated 원기왕성한full of pep=vigorous *Let's liven(brighten) up the mood. 분위기를 띄우자.	원기왕성하다: be full of pep(vigor, spirits, beans), be up and coming, have great vigor, alive and kicking
Vacillate ['væsɪleɪt]	(의견이)갈팡질팡하다fluctuate. 주저하다. Hesitate. Dither	망설이다: hesitate, waver(between), dither(over/about), be at a loss, be of two minds
Vehement ['vɪəmənt]	격렬한intense, impassioned, fervent, impetuous	Vehement disputes 격한 분쟁들
Venal ['viːnl]	매수하기 쉬운readily bribable. 부패한corrupt	부패한: rotten, decomposed, putrid, addled, tainted, bad
Verisimilitude [ˌverɪsɪ'mɪlɪtuːd]	그럴싸함plausible. 신빙성credibility, reliability	To add verisimilitude신빙성을 더하기 위해
Vernacular [vər'nækjələ(r)]	토착어. 사투리(dialect, patois, vulgar).	Vulgar 공통의, 방언의, 천박한boorish, churlish
Vestige ['vestɪdʒ]	자취, 흔적last trace, 아주 조금도a bit. *launch a trace 추적하다	Be not a vestige of a lie 거짓은 조금도 없다.// the last man to tell a lie 거짓말 할 사람이 아니다 =be above telling a lie
Vex [veks]	짜증나게 하다irritate, grate. 괴롭히다annoy, pester, harass, harrow, plague, torment.	Vex me with questions 나를 질문으로 괴롭히다.
Viable ['vaɪəbl]	독자 생존 가능한survivable. 실행 가능한workable, doable	Nonviable 생존할 수 없는
Vicissitude [vɪ'sɪsɪtuːd /-tjuː-]	우여곡절. 변동upheaval. 변화 Every vicissitude of fortune 모든 운명의 변천	Vicissitudinous 변화 있는
Vindictive [vɪn'dɪktɪv]	앙심품은seeking revenge. vengeful 보복하려는acting to seek revenge.	Feel vindictive toward ~에게 앙심을 품은
Virulent ['vɪrələnt /-rʊl-]	악성의malignant. 맹렬한violent. 치명적인poisonous, fatal, mortal	A virulent strain of epidemic. 악성 종류의풍토병
Visionary [vizh-*uh*-ner-ee]	선견지명(foresight)이 있는. 환영의. 환각의. 선지자.	예언적인:prophetic, mystical, predictive, oracular, sibylline
Vitiate ['vɪʃɪeɪt]	(효과를)떨어뜨리다impoverish 왜곡하다pervert, distort, twist. 더럽히다pollute, invalidate, bismirch	Vitiable더럽힐 수 있는. 무효화할 수 있는

단어	뜻	예문
Vitriolic [ˌvɪtrɪˈɑlɪk /-ˈɒl-]	황산의, 독설가득한, 신랄한acerbic, mordant, nipping, arrowy, acid. Vitriol 독설. 황산으로 담그다.	Vitriolic criticism / attack 독설 가득한 비난/ 공격
Vociferous [voʊˈsɪfərəs /və-] Vociferousness.n	외치는loud, 떠들썩한noisy, tumultuous, bluster, Obstreperous, boisterous, rowdy A vociferous critic of the composer's stance 작곡가의 태도를 소리 높이는 비평가	목소리voice 크게 생산하는ferous…. *생산하는ferous 관련 어군 향을 산출하는odoriferous 향기로운 해충 산출하는pestiferous해로운. 전염하는 잠을 산출하는somniferous 최면의. 졸리게 하는 (*somniloquy[sɑmn ləkwi] 잠꼬대)
Volatile [ˈvɑlətl /ˈvɒlətaɪl]	휘발성의evaporate. 변덕스러운whimsical. 불안한uneasy. ill at ease. Unstable. on pins and needles *That's the last straw. 너무 심하다. 참 을 수 없다.	Volatile oil 휘발성 기름 A severely volatile situation심하게 불안 한 상태 *Ha is a lay-down 그는 식은 죽 먹기다. *The deep-fried shrimps are too greasy.이 새우튀김은 기름기가 너무 심하다.
Voluminous [vəˈljuːmɪnəs]	아주 큰very large. ample, bulky 아주 방대한very extensive.	아주 큰: king-size, wide, jumbo, walloping
Voluptuous [vəˈlʌptʃʊəs]	풍만한plump. 관능적인sensual	Voluptuous pleasure 관능적 쾌락
Voracious [vəˈreɪʃəs]	(음식)게걸스러운greedy. (정보.지식)열렬히 탐하는avid 배고파 죽을ravenous정도로 배고픈 Carnivore 육식 동물 Insectivore 식충 동물 Omnivore 잡식 동물 Herbivore 초식 동물(herbicide제초제), plant eater	A voracious(ravenous) appetite왕성한 식 욕 //Be ravenous for food 먹을 것에 굶주리다 (**starveling 굶어 여윈 사람) *You pig out on taco너, 타코를 참 게걸스럽게 먹는구나 *a contract out on him그를 제거하려는 계약

캐나다 부차트 가든

Waft [wɑft, wæft /wɒft]	(공중에서)퍼지다float. Drift. 한줄기 냄새(연기)	A waft of joy 순간의 기쁨
Wake [weɪk]	(잠에서)깨다awake, rouse oneself. (기억.감정을)일깨우다arouse 배가 지나간 흔적(항적)furrow	Wake to=notice 눈치 채다. Wake up to ~ 깨닫게 되다. Be up to꾸미다. 달려있다depend on.
Wane [weɪn]	시들해지다decrease in phase. 차츰 작아지다become smaller. *Wax 차츰 커지다.	On the wane 줄어드는 중인 Wax and wane 흥하다가 기울다. Has set on the wane 점차 잊혀지기 시작하다.
WITH	저항적으로. 뒤로	
Withdraw [wɪðˈdrɔː, wɪθ-]	(은행에서 돈을)인출하다. (군대를)철수시키다. 물러나게 하다. 빼다. 움츠리다huddle. 딴데로 시선돌리다. 철회하다. 빼앗아버리다. The lady withdrew her eyes from me. 그 숙녀는 나로부터 시선을 돌렸다.	뒤로With 끌어당기는draw Withdraw a offer 신청을 철회하다 Withdrawing room 응접실. 휴게실 Withdrawal syndrome 금단 증후군 Withdraw from drug. 약물의 사용을 끊다.
Withhold [wɪðˈhoʊld, wɪθ-]	억제하다hold back, hold down. 보류하다reserve, shelve, put by. (임금에서)공제하다deduct, charge off	뒤로With 말리고 잡는hold Withholdment 원천징수. 억제 Withholding tax 원천징수세액 Withhold her consent 그녀의 승낙을 보류하다.
Withstand [wɪðˈstænd, wɪθ-]	견뎌 내다stand, survive, hold on. 이겨 내다beat, live to tell the tale. Withstand temptation and deprivation 유혹과 빈곤을 견디다.	뒤에서With 저항하며 서있다stand Privation 가난poverty. 불안. 부족.
Willful / [wil-*fuh*l]	고집 센(obstinate, stubborn) 고의적인deliberate, intentional, willful 제멋대로의ungoverned, selfwilled.	Willful ignorance 무지막지함 As stubborn as a mule 고집불통인
Wistful [ˈwɪstfəl]	탐내는 듯한(yearning, Wishful) 아쉬워 하는regretful	Wistful eyes 동경하는 듯한 눈 (An) eye for (an) eye눈에는 눈(복수개념)
Wizened	주름이 쪼글쪼글한shriveled. Withered. Shrunken	a wizened old man of 100. 100살의 주름진 노인
Wrath [ræθ /rɒθ]	분노intense anger The grapes of wrath 분노의 포도 Forbear his wrath 분노를 억누르다	Incur his father's wrath 아버지의 노여움을 사다.

| Yiddish
[yid-ish] | 이디시 어(유대인 사이에서 많이 사용되는 언어) | Yiddisher 이디시 어를 말하는 유대인. |

캐나다 빅토리아섬

Zz

Zealous ['zeləs]	열성적인(fervent, passionate)	Be zealous to do~ 열정적이다.~싶어한다. Zeal 열의. 열성 Fanaticism 광신적인 행위excessive zeal
Zeitgeist [tsahyt-gahyst]	시대 정신spirit of the times	In high(low) sprits 기분 좋게(나쁘게)
Zenith ['zɪːnɪθ /'zen-]	절정the highest point. apotheosis 정점peak, summit, pinnacle, acme, apex, vertex, culmination, climax, peak, top, crest, ridge	Be in(at) my zenith 나의 절정기에 있다. *nadir [|neɪdɪr] 바닥. 최악 순간. *At the nadir of …구렁텅이에서 *At the zenith of 의 절정에 달하여 *더할 나위 없이 좋은hunky-dory

페루 마추피추

EPILOGUE

천년을 누웠는가, 만년을 누웠는가
하늘은 물빛 닮고, 의림지 하늘 안고,
사랑은 천만년 속에 만개하며 살리라.

2010. 10. 정연용